高校辅导员政策发展史论

冯刚 钟一彪 王帅 等◎著

On the Development History of Policy
for College Counselors

中国社会科学出版社

图书在版编目（CIP）数据

高校辅导员政策发展史论 / 冯刚等著 . —北京：中国社会科学出版社，2023.10
ISBN 978-7-5227-2635-9

Ⅰ.①高…　Ⅱ.①冯…　Ⅲ.①高等学校—辅导员—教育政策—研究　Ⅳ.①G645.1

中国国家版本馆 CIP 数据核字（2023）第 181870 号

出版人	赵剑英
责任编辑	王　琪
责任校对	杜若普
责任印制	王　超

出　　版	中国社会科学出版社
社　　址	北京鼓楼西大街甲 158 号
邮　　编	100720
网　　址	http://www.csspw.cn
发 行 部	010-84083685
门 市 部	010-84029450
经　　销	新华书店及其他书店

印刷装订	三河市华骏印务包装有限公司
版　　次	2023 年 10 月第 1 版
印　　次	2023 年 10 月第 1 次印刷

开　　本	710×1000　1/16
印　　张	22
字　　数	350 千字
定　　价	109.00 元

凡购买中国社会科学出版社图书，如有质量问题请与本社营销中心联系调换
电话：010-84083683
版权所有　侵权必究

目　录

绪　论 …………………………………………………………… (1)

第一章　高校辅导员政策的发端与探索 ……………………… (18)
　　第一节　政治指导员制度源起 …………………………… (18)
　　第二节　新中国成立前政治指导员思想政治教育实践 …… (30)
　　第三节　新中国成立前政治指导员制度建设的启示 ……… (41)

第二章　清华大学辅导员制度的确立及其发展 ……………… (44)
　　第一节　清华大学辅导员制度的发展历程 ……………… (44)
　　第二节　清华大学辅导员制度的标志性成果 …………… (64)
　　第三节　清华大学辅导员制度的推广及影响 …………… (73)

第三章　改革开放后高校辅导员政策的重建与设计 ………… (80)
　　第一节　高校辅导员政策的恢复重建 …………………… (80)
　　第二节　高校辅导员政策的深化丰富 …………………… (87)
　　第三节　高校辅导员政策的系统构建 …………………… (96)

第四章　高校辅导员政策的功能建构 ………………………… (105)
　　第一节　高校辅导员政策功能建构的演进特征 ………… (105)
　　第二节　高校辅导员政策功能建构的经验与启示 ……… (118)
　　第三节　高校辅导员政策功能建构的发展趋势 ………… (127)

第五章　高校辅导员政策的目标定位 …………………………（137）
　　第一节　高校辅导员政策目标定位的历史沿革 ………………（137）
　　第二节　高校辅导员政策目标定位的生成逻辑 ………………（155）
　　第三节　高校辅导员政策目标定位的深化发展 ………………（161）

第六章　高校辅导员政策内容的实体与程序 ……………………（174）
　　第一节　高校辅导员政策内容的历史发展 ……………………（174）
　　第二节　高校辅导员政策的实体性内容 ………………………（185）
　　第三节　高校辅导员政策的程序性内容 ………………………（199）

第七章　高校辅导员政策的运行机制 ……………………………（208）
　　第一节　高校辅导员政策运行机制的历史特点 ………………（208）
　　第二节　高校辅导员政策运行机制的基本经验 ………………（219）
　　第三节　新时代优化高校辅导员政策运行机制的路径 ………（228）

第八章　高校辅导员政策的动力系统 ……………………………（239）
　　第一节　高校辅导员政策动力系统的要素 ……………………（239）
　　第二节　高校辅导员政策动力系统的发展 ……………………（251）
　　第三节　高校辅导员政策发展的内生动力 ……………………（262）

第九章　高校辅导员政策的效果评估 ……………………………（269）
　　第一节　高校辅导员政策效果评估的发展历程 ………………（269）
　　第二节　高校辅导员政策效果评估的基本原则 ………………（280）
　　第三节　高校辅导员政策效果评估的指标体系 ………………（292）

第十章　新时代高校辅导员政策的深化发展 ……………………（302）
　　第一节　新时代高校辅导员政策发展的新进展 ………………（302）
　　第二节　新时代高校辅导员政策发展的新要求 ………………（308）
　　第三节　新时代高校辅导员政策发展的新方向 ………………（315）

结语　高校辅导员政策发展的趋势 …………………………（325）

参考文献 ………………………………………………………（335）

后　记 …………………………………………………………（345）

绪　　论

政策是国家、政党或者其他管理机构在一定历史时期为实现一定目标所制定的具体行动纲领、方针和准则。发展史的本质是通过对历史事件、人物、思想和制度等方面的考察和分析，来深入理解和掌握其发展的内在动力和规律，为今后的发展提供经验和启示。高校辅导员政策是高校思想政治工作体系的重要组成部分。高校辅导员政策发展史是高校辅导员政策从产生到发展、演变、完善的历史过程，包括政策制度的起源、发展、完善和调整等，其本质是党和国家、教育部门和高校为适应和引领时代的发展而不断完善和调整辅导员政策的过程，反映了中国共产党高校思想政治工作的演变和发展，体现了高校教育理念和服务目标的发展变化，见证了高校管理制度和辅导员队伍建设的变迁和发展。随着时代的发展和高等教育改革的深入，辅导员政策也会适应新形势和新任务，不断调整变化，发挥更加重要的作用。高校辅导员政策发展史研究为此提供了重要的理论指导。

一　辅导员制度是中国高校人才培养的特色和传统

人才是立国之本，也是立党之本。中国共产党自成立起就非常重视高校人才培养工作，并以教育方针规定了一定时期教育工作的总方向。辅导员制度作为中国共产党高校思想政治工作的一项重要制度，其形成和发展既体现了中国高校不断加强思想政治工作的主动性和创造性，同时也体现出自身的规律和特色，为高校人才培养工作提供了队伍支撑、强化了制度保障。中国共产党人才培养的目标定位随着革命建设改革的发展不断调整，历经了新民主主义革命时期培养具有坚定政治信仰的无产阶级革命者，社会主义革命和建设时期培养"又红又专"、有社会主义觉悟的有文化的劳动者，改革开放和社会主义现代化建设新时期培养德智体美全面发展的社会主义建设者和接班人，中国特色社会主义新时代培养担当民族复兴大任的时代新人等四个时期。高校辅导员制度在中国共产党百余年的人才培养中得以丰富和发展，成为中国共产党高校人才培养的特色和传统。

（一）政治指导员制度为新民主主义革命时期培养具有坚定政治信仰的无产阶级革命者奠定重要基础

中国共产党成立后，始终把人才培养作为一项重要工作。党在新民主主义革命时期的人才培养定位于服务革命战争和阶级斗争的需要，从提高民众觉悟、传播先进思想到有计划地培养和训练大批能够管理军事、政治、经济、党务、文化教育等工作的人才，并在不同的根据地区域实行不同的文教政策和人才培养策略，为建立社会主义新中国、实现民族独立及人民解放提供人才保障。

新民主主义革命时期是高校政治辅导员制度的萌芽阶段。这一时期，党在高校的主要任务是传播马克思主义，培养一批具有共产主义信仰、坚定的阶级立场，愿意为人民服务、不怕牺牲的党政军干部。[①] 号召广大青年要有正确的政治方向。毛泽东在延安抗日军政大学第四期第三大队开学典礼上的讲话中指出："首先是学一个政治方向。"[②] 这里的政治方向既包括反帝反封建，也包括艰苦奋斗的工作作风，深刻反映了对新民主主义革命时期培养什么样的人才的思考。[③] 中国共产党 1924 年在黄埔军校建立并实施的"政治指导员制度"被视为高校辅导员制度的萌芽。第一次国共合作时期，中国共产党与孙中山领导的国民党于 1924 年合作创办了黄埔军校。周恩来担任军校政治部主任后，创造性地开展了思想政治工作，制定了《黄埔本校政治部政治指导员条例》《国民革命军党代表条例》等制度，并且在政治部下设的总务、宣传、党务三科中，党务科配备政治指导员若干名，其主要职责是给黄埔军校的学员讲授政治理论

[①] 冯刚、张晓平、苏洁主编：《中国共产党高校思想政治教育发展史》，人民出版社 2021 年版，第 63 页。

[②] 《毛泽东文集》（第二卷），人民出版社 1993 年版，第 116 页。

[③] 冯刚：《中国共产党百年立德树人的实践与经验总结》，《高教论坛》2021 年第 7 期。

课，加强学生的政治训练。

第一次国共合作失败后，1927年8月，南昌起义爆发。中国共产党前敌委员会在起义部队中建立了中国共产党组织，并在各军、师设党代表和政治部、团、营、连设政治指导员。1927年9月，毛泽东在"三湾改编"中对这一制度做了进一步的发扬，创造性地提出"支部建在连上"的原则，确立了在连以上部队设立党代表的举措。1929年，中国工农红军按照中国共产党第六次全国代表大会决议精神，将各级党代表统一改称政治委员，后来营、连政治委员分别改称政治教导员和政治指导员。1930年12月，党中央制定了《中国工农红军政治工作暂行条例草案》，对政治指导员的地位、工作内容等进行详细规定，指出"连的政治指导员是红色战斗员，政治教育指导员，须担任政治教育完全的责任"①，明确要求政治指导员不仅要有丰富的军事知识，还要有政治教育的业务能力。1931年，政治委员改为政治指导员，其职责在于加强党对军队的绝对领导，为党开展广泛的思想政治教育奠定基础。

基于长期的革命战争经验，中国共产党充分认识到"政治指导员"在培养人才中的重要作用，将其运用到红军大学的教育管理中。无论是在红色根据地先后创办的苏维埃大学、中国工农红军大学或者一些军政干部学校和军政干部训练班，还是在抗日根据地为培养当时迫切需要的为抗日服务的各类专业人才而创办的包括中国人民抗日军政大学、陕北公学、鲁迅艺术学院在内的多所高等院校，都通过设置政治指导员加强思想政治教育。这就是政治指导员制度，政治指导员全面负责学生的思想、学习、健康和生活等工作，是学校领导对学员进行教学和思想教育工作的得力助手。

政治指导员制度对新民主主义革命时期培养具有坚定政治信仰的无产阶级革命者发挥了非常重要的作用，是党在军队和高校开展思想政治教育工作的坚实基础，对新中国成立之后中国高校辅导员制度的建立与发展具有重要指导意义。

---

① 冯文彬等主编：《中国共产党建设全书（1921—1991）·第7卷·党的思想政治建设》，山西人民出版社1991年版，第364页。

(二)"双肩挑"政治辅导员制度为社会主义革命和建设时期培养"又红又专"、有社会主义觉悟的有文化的劳动者提供有力支撑

新中国成立之初,党和国家的工作中心开始转移到经济建设上来,着力以理论与实际一致的方法培养具有高文化水平的、掌握现代科学技术的、全心全意为人民服务的、高级的国家建设人才。为结合国家建设需要,充实大量技术人才参与新中国的工业建设和国防建设,推动国民经济恢复与发展,高校成为培养"又红又专"社会主义革命建设者和接班人的重要阵地。①"三大改造"完成后,中国正式进入社会主义建设时期,教育改革和人才培养工作也进入了社会主义建设发展的新阶段。1957年,毛泽东在《关于正确处理人民内部矛盾的问题》一文中指出:"我们的教育方针,应该使受教育者在德育、智育、体育几方面都得到发展,成为有社会主义觉悟的有文化的劳动者。"②1958年,在全面总结新中国成立以来教育工作取得巨大成就的基础上,中共中央、国务院发布了《关于教育工作的指示》,提出党的教育工作方针是教育为无产阶级的政治服务,教育与生产劳动结合,教育的目的是培养有社会主义觉悟的有文化的劳动者。这是新中国成立后提出的首个教育方针,为中国共产党高校人才培养指明了方向。

1953年,清华大学创造性地建立了"双肩挑"政治辅导员制度并获得高等教育部、中央人事部的批准。"双肩挑"政治辅导员制度即挑选学习成绩优良、觉悟较高的党团员担任辅导员,一个肩膀挑政治工作,一个肩膀挑业务工作的制度。在党和国家的政策驱动以及清华大学的带动下,全国其他高校也陆续设立了政治辅导处,配备了一定数量的政治辅导员,一些学校还建立了具有高校特色的政治辅导员制度。

以清华大学"双肩挑"政治辅导员制度为代表的高校辅导员制度,使高校学生思想政治工作有了一支相对稳定的队伍,提升了高校思想政治工作质量,也锻炼和培养了一大批优秀人才。其对人才培养有两个重要促进作用:一是学生政治辅导员成长为"又红又专"的政治工作骨干,

---

① 冯刚、刘宏达主编:《新时代高校辅导员工作十讲》,北京师范大学出版社2022年版,第7页。
② 《毛泽东文集》(第七卷),人民出版社1999年版,第226页。

其原因是政治辅导员来源于高年级学生中学习成绩优秀和政治思想觉悟高的少数人，通过制度设计引导其成长为思想政治工作人才。二是培养学生成为"又红又专"的新型人才。在这一时期，清华大学坚持"又红又专"的方向，在"双肩挑"政治辅导员制度的保障下，为国家培养了大批工程技术人才。从清华的政治辅导员队伍中，走出了党和国家领导人，走出了许多共和国各行各业的骨干。

"双肩挑"政治辅导员制度的成功实施引起了教育部及各高校的重视。1961年9月，教育部出台《教育部直属高等学校暂行工作条例（草案）》。1964年6月，中共中央批准教育部《关于加强高等学校政治工作和建设政治工作机构试点问题的报告》。1965年，教育部出台《关于辅导员工作条例》，以法规形式对政治辅导员的地位、作用、职责等做了明确的规定，标志着中国高校辅导员制度已经确立。1966—1978年，受"文化大革命"的波及，新中国成立17年来积累的人才培养工作经验被全盘否定，辅导员制度因故中断，辅导员的工作成绩全盘被否，教训十分惨痛。

社会主义革命和建设时期的高校人才培养定位于"红"与"专"的总要求，围绕巩固新生政权和发展社会主义生产力，对人才培养提出了政治和业务兼顾的质量要求。清华大学"双肩挑"政治辅导员制度的建立和探索促进了中国高校辅导员制度的确立。

（三）高校辅导员制度为改革开放和社会主义现代化建设新时期培养德智体美全面发展的社会主义建设者和接班人提供重要保障

党的十一届三中全会以后，为了大规模培养投身社会主义生产力大发展和物质文明、精神文明大提高的各类人才，中国共产党把教育事业摆在了更加突出的战略位置。以邓小平同志为核心的党中央结合改革开放和社会主义现代化建设任务，提出要培养有理想、有道德、有文化、有纪律的"四有"新人。培养"四有"新人，是对中国特色社会主义国家教育发展的深刻认识，不仅明确了社会主义国家人才培养的方向问题，同时也肯定了德育在人才培养中的重要价值。①

随着改革开放和中国特色社会主义进程不断推进，在继承邓小平

---

① 冯刚：《中国共产党百年立德树人的实践与经验总结》，《高教论坛》2021年第7期。

"四有新人"思想的基础上,江泽民提出了要努力培养德智体全面发展的"四有"新人。世纪之交,随着素质教育的提出,胡锦涛提出"让青年成为理想远大、信念坚定的新一代,品德高尚、意志顽强的新一代,视野开阔、知识丰富的新一代,开拓进取、艰苦创业的新一代",并在党的十七大报告中强调要培养德智体美全面发展的社会主义建设者和接班人,这是对"四有新人"思想观点的继承和发展,体现了新时期党对人才的新要求。

改革开放和社会主义现代化建设新时期,高校辅导员制度得以恢复,并将辅导员队伍专业化、职业化建设作为高校辅导员制度发展和完善的方向。改革开放初期(1978—1990年),高校辅导员制度重新得到恢复,重新以"兼职为主,专职为辅"的工作模式在高等学校设置政治辅导员。改革开放和现代化建设新阶段(1990—2002年),辅导员制度持续发展,开始了政治辅导员队伍专业化和职业化发展道路的探索。在全面建设小康社会这一历史阶段(2002—2012年),辅导员制度不断完善,队伍的专业化程度和职业化程度均有较大幅度的提高。2004年10月出台的《关于进一步加强和改进大学生思想政治教育的意见》是在党和国家的历史上首个以中共中央、国务院名义下发的,关于大学生思想政治教育的文件。《意见》将"高校政治辅导员"改称为"高校辅导员",辅导员的职责范围扩大,由负责思想政治工作转变为负责思想政治教育、学生事务管理和学生发展指导。这一转变与高校人才培养、大学生的自身发展规律和现实需要相契合,辅导员制度的科学性显著提高。2005年1月颁布的《关于加强高等学校辅导员班主任队伍建设的意见》明确提出,"向职业化、专家化方向发展"的高校辅导员队伍建设目标。2006年7月出台的《普通高等学校辅导员队伍建设规定》,对高校辅导员的职权职责、配备数量、选聘方式、发展方向、管理方式、考核办法做出详细规定,标志着比较系统和完备的中国高校辅导员制度已经基本建立。2012年2月颁发的《全国大学生思想政治教育工作测评体系(试行)》,将高校辅导员的考核与晋升、薪资与待遇、培训与发展纳入思想政治教育工作测评体系,通过评价体系的鞭策推动高校辅导员制度的发展。

改革开放和社会主义现代化建设新时期的人才培养目标定位在继续强调培养德智体美全面发展的社会主义事业建设者和接班人的同时,更突出"四有"新人的标准。辅导员制度为这一培养目标的实现提供了保障。辅导员队伍在系列政策制度的指引下，不仅朝着专业化、职业化方向发展，而且在解决学生学习、生活和心理上的问题，促进学生全面发展，提高学生的综合素质等方面获得了丰富的实践经验，成为大学生思想政治教育的骨干力量，为改革开放和社会主义现代化建设新时期培养德智体美全面发展的社会主义建设者和接班人提供重要保障。

（四）高校辅导员制度为中国特色社会主义新时代培养担当民族复兴大任的时代新人提供制度保障

2012年11月，党的十八大胜利召开，标志着中国特色社会主义进入新时代。以习近平同志为核心的党中央，着眼民族复兴伟大梦想，紧紧围绕"培养什么人、如何培养人、为谁培养人"这个根本问题，把立德树人作为教育的根本任务，丰富了人才培养的深刻内涵和时代取向。党的十九大报告强调，要培养德智体美全面发展的社会主义建设者和接班人。2018年9月10日，习近平总书记在全国教育大会上强调要培养德智体美劳全面发展的社会主义建设者和可靠接班人，加快推进教育现代化、建设教育强国、办好人民满意的教育。将"劳动教育"加入学生培养目标之中。2019年3月，习近平总书记在学校思想政治理论课教师座谈会上指出："新时代贯彻党的教育方针……努力培养担当民族复兴大任的时代新人，培养德智体美劳全面发展的社会主义建设者和接班人。"① 这是首次明确提出教育要为党的治国理政服务的要求，并把人才培养与民族复兴紧密相连，也是首次将"德智体美劳"作为"身心发展"的完整概念加以表述。随后，中共中央、国务院出台了一系列文件，强调要构建德智体美劳全面培养的教育体系，构建服务全民终身学习的教育体系，实行"五育"并举，培养时代新人，以促进中华民族的伟大复兴。2021年，《中华人民共和国教育法》第五条修改为"教育必须为社会主义现代化建设服务、为人民服务，必须与生产劳动和社会实践相结合，培养德智体美劳全面发展的社会主义建设者和接班人"，明确将党的教育方针落实为国家法律规范。新时代人才培养的目标定位不同于上述历史时期中

---

① 习近平：《思政课是落实立德树人根本任务的关键课程》，人民出版社2020年版，第9—10页。

关于人才培养的规定，更凸显了新时代培养"担当民族复兴大任"对人才德智体美劳的素质要求。

新时代中国面临着前所未有的复杂局势，国内改革发展稳定的任务更为繁重，世界各国利益摩擦和矛盾冲突加剧。境外敌对势力加大对高校意识形态渗透力度，同我争夺阵地、争夺青年、争夺人心的斗争日趋激烈，高校思想政治教育的任务是要教育师生树立"四个自信"，完善思想政治工作治理体系和治理能力，为实现"两个一百年"奋斗目标、实现中华民族伟大复兴的中国梦凝心聚力。① 2013年5月《普通高等学校辅导员培训规划（2013—2017年）》，2014年3月《高等学校辅导员职业能力标准（暂行）》，2017年9月《普通高等学校辅导员队伍建设规定》，2020年4月《关于加快构建高校思想政治工作体系的意见》等文件陆续出台，高校辅导员制度逐步成为一套比较完整、比较系统的制度体系，高校辅导员制度基本成熟，并以明晰高校辅导员的角色定位与职权职责、推动辅导员队伍建设的专业化与职业化、完善辅导员的晋升机制与激励机制三个方面为重点，进一步创新发展。深化新时代高校辅导员队伍建设，应当明晰逻辑理路，引导辅导员做有思想的行动者、做关注实际问题的研究者，坚持世界眼光、中国情怀和时代特征的统一；把辛苦转化为成果，把经验上升为科学；不断激发队伍成长发展的内生动力。②

《普通高等学校辅导员队伍建设规定》（教育部令第43号）明确了高校辅导员的九项工作职责，高校辅导员工作育人作用的发挥贯穿其工作的各环节，围绕思想政治教育的"教育、管理、服务"三大职能展开，形成了思想引领育人、组织管理育人和咨询服务育人三大育人体系。思想引领育人侧重提升政治素养、巩固思想观念、践行道德规范。组织管理育人通过党团建设形成正确政治信仰，通过学风建设培育良好学习观念和习惯，通过日常事务管理树立行为规则意识。咨询服务育人旨在开展身心健康教育形成正确生命观，立足职业规划指导树立科学择业观，

---

① 冯刚、张晓平、苏洁主编：《中国共产党高校思想政治教育发展史》，人民出版社2021年版，第94页。
② 冯刚：《深化新时代高校辅导员队伍专业化职业化建设的逻辑理路》，《高校辅导员》2021年第2期。

通过精准资助帮扶建立积极人生观，达到立志扶智。《规定》进一步凝练细化了辅导员的育人指向，在一定程度上解决了高校辅导员工作多、散、杂的问题，聚合了各类工作的工作主旨，让工作更加有的放矢。同时，工作明确的指向性对辅导员应具备的素质、能力都提出了一定要求。

中国特色社会主义新时代，以习近平同志为核心的党中央从战略和全局出发，对新时代高校思想政治工作提出了新思想、新理念、新要求，新时代高校人才培养凸显了对德智体美劳的素质要求，为新时代高校辅导员队伍建设提供了根本遵循，使新时代高校辅导员制度成为培养担当民族复兴大任时代新人的制度保障。

二 辅导员制度符合思想引领、价值引导和全面发展的人才成长规律

高校辅导员制度是集教育功能、管理功能和服务功能于一体的，具有浓厚中国特色的制度，其根本目的是开展大学生思想政治教育。政治属性是高校辅导员队伍的根本属性，政治引领是高校辅导员的最重要工作。高校辅导员只有聚焦其岗位的政治属性，站在党和国家的立场上，才能落实立德树人的时代要求。这是建立高校辅导员制度的逻辑起点，更是辅导员职业的根本要求。

（一）辅导员制度符合思想引领的人才成长规律

思想引领是以思想理论为基础，通过教育、宣传、引导等方式，对人们的思想观念、道德观念、文化观念等进行塑造和引导的过程。其实质是一种文化传承和价值观念引导的过程，包括价值观引领、文化传承引领、科学知识引领和精神追求引领等方面，旨在引导人们树立正确的思想观念和行为准则，从而不断推动社会的进步和发展。思想引领是中国共产党执政兴国的基本能力，是推进党的建设过程中固本强基、铸魂补钙的基础性工作和灵魂工程。《普通高等学校辅导员队伍建设规定》（教育部第43号令）明确辅导员工作职责包括思想理论教育和价值引领等九个方面，尤其是要在思想理论教育和价值引领方面发挥重要作用。也就是说，对于大学生的思想政治理论学习、价值观的树立、专业课知识的学习、生活实际问题、思想精神状态、心理问题、社交、创业、就业、实践等，辅导员都必须时刻关注并能及时给予正确的意见和指导建议。辅导员应该引领学生坚定政治方向，与党和国家同心同德、同向同

行；引领学生认真学习党的理论，对中国特色社会主义道路、理论、制度、文化充满自信，从思想上、政治上、情感上认同当前的中国特色社会主义及其建设成果。

(二) 辅导员制度符合价值引导的人才成长规律

习近平总书记反复强调："青年的价值取向决定了未来整个社会的价值取向，而青年又处在价值观形成和确立的时期，抓好这一时期的价值观养成十分重要。"① 价值引导通过正确的价值观念和行为规范，引导个人和组织朝着正确的方向发展，实现自身价值和社会价值的协同提升。其本质在于将正确的价值观念内化为行为准则，引导和规范人们的思想和行为。价值引导是实现个人和组织价值协同提升的关键途径，是推动社会进步和发展的重要手段。当前，学生生活在多元化的意识形态背景下，现代与传统、社会主义与资本主义、现实世界与虚拟世界等多种价值观念交汇融合。在矛盾冲突面前，学生如果不善于选择，就会导致盲从，有时甚至会误入歧途。辅导员作为思想教育主阵地的坚守者，必须担负起对学生价值观的引领责任。辅导员对学生实施的世界观、价值观教育，以及通过各种活动及途径，让正确的、积极的价值理念内化于学生的思想，体现于外在行为的过程。价值引领可以引导个人的人格建构方向，塑造并提升个性人格的价值功能。高校辅导员的价值引领，应该符合社会主义核心价值体系的要求和导向，有助于引领社会风尚、凝聚社会共识、促进社会文明进步。作为高等教育育人体系中的重要骨干力量，"政治首位"是辅导员岗位属性的必然要求，高校辅导员工作不只是事务管理或心理咨询，思想引导与价值塑造是首要的，这就必然要求在辅导员选拔中坚持政治首要标准。

(三) 辅导员制度符合全面发展的人才成长规律

马克思主义关于人的全面发展理论为我国高校辅导员制度的建立与发展指明了方向，辅导员工作的最终落脚点是要促进大学生的全面发展。实现人的全面发展是中国教育工作的根本目标。辅导员制度是高等教育中的一个重要制度，其目的是通过辅导员的指导和帮助，为学生提供全面的发展和成长支持，培养符合时代需要的高素质人才。辅导员制

---

① 习近平：《论党的宣传思想工作》，中央文献出版社2020年版，第77页。

度始终坚持育人为本,引领学生全面健康成长,为中国特色社会主义建设培养可靠建设者和接班人,担负起立德树人的责任。辅导员制度符合全面发展的人才成长规律,具有以下四方面的具体内涵:一是提供全面的发展支持,促进学生在知识、技能、体魄、品德等多个方面得到全面的提高,有助于学生全面发展。二是通过了解学生个性和特长,为学生提供有针对性的指导和支持,帮助学生发现和培养自己的特长和优势,有助于学生更好地全面发展。三是培养学生的自我管理和自我发展能力,帮助学生培养自己的学习能力、人际交往能力和自我管理能力等,有助于学生更好地适应社会和面对未来的挑战。四是促进学生的思想品德教育,注重学生的思想品德教育,引导学生树立正确的世界观、人生观、价值观,有助于学生在成长的过程中形成正确的思想观念和道德观念。

三 辅导员政策发展史充分体现了党的思想政治工作在高校的实践与理论建构

实践是检验真理的唯一标准,任何一项科学的政策都必须应用于实践并在实践中进行检验,中国高校辅导员政策也不例外。高校辅导员的工作是动态的,不是一成不变的,具有时代性、高效性、政治性等特点。辅导员制度在高校的实践与理论建构是其特色的具体体现。

(一) 辅导员政策发展史充分体现了党的思想政治工作在高校的实践建构

当前中国高校不断强化实践工作的地位,推动理论和实践的统一,使理论必须符合中国的思想政治教育发展现状。辅导员政策发展史充分体现了党的思想政治工作在高校的实践建构。改革开放以来,随着国内外政治经济形势的变化、对辅导员制度认识的逐步深化和大学生群体问题的凸显,社会对高校思想政治教育工作的要求越来越高,辅导员队伍的职业化、专业化要求就成为一种必然,并已经在实际工作中取得了突破性进展。辅导员角色由单一变得多样。辅导员政策发展初期,辅导员仅是"政治领路人"。20世纪末以来,对辅导员的角色身份定义更加科学合理,辅导员不仅要做学生的"学业导师""人生导师",还要做学生日常生活的管理者和指导者,辅导员角色更加多样,身份更加明确,待遇大幅度提高。随着实践的发展，中国高校辅导员政策已经有了很好的发展方向，为未来工作提供了明确指导。学科机制的介入是辅导员政策发展的新方向。思想政治教育工作是辅导员工作的根本，思想政治教育工作的本质是做"人"的工作，"人"的工作又是一项极其复杂的事务。辅导员工作理应成为一门科学，辅导员工作的本质、内容、方法、原理、主体、客体等内容都需要从全新的视野进行切入，而不是零敲碎打。随着教育实践的发展，中国日益构建起了与辅导员岗位特点相契合、偏向实务的学生教育与管理的专业技术职务，允许辅导员岗位面向社会、面向学生。同时，设立辅导员专项培养基金，用于辅导员队伍的表彰、培训、攻读学位、考察、课题研究等。高校可以充分运用这些有利资源，选拔优秀专职辅导员队伍攻读辅导员工作相关专业的硕士或博士学位，适时开展辅导员培训活动，定期派辅导员到校外学习、交流和考察，优化辅导员队伍结构，不断提升辅导员工作水平。

这也启示辅导员政策发展史研究，一是要把握辅导员政策的演变和发展规律，深入探究辅导员政策从产生到发展、演变、完善的历史过程，掌握政策的制定背景、内容、执行效果等方面的历史演变，这有助于我们更加全面地把握辅导员政策的内涵和发展趋势。二是要探索辅导员工作的理论基础和实践经验。揭示不同时期、不同阶段辅导员工作的特点、方法和经验，探索辅导员工作的理论基础和实践经验，这有助于我们更加深入地了解辅导员工作的本质和任务，为今后辅导员工作提供理论和实践指导。三是要正视现实问题和未来发展。深入分析当前辅导员工作存在的问题和挑战，总结历史经验和教训，为今后辅导员政策的制定和实施提供参考意见，推动辅导员队伍建设和辅导员工作的开展。四是要促进学术交流和学科发展。辅导员政策发展史的研究涉及思想政治教育学科及教育政策、教育管理、心理学等多个学科领域，有助于促进各学科之间的交流和合作，为学科发展提供新思路和新动力。

（二）辅导员政策发展史充分体现了党的思想政治工作在高校的理论建构

辅导员政策发展史研究对理论创新具有重要促进作用。通过对辅导员政策的发展历程进行回顾和总结，可以深入了解辅导员政策的特点、规律、趋势，从而为辅导员制度的理论创新提供参考和借鉴。首先，辅导员政策发展史研究可以促进辅导员理论的创新。辅导员政策发展史反映了不同历史时期和社会背景下辅导员工作的不同形态和特征，这些特征和形态为辅导员理论创新提供了实践基础和理论支撑。其次，辅导员制度发展史可以促进辅导员工作的创新。随着社会的发展，辅导员工作也在不断的转变和发展。通过对辅导员制度发展史的回顾和总结，可以发现不同历史时期和社会背景下辅导员工作所面临的挑战和机遇是不同的。这些挑战和机遇为辅导员工作的创新提供了实践基础和理论支撑。最后，辅导员政策发展史可以促进辅导员制度的创新。随着高等教育的不断发展和变化，辅导员制度也需要不断地与时俱进、不断地进行创新和改进。辅导员政策发展史充分体现了党的思想政治工作在高校的理论建构，体现在辅导员政策发展史的历史意义与时代价值上。

辅导员政策发展史是高等教育制度发展中的重要历程之一，反映了党的思想政治工作和教育管理制度、办学理念、学生管理模式等方面的演变和变革。辅导员政策的出现，是为了更好地管理服务和培养学生，提高学生的综合素质，促进高等教育质量的提升。辅导员政策的发展为高校提供了完善的学生教育管理服务模式、人才培养模式和管理模式。辅导员政策的历史演变，反映了高等教育对学生发展的重视程度和不断适应社会变革的需要。随着时代变迁和高校教育需求的演变，辅导员制度的发展也需要不断地完善和创新。现实意义方面，辅导员政策发展史为今后完善辅导员工作提供了重要的历史借鉴和经验。对于高校教育现代化、国际化和人才培养质量提升具有促进作用。通过对辅导员政策发展史的研究，既可以总结出一系列辅导员工作的经验和教训，对今后高校学生思想政治教育工作提供重要的借鉴和指导；也可以帮助辅导员更好地实现对学生的思想引领、价值引导、道德培育和文化涵养，提高辅导员队伍的专业化水平、职业素质和教育管理水平，推进高等教育守正创新发展。

辅导员制度发展史同样具有重要时代价值：一是深刻揭示高校管理与服务的本质，有助于把握高校管理与服务的根本规律；二是拓宽高校管理与服务的思路和路径，有助于提出更加科学合理的管理与服务理念和方法；三是推动高校管理与服务的现代化，有助于提高高校管理与服务的水平，满足学生和社会对高校管理与服务的需求；四是促进高校教育改革和发展，有助于加强高校学生管理和服务，提高学生的学习成绩和综合素质，为高校的发展壮大提供有力保障。

四　辅导员政策发展史有助于新时代新征程辅导员队伍建设的高质量发展

规律性认识是科学研究的基础，也是人类认知世界的重要方式之一。中国共产党历来特别重视对规律的总结和认识。在中国共产党领导中国人民进行革命、建设和改革的百余年奋斗中，高校辅导员制度始终参与党的思想政治工作。辅导员制度在政治指导员制度、"双肩挑"政治辅导员制度、政治辅导员制度、辅导员制度的探索、确立和发展中得以演变和深化，总结凝练形成高校辅导员政策发展史。从学术角度来看，辅导员政策发展史为提升中国共产党思想政治教育理论自信，推进有中国特色的学科体系、学术体系和话语体系建构提供了重要基础；从实践角度来看，辅导员政策发展史对深刻把握总结队伍发展的规律性认识，推进新时代高校辅导员队伍高质量建设，提高大学生思想政治教育实效性，提供了理论指导。

（一）新时代辅导员队伍建设的新成就

习近平总书记关于大学生思想政治教育的重要论述总结过往、指引未来，正是党中央对中国共产党思想政治教育史、辅导员政策发展史的规律性认识总结，也是新时代中国辅导员队伍建设取得较大突破的根本所在。习近平总书记在全国高校思想政治工作会议上强调，"长期以来，高校思想政治工作队伍兢兢业业、甘于奉献、奋发有为，为高等教育事业发展做出了重要贡献。要拓展选拔视野，抓好教育培训，强化实践锻炼，健全激励机制，整体推进高校党政干部和共青团干部、思想政治理论课教师和哲学社会科学课教师、辅导员班主任和心理咨询教师等队伍建设，保证这支队伍后继有人、源源不断"[①]。2017年10月1日施行的《普通高等学校辅导员队伍建设规定》（教育部令第43号）是新时代高校

---

① 《习近平在全国高校思想政治工作会议上强调　把思想政治工作贯穿教育教学全过程　开创我国高等教育事业发展新局面》，《人民日报》2016年12月9日第1版。

辅导员队伍建设的纲领性文件。这些规律性认识不是凭空产生的，而是根植于历史实践之中。

正是在党中央的正确指引下，新时代高校辅导员制度逐渐成熟，辅导员队伍建设得以促进，在发展中丰富完善。一是辅导员队伍人数大幅提高。2022年3月，全国高校专兼职辅导员数量达24.08万人，创历史新高。师生比平均达到1：171配置。[①] 二是辅导员队伍结构更加合理。新时代随着辅导员制度的不断发展和完善，高校对辅导员的人员构成也逐渐变化。辅导员队伍来源从专职党政干部、政治理论课程教师队伍逐步转化为思想政治教育学科专业人才队伍为主；学历方面从大专和本科学历为主逐渐演变为以硕士学历为主，且硕士及以上学历人数呈逐年上升趋势。三是辅导员身份认同更加强化。辅导员角色定位从创设之初的学生管理者发展成为教育者和管理人员的双重身份，逐渐成为高校思想政治工作的中坚力量。四是辅导员素质能力更加全面。高校辅导员在政治素质方面从业务能力、思想文化水平参差不齐的队伍逐渐演变为政治强、业务精、纪律严、作风正的专兼结合的思想政治教育队伍。在专业素质方面厘清了辅导员工作的九大范畴及其能力要求。五是辅导员发展路径更加多样。辅导员队伍逐步演变为专业化、职业化发展路径。这既是辅导员队伍建设的自身要求，也是面对教育新形势、新任务的迫切需要。

（二）高校辅导员政策史研究的规律和启示

在中国共产党的坚强领导下，高校辅导员队伍建设取得了长足发展，发生了深刻变化，积累了丰富经验，形成了规律性认识，并呈现出时代特点，为新时代新征程辅导员队伍建设的高质量发展提供了有益启示。一是始终坚持把党委领导、政策驱动作为队伍建设的根本保障。习近平总书记指出，"办好我国高等教育，必须坚持党的领导，牢牢掌握党对高校工作的领导权，使高校成为坚持党的领导的坚强阵地"[②]。这一点任何时候都不能有丝毫动摇。坚持党的领导是高等教育的根本遵循，也是高

[①] 冯刚主编：《思想政治教育研究热点年度发布（2022）》，团结出版社2023年版，第424页。

[②] 《习近平在全国高校思想政治工作会议上强调　把思想政治工作贯穿教育教学全过程　开创我国高等教育事业发展新局面》，《人民日报》2016年12月9日第1版。

校辅导员队伍建设的根本原则。二是始终坚持把政治素质和理想信念作为辅导员队伍选拔标准。坚持把具有较高的政治素质和坚定的理想信念，坚决贯彻执行党的基本路线和各项方针政策，有较强的政治敏锐性和政治辨别力作为选拔辅导员的基本标准，并贯穿于高校辅导员队伍建设的主要历程，是高校辅导员队伍建设的另一重要经验。政治素质是辅导员工作属性的必然要求，思想引导、价值引导、道德培育与文化涵养是首要的，这就必然要求在辅导员选拔中坚持政治首要标准。[①] 三是始终坚持把服务学生发展与促进自身发展相结合。在辅导员政策发展史上，辅导员通过工作历练，成长出一大批优秀人才，既有党和国家领导人，又有各行各业的领导和骨干人才。然而，辅导员归根结底要在服务大学生成长发展中，即服务培养德智体美劳全面发展的社会主义事业建设者和接班人的事业中促进自身发展。四是始终坚持把守正与创新相统一作为辅导员队伍持续发展的动力。坚持"守正"就是要坚持思想政治工作的指导思想、政治立场、根本任务、重要方针、重要原则不能变，着力提升高校辅导员开展思想政治教育的能力，包括夯实高校辅导员的思想政治教育专业基本理论、基本知识、基本方法，马克思主义中国化相关理论和大学生思想政治教育工作实务相关知识等。坚持"创新"就是要积极回应时代发展和社会变革带来的新情况、新问题、新挑战，在工作思路、工作内容和工作方式上与时俱进，开拓创新。[②] 只有继续坚持守正与创新相统一，这支队伍才会更有吸引力、凝聚力、组织力、战斗力，才能在时代新人培养中发挥更大作用。

基于以上规律性认识，新时代新征程的辅导员队伍建设要实现自身高质量发展，还需要在以下几个方面着力。一是要强化历史意识。辅导员需要深刻认识历史对于自身队伍发展的重要意义，借鉴历史经验，总结历史规律。二是要掌握政策法规。辅导员需要时刻关注政策法规的变化，掌握政策的最新变化和解读，跟进政策实施效果，做好政策落地的

---

① 彭庆红、耿品：《新中国成立70年来高校辅导员队伍建设的历史进程、总体趋势与经验启示》，《思想理论教育导刊》2019年第8期。

② 冯刚、朱小芳：《深刻把握新时代思想政治工作的规律性认识》，《思想教育研究》2022年第3期。

实际工作。三是要优化教育理念。辅导员需要根据教育目标的转变，科学把握教育对象、教育方式和教育技能，实现更全面、更具体、更个性化的思想政治教育，提高育人水平和质量。

高校辅导员政策伴随着中国高等教育事业的发展，是高校思想政治工作顺利开展的制度保障，是马克思主义原理同中国实际相结合、具有中国特色的创新之举。高校辅导员政策发展史，不仅反映了高校思想政治工作的变革和转型，更是高校思想政治教育史的重要组成部分。基于此，我们组织力量编写了这本《高校辅导员政策发展史论》。高校辅导员政策发展史包括政策制定的背景、内容、政策执行效果等方面的历史演变，反映了中国共产党高校思想政治教育工作的演变和发展，体现了中国高等教育理念和人才培养目标的发展变化，见证了高校管理制度和辅导员队伍建设的变迁和发展。本书从高校辅导员政策的发端与探索，清华大学辅导员制度的确立及其发展，改革开放后高校辅导员政策的重建与设计，高校辅导员政策的功能建构，高校辅导员政策的目标定位，高校辅导员政策内容的实体与程序，高校辅导员政策的运行机制，高校辅导员政策的动力系统，高校辅导员政策的效果评估，新时代高校辅导员政策的深化发展等十个层面进行分析与研究，对高校辅导员政策发生、发展、成熟、完善的历程进行回顾整理，分析高校辅导员政策演变的内在逻辑和发展规律，以期为高校思想政治教育的科学研究和实践探索提供更多的理论支持。

新时代新征程上，辅导员政策发展与辅导员队伍建设要反映党和国家的期待，在培养社会主义核心价值观、培养创新精神和创新能力、培育德智体美劳全面发展的时代新人方面与党和国家同向同行。要立足时代之基，紧密结合时代特点和社会主义发展之需，充分反映当代高校教育的特点和趋势，注重思想政治教育的理论创新与实践创新。要回答时代之问，积极回应当代社会和学生发展的各种问题和需求，针对学生身心健康、学习生活等方面的问题，提供全方位、全过程的教育管理服务，使学生稳步成长、健康发展。要满足学生所需，坚持以学生的成长发展为导向，积极倾听学生的声音，为学生提供全面、人本化、多元化的教育管理服务。

第一章

高校辅导员政策的发端与探索

新中国成立初期，中国共产党为加强对高校的直接领导，保证社会主义办学方向，培养社会主义事业的建设者和接班人，设立了一项重要的思想政治教育制度——高校辅导员制度。此项制度是中国共产党对高等教育的实践创新，是高校政治工作制度的重要组成部分，是中国特色社会主义制度的重要特征。七十多年的实践表明，高校辅导员制度是适合中国国情并且具有鲜明的社会主义大学特色的思想政治教育制度，该制度是根据社会主义革命和现代化建设对人才的要求，在继承我军政治指导员制度的基础上，借鉴苏联红军的政治指导员经验，逐步形成的具有中国特色的思想政治教育制度。新时代以来，高等教育改革进入新的发展期，党的二十大报告将教育、科技、人才进行"三位一体"统筹安排、一体部署，明确指出要加快建设高质量教育体系。高校辅导员制度也应与时俱进，不断完善，以适应高等教育改革发展的要求。

第一节 政治指导员制度源起

新民主主义革命时期，党在军队建设中探索建立政治指导员制度。从黄埔军校时期政治指导员的设立，到南昌起义中的政治指导员制度形成，以及秋收起义"支部建在连上"的"党代表"制度，我军的政治指导员制度经历了建立、发展的过程，对提高军队战斗力发挥了重要作用，也孕育了高校辅导员制度的萌芽。随着延安时期大量红军学校的建立，政治指导员制度在学校中得以实施，为新中国成立后的高校政治指导员制度的确立和发展奠定了基础。

一　中国军队早期的政治指导员制度

中国共产党在军队的思想政治教育工作，发端于国民革命时期。1924—1927年国内爆发以"打倒列强，除军阀"为宗旨的国民大革命。这场大革命，是在中国共产党和中国国民党合作基础上进行的。1923年6月，中国共产党第三次全国代表大会制定了以党内合作形式同国民党建立革命统一战线的策略。1924年1月，国共合作统一战线正式形成。5月，在中国共产党的推动下和苏联的帮助下，孙中山在广东黄埔建立了训练革命军官的国民党陆军军官学校（简称黄埔军校）。

黄埔军校设置了总理、校长和党代表。党代表主要职责是指导党部活动和政治工作，"军校的一切命令及发出的公文，未经党代表书名概不发生效力"①。在部门设置上，有教授部、训练部、管理部、军需部、军医部等行政业务部门，还设置了政治部。政治部是军校国民党党部的工作机关，接受党代表的命令和指导，对党代表负责，主要任务是培植师生的国民革命意识。对内负责政治训练，指导党务活动，以便全校师生了解政治常识，增强革命观念，遵守纪律，信仰主义，保证完成国民革命的使命；对外负责宣传群众，组织群众，以实现武力与民众相结合，在军事行动中得到人民支持的目标。②黄埔军校的教育兼顾军事与政治，使学员不仅知道"枪怎么放"，还知道"枪向谁放"。③黄埔军校对政治教育的高度重视，使其有别于传统的军校。

黄埔军校大量的政治教育工作由中国共产党承担。中国共产党先后派出周恩来、恽代英、萧楚女、熊雄、聂荣臻、鲁易、包惠僧、高语罕等人开展工作。黄埔军校"首次创建了一整套完备的思想政治教育工作组织机构，配备了数量众多的专职政工人员，制定了非常严密的规章制度"④。周恩来担任政治部主任后，创造性地开展了一系列活动，创立

---

① 龚海泉主编：《党的思想政治教育史》，高等教育出版社1993年版，第58页。
② 龚海泉主编：《党的思想政治教育史》，高等教育出版社1993年版，第49页。
③ 冯刚、张晓平、苏洁主编：《中国共产党高校思想政治教育发展史》，人民出版社2021年版，第65页。
④ 王树荫主编：《中国共产党思想政治教育史》，中国人民大学出版社2016年版，第22页。

了一套比较完备的政治工作制度。在周恩来主持下，政治部先后制定了《政治部服务细则》《政治训练班训练纲要》《中央军事政治学校政治教育大纲草案》《官长政治教育计划》等，详细规定了政治训练的内容、目的以及政治部职责、任务、工作人员的纪律等。政治部还制定了《本校政治部政治指导员条例》《政治讨论会规则》《国民革命军党代表条例》等，使军队思想政治教育出现了生机勃勃的新气象。《本校政治部政治指导员条例》中对政治指导员的工作职责做了详细规定，主要上传下达政治部各种文件精神，并通过调查、监督等方式，对部队、军校官兵有关政治教育意见建议、军队军纪风纪等上报政治部，同时，要主持政治讨论会与政治工作实习事务，考核其成绩。① 这一条例也成为军队政治指导员的雏形。1924年秋，中国共产党在校内建立了秘密的中共黄埔特别支部，这是党在军队中的第一个基层党组织，它为宣传马克思列宁主义，团结左派师生，领导思想政治教育工作，发挥了重要作用。

国民革命军借鉴和推广了党代表和政治部制度，在所辖各军部都设立了党代表和政治部。先后有多名中共党员在国民革命军中担任党代表、政治部主任、政治秘书等。在各团及以下单位中，中共党员担任党代表的比例更高。1925年2月和10月，以黄埔军校学生为主体组成的东征军，先后两次东征，统一了广东革命根据地。可以说，这两次东征和随后进行的北伐战争，很好地检验了黄埔军校所进行思想政治教育工作的实效。

中国共产党在北方国民军中也开展了思想政治工作，指导建立了政治部和政治指导员制度。1926年7月，北伐战争开始。9月，冯玉祥在五原誓师，宣布成立国民军联军总司令部，全军集体加入国民党，参加北伐战争。五原誓师大会过程中正式建立了政治工作制度，在军和独立师以上部队设政治部，在师以下部队设政治指导员。10月，中国共产党制定了《国民军联军政治工作大纲》，规定政治指导员要把政治工作放在第一位。并强调指出：政治工作的目的，"就是为的要使每个兵士都彻底了解政治的意义、战争的目的"，"成为有觉悟的为中国自由独立而奋斗的

---

① 陈以沛等编：《黄埔军校史料：1924—1927》，广东人民出版社1982年版，第205页。

战士"。① 可以说，这一系列政治工作对于促进国民军脱离北洋军阀系统、参加国民革命，对于冯玉祥及西北军等许多爱国军人走上与中国共产党合作的道路，发挥了积极作用。北方的革命政治工作也由军队（国民军）扩展到军校（中山军事学校）。1927年3月，共产党帮助国民军驻陕总部在西北创办中山军事学校，校长史可轩、副校长李林、政治部主任邓小平、学员总队长许权中以及三个大队长都是共产党员，并且每个大队都成立了一个共产党支部。中山军事学校采取多种方式方法对战士和队员进行思想政治教育工作。

1927年8月，南昌起义爆发。起义前夕，以周恩来为书记的中国共产党前敌委员会，在起义部队中建立中国共产党组织，在军、师两级设立了党代表和政治部，在团、营、连三级相继设立了政治指导员。这些党代表和政治指导员均由政治素质高、工作能力强的共产党员担任，如第11军党代表聂荣臻和第3师党代表徐特立。前委明确规定，党代表也是所属部队主官，除领导部队党的工作、政治工作外，还负有所属部队全面工作的领导责任。南昌起义是中国共产党探索独立领导革命武装斗争的开始。起义部队设立的政治部、党代表和政治指导员制度充分加强了党对人民军队的绝对领导。1927年8月21日，中共中央临时政治局常委通过的《中国共产党的政治任务与策略的议决案》中指出，"这种军队之中要有极广泛的政治工作及党代表制度，强固的本党兵士支部，要有靠得住的忠实于革命的军官这是现时革命运动中最重要的任务之一"②。由此可见，"在南昌起义军队中设置党代表和政治指导员是中国共产党加强对军队领导的一项重要举措，也是政治指导员制度在人民军队的最初尝试"③。

1927年9月，秋收起义受挫后，毛泽东带领部队向井冈山进军并于月底抵达江西永新县三湾村。当时战斗失利、生活条件艰苦、革命前途不明等悲观情绪影响了部队官兵的士气。毛泽东当晚主持前委会议，决

---

① 龚海泉主编：《党的思想政治教育史》，高等教育出版社1993年版，第67页。
② 《中国共产党的政治任务与策略的议决案》，《建党以来重要文献选编（1921—1949）》第4册，中央文献出版社2011年版，第479页。
③ 杜向民、黎开谊：《嬗变与开新——高校辅导员制度发展研究》，中国社会科学出版社2009年版，第14页。

定对部队进行整顿，史称"三湾改编"。"三湾改编"创造性地提出了"支部建在连上"的原则，创建了我军政治工作组织机构的基本框架。设立党委、党支部、党小组，还有共青团组织和军人委员会。具体为：在前敌委员会的统一领导下，营、团建立党委，连设党支部，班、排设置党小组，在连以上要设立党代表。连队是军队基层战斗单位，把支部建在连上，实际上就是在连一级实行党委集体领导下的首长分工负责制，使得党支部成为连队的领导核心。"三湾改编"是中国共产党建设新型人民军队最早的一次成功探索和实践，是我党在军队中独创性开展思想政治工作的起点。"支部建在连上"是保障党对军队绝对领导的重要制度创新。连队的主要工作，无论是政治或者军事方面，都要经过党支部讨论决定，然后由党代表和连长分头执行。党代表专门负责党的政治工作。关于党代表的职责，毛泽东在《井冈山的斗争》中指出："他（党代表——引者注）要督促士兵委员会进行政治训练，指导民运工作，同时要担任党的支部书记。事实证明，哪一个连的党代表较好，哪一个连就较健全，而连长在政治上却不易有这样大的作用。"[①] 党代表除了要在部队中做思想政治工作，保证党的路线、方针、政策在军队中贯彻执行，保证党对军队的绝对领导，还要承担宣传、动员、组织群众的重任。从党代表的职能来看，实际就是政治指导员。

经过"三湾改编"等组织整顿与思想整顿，毛泽东、朱德领导的中国工农红军第四军不断发展壮大，党代表制度得以进一步完善。1928年7月，周恩来在《六大以后军事工作的主要任务》的报告中特别指出红军一定要有政治工作，党负责政治工作，政治部是党在军队中的最高机关。同时，强调了在工农武装中"党应起中心作用，或领导作用"[②]。同年，红四军还制定了《红军第四军党代表工作大纲》（简称《大纲》），就日常和战时党代表的职责和任务提出了具体要求。《大纲》规定党代表应担负军队、民众、党务、做报告、民众的调查等五个方面的工作并提出具体要求。《大纲》还特别指出了党代表应具有高度责任心和业务能力，必

[①]《毛泽东选集》（第一卷），人民出版社1991年版，第64页。
[②]《建党以来重要文献选编（1921—1949）》第五册，中央文献出版社2011年版，第360—361页。

须是一个有高度责任心和宣传、动员能力的优秀党务工作者，而不是光耍嘴皮的"政工人员"。党代表职责分明，在工作中又有章可循，体现了党代表制度的科学化与制度化，也为规范党代表开展政治宣传动员工作提供了制度保障。此时期，红四军先后召开6次党的代表大会，总结革命经验，研究斗争策略，积极开展各项思想政治教育工作，制定了一系列政治工作条例和制度，比较全面规范了红军思想政治教育工作内容。1929年，中国工农红军按照中国共产党第六次全国代表大会决议精神，将各级党代表统一改称政治委员，后来营、连政治委员分别改称政治教导员（简称教导员）和政治指导员（简称指导员）。从此，政委、教导员、指导员成为我军各级政治主官。

随着工农红军力量的不断发展及壮大，红军思想方面建设的需求越来越大。1929年12月下旬，红四军在福建省上杭县古田召开红四军党的第九次代表大会，即古田会议。会上通过了毛泽东主持起草的《中国共产党红军第四军第九次代表大会决议案》。决议特别指出，红军必须开展强有力的政治工作。决议规定了红军中政治机关和政治工作地位，指出红军的政治部、司令部是"在前委指导下，平行地执行工作"的关系,[①] 同时指出红军各级委员和政治部，都应该积极开展政治思想教育工作，加强对官兵的政治训练，从而不断提高官兵的政治觉悟，及时纠正各种非无产阶级的思想，有力保证党的正确路线的深入贯彻和各项任务的完成。由此可见，政治委员通过负责其所在军队的党组织工作、政治工作，发挥监督军事指挥员以及所属部队的作用，从而达到加强党对红军领导的效果。

古田会议决议提出了"编制红军法规"的任务,[②] 以条例、条令治军的思路也逐步推开，中国工农红军的政治指导员制度以条例的形式确定下来。1930年6月，红四军制定了《红军第四军各级政治工作纲领》，这个纲领包括军与纵队（团）政治部的工作纲领和支队（营）与大队

[①] 李德芳、杨素稳、李辽宁主编：《中国共产党思想政治教育史料选辑》（上册），武汉大学出版社2009年版，第125页。

[②] 李德芳、杨素稳、李辽宁主编：《中国共产党思想政治教育史料选辑》（上册），武汉大学出版社2009年版，第113页。

(连)政治委员工作纲领等,并对两级政治部的工作职责和工作任务都有明确规定,各提出了18条具体工作任务。这个纲领是古田会议决议精神的进一步贯彻落实,也使得红四军思想政治工作进一步制度化了。12月,党中央制定了《中国工农红军政治工作暂行条例草案》(简称《草案》),① 这是党的思想政治工作的第一个正式条例。《草案》包括一个总则和红军政治指导员、红军政治委员、红军团政治处、红军军师政治部、红军军区及集团军政治部、红军总政治部、红军党的连支部及团委、红军党务委员会、红军青年团、红军政治机关及党部与地方党部关系等10个具体条例。② 1932年,红军总政治部对这个《草案》又进一步做了补充修订后再次公布,把原来的10个具体条例增加到19个,成为更加完整的红军政治工作系统条例,对加强红军的思想政治建设发挥了重大作用。1932年《草案》对政治指导员的地位、工作内容等有着详细的规定。1932年《草案》指出:"连的政治指导员是红色战斗员,政治教育指导员,须担任政治教育完全的责任",这里非常明确地指出政治指导员要兼顾战斗和政治教育,而且要承担"完全的责任"。同时,对政治指导员的政治素质还提出了明确要求:不仅要有丰富的军事知识,还要有政治教育的业务能力。《草案》统一了红军各部队政治工作人员的称谓,理顺了政治指导员在军队中的组织领导体系,制定了红军政治机关系统图,对红军政治机关的性质和职权都做了具体规定。1934年修订发布了《中国工农红军政治指导员工作暂行条例》,将原来"1930草案"的21条增加到24条,连队指导员的组织机构由"1930草案"的2项(列宁室和流动宣传队)发展到"1934草案"的6项(列宁室、政治战士、十人团、宣传队、地方工作组和经济协助委员会),政治指导员制度进一步深化。

在《草案》制定的同时,各级军队还注重配套了许多文件,保障此草案的落地。比如1930年红军第一方面军政治部颁布了《红军士兵会章程》,1932年1月,又制定了《中国工农红军优待条例》,这些都极大地

---

① 冯文彬等主编:《中国共产党建设全书(1921—1991)·第7卷·党的思想政治建设》,山西人民出版社1991年版,第357—358页。

② 龚海泉主编:《党的思想政治教育史》,高等教育出版社1993年版,第124—125页。

鼓舞了红军战士和广大群众的政治热情。1932年12月,红军总政治部又颁发了《关于设立政治战士的训令》,有效加强了群众基础建设。1933年7月,中央军委还颁布了《关于颁发红军奖章的命令》,大大激发了广大指战员的革命英雄主义精神。正是在这一系列条例和制度的作用下,根据地的思想政治工作得到全面加强,保证了工农红军的发展壮大和反"围剿"的胜利。[1]

二 红军学校中的政治指导员制度

在红军转入以正规兵团运动战进行大规模反"围剿"作战阶段后,中国共产党开始陆续创办红军学校,以进一步满足部队干部培养和部队训练的需要。同时,政治指导员制度由军队逐步走向高校(主要是军校),并在党领导下的教育事业中扮演了重要角色。1930年初,随着红四军将随营学校改为闽西红军学校,许多红军学校逐步建立,政治指导员制度不断完善。

1931年秋,由中国共产党独立领导创办的中央军事政治学校成立,并最早设立政治指导员制度。其校址设在瑞金,萧劲光任首任校长,"军校既培养红军连排基层干部,又是红军总预备队,随时要参加战斗,编队保持战斗序列,校部下设四个连队,其中龙云、彭绍辉、粟裕、林野曾任连长,张华、石中衡、刘西平、伍修权曾任连指导员"[2]。1933年10月,在此基础上组建了红军大学。中国工农红军学校被分编为红军大学校(简称"红大")、红军第一步兵学校、红军第二步兵学校、红军特科学校、游击队干部学校等5所学校,并成立4个红军教导团,直属中革军委指挥。[3] 同年,为培养大批党政干部,中央在瑞金创办了苏维埃大学,实行校长领导下的管理委员会制,设有校务、教务两处,其中,校务处负责全校行政工作,教务处负责管理全校教务和训育工作,当时的训育工作就是思想政治工作,担任训育工作的教员实质是部队的政治指导员。

---

[1] 龚海泉主编:《党的思想政治教育史》,高等教育出版社1993年版,第124—125页。

[2] 董纯才主编:《中国革命根据地教育史》(第一卷),教育科学出版社1991年版,第111页。

[3] 姚宏杰、宋荇戈主编:《中国革命根据地教育史事日志》,山东教育出版社2020年版,第142页。

当时，各红军学校普遍建立了政治处与政治指导员制度。根据1932年《草案》要求，政治处负责全校学生的思想政治教育工作。主要职能有：第一，要联系总政治部，根据总政治部的指示与训令，制订本校政治工作计划。同时，要参加军事、政治教育计划的编制和军事政治教育实施的检阅。第二，要组织指导本校党的及政治的工作，注意军事、政治、文化教员的政治和质量上的考察。第三，要负责具体会议与方案的组织与管理工作。比如，召集全校政治教员的会议、政治工作的会议及党的会议，召集全校军人大会与学生代表大会；组织和指导与地方党、政府、群众团体及红军部队联系的工作，计划与指导演习时的政治工作；组织与指导全校干部政治讨论会及马克思主义研究会的工作。第四，在学生具体管理上，不仅要指导与参加学生入学的考察及毕业的鉴定，计划与指导学生的实习工作，审定政治、文化课的教材提纲，还要负责对学生物质生活的供给，指导与进行学校的检查工作，指导学校俱乐部工作。①

政治指导员的工作则包括：第一，通过上政治课文化课，主持讨论会、军人大会晚会以及个别谈话等方式对战士进行政治教育和训练。第二，与连长共同开展工作。帮助连长进行对红色战士的军事训练，要从政治上来保证红军战士学习军事的兴趣和积极性；指导连的各种群众团体的工作；预防与消灭连内一切违反无产阶级道德及破坏纪律的行为；指导本连的地方工作；指导列宁室的工作等。政治指导员与连长要"互相帮助"，如双方工作出现问题，则要应站在同志关系上来互相批评；如果发生争执，也应该报告上级来解决，而不要"发生冲突"。第三，指导支部开展工作。指导员作为支部中最优秀的分子，应当积极地帮助支部工作，根据政治委员或总支委对支部的指示，可以指导支部。指导员不能解散与组织支部、停止支部的决议，因为他不是党的全权代表。指导员应参加支部干事会，这样指导员与支部的关系便密切起来。如指导员与支部发生争执时，应将争执事项报告政治委员解决。同时，特别指出，政治指导员要保证政治委员、政治机关的命令、训令、工作计划与指示

---

① 冯文彬等主编：《中国共产党建设全书（1921—1991）·第7卷·党的思想政治建设》，山西人民出版社1991年版，第360页。

的完全实现。要经常将工作情形及连上的政治情绪和状态,向政治委员、政治机关做报告。①

对政治指导员的具体能力素质要求,《草案》也有具体规定。要想成为一名政治指导员,第一,要政治理想信念坚定,即必须有布尔什维克的坚定性、最低限度的政治常识。第二,具有相当的军事知识及课内课外工作的知识。第三,要善于团结同志,以各种各样方式开展政治教育工作。对于团结和发动群众、战士、非党群众积极分子,吸收班、排、连长来进行政治工作,特别是在火线上,都有明确要求。第四,必须随时随地以身作则,成为红色战士的模范;必须保证上级政治委员、政治机关的命令、训令、计划与指示的绝对执行。

红军学校虽然在培养人才的层次和要求上各有不同,但基本都传承和发扬了工农红军学校的优良传统,坚持着重加强学员的阶级教育和党性锻炼,做到理论与实际联系、前方与后方联系、政治与军事并重、教育与训练同行。如红军大学,"教育训练从实际出发,少而精,理论与实际并重,注重提高学员的军政素质。教育训练包括政治教育、军事教育于军事训练和文化教育"②,在军校的发展下,一大批人才被培养出来,并在革命中发挥了重要作用。"中央军事政治学校(后改为中国工农红军学校)及军队专业学校,大力培养军事人才,红军在校学员最多时达6000余人。"③

1935年1月,党中央在贵州遵义召开了政治局扩大会议,通过了《中共中央关于反对敌人五次"围剿"的总结的决议》,结束了王明"左"倾冒险主义在党中央的统治,确立了毛泽东在红军和党中央的领导地位。在遵义会议精神指引下,迅速恢复了党的集体领导制度,同时加强了红军连队党支部的建设。总政治部发出了《关于支部工作的训令》,各部队恢复了连队支部建设的优良传统,加强了党的集体领导,保证了红军长征胜利。遵义会议标志着领导逐步走向成熟,也标志着党的思想

---

① 冯文彬等主编:《中国共产党建设全书(1921—1991)·第7卷·党的思想政治建设》,山西人民出版社1991年版,第356—358页。

② 姚宏杰、宋荐戈主编:《中国革命根据地教育史事日志》,山东教育出版社2020年版,第145页。

③ 《中国共产党组织建设一百年》,党建读物出版社2021年版,第73页。

政治教育进入了一个新的历史发展时期。

三 全面抗战后政治指导员制度的发展

1937年日本发动全面侵华战争,中华民族处于生死存亡的紧要关头。为形成抗日民族统一战线,中国共产党的政治工作制度也随之做了调整。"红军在改编过程中,为顾全大局,实现国共合作,对日抗战,采取了原则性和灵活性相结合的正确策略,曾同意取消红军中的政治委员制度,改政治部为政训处。"① 皖南事变的发生,使得共产党认识到取消政治工作制度的严重性,很快又恢复了政治工作制度。1938年,八路军政治部制定了《八路军政治工作暂行条例(草案)》。该草案包括了总则和条例两个部分,条例包括了政治指导员、教导员、团政治处、旅政治部、师政治部、集团军政治部、政治战士、学校政治机关、兵站政治机关、医院政治机关、战士通讯队、俱乐部救亡室、政治委员和青年队等14个暂行条例。1939年2月,新四军政治部制定了《新四军支部总支部政治战士俱乐部及连队中政治组织与工作大纲的草案》,草案包括了支部、总支部、政治战士、民运工作组、敌军工作组、连队青年队、俱乐部和救亡室等7个工作大纲。1940年,八路军政治部又制定了《中国国民革命军第十八集团军(第八路军)政治工作条例(草案)》,该草案由总则和条例两个部分组成,其中条例包括了政治指导员、政治委员、步兵团政治处、政治协理员、旅政治部、师政治部、党务委员会、军区政治部、军分区政治部、野战军政治部、医院政治机关、兵站政治机关、军队中政治机关党的机关与地方党关系、军队中青年、连队军人俱乐部、政治战士、军队中党的连支部及总支部等17个工作条例。

其间,高校也积极开展了思想政治教育工作,各高校都非常重视学员的思想政治工作,建立了政治指导员组织机构。这里以抗日军政大学(简称"抗大")和陕北公学为例来阐释当时军政学校的政治指导员制度。

抗日军政大学是全面抗战以来,最早建立系统政治工作制度的学校。

---

① 张耀灿主编:《中国共产党思想政治教育史论》,高等教育出版社2006年版,第107页。

抗大设有三个部：政治部、训练部、校务部。政治部负责全校学生的思想政治工作。在校长的领导下，设大队、支队和学员队。大队下设若干支队，支队下设若干中队，大队配备政治委员，支队配备政治协理员，中队配备政治指导员。政治指导员全面负责基层中队学员的思想、学习、健康和生活等工作。政治指导员制度在提高部队的战斗力和凝聚力、保证人民解放战争的全面胜利方面发挥了重要的作用。[①] 1937年12月，抗大政治部颁布《政治工作暂行条例》，包括校政治部、总支委、组织科、宣传科、俱乐部、大队政治协理员、连队政治指导员和连队救亡室等8个工作暂行条例。条例明确规定，政治指导员是校政治部委派到连队，在政治协理员及政治部领导下对全连队政治工作的完全负责者，在政治工作上服从其直属政治协理员之指导，在军事上服从大队长，指出政治指导员必须是最优秀、最积极的中国共产党党员，绝对向党负责，坚决执行党的策略路线、决议与号召，保证与巩固党在学员队的领导地位。[②] 政治指导员制度保障了党对抗大的直接领导。

陕北公学是抗日战争时期中国共产党创办的一所实施国防教育、培养地方抗战干部的革命学校。学校于1937年7月以抗大转来200多名学员为基础宣告成立。值得注意的是，陕北公学与抗大不同，它是一所抗日民族统一战线学校。陕北公学在教学计划上采取的是"三分军事，七分政治"的原则，着力培养军队政治干部。关于陕北公学的人才培养任务，毛泽东为陕北公学题词说："要造就一大批人，这些人是革命的先锋队。这些人具有政治远见。这些人充满着斗志和牺牲精神。这些人是胸怀坦白的，忠诚的，积极的，与正直的。这些人不谋私利，唯一的为着民族与社会的解放。这些人不怕困难，在困难面前总是坚定的，勇敢向前的。这些人不是狂妄分子，也不是风头主义者，而是脚踏实地富于实际精神的人们。中国要有一大群这样的先进分子，中国革命的任务就能够顺利的解决。"[③]

---

① 陈元晖、璩鑫圭、邹光威编：《老解放区教育资料（一）：土地革命战争时期》，教育科学出版社1981年版，第193页。

② 《中国人民抗日军事政治大学史》，国防大学出版社2000年版，第67—72页。

③ 《毛泽东年谱（1893—1949）》中卷，中央文献出版社2013年版，第34页。

第二节　新中国成立前政治指导员思想政治教育实践

政治指导员制度作为重要思想政治制度之一，在人民军队的建设和发展中起到了非常重要的作用，是党在军队开展思想政治教育工作的坚实基础，从组织上保证了党对军队的绝对领导。新民主主义时期的28年间，中国共产党的军队历经红军、八路军、解放军等名称的变化，但军队中政治指导员的工作职责始终未变。毛泽东曾高度称赞政治指导员制度："党代表制度①，经验证明不能废除。特别是在连一级，因党的支部建设在连上，党代表更为重要"，"红军所以艰难奋战而不溃散，'支部建在连上'是一个重要原因"。② 政治指导员制度的发展与成熟离不开中国共产党的领导。在中国革命和建设的过程中，中国共产党创造性地建立了以政治指导员制度为代表的思想政治教育体系，并对新中国成立后中国高校辅导员制度的建立和发展产生了重要的影响。

一　明确思想政治教育的目标任务

思想政治教育的目的是人们依据一定的主客观条件对受教育者思想品德方面的质量的一种期望和规定，是开展各项思想政治教育与活动的依据和动力。③ 中国思想政治教育的根本目的是"提高人们的思想道德素质，促进人的自由全面发展，激励人们为建设中国特色的社会主义，最终实现共产主义而奋斗"④。为了实现这一根本目的，中国共产党在各个历史时期，根据教育对象思想特点的变化，有着不同的具体奋斗目标。在整个新民主主义时期，中国共产党创造的人民军队的政治指导员制度，也随着党在各个时期的具体奋斗目标的变化而变化。

（一）坚持为革命服务

第一，促成并积极推进国共合作。"打倒列强，除军阀"是20世纪

---

① 1929年起红军中的党代表改称政治委员，1930年起连的政治委员改称政治指导员。
② 《毛泽东选集》（第一卷），人民出版社1991年版，第64—66页。
③ 陈万柏、张耀灿主编：《思想政治教育学原理》，高等教育出版社2007年版，第72页。
④ 陈万柏、张耀灿主编：《思想政治教育学原理》，高等教育出版社2007年版，第73页。

20 年代国民革命的重心。在当时的中国,"工人阶级虽然有坚强的革命性,但人数毕竟比较少,如果不团结一切可以团结的力量,结成最广泛的统一战线,党就不可能把中国革命引向胜利"①。同时,国民党有几个不容忽视的优点:"第一,这个党在中国社会上是有威信的。第二,这个党已经在中国南方建立了一块革命根据地。第三,孙中山几经挫折后,深感国民党内许多人已经日趋腐败,中国革命必须改弦易辙。"② 正因如此,中国共产党积极促成两党第一次合作。党的三大认真讨论了合作的原则与形式,通过了《关于国民运动及国民党问题的议决案》和《中国共产党章程草案》等文件,规定了中国共产党在政治上、思想上、组织上保持自己的独立性,同时也特别强调了,"对于工人农民之宣传与组织,是我们特殊的责任;引导工人农民参加国民革命,更是我们的中心工作"③。党的三大后,共产党各级组织动员党员和革命青年加入国民党,大大加快了国共合作步伐,对推进全国范围内的国民革命运动起到了重要作用。

第二,武装和改造部队,培养国民革命骨干。"在第一次国共合作期间,黄埔军校的创办以及思想政治教育的开展可以说是中国共产党高校思想政治教育的初次尝试。"④ 在周恩来任职政治部主任以后,开始着手建立军校的政治工作制度,探索设立了"党代表、政治部、中共黄埔特别党部"三位一体政教组织体系,拟定与实施了以政治教育大纲为核心的系列章程条例。周恩来特别强调了政治部的三项重要任务:"其一是向新成立的校军教导第一团派党代表;其二是建立'青年军人联合会',出油印壁报《士兵之友》;其三是建立政治部正常工作秩序和政治工作制度。"⑤ 除制定《政治部服务细则》《政治训练班训练纲要》《中央军事政

---

① 《中国共产党的九十年(新民主主义革命时期)》,中共党史出版社、党建读物出版社 2016 年版,第 56 页。

② 《中国共产党的九十年(新民主主义革命时期)》,中共党史出版社、党建读物出版社 2016 年版,第 56 页。

③ 《中国共产党的九十年(新民主主义革命时期)》,中共党史出版社、党建读物出版社 2016 年版,第 58 页。

④ 冯刚、张晓平、苏洁主编:《中国共产党高校思想政治教育发展史》,人民出版社 2021 年版,第 103 页。

⑤ 陈以沛等编:《黄埔军校史料:1924—1927》,广东人民出版社 1982 年版,第 181 页。

治学校政治教育大纲草案》《官长政治教育计划》等，还配套制定了《政治讨论会规则》《国民革命军党代表条例》等，确保政治工作制度得以落实。与此同时，还指导建立了中国青年军人联合会，联合军事学校中已毕业和未毕业的青年军人，宣传党的主张，团结革命军人。中共黄埔特别支部更是在吸收优秀青年加入共产党、团结左派学生、宣传马克思主义等方面发挥了重要作用。在黄埔军校中，共产党员数量逐步增多，"前5期学员中，有党员200多人。第二期、三期学生进校后，中共党员人数由占学生总数的8%上升到30%左右"①。除此之外，还有一批优秀党员在军校中担任政治教官等各种职务。为推进北伐战争，中国共产党也制定了一系列方针、政策，培养了一批骨干人员。1926年10月，制定《国民军联军政治工作大纲》，指出要加强政治训练，培养有觉悟的革命战士，争取中国革命的胜利。"据不完全统计，在北伐军各军担负政治工作的共产党员，到1926年12月已达1500人左右。"②

（二）为根据地建设服务

1927年以后，进入土地革命战争时期。在这一时期，党在创建人民军队、开辟农村革命根据地、探索革命道路的过程中，形成了独具特色的思想政治教育体系，思想政治教育有了长足发展。在此期间，由于"左"倾教条主义等错误，思想政治教育曾遭受严重挫折，但1935年召开遵义会议后，思想政治教育在红军长征途中展现了新的生命力。

第一，建立政治工作制度，创建工农红军思想政治教育。南昌起义标志着中国共产党独立领导革命战争、创建人民军队和武装夺取政权的开始。为了实现这一目的，先是毛泽东领导进行"三湾改编"，建立各级党组织和党代表制度，党的支部建在连上，成立各级士兵委员会，实行民主制度，政治上官兵平等。这些措施，从组织上确保了党对军队的绝对领导，是建设新型人民军队的重要开端。自此，起义军的面貌焕然一新。当时的党代表的实质就是政治指导员，他们负责连队官兵政治教育

---

① 王茂胜主编：《中国共产党思想政治教育简史》，华中师范大学出版社2010年版，第48页。

② 肖冬松：《军事文化及其建设研究散论》，人民出版社2016年版，第220页。

和宣传革命及群众工作。随后,毛泽东又根据中央 9 月来信的精神和红军建军经验,领导制定《中国共产党红军第四军第九次代表大会决议案》,即"古田会议决议"(以下简称《决议》)。《决议》系统阐释了共产党的思想政治理论体系,详细规定了思想政治教育的具体内容和具体方法。古田会议后,为了能够使古田会议精神深入贯彻到红军指战员中,1930 年 6 月,毛泽东、朱德领导红军政治部制定《红军第四军各级政治工作纲领》《宣传员工作纲要》等关于学习、宣传《决议》精神的辅助教材,分发给红军指战员。还把《决议》主要精神编成通俗读物和识字课本,发给战士和新闻记者。这样,使得《决议》精神更加具体化、通俗化,也更深入人心。

第二,改变教育策略,培养革命干部。随着农村革命根据地越来越多的县级政权的建立,原有的干部队伍无论是从数量还是质量上都无法满足革命的需要,因此,改造原有的干部队伍、培养一批新的党政和军事人才成为当务之急。1931 年,中华苏维埃共和国中央临时政府成立后,通过《地方苏维埃暂行组织法》《教育部及教育委员会暂行组织纲要》等有关教育管理的文件和指示,推进中央苏区的教育工作稳步开展。中央临时政府还设立了人民委员会教育部,下设高等教育部等机构,推进党独立领导创办自己的各级各类学校来培养革命和建设所需的人才。在此期间,中央军事政治学校、苏维埃大学、马克思共产主义大学、中央农业学校、商业学校等一系列红军学校创办。同时,中共苏区也根据革命形势要求,按系统、分层次开办了一系列短期训练班。这些学校和训练班培训的革命人才之后都回到部队和地方继续工作,极大提升了干部队伍的素质,保证了红军在敌强我弱的条件下"反围剿"斗争的胜利。①

(三)为抗日救国服务

1937 年 7 月 7 日,中国抗日战争全面爆发,思想政治教育工作目标和任务也随之而变化。中共中央随即提出:"根本改革过去的教育方针和

---

① 冯刚、张晓平、苏洁主编:《中国共产党高校思想政治教育发展史》,人民出版社 2021 年版,第 105—107 页。

教育制度。不急之务和不合理的办法，一概废弃。"① 同年 8 月，中共中央"洛川会议"通过了《抗日救国十大纲领》，指出抗日的教育政策是"改变教育的旧制度、旧课程，实行以抗日救国为目标的新制度、新课程"②。1938 年 10 月，随着广州、武汉的相继失守，中国抗战进入战略相持阶段。然而随着抗日战争形势不断变化，民族危机日益加重，党中央以及各革命根据地，方方面面的、各个岗位上的干部非常紧缺，各条工作战线上都亟须补充干部数量，尤其是缺乏有独立工作能力的干部。毛泽东对此十分忧虑，称之为"干部的恐慌"。1937 年全国只有 4 万名共产党员，而到 1940 年时，共产党员已发展为 80 万人，变成了全国性的大党，新加入党组织的党员同志不仅人数众多，而且来源广泛、思想各异，政治素质和文化素质都需要提高。如何改造他们的思想，使他们系统学习党的知识，更好地为抗战服务，就成为必须考虑的问题，最有效的方法便是办学校。

这一时期，中共中央在陕甘宁边区先后创建了 30 多所学校。这些学校大致可以分为三类：一是军事院校。以抗大为代表。抗大专门为八路军和新四军培养领导干部。"抗大"从 1936 年 6 月至抗战胜利，总校共办了 8 期，共培养干部 31345 人。从 1938 年冬开始，"抗大"在敌后先后创办了 12 所分校和 5 所陆军中学、1 所附设中学，③ 培养了 10 万余名干部。二是各级干部学校。代表有：马列学院、中央党校。马列学院主要以讲授、研究马克思列宁主义基本理论为重点。马列学员坚持用马克思主义理论和中国革命的实践经验来教育干部，强调学习用马克思主义的立场、观点和方法去观察、分析和解决问题。中央党校从流动办学到正规化办学期间，开设了普通班、高级研究班、白区工作班、妇女班、少数民族干部班和工农班等各种类型的培训班。三是普通高校。如陕北公学、八路军医科大学、延安自然科学院、民族学院、鲁迅艺术学院等高校。

---

① 《毛泽东选集》（第二卷），人民出版社 1991 年版，第 348 页。
② 《毛泽东选集》（第二卷），人民出版社 1991 年版，第 356 页。
③ 沙健孙主编：《中国共产党史稿（1921—1949）》（第四卷），中央文献出版社 2006 年版，第 279 页。

(四) 为推进解放战争的全面胜利服务

在抗日战争胜利后,"党的方针是要建立一个独立、和平、民主的新中国"①。为完成这一任务,中国共产党开展了形式多样、卓有成效的思想政治教育实践。在人民军队中广泛开展以"诉苦"(诉旧社会和反动派给予劳动人民之苦)和"三查"(查阶级、查工作、查斗志)为内容的整党运动;在农村根据地通过宣传和土地改革运动开展了阶级教育;在其他地区则通过扩大统一战线,对广大工人群众、知识分子和其他爱国人士进行深刻的思想政治教育,使其成为中国革命第二条战线的有生力量。通过一系列的思想政治教育活动,提高了人民的思想觉悟以及参加革命的自觉性、积极性,加速了解放战争的进程。

二 丰富思想政治教育的内容载体

思想政治教育的内容,是思想政治教育的重要组成部分,是思想政治教育者向教育对象实施教育的具体要素,这些要素不是随意安排的,而是根据思想政治教育的目的和任务以及教育对象的思想实际确定的。

黄埔军校的一大特色就是实行军事与政治并重的教育方针。政治训练的主要方式就是上政治课,分学生政治教育、官长政治教育、士兵政治教育等,由专职政治教官讲授。政治教育的主要内容有:马克思列宁主义的基本理论教育、国民革命的宗旨与主义教育、革命军人的素质教育。与此同时,还强调革命纪律教育。教育形式包括政治演讲、政治讨论会、政治问答、政治测验等。军事与政治并重这一点也体现在机构设置和人员配备上。军校既有校长又有党代表,既有教练部又有政治部,既有军事教官也有政治教官。军校以下各级都配备了政工人员。政治指导员就是政治教学的辅助者、管理者和服务者。《本校政治部政治指导员条例》中指出:"为辅助本校政治教育与各种政治工作能于革命的意义之下更适合各部队长官与学生的需要,各部队设政治部和指导员。军校时期的政治指导员对政治部负责,由政治部负责遴选,校长任命。"②

---

① 《周恩来选集》上卷,人民出版社1980年版,第272页。
② 《〈黄埔日刊〉资料汇编》,科学出版社2020年版,第41页。

根据地建设时，特别注重建军宗旨教育。强调"红军来自人民，为了人民"，使得军队与人民相结合，成为"服从于无产阶级思想领导的、服务于人民斗争和根据地建设的工具"①。此外，还开展了革命英雄主义和乐观主义教育、马列主义以及党的正确路线教育等，积极克服各种非无产阶级思想，致力于从政治上、思想上、组织上把红军建设成为一支新型人民军队。这里最为著名的则是"生命线"论断的提出。1934年2月7—12日，红军在瑞金召开了第一次全国政治工作会议。会上周恩来、朱德、王稼祥等领导多次全面、系统地提出了"政治工作是红军的生命线"的著名论断，② 指出"政治工作是提高红军战斗力的原动力"，同时认为政治工作人员是保证政治工作生命线作用发挥的关键所在。会上，周恩来提出政治工作与军事工作、业务工作相结合的原则，强调"政治工作必须要渗透到军事工作、业务工作中去，实现政治与军事的统一，政治与技术的统一"，这样才能确保发挥政治思想工作的保证作用。尽管当时由于王明"左"倾错误路线的影响，此次政工会议的精神未能很好地贯彻执行，但此理论得以系统化、理论化，并从根本上确立了政治工作在红军建设中的地位和作用。

延安时期，党中央的思想政治工作中，主要内容包括以下几点。一是，加强抗日民族统一战线教育，激发爱国主义热情；认清国共合作的长期性和发展前途，从而更好地团结国内一切抗日力量。二是，坚持马克思主义思想教育，培育无产阶级世界观。政治部针对全体军人编写了《抗日军人入伍教材》《抗日军人读本》《八路军军人必读》等教材；针对军队干部增加了《列宁主义概论》《中国近代革命史》《社会科学概论》《联共（布）党史》《政治经济学》《哲学》等读本。部分部队还自编自用了一些教材，如一一五师的《抗日民族统一战线课本》《政治常识

---

① 《毛泽东选集》（第三卷），人民出版社1991年版，第982页。
② "生命线"的概念和思想早就有之。大革命时期就已经有关于思想政治教育工作重要性的论述，恽代英在1926年的《军队中政治工作的方法》中指出，要摆正政治工作在军队中的位置，认识到"政治工作是重要但是绝对不是唯一的重要"。1929年，在古田会议决议中，强调要把思想建设放在第一位。要"有计划地进行党内的教育，纠正过去无计划的听其自然的状态，是党的重要任务之一"。1932年7月21日，在《中央给苏区中央局及苏区闽赣两省委信》中，指出"政治工作不是附带的，而是红军的生命线"。

课本》、一二〇师的《八路军战士课本》等。与此同时,各部队还根据中央决议和《解放日报》上的文章内容自行编写了一些辅助教材,在一定程度上对当时现有教材进行了有益解读和补充,对当时革命军人的政治认识和马克思主义思想水平的提高起到了促进作用。三是,进行革命英雄主义教育和优良传统作风教育,以实现当时人民军队思想政治工作的任务目标,即提高军队的战斗力,求得官兵一致、军民一致、团结友军、瓦解敌军,以争取抗日战争的最后胜利。

三 创新思想政治教育的方式方法

思想政治教育方法是思想政治教育者对受教育者实施教育影响的基本手段,承担着传递教育内容、实现教育目标的使命,是教育者对受教育者所采取的思想方法和工作方法。① 在整个新民主主义时期,中国共产党创造了多种思想政治教育方法,确保了党的路线、方针、政策的贯彻实行。主要有以下几种。

(一)理论灌输法

理论灌输法是指教育者有目的、有计划地向受教育者进行马克思主义理论教育。主要包括理论讲授、理论学习、理论宣传、理论培训、理论研讨等形式。共产党自成立之日起,就十分注重通过理论教育法对群众进行思想政治教育。

一是加强理论总结,井冈山革命根据地开辟后,毛泽东先后发表了《中国的红色政权为什么能够存在?》《井冈山的斗争》《星星之火,可以燎原》等文章,这一系列文章奠定了中国共产党早期革命的理论体系,从理论上阐释了农村包围城市、武装夺取政权的革命道路,奠定了中国共产党早期革命的理论基础,为当时军队和后来学校的思想政治教育指明了方向。② 二是开设政治课,进行理论讲授。这也是最重要的渠道。党在不同时期通过在军队、军校、培训班等开设了不同的政治课

---

① 陈万柏、张耀灿主编:《思想政治教育学原理》,高等教育出版社 2007 年版,第 220—221 页。
② 冯刚、张晓平、苏洁主编:《中国共产党高校思想政治教育发展史》,人民出版社 2021 年版,第 163 页。

程,来宣传党的理论,提升党员干部和群众的思想觉悟。这些课程涵盖思想教育、政治教育、理论教育、业务教育与文化教育等方面。在理论教育方面,干部理论学习分为政治科学、思想科学、经济科学和历史科学四大板块,注重理论联系实际。对于政治课的教授方法,古田会议决议中列出了10点:"(1)启发式(废止注入式);(2)由近及远;(3)由浅入深;(4)说话通俗化(新名词要释俗);(5)说话要明白;(6)说话要有趣味;(7)以姿势助说话,(8)后次复习前次的概念;(9)要提纲;(10)干部班要用讨论式。"这些规定涵盖了教学设计、教学内容、教学方法、教容教态等,都有助于塑造一大批业务精、政治强的高素质干部。三是通过创办党报党刊以及进步报刊进行马克思主义理论和革命思想教育。刊物可以鼓舞人们的斗志。比如长征初期,为了鼓舞士气,增强士兵信心与勇气,《红星报》连续刊发《突破敌人封锁线,争取反攻敌人的初步胜利》《我们的胜利》《我们在反攻中的胜利》《以坚决勇敢的战斗消灭当前的敌人》等。在刊物编写时,还非常注重表述的通俗性和实用性。比如黄埔军校时期,恽代英、萧楚女等共产党人曾根据学生在课堂上提出的问题,编写了近10万字的《政治问答集》,共分为六编,228条答案。问答集中讲到对不同的对象应采取不同的宣传方法,要按照他们生活上的要求,用他们本身日常生活中的材料去宣传。四是举办各种政治讨论会。早在湖南自修大学时,学校就经常组织时事讨论会,注重对实际问题的研究。在黄埔军校时期,还制定了《黄埔本校政治讨论会规则》,规定了讨论会的形式、内容、参加者的情况,并且还有组织纪律、记录员职责、会议存档等明确要求。为贯彻落实古田会议决议执行情况,支队党委、党支部、党小组都要具体讨论总结,有哪些进步,还存在些什么问题,是什么原因,今后怎么办等。

(二)实践锻炼法

实践锻炼法是指教育者组织、引导受教育者积极参加各种实践活动,在改造客观世界的过程中改造自己的主观世界,不断提高思想觉悟和认识能力,养成良好思想品德的方法。[①]党中央非常注重对受教育者

[①] 陈万柏、张耀灿主编:《思想政治教育学原理》,高等教育出版社2007年版,第224页。

进行实践教育。比如抗日根据地的生产自救运动。同时,党中央还注重对广大师生在学习和生产实践中进行思想改造,切实树立为人民服务的人生观。抗大就是教育与生产、知识分子和工人群众密切结合的典范。毛泽东非常重视教育抗大青年要向工农群众学习,向实践学习,他曾提出"工农干部知识化,知识分子工农化"的口号。1939年4月19日,毛泽东同志在为抗大第四期毕业同学题词中就明确提出:"知识分子之成为革命的或不革命的或反革命的分界,看其是否愿意并且实行结合工农民众,他们的分界仅仅在这一点。"① 这一指示也成为抗大教育、改造知识分子的重要方针。1939年,抗大师生在不放松理论学习和军事训练的前提下,仅一个多月就开荒近2万亩,播种1万亩,种菜270亩,植树1000多棵,实现了"丰衣足食"。这一成果也受到毛泽东的高度评价和肯定,他在1939年春为抗大开荒生产题词:"现在一面学习,一面生产,将来一面作战,一面生产,这就是抗大的作风,是足以战胜任何敌人的。"②

在进行实践锻炼的时候,第一,要选择合适的实践方法。要根据受教育者的年龄、职业特征和思想实际以及具体的教育目的、教育内容来决定。比如到井冈山后,非常注意营造良好的官兵关系、军民关系。在延安整风期间,调查研究的风气盛行。中央和各根据地均设立了调查机关,收集国内外的政治、军事、文化、社会等各方面的资料,发挥调查研究对于正确决策的保障和助手作用。第二,实践锻炼应持久进行。比如从1939年到抗战胜利,抗大总校每年都要进行生产,把生产劳动列入办学计划之中,使教育与生产结合起来。只有这种经常性的活动长期坚持下去,才能使受教育者在反复实践中不断提高认识,最后才能将品德规范化为内心信念,形成良好的思想品德及行为习惯。第三,要有实践活动基地,确保实践锻炼能够系统化、经常化、制度化的开展。

(三)榜样示范法

榜样示范法,是指通过具有典型、榜样意义的人或事(正面的、先

---

① 《中国人民抗日军事政治大学史》,国防大学出版社2000年版,第537页。
② 《中国人民抗日军事政治大学史》,国防大学出版社2000年版,第534页。

进的抑或反面的、落后的人或事）的示范引导、警示警诫作用，教育人们提高思想认识、规范自身的行为。① 这一点在政治指导员制度上体现得非常明显。《中国工农红军政治工作暂行条例草案》指出，政治指导员不论在自己的职务上和个人行动上，均须做全体军人的模范。1938年，周恩来在《抗战军队的政治工作》中也提出，"政治工作人员本身必须在思想上政治上行动上能够做全体官兵的模范，忠实于革命主义，以百折不挠的意志，艰苦耐劳的作风，去影响全体官兵"②。抗大要求政治指导员不论在执行自己的任务上、贯彻上级指示上、个人行动上及遵守校规上均须做全体学员的模范。抗日战争时期，毛泽东将白求恩作为典型，肯定其"毫不利己、专门利人"的高尚道德情操；讴歌张思德"全心全意为人民服务"的崇高精神境界，鼓舞和激励高校师生的革命热情，为抗战胜利做出应有的贡献。同时，要特别注意宣传的方式方法，比如1936年1月27日，在《中央为转变目前宣传工作给各级党部的信》中就提倡分层分类，要"分别群众的觉悟程度、分别宣传的对象去进行宣传鼓动工作，千篇一律的平均主义的宣传工作须迅速的改正"③。在宣传的方式方法上，要注意"一切宣传必须普遍深入，通俗简明，改正过去一些高谈阔论使人厌烦的宣传"④。要在各种场合，通过挨家挨户的、口头的宣传方法等进行。在高校中强调"勤学、勤业、勤交友"，主要采用比较鉴别法，就是对两个或两个以上事物的属性和特点进行对比，引出正确的结论。同时坚持以平等、亲切、谦虚的态度以理服人，开展以自我批评、做表率等方式，增强思想政治教育的有效性，提高受教育者的思想水平和认识水平。⑤

此外，党在进行思想政治教育时，非常注意谈话的方式方法。比如个别谈话的方法。在《古田会议决议》中就明确指出，对"有偏向的、

---

① 陈万柏、张耀灿主编：《思想政治教育学原理》，高等教育出版社2007年版，第224页。
② 李德芳、杨素稳、李辽宁主编：《中国共产党思想政治教育史料选辑》（上册），武汉大学出版社2009年版，第227页。
③ 李德芳、杨素稳、李辽宁主编：《中国共产党思想政治教育史料选辑》（上册），武汉大学出版社2009年版，第200页。
④ 李德芳、杨素稳、李辽宁主编：《中国共产党思想政治教育史料选辑》（上册），武汉大学出版社2009年版，第200页。
⑤ 陈万柏、张耀灿主编：《思想政治教育学原理》，高等教育出版社2007年版，第224页。

受了罚的;伤兵;病兵;新兵;俘虏兵;工作不安的;思想动摇的都要进行个别谈话。谈话前要调查谈话对象的心理及环境;谈话时须站在同志之地位,用诚恳的态度同他谈,谈话后须记录谈话要点及其影响"[1]。文件提出了个别谈话方法应注意的事项,使得党的各级各界组织能够按照这些方式方法有效地开展思想政治工作。

第三节 新中国成立前政治指导员制度建设的启示

以政治指导员制度为代表的党的思想政治教育是在党的建设、军队的建设、红军学校的建设和革命根据地的建设中逐步形成的,同时,它也在党、军队、根据地、高校的建设中发挥了重要作用,实现了思想政治教育理论体系和实践的创新,为后来的高校辅导员建设从实践与理论上积累了宝贵经验。

一 坚持以马克思主义为指导

时代是思想之母,实践是理论之源,在我们党的历史上,党的理论创新每前进一步,党的理论武装就跟进一步。中国共产党之所以能够完成近代以来各种政治力量都不可能完成的艰巨任务,就在于始终把马克思主义这一科学理论作为自己的行动指南,并坚持在实践中不断地丰富和发展马克思主义。"三湾改编""支部建在连上"的创举、古田会议确立思想建党原则、延安时期的整风运动,都充分彰显了马克思主义的强大生命力和中国共产党人的理论创造力、思想引领力。伴随着人民军队革命实践,共产党人也产出了一大批理论研究成果。正是在这一发展中,中国共产党愈发深刻认识到先进理论对于完成革命的重要性。要想革命取得胜利,就必须始终坚持马克思主义的理论指导,提高马克思主义思想觉悟和理论水平,以马克思主义的世界观和方法论引领思想政治教育的发展方向,用马克思主义中国化的创新推进思想政治教育的理论和实

---

[1] 李德芳、杨素稳、李辽宁主编:《中国共产党思想政治教育史料选辑》(上册),武汉大学出版社2009年版,第124页。

践创新。

第一，坚持马克思主义历史唯物主义的观点，正确把握社会存在与社会意识的辩证关系。马克思主义认为，社会存在是第一性的，社会意识是第二性的。社会意识由经济基础所决定，但它又有相对独立性。"人们的社会存在，决定人们的思想。而代表先进阶级的正确思想，一旦被群众掌握，就会变成改造社会、改造世界的物质力量。"① 因此，在具体的思想政治工作实践中，要始终坚持以马克思主义为指导，最大限度地教育和引导人民群众。中国共产党在整个新民主主义时期，既注重在军队中进行思想政治教育，又注重团结群众。

第二，运用马克思主义辩证唯物主义的观点，切实指导实践，推动工作。理论一经群众掌握，就会变成强大的物质力量。"思想政治教育是无产阶级革命事业的重要组成部分，是为实现无产阶级的历史使命服务的。"② 比如"政治工作是红军的生命线"的提出，政治工作对军事工作，进而对一切工作都有强大的反作用，能够服从和服务于党的纲领、路线和党的中心任务，只有结合军事工作和其他一切工作，才能保证部队战斗力的提高。另外，作为思想政治教育的伟大创举和成功实践，延安整风运动大大提高了全党的理论水平，使全党达到了空前的团结和统一，为抗日战争的胜利奠定了思想基础。

第三，坚定不移地推进马克思主义中国化。习近平总书记指出，我们党的历史，就是一部不断推进马克思主义中国化的历史，就是一部不断推进理论创新、进行理论创造的历史，"只有把马克思主义基本原理同中国具体实际相结合、同中华优秀传统文化相结合，坚持运用辩证唯物主义和历史唯物主义，才能正确回答时代和实践提出的重大问题，才能始终保持马克思主义的蓬勃生机和旺盛活力"③。

二 坚持和加强党的全面领导

加强党对高校思想政治教育工作的全面领导，是高校思想政治

---

① 《毛泽东文集》（第八卷），人民出版社1999年版，第320页。
② 陈万柏、张耀灿主编：《思想政治教育学原理》，高等教育出版社2007年版，第32页。
③ 习近平：《高举中国特色社会主义伟大旗帜　为全面建设社会主义现代化国家而团结奋斗——在中国共产党第二十次全国代表大会上的报告》，人民出版社2022年版，第17页。

教育发展的根本保证。思想政治教育是其他一切工作的生命线。中国共产党历来高度重视思想政治教育，结合社会发展、党和国家各项工作开展思想政治教育工作，将其视为党和国家全面发展中的重要内容。

高校思想政治工作成效如何与党的全面领导密不可分。历史经验表明，坚持和加强党的领导，高校思想政治教育就会得到加强和改进，忽视或削弱了党的领导，高校思想政治教育就会遭受挫折。在抗日战争时期，军队整编时曾一度取消中共政治委员制度，皖南事变爆发后，共产党人认识到，"以后无论何项性质之部队，一经编入八路军建制，必须从中建立党的组织，其指导员、教导员及各级政治机关的主要工作者必须是党员，并接受党的领导，否则宁缺毋滥"[①]，"用大力培养指导员、支部书记"[②]。

办好中国高等教育，必须坚持党的领导，牢牢掌握党对高校工作的领导权，使高校成为坚持党的领导的坚强阵地。因此，高校更应当做到旗帜鲜明，道路坚定。坚持党的全面领导，尤其要注意加强党的建设的问题。坚持和加强党的全面领导是新时代党的建设的根本目的和根本原则，是党的建设题中之义。在革命、建设和改革的不同时期，中国共产党把坚持和加强党的全面领导作为党自身建设的方向性、根本性问题抓紧抓实。党的建设归根到底是为了提高党的执政能力和水平，最终完成所肩负的伟大历史使命。实践证明，只有始终坚持和加强党的全面领导，中国共产党才能不断增强政治领导力、思想引领力、群众组织力、社会号召力，为改革发展提供强大动力和可靠保证，才能凝聚起同心共筑中国梦的磅礴力量。

---

① 《中国人民解放军政治工作历史资料选编》（第四册），解放军出版社2002年版，第97页。

② 《中国人民解放军政治工作历史资料选编》（第四册），解放军出版社2002年版，第98页。

第二章

清华大学辅导员制度的确立及其发展

1953年4月，时任清华大学校长的蒋南翔率先提出并在清华大学建立了"双肩挑"政治辅导员制度。经过70年的实践，"双肩挑"政治辅导员制度经历了建立与探索、挫折与中断、恢复与发展以及深化四个阶段，历久弥新、与时俱进，彰显出旺盛的生机与活力，形成了辅导员管理的制度化体系，培养了一大批治国理政人才。2016年，习近平总书记在致清华大学建校105周年贺信中将清华大学的培养特色总结为"又红又专、全面发展"，"双肩挑"政治辅导员制度正是这一培养特色的生动体现。

第一节 清华大学辅导员制度的发展历程

新中国成立后，百废待兴，百业待举，肃清封建思想，培养社会主义的建设者成为时代命题。[1] 政治指导员队伍建设做法随军队接管高校由军政干部传承到高校，高校辅导员队伍建设实现了历史开端。清华大学"双肩挑"政治辅导员制度的建立，开创了新中国大学生思想政治教育的新境界，有效助推了新中国高校思想政治工作实现破旧立新，为推进社会主义现代化建设探索提供了有力的思想政治保障。

---

[1] 冯刚、张晓平、苏洁主编：《中国共产党高校思想政治教育发展史》，人民出版社2021年版，第113页。

一 清华大学辅导员制度的建立与探索

1953 年,清华大学在学生人数激增、思想政治工作人员不足的现实困难下,受党和国家政治辅导员政策制度的驱动,以及时任校长蒋南翔工作经验的影响,在全国高校中率先提出并建立"双肩挑"政治辅导员制度,即从学生中挑选学习成绩优良、觉悟较高的党团员担任辅导员,一个肩膀挑政治工作,一个肩膀挑业务工作。1953—1966 年,清华大学通过不断探索、总结和完善,逐步健全"双肩挑"制度。

(一)清华大学"双肩挑"政治辅导员制度的建立

新中国成立之初,党和国家的工作中心开始转移到经济建设上来,为适应国家建设需要,充实大量技术人才参与新中国的工业建设和国防建设,推动国民经济恢复与发展,高校成为培养"又红又专"社会主义革命建设者和接班人的重要阵地。[①] 在 1951 年全国高校进行以理工科为主的院系调整之后,为了加强调整扩招后学生的思想政治教育工作,进一步巩固马克思主义意识形态在高校的领导地位,党和国家颁布了多个促进高校政治辅导员制度建设的文件。1953 年,时任清华大学校长蒋南翔率先提出并在清华大学建立了"双肩挑"政治辅导员制度,即选拔思想政治觉悟高、业务素质好的高年级学生,"半脱产"做同学的政治思想工作。

一方面,学生人数激增与思想政治工作人员不足之间的矛盾是清华大学"双肩挑"政治辅导员制度建立的内驱动力。1951 年 11 月 30 日,第 113 次政务院会议批准了《中央人民政府教育部关于全国工学院调整方案的报告》,确定将清华大学由原来的综合性大学改为多科性高等工业大学。院系调整后,一些工科院校并入,清华大学学生人数由 2000 多人激增至 6000 多人。同时,为适应国家建设对技术人员的急需,1952 年招收的 2000 多名学生一半进两年制专科,两年就毕业,而且还动员许多学习好的同学进专科,造成一部分学生意见很大,学生思想工作中存在不

---

① 冯刚、刘宏达主编:《新时代高校辅导员工作十讲》,北京师范大学出版社 2022 年版,第 7 页。

少问题。① 但当时的清华大学没有专门做思想政治工作的人，全校只有十多个专职的党团干部，其中包括领导干部和一些专职做党的工作的干部。这一现实情况使得学校认识到，必须要有一批专门做思想政治工作的干部、一个专门的思想政治工作机构和一套完善的思想政治工作制度。

另一方面，党和国家关于政治辅导员的政策制度是清华大学"双肩挑"政治辅导员制度建立的外驱力量。为了加强政治思想教育的领导，《中央人民政府教育部关于全国工学院调整方案的报告》明确指出："各工学院有准备地试行政治辅导员制度，设立专人担任各级政治辅导员，主持政治学习思想改造工作。"② 这是我国第一次正式提出要"试行政治辅导员制度"。随后，1952年5月2日，中共中央下发《关于在高等学校中批判资产阶级思想和清理"中层"的指示》；1952年9月2日，中共中央转发中央教育部党组《关于在高等学校试行政治工作制度的报告》；1952年10月28日，教育部发布《关于在高等学校有重点地试行政治工作制度的指示》；1952年11月7日，中共北京市委组织部学校支部工作科发布《关于试行建立政治辅导处的意见》。这一系列重要文件对高校政治辅导处设立、政治辅导员配备及其职责等问题进行了专门的规定，提出了明确的要求，在这些政策驱动之下，清华大学提出了"双肩挑"政治辅导员制度。

当然，清华大学的革命经验及蒋南翔校长的工作经验为"双肩挑"政治辅导员制度的建立奠定基础。清华大学素有革命的传统，解放战争时期，清华党组织依靠自己严密的组织、坚强的领导和400多名共产党员，通过秘密外围组织、学生自治会、各种进步社团，团结了全校绝大多数爱国师生员工，形成了一股势不可挡的革命力量。③ 1952年末，奉党中央之命，蒋南翔同志来到清华大学担任校长。面对学生数量激增与思想政治工作人员紧缺的矛盾，蒋南翔校长认为："办好一所大学要依靠一

---

① 方惠坚主编：《双肩挑——清华大学学生辅导员工作四十年的回顾与探索》，清华大学出版社1993年版，第15页。

② 何东昌主编：《中华人民共和国重要教育文献（1949—1975）》，海南出版社1998年版，第131页。

③ 黄圣伦主编：《党的旗帜高高飘扬——中国共产党清华大学基层组织的奋斗历程》，清华大学出版社2005年版，第16页。

批政治坚定的、有一定马克思主义水平、懂得党的方针政策的骨干，他们中的大多数必须有较高的文化水平。这样的骨干，不可能从校外大批调入，只有通过工作，从知识分子中加以选拔和培养。"①

蒋南翔校长提出"双肩挑"政治辅导员制度，总结传承了革命战争年代从事地下党工作时的经验。蒋南翔同志在抗日战争胜利后，受命中央挺进东北到哈尔滨开辟青年工作，其间，他领导地下党员先后创建了东北民主青年联盟和哈尔滨青年干部学校青年组织，有效加强了当地青年的思想政治教育，开创了东北青年运动的新局面。他在青干校"实行同住、同吃、同学习、同工作、同娱乐。按文化程度编成若干队，队长由学员中产生，指导员由干部兼任，在党总支的领导下负责日常工作"②。这为蒋南翔校长在清华大学"双肩挑"制度中要求政治辅导员在工作中要做到与学生"六同"（即与学生同吃、同住、同学习、同劳动、同娱乐、同活动）的做法提供了实践参考。1949 年 1 月，蒋南翔从东北调回中央青委工作后，非常重视抓团的宣传队伍建设，他说："作为思想战线，总得要有一支战斗的队伍。要改变宣传工作面貌，各级团委，特别是区域团委及省市团委要有计划、有步骤地建立起队伍。"③ 他同时要求宣传干部在做宣传工作时，"不是把党中央的政策，团中央的意图照搬照抄，消极的宣传一通了事，而是要创造性地进行工作，敢于研究，提出的问题，在意识形态战线上发挥自己的独特作用"④。由此可见，对于如何建设一支思想政治工作队伍，蒋南翔校长有丰富的实践经验。1953 年 3 月，蒋南翔校长在全校教师大会上发表讲话，其中对学生政治辅导员的来源、要求、培养、管理做了详细的规划："关于辅导员的来源，可在同学中抽调。原则上辅导员不脱产。政治工作若与业务脱离，一方面有困难，另一方面会有缺点。可考虑让他们脱产四分之一或五分之一，他

---

① 方惠坚主编：《双肩挑——清华大学学生辅导员工作四十年的回顾与探索》，清华大学出版社 1993 年版，第 2 页。
② 方惠坚、郝维谦、宋廷章、陈秉中编著：《蒋南翔传（第 2 版）》，清华大学出版社 2013 年版，第 112 页。
③ 方惠坚、郝维谦、宋廷章、陈秉中编著：《蒋南翔传（第 2 版）》，清华大学出版社 2013 年版，第 127 页。
④ 方惠坚、郝维谦、宋廷章、陈秉中编著：《蒋南翔传（第 2 版）》，清华大学出版社 2013 年版，第 127 页。

们可以晚一年毕业。他们上午上课，下午工作。抽辅导员要抽调学习好的（四分或五分）同学担任，做了一年，成绩如果下降，那就要取消他的辅导员资格。他们学习成绩好，担任辅导员后继续学习，一方面使他们不被落下，能学好业务；另一方面也能取得别人的信任和尊重。他们毕业的时候，学校可以负责向人事部介绍，分配给他们合适的工作。"①

1953年4月3日，清华大学向高等教育部、中央人事部提交了《关于设立政治辅导员制度的请示报告》，并很快获得了批准。报告指出："为了加强对学生的政治思想教育，保证学习任务的完成，并减少学生中党团员骨干的社会工作至政务院规定的每周33小时的限度，我们拟根据一九五二年政务院批准的全国工学院院长会议决议设立政治辅导员制度。办法是：挑选学习成绩优良、觉悟较高的党团员担任辅导员，其学习年限延长一年，学科则相应减少，每周进行二十四小时工作，这样，并可培养辅导员成为比一般学生具有更高政治质量及业务水平的干部。由于今后政治工作必须密切结合学习进行，这些辅导员由于具有一定业务水平，及其在学习上的模范作用，对展开工作是会有很大便利的。我们考虑了当前工作的需要，拟抽调三年级学生二十五人，预计在一九五四年秋完全恢复正常学习，一九五五年毕业。一九五四年如尚需辅导员，可再酌量挑选。"② 以此为起点，清华大学正式建立"双肩挑"政治辅导员制度，即一个肩膀挑政治工作、一个肩膀挑业务工作，也就是要求政治辅导员要一边做学生思想政治工作、一边开展自己业务学习的制度。

（二）清华大学"双肩挑"辅导员制度的探索

从1953年"双肩挑"政治辅导员制度建立，到1966年这13年间，清华大学不断健全"双肩挑"制度，共选拔培养了682名学生政治辅导员。1953年，清华大学选拔了25名学生党员担任第一批学生政治辅导

---

① 方惠坚主编：《双肩挑——清华大学学生辅导员工作四十年的回顾与探索》，清华大学出版社1993年版，第1页。

② 方惠坚主编：《双肩挑——清华大学学生辅导员工作四十年的回顾与探索》，清华大学出版社1993年版，第5页。

员，之后每年选拔一批新的学生辅导员，补充学生政治工作干部力量，收到了较好的效果。①

1958年以前，清华大学对学生政治辅导员的选拔与培养管理比较严格，这项制度执行得比较好。1958年以后，学校扩大发展，招生人数增加（1958年招收新生2823人），学制延长至6年，使得在校学生人数大大增加，需配备辅导员的数量突然增长。另外，1957年"整风反右"运动以后，为了加强基础课和马列主义教研组的工作，学校抽调了一批辅导员充实这些部门。由于大量抽调辅导员，出现了对辅导员挑选不够严格和工作负担较重等现象。同时，受"大跃进"等的影响，一些政治辅导员形成了极"左"的思想观念、急于求成的处事心态、群众运动的工作方式和集中批斗的工作方法等。在1958年至1960年间，清华大学曾选取政治上可靠的低年级学生担任辅导员，但低年级学生自己的思想和能力的发展都还有限，所以这期间"双肩挑"政治辅导员制度效果不是很好。对此，清华大学在1960年制定了《学生工作五十条》，以克服学生思想政治工作中政策观念不强、工作简单化的情况。针对辅导员制度执行的情况，进行了必要的调整和整顿。对一部分从低年级抽调当辅导员的学生党员，重新安排教学计划，回班全时学习业务。重申了必须从高年级本科生中选拔业务成绩优良、政治觉悟比较高、有一定工作能力的学生党员担任学生政治辅导员。由于学生辅导员工作负担较重，还抽调了一部分青年教师担任辅导员，他们约占辅导员总数的1/3—1/4。青年教师一般担任3年辅导员，半时做学生思想政治工作，半时安排教学、科研任务。②

1961年1月15日，蒋南翔校长在与团委书记谈话时指出："政治辅导员的经验要重新总结一下。开始设立时还是明确要培养又红又专干部，不能单纯使用观点，而是培养观点。但好经验不加以巩固就要出问题，变坏，不进则退。三年来的情况是：一、对辅导员管理工作放松了；二、

---

① 方惠坚主编：《双肩挑——清华大学学生辅导员工作四十年的回顾与探索》，清华大学出版社1993年版，第31页。

② 方惠坚主编：《双肩挑——清华大学学生辅导员工作四十年的回顾与探索》，清华大学出版社1993年版，第32页。

辅导员员人数多了；三、使用得多了，自愿原则贯彻得不够。"① 经过整顿与优化，1961年清华大学将辅导员的总数由159人减到132人。

1961年9月15日，中共中央下发了《关于讨论和试行〈教育部直属高等学校暂行工作条例（草案）〉的指示》，指出高校"要在一、二年级设政治辅导员或者班主任，从专职的党政干部、政治理论课教师和其他青年教师中挑选有一定政治工作经验的人担任。同时，要逐步培养和配备一批专职的政治辅导员"②。这是党中央第一次以中央文件的形式提出要设置高校专职政治辅导员。基于此，清华大学积极纠正当时存在的一些问题。从1960年起，清华大学每年夏天在三堡召开工作会议，基本上每年学校都要搞一次辅导员和团干部学习班。这段时间的辅导员工作总结了以往正、反两方面的经验，指导思想比较全面，工作比较有条理、比较成功。③ 1963年，清华大学制定《关于政治辅导员若干问题的规定》，就政治辅导员的工作任务、工作方法、选拔、培养和管理，组织领导等问题做了明确规定，不仅是前十年辅导员工作实践经验的全面总结，而且是政治辅导员制度由建立、探索到规范的标志。对于如何解决辅导员素质和能力水平不足这一问题，蒋南翔认为今后政治辅导员要考虑以教师担任为主，四年级以下坚决不抽调，这为改进高校辅导员队伍建设提供了启示。1964年6月10日，获得中央批转的高等教育部《关于加强高等学校政治工作和建立政治工作机构试点问题的报告》以及1965年8月20日高等教育部出台的《高等学校学生班级政治辅导员工作条例（草案）》，为清华大学进一步加强和改进"双肩挑"政治辅导员制度提供了明确的政策依据和理论支持。至1966年，全国各类高校普遍建立起政治辅导员队伍，并逐步完善了政治辅导员制度。④

---

① 杨振斌主编：《双肩挑50年——清华大学辅导员制度五十周年回顾与展望》，清华大学出版社2003年版，第4页。

② 何东昌主编：《中华人民共和国重要教育文献（1949—1975）》，海南出版社1998年版，第1059页。

③ 方惠坚主编：《双肩挑——清华大学学生辅导员工作四十年的回顾与探索》，清华大学出版社1993年版，第17页。

④ 冯刚、刘宏达主编：《新时代高校辅导员工作十讲》，北京师范大学出版社2022年版，第7页。

二 清华大学辅导员制度的挫折与中断

"文化大革命"期间,清华大学的正常教学、科研等工作几乎陷于停顿状态。十年间,在错误指导方针的指导下,高校思想政治教育工作出现了根本性、全局性失误。这一时期,清华大学"双肩挑"政治辅导员制度因故中断,辅导员队伍建设的组织机构运作瘫痪,辅导员的身份角色颠倒,辅导员的工作成绩全盘被否,教训十分惨痛。

三 清华大学辅导员制度的恢复与发展

"文化大革命"结束后,特别是从改革开放后至2012年,清华大学辅导员制度得以恢复与发展。1976—1981年,清华大学有计划地恢复"双肩挑"政治辅导员制度,设立党委学生部统管政治辅导员工作,对政治辅导员制度进行调整,采用青年教师和优秀学生担任政治辅导员的方式,同时为政治辅导员进修、在职攻读硕士学位提供条件。1981—2003年,清华大学辅导员制度随着党和国家出台的系列辅导员制度以及思想政治教育学科的建立而得以丰富。2004—2012年,随着中共中央、国务院《关于进一步加强和改进大学生思想政治教育的意见》和《关于加强高等学校辅导员班主任队伍建设的意见》等文件出台,高校辅导员工作的重要性被提至前所未有之高度。在此背景下,清华大学2006年出台《清华大学关于进一步加强和改进大学生思想政治教育的实施意见》等文件,明确要坚持和发展"双肩挑"政治辅导员制度。由此,清华大学"双肩挑"政治辅导员的选拔、培养、使用、管理、考核、评优等制度逐步形成规范的工作体系。

(一)清华大学政治辅导员制度的恢复

粉碎"四人帮"以后,"文化大革命"宣告结束,亟须转变工作重心,恢复生产、培养大量专业人才成为这一时期高等教育的重点工作。[①]在全党的共同努力下,党的十一届三中全会实现了新中国成立以来伟大的历史性转折,中国进入了一个新的历史时期。建设中国特色社会主义

---

① 冯刚、张晓平、苏洁主编:《中国共产党高校思想政治教育发展史》,人民出版社2021年版,第80页。

的新道路被开辟,并在实践中不断地前进。在这一阶段,清华大学辅导员制度与整个高等教育事业一样得到了恢复,并随着党和国家在推进改革开放和现代化建设事业发展进程中的需要而得到发展,清华大学辅导员队伍建设逐渐制度化和规范化,为高等教育以及整个中国特色社会主义建设事业做出了贡献。

1977年4月,清华大学成立了新党委,计划恢复政治辅导员制度以继续培养出更多的人才。"此前,一直由团委负责学生工作,但是考虑到'文化大革命'之后学校的工农兵学员很多,工农兵中党员的比例很高,再由团委负责学生工作,已不太适合。"① 因此,清华大学于1977年设立了党委学生部,下设学生思想教育办公室和学生事务管理办公室,负责统筹学生思想政治工作及学生管理工作。1977年8月8日,邓小平在人民大会堂台湾厅主持召开科学和教育工作座谈会时,发表《关于科学和教育工作的几点意见》,强调:"要提高教师的水平,包括政治思想水平、业务工作能力以及改进作风等。"② 在此会议上,提出并讨论了"恢复高考"的设想。当年冬季我国举行了"文化大革命"结束后的第一次高考。高考制度的恢复,为推进高校辅导员队伍建设和选拔出一批能担任辅导员的青年教师奠定了重要制度基础。

1978年4月22日至5月16日,全国教育工作会议在北京召开,明确了高等教育的诸多方针和政策。在学生思想政治工作方面,教育部起草修改的《全国普通高等学校暂行工作条例》中明确规定:"为了加强对学生的思想政治工作,必须建立一支学生思想政治工作队伍,在一、二年级设立政治辅导员。"③ 1978年6月23日,邓小平听取清华大学汇报时做出重要指示:"在学校工作的干部,本身要懂行,最主要的经验是这个。清华过去从高年级学生和青年老师中选出人兼职做政治工作,经过若干年的培养形成了一支又红又专的政治工作队伍,这个

---

① 史宗恺主编:《"双肩挑":一项大有出息的负担——清华大学辅导员校友访谈录》,清华大学出版社2014年版,第7页。
② 《邓小平文选》(第二卷),人民出版社1994年版,第55页。
③ 冯刚主编:《改革开放40年高校思想政治教育编年史(1978—2018)》,北京师范大学出版社2019年版,第7页。

经验好。"① 1978年10月4日，教育部发出《关于讨论和试行〈全国重点高等学校暂行工作条例〉（试行草案）的通知》，指出政治辅导员都要既做学生思想政治工作，又要坚持业务学习，有条件的要坚持半脱产，担任一部分教学任务。② 因此，1978年，清华大学党委决定恢复"双肩挑"政治辅导员制度，从青年教师（多数是70届毕业）中选拔辅导员，并抽调一部分五六十年代做过辅导员的教师重返第一线，起传帮带的作用。③ 为了坚持"双肩挑"政治辅导员制度的好传统，清华大学让这些担任政治辅导员的青年教师在挑起学生工作重担的同时，为他们进修提高创造条件，给予多数政治辅导员在职攻读硕士学位的机会。

1980年3月12日，邓小平同志在中共中央军委常委扩大会议上再次提到清华大学的政治思想工作，号召学习清华大学的经验。他强调："清华大学提出一个很重要的问题，就是学生从到学校第一天起，就要对他们进行政治思想工作。学校的党团组织和所有的教员都要做学生的政治思想工作。他们这样做很见效，现在学校风气很好。清华大学的经验，应当引起全国注意。又红又专，那个红是绝对不能丢的。"④ 随后，1980年4月，教育部与团中央共同提出《关于加强高等学校学生思想政治工作的意见》；1981年7月，教育部发布《高等学校学生思想政治工作暂行规定》，在"政工队伍存在人数少，思想、文化水平不整齐，不安心工作和后继乏人等问题，同加强学校思想政治工作的要求很不适应"⑤ 的背景下，基于清华大学"双肩挑"政治辅导员制度经验，对各校做出建立政治辅导员制度或班主任制度的要求，对高年级大学生或研究生半脱产担任政治辅导员的人员也做了具体规定。由此，清华大学全面恢复学生政治辅导员制度，当年选拔了43名品学兼优的学生党员担任半脱产辅

---

① 杨振斌主编：《双肩挑50年——清华大学辅导员制度五十周年回顾与展望》，清华大学出版社2003年版，第3页。
② 冯刚主编：《改革开放40年高校思想政治教育编年史（1978—2018）》，北京师范大学出版社2019年版，第6页。
③ 杨振斌主编：《双肩挑50年——清华大学辅导员制度五十周年回顾与展望》，清华大学出版社2003年版，第83页。
④ 《邓小平文选》（第二卷），人民出版社1994年版，第290页。
⑤ 冯刚主编：《改革开放以来高校思想政治教育发展史》，人民出版社2018年版，第412页。

导员。

1981年9月，时任教育部部长的蒋南翔提出，学校政工干部同教师一样，都是教育工作者，都是学生的老师。他们的劳动和贡献，同样应该得到社会的承认、支持和鼓励。同时，他也深刻指出，教育部门既要帮助政工干部不断提高思想水平和工作能力，又需要采取切实措施解决他们的实际困难，鼓励他们安心做好工作。蒋南翔部长的讲话既体现了教育部领导的重视，也反映了恢复重建时期辅导员队伍建设的诸多困难。

（二）清华大学政治辅导员制度的丰富

在1984年至1987年这三年里，国家相继出台了《关于加强高等学校思想政治工作队伍建设的意见》（1984年）、《关于加强高等学校思想政治工作的决定》（1986年）、《关于改进和加强高等学校思想政治工作的决定》（1987年）、《关于加强党务和思想政治工作队伍建设的若干意见》（1987年）等多项辅导员制度，提出建立一支专职和兼职相结合的思想政治工作队伍，形成了包括岗位职责、人员选拔与培训、人员激励、工作例会、工作交流、工作考评等在内的制度化的工作要求、程序与管理模式，政治辅导员制度逐渐完善，全国高校政治辅导员队伍快速发展。

清华大学政治辅导员制度在这些国家指导性文件中得以丰富。1983年1月28日，清华大学举行了纪念学生政治辅导员制度建立30周年茶话会。同年，教育部决定设立思想政治教育专业，采用正规化的方法培养大专生、本科生、第二学位生和研究生等各种规格的思想政治工作专门人才。在此政策背景下，清华大学于1984年开始招收思想政治教育专业第二学位生，相当一部分政治辅导员和共青团团委、团总支骨干修读该专业，毕业后留校成为学生思想政治工作队伍的生力军。随着清华大学辅导员队伍日趋壮大，在"双肩挑"政治辅导员制度已建立30周年的大背景下，为了完善和发展政治辅导员制度，1984年，清华大学制定《关于政治辅导员制度的若干规定》，1987年根据形势发展需要重新制定了《关于政治辅导员制度的若干规定》。

1988年6月5日，清华大学出台了《"一二·九"辅导员奖评选试行办法》，建立了辅导员评优制度，制定了一些评选条件，要求辅导员要"热爱辅导员工作，熟悉思想政治工作的任务，有很强的责任心。坚持'一个中心、两个基本点'，思想明确、态度鲜明，能很好地了解情况，有良好的工作作风和工作方法。在抓好党的建设工作、共青团工作、班级工作、个别人工作及学生事务的管理中有突出成绩;能正确处理思想政治工作与业务工作的关系。时间安排合理,态度积极、端正,能获得周围同志和学生一致好评"①。这既是对辅导员队伍建设的整体要求,更是对包括辅导员和学生在内的教育事业发展的现实要求。当时试行的评优办法一直延续至今,这种制度鼓励辅导员要主动提高自身政治素质,积极做好学生工作,也充分地注意到了辅导员在日常教育工作中的幸福感和成就感。

1989年春夏之交的政治风波使人们认识到,思想政治工作绝不能放松,而作为其中关键一环的辅导员工作更是不能代替。1989年7月10日,中共中央、国务院发出通知,转发国家教委《关于当前高等学校工作中几个问题的意见》,指出:党委要全面领导思想政治工作,建设一支精干的、专兼结合的思想政治工作队伍。②1990年1月20日,国家教委颁布《普通高等学校学生管理规定》;1990年1月24日,国家教委《关于加强高等学校专职思想政治工作者正规培训的通知》等文件陆续出台。因此,1991年12月在制定《清华大学本科生德育实施纲要(试行)》时,又进一步修订了《清华大学政治辅导员工作条例》,并于1992年起施行,以适应形势发展的需要。该《条例》指出,政治辅导员是由校系党委和行政派到学生中主要从事思想政治教育工作的干部。政治辅导员应在教师、研究生、高年级本科生党员中选拔,各系党委审定后报校党委学生部备案。学生组长由各系党委提名,校党委组织部批复,党委学生部备案。辅导员队伍应保持一定的稳定性,辅导员工作至少应做满两年。学校党委学生部和学生处负责全校政治辅导员的工作指导和管理,按《政治辅导员工作考评办法》的要求进行工作考评,表现突出的予以表扬和奖励,不称职的应予撤换,并与教师的晋级、提职、进修等相应挂钩。各系(院)政治辅导员由主管学生工作的党委副书记(或副系主任)领导,日常工作由学生组负责组织。政治辅导员的主要任务和职责是负责

---

① 《清华大学一百年》,清华大学出版社2011年版,第126页。
② 冯刚主编:《改革开放40年高校思想政治教育编年史(1978—2018)》,北京师范大学出版社2019年版,第115页。

所带年级或班级学生的思想政治教育工作。重点要抓好学生党建工作，同时，做好学生日常思想教育、学生干部培养、共青团工作指导，开展深入细致的思想工作。具体包括学生党组织的建设、学生思想政治教育、指导共青团工作、班级核心建设和骨干培养、开展深入细致的思想工作和协助做好有关管理工作。对政治辅导员的工作要求包括要熟悉所负责年级或班级全体学生的姓名和基本情况，了解他们的思想动态，掌握学生干部、骨干和少数学生的全面情况；按时参加学生政治学习（每周一次）和党团活动（两周一次），经常参加班级和团支部的活动；每学期应写出书面工作计划，并在学生组会上交流。每学期应在年级、班级或党课学习小组的范围内给学生讲党课或团课；参加学校和所在系组织的辅导员培训，参加有关学习和会议，阅读指定的理论书刊、文件及其他学习材料等。①

1993年4月10日，清华大学隆重集会，纪念中国高校实行的学生政治辅导员制度诞生40周年。中央政治局常委宋平在书面发言中指出：高等学校的思想政治工作，是一项打基础的工作。做好这项工作，建立学生辅导员制度是一种有效的方式。② 清华大学经过40年的实践证明，这一制度是成功的。③ 同月，清华大学党委组编写的《双肩挑——清华大学学生辅导员工作四十年的回顾和探索》一书由清华大学出版社正式出版。宋平同志题写书名。

1993年11月，清华大学党委决定设立研究生工作部。为加强研究生德育工作，1995年推进研究生培养机制改革，全面提高研究生培养质量，清华大学开始设立研究生德育工作助理，成为新时期"双肩挑"政治辅导员队伍建设的重要组成部分。

1994年，中共中央下发《关于进一步加强和改进学校德育工作的若干意见》，明确了要积极支持和发展"双肩挑"制度。1995年11月23

---

① 方惠坚主编：《双肩挑——清华大学学生辅导员工作四十年的回顾与探索》，清华大学出版社1993年版，第7页。

② 冯刚主编：《改革开放40年高校思想政治教育编年史（1978—2018）》，北京师范大学出版社2019年版，第172页。

③ 冉锐、江宇辉、白本锋：《清华大学"双肩挑"政治辅导员制度的建设历程、成效与经验》，《北京教育（高教版）》2020年第9期。

日，国家教育委员会颁布试行的《中国普通高等学校德育大纲》中提出，学校应当采取有效措施，努力培养和造就一批思想政治教育的专家和教授，并要求专职政工人员与学生的比例大体掌握在1∶120—1∶150，规模较小的学校应视情况酌情提高比例。随着清华大学硕士、博士培养规模的不断扩大，辅导员中硕士、博士的比例也逐渐增大。1996年暑期召开的清华大学第十二次学生思想政治工作研讨会，讨论制定了《清华大学关于加强辅导员队伍建设的若干意见》，制定了《清华大学政治辅导员工作条例和考评办法》，并根据新形势下的新情况，逐步对有关规章制度再次进行了修订。[①]

1997年，在林炎志及其家属的支持下，清华大学增设"林枫辅导员奖"，主要用于奖励从事辅导员工作5年以上且在德、智、体全面发展中表现突出的思想政治辅导员，并每年选出表现突出的教师辅导员进行表彰，以激励广大辅导员在思想政治教育工作中不断取得新的成绩。

1999年9月，中央召开第三次全国教育工作会议，全面部署深化教育改革、全面推进素质教育的工作，并于9月29日印发了《中共中央关于加强和改进思想政治工作的若干意见》。[②] 2000年6月，中央思想政治工作会议隆重召开，江泽民在大会上谈到加强思想政治工作队伍建设时说："思想政治工作是全党的工作，所有党员和党的领导干部都要做。同时，又必须建设一支政治强、业务精、纪律严、作风正的专兼结合的思想政治工作队伍。"[③] 同年7月，中共教育部党组颁发了《关于进一步加强高等学校学生思想政治工作队伍建设的若干意见》，重申了学生思想政治工作队伍建设的重要性和紧迫性，对高等学校思想政治工作队伍建设提出了指导性意见。在此时期，清华大学也实施了一些举措，例如，在本科生辅导员队伍中设立党建辅导员，负责专项工作；由党委学生部负责编辑《辅导员工作案例集》；由党委学生部主管的内部刊物《辅导员之

---

① 《北京高校德育二十年——改革开放二十年北京高校德育工作大事记》（下册），北京邮电大学出版社2000年版，第62页。
② 冯刚主编：《改革开放40年高校思想政治教育编年史（1978—2018）》，北京师范大学出版社2019年版，第251页。
③ 冯刚主编：《辅导员队伍专业化建设理论与实务》，中国人民大学出版社2010年版，第14页。

友》创刊等。这些措施，为清华大学辅导员制度的完善以及辅导员自身工作的素质细节要求都做出了突出贡献。

2001年8月清华大学再次修订《清华大学政治辅导员工作条例和考评办法》，使得辅导员制度更加完备。2003年，清华大学在本科生辅导员队伍中设立网络辅导员，负责专项工作。2003年10月，《双肩挑50年——清华大学辅导员制度五十周年回顾与展望》一书出版，书中汇集了各个历史时期辅导员们的回忆文章，以及对部分辅导员的访谈录，并对清华大学辅导员制度的发展过程进行了系统总结。同年11月15日，清华大学"双肩挑"政治辅导员制度建立五十周年纪念大会召开，学校时任党委书记陈希在大会上强调："50年的实践表明，'双肩挑'政治辅导员制度是一项富有远见卓识，带有战略性的高等教育制度创新，是教育创新的成功范例。"[①] 至此，清华大学辅导员制度形成了包括岗位职责、人员选拔与培训、人员激励、工作例会、工作交流、工作考评等在内的制度化的工作要求、程序与管理模式。[②] 虽然有关辅导员工作的一些具体政策与措施是据时代环境变化而不断变化的，但清华大学辅导员制度在50年的发展历程中形成了自己鲜明的特色，积累了不少宝贵的经验。

（三）清华大学政治辅导员制度的发展

2004年10月14日，中共中央、国务院《关于进一步加强和改进大学生思想政治教育的意见》颁布实施。2005年1月13日，教育部出台《关于加强高等学校辅导员班主任队伍建设的意见》。2005年1月17日，胡锦涛同志在全国加强和改进大学生思想政治教育工作会议上的讲话中再次重申了建设一支高水平的辅导员队伍在大学生思想政治教育中的重要意义。[③] 2006年4月27日，全国第一次高校辅导员队伍建设工作会议召开，随后《普通高等学校辅导员队伍建设规定》《2006—2010年普通高等学校辅导员培训计划》全面实施。党中央、国务院及有关部门顶层

---

① 杨振斌主编：《双肩挑50年——清华大学辅导员制度五十周年回顾与展望》，清华大学出版社2003年版，第3页。

② 彭庆红、林泰：《清华大学政治辅导员制度的特色及其发展》，《清华大学学报》（哲学社会科学版）2003年第6期。

③ 冯刚：《辅导员队伍专业化建设理论与实务》，中国人民大学出版社2010年版，第15页。

设计、系统规划、完善落实、深化改革高校辅导员制度，为高校辅导员队伍创新发展提供了有力支撑，为高校思想政治教育工作提供了人力保障，为培养"又红又专"、德才兼备、全面发展的社会主义人才提供了重要动力。① 这是中国辅导员制度建立五十多年来，第一次把高校辅导员工作的重要性提高到新的高度。

为贯彻中央和教育部文件精神，清华大学 2006 年出台了《清华大学关于进一步加强和改进大学生思想政治教育的实施意见》等文件，明确表示，要坚持和发展"双肩挑"政治辅导员制度，进一步加强辅导员队伍建设。这个制度要求对本科生辅导员队伍的编制配备做出调整，一般每两个本科生班配备一名带班辅导员，定向生每班配备一名带班辅导员，辅导员与学生的比例由原来的 1∶100 变成了 1∶60，学生组长原则上应由教师担任。各院系要制定本单位辅导员队伍规划，按照"又红又专"的原则，选拔优秀青年教师党员和研究生党员担任辅导员，并进一步建立健全上岗培训和在岗培训相结合的辅导员培训体系，着力提高辅导员的思想政治素质和业务工作素质。学校要切实关心辅导员的成长，院系应与导师一起安排好担任辅导员的研究生的培养计划，教师担任辅导员一定时间后应安排专门时间进修业务和外语，并选送一些工作和业务都很优秀的辅导员出国进修。教师辅导员按教师系列进行职务聘任和晋升，其德育工作成果应纳入各项考核及晋升体系，并予以适当倾斜。工作期满后，要对辅导员工作进行鉴定，并作为重要工作经历和成绩记入档案，颁发离岗证书。2006 年 6 月，清华大学再次修订《清华大学政治辅导员工作条例和考评办法》，确定了以青年教师为骨干、研究生为主体、本科生为补充的辅导员组成原则，并对辅导员的配备比例、工作强度做出了明确规定。② 强调要加强对辅导员队伍的培养和提高工作，进一步加强上岗培训和在岗培训，做到先培训后上岗，坚持培训形式的多样化和内容的专业化原则，把日常培训和专题培训相结合，通过报告会、研讨会等

---

① 冯刚、刘宏达主编：《新时代高校辅导员工作十讲》，北京师范大学出版社 2022 年版，第 25 页。

② 张再兴主编：《求索——新形势下高校德育中若干新课题的实践与思考》，清华大学出版社 2001 年版，第 72 页。

形式，组织辅导员、班主任学习思想政治理论知识和管理学、心理学、职业辅导等专业知识。通过组织辅导员沙龙、编印《清华大学政治辅导员工作手册》《辅导员之友》等工作促进全校辅导员的工作交流。要求院（系）应通过定期召开学生工作组例会、研究生工作组例会、班主任例会和辅导员、班主任联席会加强工作交流。明确辅导员每年至少撰写一篇工作论文，离岗前撰写一篇工作案例材料，交流工作经验和体会。在此基础上，清华大学每年暑期都会召开学生思想政治工作研讨会，并落实专项经费出版学生工作论文集。学校划拨专门经费，每年选拔10名以上优秀辅导员到国内外进行3个月以上进修学习。校学生工作指导委员会设立专项研究经费，推动思想政治教育研究和实践的结合。针对学生工作中一些重点、难点问题和有较高实用价值的研究课题，每年发布项目指南，资助辅导员、班主任开展课题研究，力争推出多项在全国有影响的思想政治教育研究理论成果。此外，为了更好地调动青年骨干教师的积极性，清华大学还规定，教师在应聘专业技术职务时，特别是在青年教师应聘副高级专业技术职务时，要充分考虑其担任辅导员和班主任的情况，原则上要有担任过辅导员或班主任工作的经历。专职担任辅导员或专职从事学生思想政治工作人员，可按教师职务聘任，按助教、讲师、副教授、教授评聘思想政治教育学科的专业技术职务。

  2007年，清华大学在本科生辅导员队伍中设立了心理辅导员岗位，负责专项工作，为学生的全面发展提供了人员保障。

  2008年，清华大学党委研究生工作部修订了《德育助理年度考核评估细则》，每年对德育助理的德、能、勤、绩等方面进行全面考察。清华大学辅导员的荣誉体系包括林枫辅导员奖、"一二·九"辅导员奖和"一二·九"辅导员郭明秋奖，由"林枫基金"支持设奖。其中，林枫辅导员奖作为清华大学辅导员工作的最高奖项，每年表彰10名左右教师身份的辅导员、20名左右学生身份的辅导员。2009年，为进一步加强对辅导员的激励，学校又专门设立了"优秀辅导员标兵奖"，用于奖励"又红又专、全面发展"的"双肩挑"学生辅导员典型。

  2010年，在两年一度的清华大学教学成果奖评选中专门增设"学生思想政治教育奖"。2012年，"林枫辅导员奖"和"优秀辅导员标兵奖"合并为"林枫辅导员奖（教师身份）"和"林枫辅导员奖（学生身份）"。

同年，对希望在学术方向发展的辅导员，学校设立"辅导员海外研修支持计划"，每年支持20名左右具有较好学术潜质的辅导员，利用暑期或者其他合适时间，进入海外知名高校或者研究机构开展为期6周左右的学习研究。

在这一阶段，清华大学的辅导员制度取得了明显的发展和完善。专门机构的设置、外派学习机会的增加、荣誉激励体系的完善、辅导员的人员配备以及各种与时俱进的培训形式和内容上的创新，对清华大学辅导员队伍的建设及该群体整体素质的提升提供了全面保障。

四 新时代清华大学辅导员制度的深化

实现中华民族伟大复兴需要培养担当民族复兴大任的时代新人，这是新时代高校思想政治教育的重大任务。[①] 随着时代发展对教育提出更高要求，清华大学辅导员制度也在不断的深化发展。2013年，是蒋南翔诞辰100周年，也是"双肩挑"制度建立60周年。学校隆重举行纪念大会，回顾"双肩挑"制度创立的发展过程，总结"双肩挑"制度所蕴含的深刻而先进的教育理念，进一步明确要长期坚持、不断发展"双肩挑"制度。2013年11月17日，清华大学举行"双肩挑"政治辅导员制度建立60周年纪念大会，60年间，已有5000多名学生活跃在辅导员的岗位上，很多人成为各行各业的骨干人才，也涌现出了一批学术大师、兴业英才和治国栋梁。"双肩挑"辅导员制度已成为清华大学人才培养中有特色的一项制度。本书作者之一、教育部思政司前司长冯刚在会上致辞，指出："清华大学的'双肩挑'辅导员制度选拔优秀的学生，'一个肩膀挑业务学习，一个肩膀挑思想政治工作'，做到'双肩挑，两促进'，是中国高等教育制度的一个创举，在全国高校辅导员制度建立和发展的过程中发挥了龙头性的带动作用，时至今日，仍然在队伍建设各个方面对加强全国高校辅导员工作有着较大的启发意义。"[②]

[①] 冯刚、彭庆红、佘双好、白显良：《新时代高校思想政治教育学原理》，人民出版社2021年版，第88页。

[②] 《清华大学隆重纪念"双肩挑"政治辅导员制度建立六十周年》，《高校辅导员》2013年第6期。

此后,"双肩挑"制度不断发展完善。2014—2021年,清华大学连续8年召开辅导员大会,不断地总结学校"双肩挑"辅导员制度取得的丰硕成果,分析新形势面临的新挑战,推进辅导员制度适时发展。

2016年12月7—8日,全国高校思想政治工作会议在北京召开。习近平总书记出席会议并发表重要讲话。他强调,高校思想政治工作关系到高校培养什么样的人、如何培养人以及为谁培养人这个根本问题。要坚持把立德树人作为中心环节,把思想政治工作贯穿教育教学全过程,实现全程育人、全方位育人,努力开创中国高等教育事业发展新局面。之后,中共中央、国务院印发《关于加强和改进新形势下高校思想政治工作的意见》。为深入贯彻落实习近平总书记在全国高校思想政治会议上的重要讲话精神和《关于加强和改进新形势下高校思想政治工作的意见》,2017年4月12日,清华大学发布《关于加强和改进新形势下思想政治工作的实施意见》(清委发〔2017〕19号,以下简称《意见》)。《意见》就辅导员岗位职责要求、选拔培训、管理考核与发展支持等方面给出具体规定,为进一步加强"双肩挑"制度提供强有力的政策支撑。《意见》指出,制定实施《关于进一步加强"双肩挑"政治辅导员队伍建设的若干意见》,按照专职辅导员数与学生人数之比不低于1∶200的要求设置专兼职辅导员岗位,兼职辅导员工作量按专职辅导员工作量的1/3核定。按照师生比不低于1∶350的比例设置专职思想政治理论课教师岗位,并严格选人标准、实现足额配备。在每个院系设立专门的学生事务工作岗位,承担学生党务、学生事务、学生就业以及国际学生管理等事务性工作职责,鼓励有条件的院系设立学生事务工作办公室。明确在院系党委班子成员中,由书记或一名副书记分管教师思想政治工作,一名副书记分管学生思想政治工作,院系党委委员担任学生组长和研工组长。坚持思想素质过硬、业务优秀、"又红又专"、全面发展的高标准选拔配备学生辅导员,进一步加强培养和管理,全面提高辅导员工作水平。加强班主任队伍培养,完善上岗培训和日常培训制度,促进提升育人实效。加强组织员队伍建设,强化专职力量的同时,选聘党建经验丰富的老干部、老党员充实工作队伍。《意见》的制定为加强和改进学校思想政治工作奠定了重要的行动基础,明确了重点任务,提供了制度保障。

随后,《关于进一步加强"双肩挑"政治辅导员队伍建设的若干意见》于2017年8月正式出台,进一步明确了辅导员队伍建设的方向,有力指导了学校"双肩挑"政治辅导员相关工作的开展。同时,清华大学制定《关于进一步加强院系学生事务工作队伍建设的若干意见》,为学生设立了专门岗位,推动了学生事务工作队伍的专业化和职业化建设。也就是说,在每个院系设立专门的学生事务工作岗位,承担学生党务、学生事务、学生就业以及国际学生管理等事务性工作职责,鼓励有条件的院系设立学生事务工作办公室。例如,将学生思想政治教育作为辅导员主要职责,设立专职学生事务工作助理队伍减轻辅导员事务性工作负担,为辅导员提供发展性支持资源等。在辅导员的素质要求方面,学校坚持思想素质过硬、业务优秀、"又红又专"、全面发展的高标准来选拔和配备学生辅导员,并进一步加强培养和管理,全面提高辅导员工作水平。加强班主任的队伍培养,完善上岗培训和日常培训制度,促进提升育人实效。加强组织员队伍建设、强化专职力量的同时,选聘党建经验丰富的老干部、老党员充实工作队伍,确保辅导员队伍成员的来源多样化,使得新老成员政治辅导员在思想上相互影响和进步。这一阶段高校思想政治教育队伍建设的总体特征是朝着更加专业化的内涵式发展方向推进。[①]

2018年,在建立发展支持体系、丰富培训培养体系和完善荣誉激励体系方面又取得了新的突破,制定了《清华大学政治辅导员工作手册》,明确带班辅导员岗位职责为指导和参加学生党支部、团支部、班级、党课学习小组的活动,掌握学生骨干动态,指导党、团、班集体的骨干培养和干部梯队建设,配合学校和院系开展学生骨干的因材施教等。11月8日,清华大学发布"辅导员阅读支持计划",旨在增进清华大学辅导员群体的阅读氛围,鼓励更多的辅导员好读书、读好书,并在阅读中提升自身理论水平与工作技能,通过充实辅导员俱乐部图书阅读区,设立图书基金,以线下读书会+线上读书荐书的形式,全方位服务和支持辅导员同学。同时,学校设立了许多面向国际学生的辅导员岗位,实现辅导员对学生群体的全覆盖,加强对国际学生的教育和引导。在入学教育阶段加强对国际学生适应性指导的同时,重在帮助和引导国际学生融入集体、

---

① 冯刚、张晓平、苏洁主编:《中国共产党高校思想政治教育发展史》,人民出版社2021年版,第426页。

适应氛围，推进趋同化管理。

2019年，清华大学启动建设辅导员全周期培养与管理系统，为辅导员队伍建设提供信息化支持，保证工作流程的高效有序，进一步提升工作科学性和规范性。[①] 2020年，清华大学统筹推进"三全育人"综合改革试点工作，加快构建思想政治工作体系，辅导员队伍建设各项工作稳步推进。

总的来说，新时代的十余年时间里，特别是随着2017年《关于进一步加强"双肩挑"政治辅导员队伍建设的若干意见》实施之后，清华大学辅导员制度取得了深化发展，构建并完善涵盖"岗前—岗中—岗后"的专业能力提升、"基本保障—评奖评优—宣传表彰"的荣誉奖励激励、"海外实践—海外研修—紫荆学者计划"的学术发展支持、引导辅导员"入主流、上大舞台"的职业发展支持等四大板块的辅导员全周期发展支持体系，建立全周期培养与管理信息化平台，助力辅导员"更红更专、成长成才"。辅导员培训规模达年均2000余人次，基本实现辅导员队伍全覆盖；累计支持154位辅导员赴海外社会实践、255位辅导员赴海外学术研修，通过"紫荆学者"计划资助45位优秀辅导员博士毕业生进行博士后深造，其中20位已完成博士后工作并进入国内外知名高校任教；辅导员赴重点单位就业比例达到84%，充分发挥榜样的示范作用，学生对辅导员工作的满意度和对辅导员制度的认同度持续上升。

第二节　清华大学辅导员制度的标志性成果

在清华大学"双肩挑"政治辅导员制度建立、探索、发展与深化的七十年中，形成了一些标志性成果，如建成"双肩挑"辅导员体系、选拔青年教师担任辅导员、形成辅导员管理的制度化体系、培养了一大批治国理政人才等，为其他高校辅导员制度的设计和建立提供了参考，促进了中国共产党高校辅导员队伍建设的发展。

---

① 冉锐、江宇辉、白本锋：《清华大学"双肩挑"政治辅导员制度的建设历程、成效与经验》，《北京教育（高教版）》2020年第9期。

一 建成"双肩挑"辅导员体系

从 1953 年到 2023 年,清华大学的"双肩挑"辅导员制度经历了建立与探索、挫折与中断、恢复与发展以及制度的深化时期,过程曲折,但总体来说,还是成效显著的。"双肩挑"辅导员体系的建成就是有力的证明。作为一项思想政治教育模式,"双肩挑"辅导员队伍始终奋斗在学生思想政治教育工作的前线,嵌入教育体系和学生的日常生活,为广大学生的健康全面成长成才做出了重要贡献。

七十年的实践证明,清华大学"双肩挑"政治辅导员制度是一项贯彻党的教育方针、坚持社会主义办学方向的重要举措,是一项结合学校实际进行教育创新的成功探索,是一种因材施教、培养拔尖创新人才的有效模式。"双肩挑"辅导员体系整体上具备了提升高校教师综合素质、将辅导员职业化以及融合思想政治教育理论与实践的功能,不仅完善了清华大学思想政治教育工作体系,也对同时期内其他高校的思想政治教育工作提供了现实借鉴。在党中央相关政策要求和清华大学"双肩挑"模式成功实践的影响下,全国高校陆续建立起以"双肩挑"为主要力量的政治辅导员队伍,为高校政治辅导员制度的正式确立打下了坚实基础。[①] 2006 年教育部第 24 号令规定:"辅导员是高等学校教师队伍和管理队伍的重要组成部分,具有教师和干部的双重身份。辅导员是开展大学生思想政治教育的骨干力量,是高校学生日常思想政治教育和管理工作的组织者、实施者和指导者。"[②] 这强调了辅导员在思想政治教育工作中的多重身份。也就是说,"双肩挑"辅导员体系是一个旨在促进思想政治教育工作和创新稳固师生关系的体系,以"立德树人"为核心任务,有系统荣誉激励体系、素质要求体系以及工作要求体系等内容,是高校辅导员工作的现实指导和参考标准。"双肩挑"辅导员在实施思想政治教育的过程中,要将思想政治教育与学生日常生活管理相结合,以提高管理

---

① 冯刚主编:《大学生思想政治教育工作概论》,北京师范大学出版社 2020 年版,第 247 页。

② 《加强和改进大学生思想政治教育重要文献选编(1978—2014)》,知识产权出版社 2015 年版,第 344 页。

的全面性、亲和力和联系性。同时，辅导员在从事思想政治教育工作的过程中，要具备极强的综合素质，努力提升自身修养和管理水平。从学生作为动态的、有思想和有意识的"人"参与教学活动的层面出发，直接体现了"双肩挑"辅导员体系建立的重要性和必要性。这个体系从整体上克服了学生数量增长和辅导员及其相关人员配备不足的矛盾，克服了辅导员能力与学生期望之间的差异，《关于进一步加强"双肩挑"政治辅导员制度队伍建设的若干意见》《清华大学关于加强辅导员队伍建设的若干意见》等各类文件的颁发，为该体系的正常运行及动态调整提供了支持。

思想政治教育的历史性和曲折性发展为"双肩挑"辅导员体系的完善提供了现实土壤。经济越是发展，教育就越不能落后。新时代中国高等教育事业蓬勃发展，对教师配备提出了更新、更高的要求。党的十八大以来，以习近平同志为核心的党中央审时度势、高瞻远瞩，坚持把立德树人作为教育的根本任务，强调"为谁培养人、培养什么人、怎样培养人"始终是教育的根本问题，2018年9月10日，习近平总书记在全国教育大会上强调："要精心培养和组织一支会做思想政治工作的政工队伍，把思想政治工作做在日常、做到个人。"[①] 而清华大学"双肩挑"辅导员体系的建设与之高度契合。清华大学严格实施辅导员队伍的准入制度，严格把控队伍"入口关"，对队伍实施动态管理，明确"双肩挑"辅导员的任职条件、工作职责和要求，制定严格和科学的选拔指标体系，从政治态度、思想趋向和业务能力等各方面进行全面考察，争取把那些工作责任心强、综合素质和能力较高的优秀毕业生和教师选拔到辅导员队伍中来，把那些思想素质不高、教学质量低下、责任心不强的"双肩挑"辅导员调离这支队伍，按其能力分流到其他部门，或针对这一部分人重新进行培训，达到建立一支政治强、业务精和人员素质相对稳定的"双肩挑"辅导员队伍。同时，清华大学还着眼于"双肩挑"辅导员整体素质的提高。一是实行学生评教制，在课程实施全过程中，让学生有依据地对老师的授课质量（包括授课方式、教授内容和情感表达等）做出

---

① 《习近平在全国教育大会上强调 坚持中国特色社会主义教育发展道路 培养德智体美劳全面发展的社会主义建设者和接班人》，《人民日报》2018年9月11日第1版。

评价，以促使"双肩挑"辅导员努力提高教学质量和业务水平；二是通过建立和完善检查监督体系，确保"双肩挑"辅导员各项工作制度的落实；三是通过建立和完善考核奖惩体系，充分调动"双肩挑"辅导员的工作积极性和热情。①

时至今日，清华大学已经从整体上建立起了"双肩挑"辅导员体系，更好地为学生和学校建设服务。"双肩挑"辅导员体系致力于建设一支理论知识丰富、能力突出、政治意识鲜明、综合素质强的辅导员队伍，并不断发展壮大。始终坚持以人为本，增强学生平等、服务、公正和创新意识，建设一支高层次的专职人员队伍，形成了科学、规范的管理体系。"双肩挑"辅导员制度，在全国高校辅导员制度建立和发展的过程中发挥了龙头性的带动作用，在队伍建设方面对加强全国高校辅导员工作有启发意义。

二 选拔青年教师担任辅导员

清华大学辅导员制度不仅是加强思想政治工作的重要途径，也是培养青年教师的重要方式。一部分担任过辅导员的清华学生毕业后留校工作，很多成为教学科研的骨干力量，有许多人担任院系和学校领导，为学校建设和发展做出了突出贡献。②

教师教育是中国高等教育系统中的一个重要部分，尤其是青年教师群体。清华大学对青年教师要求做到"四个要"：要加强对青年教师"清华精神"的教育，提高教师的责任感；要加强对新上任教师的培训工作，把好课堂教学关；要以赛促教，加强教学基本功，提高青年教师的教学水平；要加强制度建设，严格管理和激励机制。青年教师作为教育教学工作的主要实施者，在提高教学质量、促进教学改革等方面发挥着重大作用。清华大学青年教师普遍学历层次较高，绝大多数是博士学历，他们基础理论知识扎实、科研能力强；思想活跃，教学热情高；计算机水

---

① 马福运：《"双肩挑"：加强大学生思想政治教育工作队伍建设的有效模式》，《思想理论教育导刊》2006年第12期。

② 杨振斌主编：《双肩挑50年——清华大学辅导员制度五十周年回顾与展望》，清华大学出版社2003年版，第52页。

平和外语水平较高，这让这个群体能够有优势，也有能力参与教学工作。清华大学"双肩挑"辅导员制度为青年教师搭建了更为广阔的舞台，提供了更多的发展空间，它着力于选取综合素质较强、政治素养较高、业务能力较强的青年教师担任辅导员，以提高教育教学工作对学生的"全覆盖"。青年教师较为缺乏作为教师的基本素质训练和教学经验，在教学过程中不能很好地处理"严"与"活"、"管"与"放"的矛盾，不能轻松自如地与学生进行交流，同时，青年教师中还存在一个重要的问题是，注重智育培养而忽视德育培养，在智育培养中又往往是只注重专门知识的培养而忽视人文及整体素质的培养。但正是因为"双肩挑"的制度，让青年教师既承担教学、科研任务，又有机会做学生思想政治教育工作、党政管理工作，使得他们具有较高的马列主义理论水平和政治觉悟，能坚持社会主义的办学方向；他们懂教育，能按照教育的规律办学；他们懂业务，能深入业务领域、紧密结合业务开展思想政治工作；他们有丰富的社会工作经验和较强的组织能力，有较高的管理水平，善于团结广大教职工为完成教学和科研任务而努力工作。[①] 因此，清华大学致力于对青年教师进行教育专业的专门训练，注重对该群体培训的连续性，以使其快速成长为自主成长型教师。他们倡导青年教师要做到志存高远、爱国敬业、为人师表、教书育人、严谨笃学和与时俱进。

2003年11月15日，陈希在清华大学"双肩挑"政治辅导员制度建立五十周年纪念大会上说："青年教师是学校教育队伍中潜力巨大的重要力量，是学校有效提升教师队伍整体素质的有力抓手，也是学校蓬勃发展的希望所在。"[②] 2006年6月，在清华大学修订的《清华大学政治辅导员工作条例和考评办法》中，确定了以青年教师为骨干、研究生为主体、本科生为补充的辅导员组成原则，并对辅导员的配备比例、工作强度等做出了明确规定，确定每两个本科生班配备一名辅导员，定向生每班配备一名带班辅导员，同时加强研究生辅导员队伍的配备。教师尤其是青年教师思想政治工作是学校落实立德树人根本任务的经常性工程，实施

---

① 杨振斌主编：《双肩挑50年——清华大学辅导员制度五十周年回顾与展望》，清华大学出版社2003年版，第12页。

② 《清华大学一百年》，清华大学出版社2011年版，第236页。

并完善青年教师培养工作是一项巨大而复杂的系统工程,需要学校领导班子成员带领全体成员凝心聚力,包括制订培养计划、组织教师了解和研究青年教师培养制度、坚持实事求是的原则对青年教师进行选拔和评价,综合考量该群体的综合素质。清华大学注重加强对辅导员队伍的培养和提高工作,包括上岗培训和在岗培训,坚持做到先培训后上岗,提倡培训形式的多样化和内容的专业化,把日常培训和专题培训相结合,通过报告会、研讨会等形式,组织辅导员、班主任学习思想政治理论知识和管理学、心理学、职业辅导等相关知识。为了更好地调动青年骨干教师的积极性,清华大学还规定,教师在应聘专业技术职务时,特别是青年教师应聘副高级专业技术职务时,要充分考虑其担任辅导员和班主任的情况,原则上要有担任过辅导员或班主任工作的经历。专职担任辅导员或专职从事学生思想政治工作人员,可按教师职务聘任,按助教、讲师、副教授、教授评聘思想政治教育学科的专业技术职务。这尊重了青年教师成长的基本规律。首先,青年教师的职业理想是其成长的动力因素,多数青年教师在从事教育教学工作之初,很难处理个人职业理想和社会需要之间的矛盾,常常受到主观因素、环境因素和社会因素的影响。其次,青年教师的教育理念是其成长的关键要素,处于教师专业结构中的较高层。再次,青年教师的知识水平是其成长的基本要素,包括学生身心发展的知识、教与学的知识以及学生成绩评价的知识。最后,教师实践能力是其发展的核心要素。清华大学鼓励广大青年教师参与竞争、强化进修机制、发挥名师"传、帮、带"的作用。

三 形成辅导员管理的制度化体系

清华大学"双肩挑"辅导员制度的建立,是包含辅导员选拔培养体系、管理体系和发展体系的完整制度,且一直与时俱进地拓宽着广度和深度,具有历史性、现实性和未来性,有着无限的生机和活力。

在选拔培养体系方面,清华大学积极抓好辅导员队伍"入口",以提升辅导员综合素质,优化人才结构为主要着力点,加强对辅导员的培训。正确处理学生管理和思想政治教育、教学的统一,完善相应措施,搭建辅导员工作平台,拓宽其发展空间。学校首先在辅导员选拔上严格把控队伍"入口",主要挑选出政治素养突出、业务水平较高、工作能力较强的学生或老师担任辅导员。清华大学辅导员的选拔与培养有一套完整的程序与机制：一般在大一就开始重点关注预培养对象，选拔担任班级干部以发掘其潜力；大二、大三将有潜力的同学选送到系或学校担任学生干部；大四开始挑选一部分人辅助新生班辅导员完成较为基础的工作。最后，在继续攻读硕士研究生或留校的同学中挑选出辅导员。清华大学极其注重对辅导员队伍成员的培训与培养，辅导员在上岗前和在岗时都要接受严格的培训，结合现代高等教育的发展，与时俱进地更新培训内容和培训方法。在培训内容方面，既有思想政治理论知识，也有教育学、心理学、管理学和传播学等基本知识，还有教育教学工作的一些具体方法和技能。在培训方法上，清华大学聚焦组织队伍建设，在强化专职力量的同时，选聘党建经验丰富的老干部、老党员充实工作队伍，确保辅导员队伍成员的来源多样化，使得新老成员政治辅导员在思想上相互影响和进步。此外，学校还积极从现实出发，编印了《辅导员之友》等书籍，每年举办一次的学生思想政治教育工作研讨会和每月举办一次的辅导员沙龙，为辅导员提供了更多的交流和发展平台。①

在管理体系方面，清华大学积极开拓辅导员工作的新领域。2017年制定实施《关于进一步加强"双肩挑"政治辅导员队伍建设的若干意见》，明确教师身份的辅导员40%的工作量须用于学生思想政治教育工作，明确要加强对该群体的培训、考核及发展提供保障，并提出辅导员队伍的建设要和学生骨干的培养、后备干部的选拔相接轨。为了加强对学生入党积极分子的培养和党员发展工作的指导，学校设立了党建辅导员；为了加强信息网络环境下学生的思想政治工作，学校设立了网络辅导员；为了加强对研究生的思想政治教育，学校设立了研究生德育工作助理。对于本科毕业留校担任辅导员的青年教师，保留其研究生入学资格，担任两年辅导员后，继续攻读研究生学位。此外，学校还在考核、职称、进修、奖励等方面给予辅导员以适当倾斜。这些措施不仅加强各类辅导员在教育教学过程中的协同性，同时也扩大了对学生的服务覆盖范围。对于专职担任辅导员工作的教师，合理处理好其职务、职称

---

① 魏佳：《关于清华大学思想政治教育经验与成果的评论》，《思想理论教育导刊》2011年第3期。

和待遇的问题，同时，明确思想政治教育实践性强的特点，重点考察教师的思想政治素质、理论素质水平以及从事思想政治工作的实际能力；对于兼职担任政治辅导员工作的教师，充分考虑其工作量，作为评定职称和职务的必要条件。为了提高辅导员工作的荣誉感和责任心，真正调动广大辅导员的工作热情和积极性，学校大力推动全体教职工教书育人、管理育人、服务育人，进一步营造有利于学生思想政治工作开展的校园舆论环境，形成鼓励和支持优秀教师和学生担任政治辅导员的良好氛围。切实减轻辅导员的各方面负担，使辅导员能够保证充足的科研和业务工作。例如，适当减轻学生辅导员的课业压力，把学生辅导员从事学生工作的时间作为适当减免课内实践环节的条件；推动各院、系和学校后勤部门等单位积极为政治辅导员开展工作创造良好的客观条件，使辅导员更加方便地与学生接触，及时了解学生情况；为减轻辅导员事务性工作的压力，各院系指派专门的办事员，协助处理学生事务工作。

在发展体系方面，清华大学注重"双肩挑"政治辅导员制度的规范化建设，为辅导员队伍的可持续发展提供保证。学校设立了专项经费，使辅导员的岗位津贴有较大提高，激发了辅导员的教育教学热情。在辅导员上岗时，各院系和业务导师会共同为其制订一份科学合理的发展计划。清华大学的"双肩挑"政治辅导员制度重视学生辅导员的"出口"，根据实际工作需要和本人的条件、志向，有计划地定向培养，保证每年有一定数量和质量的学生输送到学校的有关部门，并积极向各地输送和推荐。在高考制度改革恢复的后几年，也就是在20世纪80年代中期，清华大学政治辅导员制度在系列国家指导性文件中得以丰富。清华大学《关于政治辅导员制度的若干规定》就指出："政治辅导员和班主任应从政治、业务都好的毕业生中选留或从教师中选任。他们既要做学生思想政治工作，又要坚持业务学习，有的还要担负一部分教学任务。要从政治上和业务上关心他们的成长，帮助他们落实政治学习和业务进修计划。"① 同时要求各党委在看文件和听报告方面给予政治辅导员

---

① 杨振斌主编：《清华大学学生工作论文集　第七集》，清华大学出版社2001年版，第294页。

照顾，对政治辅导员评定教师职称和福利待遇问题也做了相应的规定。清华大学"双肩挑"政治辅导员制度的建设进程至今，是不断丰富完善的过程，即在成员来源上，增加了学生、青年教师等主体；在激励机制上，增加岗位的吸引力，提供大量进修和发展机遇。校、院和系为学生思想工作人员深入学生以便做更为细致的思想政治工作创造条件和环境，保证他们有足够的精力放在学生思想政治工作上。

总的来说，清华大学"双肩挑"政治辅导员选拔培养、管理和发展的制度化体系的形成，是促进"双肩挑"辅导员职业化、专业化和专家化的一套育人体系；是推进高等教育改革、建设和发展的有力抓手；更是以辅导员基础，促进辅导员自身发展，重视个体差异性的科学体系。

四 培养了一大批治国理政人才

1963年，蒋南翔曾在一次党员干部学习会上说："政治辅导员制度不仅是我们培养学校党政骨干的主要方式，而且是学校为国家培养党政干部的有效途径，将来在清华毕业生中会出现一批部长、省委书记。"① 事实证明，这是极具远见的。在党的十六大上，共有22名清华校友当选中央委员或候补委员，其中7名曾担任过学生政治辅导员，一部分担任过辅导员的清华学生毕业后留校工作，很多成为教学科研的骨干力量，有许多人担任院系和学校领导，为学校建设和发展做出了突出贡献。大部分辅导员毕业后到基层工作，从了解的情况看，无论是在生产企业、科研院所，还是在高等学校和党政机关，绝大多数人在工作中发挥了骨干作用，许多人做出了杰出的成绩。"这说明辅导员制度能够培养又红又专的拔尖人才，很多人经过工作的锻炼逐步成长为学术大师、兴业之士、治国栋梁。"②

自从清华大学设立了"双肩挑"政治辅导员制度后，学生的思想政治工作得到了明显的加强。这其中的奥妙不仅在于学生思想政治工作有

---

① 杨振斌主编：《双肩挑50年——清华大学辅导员制度五十周年回顾与展望》，清华大学出版社2003年版，第27页。

② 方惠坚：《清华工作50年》，清华大学出版社2003年版，第369页。

了一支稳定的力量，更在于这种"大哥哥、大姐姐带小弟弟、小妹妹"的方式，神奇般地增加了思想政治工作的针对性、深入性和实效性。大哥哥、大姐姐们经历了和弟弟、妹妹们同样的学习过程，他们更理解同学们的所思所想，能够深入地掌握同学的思想脉搏，及时开展工作。他们学习成绩好、业务能力强、"又红又专"、全面发展，是同学们学习的楷模，这种榜样的教育作用是无穷的。

治国理政，人才为要。正是因为"双肩挑"的制度，清华大学校、系两级领导班子中的大多数干部坚持既做党政管理工作，又承担教学、科研任务。他们有较高的马列主义理论水平和政治觉悟，能坚持社会主义的办学方向；他们懂教育，能按照教育的规律办学；他们懂业务，能深入业务领域、紧密结合业务开展思想政治工作；他们有丰富的社会工作经验和较强的组织能力，有较高的管理水平，善于团结广大教职工为完成教学和科研任务而努力工作。"双肩挑"制度保证了学校干部队伍的稳定，大多数干部没有脱离业务工作。清华大学在干部队伍建设中采取"党政互换，校系交流"的办法，有利于加强各方面的联系，有利于培养干部的全局观点和提高干部的工作能力；"双肩挑"制度模糊了"处长"和"教授"之间的界限，许多干部在做了一段时间的管理工作后，又转到以业务工作为主上来，这减少了干部的后顾之忧，充分发挥"双肩挑"政治辅导员制度在教育教学过程中识才、爱才、育才、用才、敬才以及人才体制机制改革等方面的优势，以更好地推动中国的改革发展稳定大业。[1]

第三节　清华大学辅导员制度的推广及影响

从 1953 年建立"双肩挑"政治辅导员制度起，清华大学既将其作为一项结合学校实际进行的教育创新探索，又作为一种因材施教的拔尖创新人才培养模式，在辅导员队伍中涌现出了一大批治国英才、学术大师和兴业之士。此外，清华大学"双肩挑"辅导员制度推动了高校辅导员

---

[1] 张再兴主编：《求索——新形势下高校德育中若干新课题的实践与思考》，清华大学出版社 2001 年版，第 136 页。

队伍向职业化、专业化发展，促进了高校辅导员制度法规化进程。清华大学建立的开放型辅导员管理体制、严格的辅导员职业准入制度、完善的辅导员培养与培训体系等，正是辅导员队伍职业化、专业化内涵的生动体现。如今，生机勃发的清华大学"双肩挑"政治辅导员制度已经在全国高校中全面推广、扎根普及，成为中国高校开展学生思想政治教育的一项重要制度，焕发着蓬勃的生命力。

一 促成高校辅导员队伍职业化的开始

辅导员的职业化是指建立明确的辅导员职业定位和职业标准、统一规范的职业伦理、完善的管理机制和考核体系等。① 1953 年，蒋南翔率先提出并在清华大学建立了"双肩挑"政治辅导员制度，这个制度的发展及取得的成效，为高校辅导员队伍职业化发展奠定了基础。1961 年 9 月，《中华人民共和国教育部直属高等学校暂行工作条例》的形成，是高校辅导员队伍职业化取得的突破性成果，条例规定了高等学校的基本任务是贯彻执行教育为无产阶级的政治服务、教育与生产劳动相结合的方针，培养为社会主义建设所需要的各种专门人才，指出高校"要在一、二年级设政治辅导员或者班主任，从专职的党政干部、政治理论课教师和其他青年教师中挑选有一定政治工作经验的人担任。同时，要逐步培养和配备一批专职的政治辅导员"②。这是党中央第一次以中央文件的形式提出要设置高校专职政治辅导员。③

辅导员职业化是辅导员专业化发展水平的制度化体现，是辅导员职业具有自己独特的职业要求和职业条件，有专门的培养制度和管理制度。④ 从广义上讲，辅导员职业化既包含了教育和培训符合职业要求的人才队伍的过程，又包含了所有与职业化人才建设相关的体制、制度、政

---

① 冯刚、郑永廷主编：《思想政治教育学科 30 年发展研究报告》，光明日报出版社 2014 年版，第 259 页。

② 何东昌主编：《中华人民共和国重要教育文献（1949—1975）》，海南出版社 1998 年版，第 1061 页。

③ 何东昌主编：《中华人民共和国重要教育文献（1949—1975）》，海南出版社 1998 年版，第 1060 页。

④ 周良书、朱平、俞小和：《中国高校辅导员工作史论》，人民出版社 2016 年版，第 192 页。

策等体系的建立与完善，还有社会与行业文化的形成。从狭义上讲，高校辅导员职业化特指高校辅导员队伍的"职业化"目标，包括人员专职化、职业专门化、知识与能力的专业化等。因此，辅导员职业化进程主要体现在：建立开放型辅导员管理体制，吸引优秀人才进入辅导员队伍；建立严格的辅导员职业准入制度，提高辅导员资格认定标准；完善辅导员的培养与培训体系，机构职业化、知识体系化。清华大学"双肩挑"政治辅导员制度是对职业化内涵的生动体现，也是对辅导员队伍职业化进行成文要求的先行者。清华大学面对的学生人数激增与思想政治工作人员不足之间的挑战，以及党和国家在政治辅导员有关政策制度方面的变化为其提供的机遇，是其他高校辅导员制度的建设和发展共同面对的。

《中华人民共和国教育部直属高等学校暂行工作条例》出台后，全国各高校充分借鉴清华大学"双肩挑"辅导员制度的经验，不断推进辅导员队伍职业化建设。一是将辅导员的人事、工资关系归属与日常工作的安排、考核划归一个部门管理；二是明确辅导员的工作职责，使他们能专心从事与学生思想政治教育和日常生活相关的管理工作；三是加强学校各部门、各院之间的协同运作以提高工作成效；四是学校要做好辅导员的工作奖励、正常分流以及职称晋升等方面的工作，稳定和推进高校辅导员队伍职业化，以获得更大的竞争力。

二 推动高校辅导员队伍向专业化迈进

辅导员的专业化是指经过专门的教育和培训的人员走上辅导员岗位，并且在实际工作中不断提升专业知识和技能的过程。[①] 1965年3月1日，高等教育部政治部发出通知，要求各直属高等学校迅速建立政治部，并大力充实政治工作干部队伍。同年8月，《中华人民共和国高等教育政治工作条例（草案）》颁布，明确要求在各级高等教育机构设立政治机关，即高教部和各高校设政治部，系、处设政治处或配备专职的政治协理员……学生班级配备政治辅导员。同年，教育部颁布了《高等学校学生

[①] 冯刚、郑永廷主编：《思想政治教育学科30年发展研究报告》，光明日报出版社2014年版，第258页。

班级政治辅导员工作条例》,① 以法规的形式对高校政治辅导员地位、作用、工作性质、任务、待遇等进行了明确界定,其颁布实施,标志着高校政治辅导员制度在经历了多年的实践、探索与建设后已基本上获得了成功,同时也标志着高校政治辅导员制度的确立,更是高校辅导员队伍向专业化迈进的助推器。

随着清华大学的辅导员队伍专业化与整个社会间联系的捆绑式发展,为各大高校的辅导员队伍专业化开辟了更广阔的空间。2004年8月,中共中央、国务院《关于进一步加强和改进大学生思想政治教育的意见》中指出:"要采取有力措施,着力建设一支高水平的辅导员、班主任队伍。"② 实践证明,最有效的措施是推进辅导员队伍的专业化建设。时至今日,每所高校都建立起了辅导员制度,主要有四种模式:"专职辅导员+班主任";"专职辅导员+学生助理+班主任";"专职辅导员+导师+学生助理"和"双肩挑教师+学生助理"。③ 这些模式在贯彻党的教育方针,坚持社会主义办学方向,全面做好大学生的思想政治教育工作和日常管理服务工作,保持学校的安全稳定和促进学生全面成长成才等方面做出了重要贡献。实践证明,高校辅导员队伍专业化,有利于大学生的成长成才,有利于实现高等院校的培养目标,符合我国社会主义事业发展的需要。

长期以来,高校辅导员队伍始终处于非专业状态,主要表现为,没有完整的知识系统,没有认同的职业标准和评价体系,造成人员过渡性强、部分辅导员缺乏工作经验等问题。《中华人民共和国高等教育政治工作条例(草案)》以及中共中央、国务院《关于进一步加强和改进大学生思想政治教育的意见》的颁布,让辅导员队伍专业化建设和发展成为教育教学工作的关注焦点。教育部规定,辅导员要认真做好学生日常思想政治教育及服务育人工作,加强学生班级建设和管理,定期对工作条件的变化开展调查,并及时调整工作思路和方法等,对辅导员的工作细则

---

① 张立兴:《高校辅导员制度的沿革进程考察》,《思想理论教育导刊》2009年第4期。

② 冯刚主编:《改革开放40年高校思想政治教育编年史(1978—2018)》,北京师范大学出版社2019年版,第314页。

③ 周先进:《高校辅导员职业化建设必须强化五项机制》,《湖南社会科学》2006年第3期。

做出了明确规定。

高校辅导员队伍向专业化方向建设和发展还体现在对辅导员的角色的精准定位上。教育部《普通高等学校辅导员队伍建设规定》中要求辅导员要做到："帮助高校学生树立正确的'三观'，确立在党的领导下走中国特色社会主义道路、实现中华民族伟大复兴的共同理想和坚定理想信念。积极引导学生不断追求更高的目标，使他们中的先进分子树立共产主义的远大理想，确立马克思主义的坚定信念；了解和掌握高校学生思想政治状况，针对学生关心的热点、焦点问题，及时进行教育和引导，化解矛盾冲突，参与处理有关突发事件，维护好校园安全和稳定。"[①] 这足以说明，辅导员的工作是具有中国特色的全方位、综合性的创造性劳动，除了教育活动以外，还有指导学生党支部和班委会建设、组织、协调班主任、思想政治理论课教师和组织员等工作骨干共同做好经常性的思想政治工作、积极开展就业指导和服务工作、落实好对经济贫困学生资助的有关工作等。因此，辅导员应该具备职业能力、学生事务管理能力和组织协调能力等，通过自身的贡献为辅导员队伍专业化建设注入新力量和新灵魂。辅导员队伍专业化要求要重视对辅导员的培养，强化知识体系。在培养内容方面，对辅导员进行思想政治教育和时事政策教育，以及结合管理学、教育学、社会学和心理学等方面知识，从外部和内部完善辅导员的知识体系，此外关于就业指导、学生事务管理等方面的辅导与培训以及科学研究能力的培养也极其重要。在培养形式上，高校积极选拔优秀辅导员参加国内国际交流、考察和进修深造，支持辅导员统筹发展好思想政治教育工作和攻读相关专业学位两方面，鼓励专职辅导员成为思想政治教育工作方面的专门人才，选拔一批骨干攻读相关学位或业务进修，并向专业化、专家化方向发展。

上述对辅导员队伍及其成员的各类要求，是中国特色社会主义事业的一部分，更是辅导员工作的重中之重，只有让辅导员具备更强的素质和掌握过硬的理论知识，才能加快建成一支专业化的队伍。

---

① 《加强和改进大学生思想政治教育重要文献选编（1978—2014）》，知识产权出版社 2015 年版，第 344 页。

三 开启高校辅导员制度法规化进程

辅导员制度的发展既体现了高校在教育管理工作中的创造性和主动性,也体现出了自身的特色性和规律性。随着深化改革进程加快,教育管理工作也随之变得更加复杂和富于变化,高校辅导员制度法规化逐渐被提上日程,并不断完善。

新中国成立后,为适应高校思想政治发展需要与学生思想发展状况,满足人才队伍建设诉求,国家对政治辅导员制度进行了完善与推进。1949—1976 年,是高校辅导员法制化的形成和确立阶段。新中国成立初期,思想与政治的发展环境发生变化,高校辅导员制度的建立成为必要之举。1951 年,教育部颁布了《关于加强学校思想政治教育的领导》和《关于全国工学院调整方案的报告》,强调各大高校要加强思想政治的引领,且设置政治辅导员岗位,以便逐步实现思想和政治对学生和青年教师服务覆盖。1953 年,由于清华大学学生数量扩充,辅导员队伍缺口增大。时任校长蒋南翔根据学生思想发展的状况与学校建设现状,把高年级中优秀的学生纳入辅导员队伍,形成了"双肩挑"模式,初步建立了学生政治辅导员制度。1961 年,《教育部直属高等学校暂行工作条例(草案)》指明了高校政治教育的基本任务和对专职辅导员的具体要求。1965 年,教育部《政治辅导员工作条例》出台,将辅导员的角色地位和岗位要求等法制化,同时,该条例也是高校辅导员法制化进程得到初步发展的标志。1966 年,政治辅导员队伍形成,相关制度体系基本确立。

高考制度确立前后,高校对辅导员的职责要求更加具体,队伍结构逐步优化,制度体系日益完善。1976—2012 年,是高校辅导员法制化的恢复、调整和进步阶段。1977 年,邓小平在科学和教育工作座谈会上表达了对思想政治教育发展工作的高度重视,强调要坚定不移地进行"拨乱反正",以整顿与恢复高校教育工作。1978 年,第一次全国教育工作会议顺利召开,为促进高校辅导员法制化发展赋予新特点和新趋势提供基本遵循。1980—1984 年,相继出台了《关于加强高等学校学生思想政治工作的意见》《高等学校学生思想政治工作暂行规定(征求意见稿)》《关于在十二所院校设置思想政治教育专业的意见》等文件,丰富了政治辅导员的队伍来源,包括教师和毕业生,也对队伍成员的身份地位、选聘要求、职称评定、配备比例、培养发展与福利待遇等做出详细规定。1987年,《关于改进和加强高等学校思想政治工作的决定》中明确了思想政治工作在教育教学中的角色,对业务教师和辅导员实行职务聘任制。2000年,教育部《关于进一步加强高等学校学生思想政治工作队伍建设的若干意见》提出,高校要着力建设一支素质高、定力强的辅导员队伍。2004年下发的《关于进一步加强和改进大学生思想政治教育的意见》强调,完善辅导员工作队伍的有效措施是加强人才培养、建设并完善培养机制与基地,建设一支高水平的辅导员队伍。2005年,《关于加强和改进高等学校辅导员班主任队伍建设的意见》进一步明确了与专职辅导员相关的奖励选拔、制度建设细则等。2006年,教育部发布《普通高等学校辅导员队伍建设规定》,在制度上对辅导员队伍建设做出更为严格、更为全面的要求,使辅导员法制化水平加速发展。党的十八大以来,高等院校贯彻落实立德树人根本任务,推进辅导员队伍法制化建设。2014年,《高等学校辅导员职业能力标准(暂行)》出台,高校辅导员的个人要求更加详细和规范。2017年,教育部第43号令《普通高等学校辅导员队伍建设规定》修订的通过,加强顶层设计、明确制度参照,并强化了对辅导员队伍的建设和管理。2018年,中共中央、国务院下发的《关于全面深化新时代教师队伍建设改革的实施意见》要求,高校要充分重视各级各类辅导员专业发展,以适应新时代教育教学环境的发展变化。

清华大学"双肩挑"政治辅导员制度开启了高校辅导员制度法规化进程,有利于更好地满足高校辅导员的利益诉求及心理动机,有利于深化高校辅导员的制度认知,有利于激发高校辅导员的参与动机,有利于转变辅导员的晋升参与态度。在新时代背景下,教育部、各级地方教育主管部门以及高等院校充分重视并加强高校辅导员队伍的体制机制建设,深化落实相关管理政策、规章条例和法律法规,使高校辅导员在选拔培养、职称评定和管理发展等方面有章可循。

第三章

改革开放后高校辅导员政策的重建与设计

改革开放后,高校辅导员队伍及其政策发展经历了恢复与重建、深化丰富、系统构建、创新发展等阶段。总体上,高校辅导员政策随着时代特征、高等教育改革背景、大学生特点而变化发展,充分体现了一定时期党中央在思想政治教育、人才培养目标上的总布局和任务要求。回溯改革开放以来高校辅导员政策的重建与设计,是以目标导向、价值导向、问题导向为牵引,不断深化蕴含其中的目标规定、价值内核、职责要求、发展保障,并适应改革开放以来党和国家事业发展需要而变革和发展的。

第一节 高校辅导员政策的恢复重建

1977年8月召开党的十一大,正式宣告了"文化大革命"的结束。1978年12月,党的十一届三中全会召开,重新确立了马克思主义的思想路线、政治路线、组织路线,开启了改革开放和社会主义现代化建设历史新时期。

一 高校辅导员队伍恢复重建时期的阶段性特征

这一时期,改革开放思想逐渐深入人心,国家政治、经济、文化事业恢复发展,有力推动了高校思想政治工作及辅导员队伍的恢复建设。

(一)解放思想、实事求是

党的十一届三中全会所确立的"解放思想、实事求是"是党的思想路线，成为中国改革开放和现代化建设的重要武器和制胜法宝，改革开放为中国所带来的不仅是物质之变，更是精神之变、气质之变、风气之变。这种变化同时也深刻反映在大学校园中，"思想活跃，勇于探索，富于创造精神，这是当代青年学生的主流和思想特点"①。1984年国庆35周年庆典游行活动中，北大学生打出了"小平您好"的横幅从天安门广场走过。一声"小平您好"表达了大学生对党和国家领导人的拥护。随着改革开放的推进，国外自由主义思想也传入中国，对高校学生的思想造成很大的影响。在1980年12月召开的中共中央工作会议上，邓小平指出"所谓精神文明，不但是指教育、科学、文化（这是完全必要的），而且是指共产主义的思想、理想、信念、道德、纪律，革命的立场和原则，人与人的同志式关系，等等"②。1985年中央做出《关于科学技术体制改革的决定》和《关于教育体制改革的决定》。1987年1月6日，《人民日报》发表社论《旗帜鲜明地反对资产阶级自由化》。③ 1987年1月到5月，中共中央印发《关于社会主义精神文明建设指导方针的决议》《关于当前反对资产阶级自由化若干问题的通知》，解决了资产阶级自由化和精神污染的思想问题，为改革开放的进行提供了思想保证。思想大解放使我们重新正视思想政治工作的重要地位，对高校辅导员队伍的重建和辅导员制度的建设起到了重要的推动作用。

（二）以经济建设为中心

1978年，党的十一届三中全会做出了把党和国家工作中心转移到经济建设上来、实行改革开放的历史性决策。1987年，党的十三大系统阐述了社会主义初级阶段的基本理论，确定了党在社会主义初级阶段的基本路线，部署了"三步走"的发展战略。④ 经济改革方面，家庭联产承包责任制开始在全国推广，乡镇企业、社会服务以及各种兼业经营得到很大发展。1987年中国农业生产总值达到4676亿元，比1978年增加了近3

---

① 冯刚、沈壮海主编：《中华人民共和国学校德育编年史》，中国人民大学出版社2010年版，第510页。
② 《邓小平文选》（第二卷），人民出版社1994年版，第367页。
③ 冯刚、沈壮海主编：《中华人民共和国学校德育编年史》，中国人民大学出版社2010年版，第549页。
④ 《改革开放四十年大事记》，《人民日报》2018年12月17日第5版。

倍。城市经济体制改革试点工作也开始进行，主要涉及扩大企业自主权、改革中央与地方的关系、发展多种经济形式等。1984年10月通过《中共中央关于经济体制改革的决定》，提出社会主义经济是公有制基础上的有计划的商品经济。对外开放方面，1980年5月，中共决定在深圳、珠海、汕头、厦门划出一定区域范围作为经济特区。鼓励"三资"企业发展，积极利用外资，引进先进技术和管理经验。1984年5月，中共中央、国务院批转《沿海开放城市座谈会纪要》，决定全部开放从北到南的14个沿海港口城市。此后，辽东半岛、山东半岛、海南岛等沿江沿边和内陆城市陆续对外开放。教育、科技、精神文明建设也随之推进。

（三）高等教育的恢复和重整

1977年10月，国务院批转教育部《关于1977年高等学校招生工作的意见》，高校招生统一考试制度从此恢复。高考恢复时高等教育毛入学率仅为1.56%，本专科生及研究生在校数约为85.7万人，到1990年，高等教育毛入学率为3.4%，本专科生及研究生在校数约为215.5万人，高中升大学的升学率为27.3%。[1] 20世纪80年代，国家开始从高等教育的体制层面进行改革。1985年5月，改革开放以来第一次全国教育工作会议召开。中共中央政治局讨论通过了《中共中央关于教育体制改革的决定》，具体做法包括"实行简政放权，扩大高等学校办学的自主权；调动社会力量参与办学的积极性，鼓励民主党派、人民团体、社会组织、离退休干部和知识分子、集体经济单位和个人采取多种形式和方法，积极自愿地为发展教育事业贡献力量；赋予高校开展创收活动自主权，高校有权具体安排国家拨发的基建投资和经费，有权利用自筹资金，开展国际教育和学术交流；高校可以在计划外招收少量自费生，学生应缴纳一定的培养费，并逐步形成高等教育收费'双轨制'"[2]。高等学校在校学生数量不断增长，需要不断补充新的工作力量，以满足大学生思想政治教育和管理工作的需要。

---

[1] 张翼主编：《改革开放40年社会发展与变迁》，中国社会科学出版社2018年版，第152—175页。

[2] 张翼主编：《改革开放40年社会发展与变迁》，中国社会科学出版社2018年版，第153页。

二 高校辅导员制度的恢复与重建

随着教育战线的"拨乱反正",高等教育和高校思想政治工作恢复重整,辅导员队伍建设也重新得到重视,在人员选拔配备、发展培养、条件保障等方面出台了一系列政策。

(一)重新重视高校辅导员的顶层设计

1978年10月,教育部《关于讨论和试行〈全国重点高等学校暂行工作条例〉(试行草案)的通知》中专门对思想政治工作进行了部署要求,并指出:"为了加强思想政治工作,在一、二年级设政治辅导员或者班主任,从专职的党政干部、政治理论课教师和其他青年教师中挑选有一定政治工作经验的人担任。"① 1980年4月,教育部、共青团中央《关于加强高等学校学生思想政治工作的意见》中要求:"加强学生的思想政治工作,必须建立一支坚强的、有战斗力的政治工作队伍……各校要根据具体情况建立政治辅导员制度或班主任制度……政治辅导员和班主任应从政治、业务都好的毕业生中选留或从教师中选任。"② 同时,对辅导员的政治学习、业务进修、考核提级、福利待遇等方面做了规定。高校辅导员的地位重新得到了肯定,辅导员队伍的建设得到全面恢复。

1980年底至1981年初,中共中央书记处听取教育部党组的4次情况汇报,专题讨论了高等学校的思想政治工作,并明确指示重建高等学校的思想政治工作队伍。③ 这充分体现了党中央当时对恢复辅导员制度的高度重视。1981年9月,时任教育部长蒋南翔在第五届全国人大常委会第二十次会议上做了《关于学位工作和加强学校思想政治教育工作的报告》,强调学校政工干部同教师一样,都是教育工作者,都是学生的老师。他们的劳动和贡献,同样应该得到社会的承认、支持和鼓励。教育部门既要帮助政工干部不断提高思想水平和工作能力,又需要采取切实

---

① 《加强和改进大学生思想政治教育重要文献选编(1978—2014)》,知识产权出版社2015年版,第3页。
② 《加强和改进大学生思想政治教育重要文献选编(1978—2014)》,知识产权出版社2015年版,第6—7页。
③ 《改革开放30年中国高等教育发展经验专题研究》,教育科学出版社2008年版,第147页。

措施解决他们的实际困难，鼓励他们安心做好工作。①

1984年11月，中共中央宣传部、教育部在《关于加强高等学校思想政治工作队伍建设的意见》中再次强调："高等学校的根本任务是为社会主义现代化建设培养德、智、体全面发展的又红又专的人才。为了完成这个任务，高等学校必须建设一支精干有力的思想政治工作队伍。高等学校应配备精干的专职人员作为思想政治工作队伍的骨干……同时还应动员和组织一些教师、高年级大学生、研究生兼职做思想政治工作。"② 文件从思想政治工作队伍实行专职和兼职相结合、专职思想政治工作人员政治素质和知识水平基本要求、来源和发展方向、培养培训、待遇保障、表彰优秀等方面，比较系统地提出加强思想政治工作队伍建设的措施，激发了战线人员的工作信心和热情，为辅导员队伍的重建提供了政策支撑。③

（二）大力推进高校辅导员的专业培养

1979年3月，邓小平在"坚持四项基本原则"的讲话中着重提出了思想政治工作政治化与科学化的问题。④ 当时社会各界对思想政治工作科学化的关注和呼吁，迅速推动着思想政治教育学科和专业的建设，反映出对思想政治工作专门人才的迫切需要。为更好开展高校思想政治工作，党和国家快速推进思想政治教育专业建设，并依托学科专业力量，大力培养和提高政治辅导员的专业素质。

1984年4月，教育部印发《关于在十二所院校设置思想政治教育专业的意见》，决定在南开大学、复旦大学、武汉大学等12所院校设置思想政治教育专业，招生计划360人，采取正规化的方法培养大专生、本科生和第二学士生等各种规格的思想政治工作专门人才。⑤ 同年6月，教育

---

① 《关于学位工作和加强学校思想政治教育工作的报告——蒋南翔同志在第五届全国人大常委会第二十次会议上的汇报》，《人民教育》1981年第10期，第9页。
② 《加强和改进大学生思想政治教育重要文献选编（1978—2014）》，知识产权出版社2015年版，第36—37页。
③ 柏杨：《改革开放以来高校辅导员队伍建设研究》，西南交通大学出版社2018年版，第49页。
④ 王树荫主编：《中国共产党思想政治教育史》，中国人民大学出版社2016年版，第199—200页。
⑤ 《加强和改进大学生思想政治教育重要文献选编（1978—2014）》，知识产权出版社2015年版，第23页。

部颁布《关于在六所高等院校开办思想政治教育专业第二学士学位班的意见》和《关于在高等学校举办思想政治教育本科班的意见》，为高等学校培养思想政治工作骨干。同年 12 月，国家教育委员会颁布《关于试办思想政治教育专业在职第二学士学位班的意见》和《关于高等学校学生思想政治工作兼职人员若干问题的规定》，进一步为高等学校思想政治教育专职人员提供更多的学习机会，在政策上予以照顾和支持。1987 年 9 月，国家教育委员会印发《关于思想政治教育专业培养硕士研究生的实施意见》，决定从 1988 年开始由复旦大学、南开大学、武汉大学等 10 所高校首批招收、培养硕士研究生，报考人员限在普通高等学校从事思想政治教育工作的在职人员中招生。1990 年，思想政治教育专业正式设立硕士点，进一步完善了思想政治教育专业招生和培养体系。

这一时期，党和国家高度重视对思想政治工作专门人才的培训培养，并投入了大量力量，完善了正规化培训思想政治教育专门人才的有效途径。1984 年 11 月，中共中央宣传部、教育部《关于加强高等学校思想政治工作队伍建设的意见》强调，要大力加强专职思想政治工作人员的培训，并使培训工作正规化、制度化……将具有大学本科毕业学历、"又红又专"、经过一定的工作实践考查、具有从事思想政治工作良好素质的青年干部，有计划地选择一部分送到思想政治教育专业第二学士学位班学习，毕业时授予第二学士学位。凡具有高等专科毕业文化程度、已定向专职从事思想政治工作的青年干部，可分批选送到思想政治教育本科班学习，毕业时授予学士学位。对于有条件参加党校、团校、工会干校学习的人员给予支持。① 1986 年 5 月，中共中央、国务院批转《国家教育委员会关于加强高等学校思想政治工作的决定》，要求下决心尽快加强思想政治工作队伍建设，从高等学校长远建设出发，培养和造就一批思想政治教育专家、教授和理论家……一定要舍得将一些优秀教师、品学兼优的大学毕业生和研究生选拔到思想政治工作队伍中来……各高等学校要尽快配齐在班级从事学生思想政治工作的政治辅导员，或班主任、指导教师……要认真办好思想政治教育专业，包括第二学士学位班和研究生

---

① 《加强和改进大学生思想政治教育重要文献选编（1978—2014）》，知识产权出版社 2015 年版，第 37 页。

班,为正规化培养从事思想政治工作的专门人才走出一条新路。① 1990年1月,国家教育委员会印发《关于加强高等学校专职思想政治工作者正规培训的通知》,强调积极创造条件,为思想政治工作者提供深造和锻炼的机会,努力造就一批年轻的思想政治教育专家,是高等学校的一项紧迫任务……各地教育部门和高等学校要从学校的长远建设出发,高瞻远瞩,不失时机地把专职思想政治工作者的正规培训切实抓起来。②

(三) 切实改善高校辅导员队伍待遇保障

在恢复重整时期,高校辅导员在进修培训、职称评定、工作待遇等方面得到了政策倾斜,辅导员队伍建设得到进一步强化。

1980年4月,教育部、共青团中央印发《关于加强高等学校学生思想政治工作的意见》中明确:"在一般情况下,政工人员的物质待遇应不低于同时期毕业的教学人员的水平。对于有专业知识并担任一定教学任务的政工干部,应与专业教师同样评定职称。对于不担任教学工作的专职政工干部,可以按照本人的条件评为处级、科级,享受同级干部的工资福利待遇。"③ 1984年11月,中共中央宣传部、教育部印发《关于加强高等学校思想政治工作队伍建设的意见》,指出:"必须妥善解决思想政治工作人员的工资待遇问题,务必使他们的工资同本人肩负的责任和劳绩密切联系起来。在住房以及其他方面也应和条件相当的教师享有同等待遇……高年级大学生半学习半工作期间,除享受应得的助学金外,可适当发给补贴。……对于成绩突出的人员,应同其他优秀教职工一样,授予先进工作者、劳动模范的称号,并记功、授奖和破格提级。"④

1986年5月,中共中央、国务院批转《国家教育委员会关于加强高等学校思想政治工作的决定》,并指出:"高等学校中从事学生思想政治教育工作的人员是教师队伍的一个重要组成部分,应根据他们的水平、

---

① 《加强和改进大学生思想政治教育重要文献选编(1978—2014)》,知识产权出版社2015年版,第51—52页。

② 《加强和改进大学生思想政治教育重要文献选编(1978—2014)》,知识产权出版社2015年版,第96页。

③ 《加强和改进大学生思想政治教育重要文献选编(1978—2014)》,知识产权出版社2015年版,第7页。

④ 《加强和改进大学生思想政治教育重要文献选编(1978—2014)》,知识产权出版社2015年版,第37页。

能力和贡献聘任为相应的教师或研究人员职务。"① 为落实上述决定，1987年5月，国家教育委员会印发《关于在高等学校学生思想政治教育专职人员中聘任教师职务的实施意见》，明确各级职务任职资格的评审和聘任，要充分考虑思想政治教育工作的特点。明确了思想政治工作专职人员可以评聘助教、讲师、副教授和教授职务。明确了聘任相应教师职务的学生思想政治教育专职人员列入教师编制，要做好定编、定岗、明确岗位职责等基础工作。② 在随后印发的国家教育委员会职称改革工作领导小组《关于在高等学校学生思想政治教育专职人员中开展聘任教师职务工作的补充通知》中明确，各高等学校一般按一百五十名学生配备一名专职人员确定学生思想政治教育教师的编制，规模小的学校可略大于这个比例。今后学生思想政治教育专职人员列入教师编制，他们的职务聘任工作与其他教师同步进行。③ 1988年，我国高校首次开展了思想政治教育教师职务评聘工作。从1989年起，思想政治教育教师职务评聘工作成为一项经常性工作，极大地促进了高校思想政治工作者素质提高和作用发挥。④

第二节　高校辅导员政策的深化丰富

1992年初，邓小平先后视察了武昌、深圳、珠海和上海等地，沿途发表了一系列重要讲话，明确回答了长期以来束缚人们思想的许多重大认识问题。在党的十三届四中全会上，孕育、发展和形成了"三个代表"重要思想，继续将马克思主义中国化推向新的高潮。这一时期，高校辅导员队伍政策不断应对新情况、新问题，稳步向前发展。

---

① 《加强和改进大学生思想政治教育重要文献选编（1978—2014）》，知识产权出版社2015年版，第52页。

② 《加强和改进大学生思想政治教育重要文献选编（1978—2014）》，知识产权出版社2015年版，第68页。

③ 《加强和改进大学生思想政治教育重要文献选编（1978—2014）》，知识产权出版社2015年版，第69页。

④ 冯刚主编：《改革开放以来高校思想政治教育发展史》，人民出版社2018年版，第416页。

一　高校辅导员队伍深化拓展时期的阶段性特征

（一）社会经济稳步向前发展

1992年10月，党的十四大召开，"总结党的十一届三中全会以来14年的实践经验，决定抓住机遇，加快发展；确定我国经济体制改革的目标是建立社会主义市场经济体制；提出用邓小平同志建设有中国特色社会主义理论武装全党"①。1993年11月，中共十四届三中全会通过《关于建立社会主义市场经济体制若干问题的决定》，勾画了社会主义市场经济体制的基本框架。中国经济高速发展，1992年国内生产总值比上年增加14.2%，以经济建设为中心真正成为全社会的共识，此后多年中国经济一直保持10%以上的增长速度，进入持续快速发展的轨道。1994年以后，包括国有企业改革、金融改革、住房改革等在内的各项改革进一步加快，对外贸易也以每年百分之十几的速度增长，中华民族日益受到全世界瞩目。1996年3月，八届全国人大四次会议批准了《关于国民经济和社会发展"九五"计划和2010年远景目标纲要及关于〈纲要〉报告的决议》，这是中国人民在实现社会主义现代化建设事业中的一个伟大里程碑。1997年9月，党的十五大召开，邓小平理论被确立为党的指导思想。② 这一时期，中国恢复对香港地区、澳门地区行使主权。在党中央的科学决策下，成功应对了1998年亚洲金融风暴。1999年5月8日，以美国为首的北约悍然轰炸中国驻南斯拉夫大使馆。北约这一野蛮行径激起中国各族人民和海外侨胞的强烈愤慨，抗议活动席卷全国。党的十四大以来，中央坚持"两手抓，两手都要硬"的方针，多次强调加强社会主义精神文明建设。1994年中共中央印发了中宣部制定的《爱国主义教育实施纲要》。1996年10月，党的十四届六中全会审议通过了《中共中央关于加强社会主义精神文明建设若干重要问题的决议》，社会主义精神文明建设得到进一步加强。

（二）高等教育进入深化改革阶段

高等教育在办学体制、管理体制、投资体制、招生就业方面采取了

---

① 《改革开放四十年大事记》，《人民日报》2018年12月17日第5版。
② 《改革开放四十年大事记》，《人民日报》2018年12月17日第5版。

一系列改革,招生收费、自主择业、社会力量办学等为高等教育进一步适应新的国家社会发展形势奠定了基础。1993年,中共中央、国务院印发《中国教育改革和发展纲要》,在国务院《关于〈中国教育改革和发展纲要〉的实施意见》中明确"积极推进高等学校和中等专业学校、技工学校的招生收费改革和毕业生就业制度的改革,逐步实行学生缴费上学,大多数毕业生自主择业的制度。1997年大多数学校按新制度运作,2000年基本实现新旧机制转轨"①。1999年6月,全国教育工作会议召开,江泽民在会上指出:"要大力发展高等教育,尽可能满足人民群众上大学的需求。"从1999年起,教育部开始进一步扩大全国高校招生数量。1995年《"211工程"总体建设规划》发布,提出了在21世纪重点建设100所高等学校和一批重点学科、专业,使其达到世界一流大学水平的任务。1998年5月,江泽民在庆祝北京大学建校100周年大会上发表重要讲话,强调"为实现现代化,我国要有若干所具有世界先进水平的一流大学",从此国家启动了"985工程"建设。

(三)高校辅导员队伍建设面临新机遇与新挑战

从发展机遇方面来看,经济快速发展为高校辅导员队伍建设提供了有力物质保障,工作所需的物质条件大为改善,辅导员经济待遇有所提升。另外,高等教育改革快速推进,也需要辅导员队伍与时俱进、创新发展,以不断适应高等教育改革的需求。从发展挑战方面来看,互联网的兴起开始改变人们的生活和交往方式,对高等教育带来了一定冲击,对辅导员的素质能力提出了新的要求。同时,高校扩招后,大学生的构成发生巨大变化,大学生价值观由对抽象价值理念的关注,逐渐转变为对自己切身利益的关注,其价值判断更多地体现出务实、实用的一面。大学生多样多变的需求也对辅导员的素质能力构成新挑战。在市场经济环境中,各种诱惑也在不断考验着辅导员队伍,思想政治教育的环境相比以往更为复杂。

二 高校辅导员政策的深化与拓展

面对这一时期复杂多变的形势和要求,党和国家对思想政治教育的

---

① 《国务院关于〈中国教育改革和发展纲要〉的实施意见》,《人民教育》1994年第9期。

高度重视进一步推动了高校辅导员队伍建设。在政策的设计方面，既进一步深化了原有的制度内容，完善丰富了辅导员队伍履行已有职能的各项政策措施，又结合履行新的职能的需要，对辅导员队伍建设提出了一系列新的要求。

（一）进一步推动高校辅导员队伍建设

1993年2月，《中国教育改革和发展纲要》明确指出，把坚定正确的政治方向摆在首位，培养有理想、有道德、有文化、有纪律的社会主义新人，是学校德育即思想政治和品德教育的根本任务。高等学校要建设好一支以精干的专职人员为骨干、专兼职结合的思想政治工作队伍。对从事思想政治工作队伍的人员要进行培训，不断提高他们的思想政治素养和政策、业务水平，并采取实际措施解决他们的待遇问题。① 1993年8月，中共中央组织部、中共中央宣传部、国家教育委员会印发《关于新形势下加强和改进高等学校党的建设和思想政治工作的若干意见》，强调要进一步加强政工干部队伍建设，并从政工队伍的选拔标准、进修学习安排、发展培养路径、职称评聘等多方面提出贯彻落实中央有关文件精神的具体要求，指出要进一步发动广大教师、干部和职工教师育人、管理育人和服务育人，形成宏大的育人队伍。②

1994年8月颁布的《中共中央关于进一步加强和改进学校德育工作的若干意见》指出，要完善德育工作管理体制，推动思想政治教育的科研和学科建设，加强德育队伍建设。在"加强德育队伍建设"的部分，强调要优化队伍结构，建设一支专兼结合、功能互补、信念坚定、业务精湛的德育队伍。各级党委以及教育行政部门和学校都要采取措施，稳定德育骨干队伍，不断补充新生力量。要积极开展各种培训工作和社会实践活动，建立表彰制度，完善德育队伍的职务系列，制定进修学习的制度政策等。③ 同年9月，国家教育委员会印发关于学习贯彻

---

① 《加强和改进大学生思想政治教育重要文献选编（1978—2014）》，知识产权出版社2015年版，第127页。

② 《加强和改进大学生思想政治教育重要文献选编（1978—2014）》，知识产权出版社2015年版，第132页。

③ 《加强和改进大学生思想政治教育重要文献选编（1978—2014）》，知识产权出版社2015年版，第146页。

《中共中央关于进一步加强和改进学校德育工作的若干意见》的通知，要求各级教育部门和学校要对照《意见》精神，检查本地区、本单位已有的有关文件、规定和制度，及时进行修订。1995年11月，国家教育委员会颁布《中国普通高等学校德育大纲（试行）》，是当时高校开展德育工作的纲领性文件。文件中规定："高等学校德育队伍包括学生专职政工人员、'两课'教师和众多的兼做德育工作的业务课教师和党政干部……要优化队伍结构，建设一支专兼结合、功能互补、政治坚定、业务精湛的德育队伍。学生专职政工人员是指专职从事学生思想政治教育的人员，包括学校分管德育工作的党委副书记（可兼副校长）、学生工作部（处）、团委中从事学生思想教育的人员、系党总支副书记（可兼副系主任）、团总支书记、辅导员（或年级主任）以及专职从事思想政治教育的其他人员等。"①《大纲》中对高校辅导员的身份做了比较清晰的界定。

1999年9月，中共中央颁布《关于加强和改进思想政治工作的若干意见》，提出要"按照提高素质、优化结构、相对稳定的要求，建设一支政治强、业务精、作风正的思想政治工作队伍。要选拔一批德才兼备的中青年干部，充实到这支队伍中来。对思想政治工作者要注意关心和培养，帮助他们提高思想政治素质和业务能力，对做出突出成绩的要给予表彰和奖励"②。同年12月，中共教育部党组印发关于高等学校学习贯彻《中共中央关于加强和改进思想政治工作的若干意见》的通知，要求进一步加强高等学校党建工作，加强马克思主义理论队伍和思想政治工作队伍的建设。

2000年7月，中共教育部党组印发《关于进一步加强高等学校学生思想政治工作队伍建设的若干意见》，强调了加强学生思想政治工作队伍建设的重要性和紧迫性，比较系统地对高校思想政治工作队伍建设提出了一系列具体意见和要求。文件指出，高等学校学生思想政治工作队伍建

---

① 《加强和改进大学生思想政治教育重要文献选编（1978—2014）》，知识产权出版社2015年版，第158—159页。

② 《加强和改进大学生思想政治教育重要文献选编（1978—2014）》，知识产权出版社2015年版，第199页。

设，要坚持德才兼备的原则和专兼结合的原则，选拔政治素质和思想作风好，学历层次高，具有较强组织管理能力，善于做群众工作的教师或高年级党员学生担任学生思想政治工作人员。高等学校应当配备精干的专职人员作为学生思想政治工作队伍的骨干。根据各高校的经验和实际工作需要，影响较大、稳定工作任务较重的高校，原则上可按1∶120—1∶150的比例配备专职学生思想政治工作人员。①

（二）高校辅导员队伍的功能拓展

高校辅导员队伍的功能拓展主要是服务功能的全面提升。高校辅导员的工作范围拓展到思想政治教育、学生发展指导和学生事务管理等，具体包括党团工作、班级建设、学风建设、学生骨干培养、职业规划与就业指导、心理健康教育、宿舍管理、社会实践指导、校园文化建设与安全稳定工作等内容。②

1993年8月，中央组织部、宣传部、国家教委联合印发《关于新形势下加强和改进高等学校党的建设和思想政治工作的若干意见》，明确指出"越是改革开放，发展社会主义市场经济，越是加快高等教育的改革与发展，越要加强党对高等学校的领导，加强和改进党的建设和思想政治工作，充分发挥党的优势"③。高校辅导员队伍一直在党的领导下开展工作，与青年大学生联系最直接、最密切。要发挥党的政治优势做好高校党建和思想政治工作，必然需要一支素质高、业务强的辅导员队伍。在工作实践中，高校辅导员队伍在大学生中发展党员、大学生党支部建设等工作中，充分利用各类教育资源，开展了形式多样的学习教育活动和卓有成效的培养管理工作。

1995年11月，《中国普通高等学校德育大纲（试行）》明确提出，要把心理健康教育作为高等学校德育的重要组成部分，辅导员和班主任要"加强心理健康和心理素质方面的咨询与指导"。1999年6月，《中共

---

① 《加强和改进大学生思想政治教育重要文献选编（1978—2014）》，知识产权出版社2015年版，第211页。

② 冯刚主编：《改革开放以来高校思想政治教育发展史》，人民出版社2018年版，第421页。

③ 《加强和改进大学生思想政治教育重要文献选编（1978—2014）》，知识产权出版社2015年版，第129页。

中央　国务院关于深化教育改革全面推进素质教育的决定》强调,在全面推进素质教育工作中,必须更加重视德育工作,进一步改进德育工作方式方法,针对新形势下青少年成长的特点,加强学生的心理健康教育。2001年3月,教育部印发《关于加强普通高等学校大学生心理健康教育工作的意见》,2002年4月,教育部办公厅印发《普通高等学校大学生心理健康教育工作实施纲要(试行)》,2003年12月,教育部办公厅印发《关于进一步加强高校学生管理工作和心理健康教育工作的通知》,2005年1月,教育部、卫生部、共青团中央印发《关于进一步加强和改进大学生心理健康教育的意见》,这一系列关于大学生心理健康教育政策的颁布,体现了党和国家对推进素质教育、加强大学生心理健康教育工作的高度重视,迫切需要高等学校设置专门机构、加强专门工作力量做好此项工作。这一时期,高校心理健康教育、心理辅导或咨询的专门工作机构迅速健全、完善了起来。辅导员队伍与青年大学生群体关系最为密切,是高校开展心理健康教育工作的重要力量。同时,辅导员深入课堂、宿舍,了解学生的日常学习生活情况,把握学生的思想热点问题,经常性地开展谈心谈话,通过多种形式开展日常思想教育、行为规范和安全教育,对大学生培育积极心态、健康成长成才发挥了重要作用。

2000年9月,为贯彻落实中央思想政治工作会议精神和第九次全国高校党建会议精神,教育部印发《关于加强高等学校思想政治教育进网络工作的若干意见》,强调思想政治教育进网络的重要性和紧迫性,要求各高校对思想政治教育进网络和利用网络为思想政治教育服务尽快做出具体规划和统一部署。要根据教育环境和教育对象的变化情况,充分运用网络手段拓展思想政治教育的视野,用正确、积极、健康的思想文化占领网络阵地。文件指出,要培养一支既具有较高的政治理论水平、熟悉思想政治工作规律,又能较有效地掌握网络技术、熟悉网络文化特点,能够在网络上进行思想政治教育工作的队伍。[①] 这要求高校辅导员更新观念、转变话语体系,主动学习网络知识和技能,将工作

[①] 《加强和改进大学生思想政治教育重要文献选编(1978—2014)》,知识产权出版社2015年版,第214页。

场域拓展到网络，熟练运用网络开展思想政治教育，以适应思想政治教育进网络的需要。

2000年4月，教育部印发《关于加强和改进研究生德育工作的若干意见》，要求"一定要有专门的机构管理研究生德育工作，本着齐抓共管和分工明确的原则，做到领导、机构、人员三落实，确保研究生德育工作落到实处。要按照提高素质、优化结构、专兼结合、功能互补、相对稳定的要求，像选拔、培养学术骨干一样，花大力气建立一支政治强、业务精、作风正的研究生德育工作队伍"[①]。研究生德育工作的加强，要求高校辅导员深入研究新形势下研究生工作的任务、特点和规律，把握重要环节和抓手，坚持教育与管理相结合，充分调动研究生在德育工作中的自我教育主体意识，不断增强研究生工作的科学性和实效性。

2003年是普通高等学校扩招本科学生毕业的第一年。由于高校毕业生总量增加，再加上受到非典型肺炎疫情的影响，高校毕业生就业形势比较严峻。5月，国务院办公厅印发《关于做好2003年普通高等学校毕业生就业工作的通知》，要求动员组织社会各方面力量共同做好2003年高校毕业生就业工作。2004年4月，国务院办公厅印发《关于进一步做好2004年普通高等学校毕业生就业工作的通知》，要求"构建更加完善的毕业生就业工作服务体系，高等学校要将毕业生就业指导和服务体系建设作为建立现代大学制度和教育教学改革的一项重要内容，建立完善的毕业生就业工作体系。切实加强专职就业工作队伍建设"[②]。这要求高校辅导员积极宣传党和国家的方针、政策、法规，增强大学生的基层意识、创业意识、诚信意识、安全意识，采取多种形式有针对性地做好毕业生的思想教育工作，帮助毕业生准确把握就业形势，确立符合实际的就业期望。

（三）辅导员素质能力培养力度加大

随着高校思政政治教育工作的深入，高校辅导员的角色定位、工作

[①] 《加强和改进大学生思想政治教育重要文献选编（1978—2014）》，知识产权出版社2015年版，第208页。

[②] 《加强和改进大学生思想政治教育重要文献选编（1978—2014）》，知识产权出版社2015年版，第262页。

职责逐步明确，工作任务和目标要求逐步深化，对高校辅导员素质能力的要求也不断提高。这一时期，高校辅导员队伍的培养培训工作进一步丰富。

1993年10月，国家教育委员会颁布《关于高等学校思想政治教育专业办学的意见》，强调思想政治教育专业要按照巩固、提高、深入改革、稳步发展的方针，继续加强专业建设，积极培育具有较高的思想政治觉悟和专业知识、技能的专门人才。思想政治教育专业本科生、第二学士学位生、研究生毕业，按有关规定分别授予教育学或法学学士学位，教育学或法学硕士（博士）学位。文件对思想政治教育专业各办学层次招生就业要求、教学课程设置、教师队伍建设、科学研究以及学生培养和管理分别做了要求，特别在办学层次上包括了专科班、四年制本科班、在普通高等学校日校举办的大专起点本科班、第二学士学位班、研究生，统筹规划了各类生源的具体培养规定，为高校辅导员队伍学习深造和能力提升提供了政策保障。1996年5月，全国首个"马克思主义理论教育与思想政治教育"博士学位学科授权点诞生，即由武汉大学与华中师范大学联合申报获批的博士学位授权点。随后，中国人民大学"科学社会主义原理"博士点的"马克思主义原理"研究方向免于申请直接转为博士点，清华大学、北京科技大学和首都师范大学联合申报获批博士点，开始招收第一批"马克思主义理论教育与思想政治教育"的博士研究生，这意味着完整地构建起了覆盖本科、硕士、博士三个层级的思想政治教育学科人才培养体系，[①] 有力保障了思想政治教育学科专业人才的培养和高校辅导员队伍的专业化发展。

这一时期，教育部指导和推动各高校培养高水平、高素质的辅导员工作骨干。2000年7月，中共教育部党组印发的《关于进一步加强高等学校学生思想政治工作队伍建设的若干规定》强调，各高等学校要坚持选拔、使用、管理、培养、提高相结合的原则，采取得力措施，加强对学生政治辅导员的教育、培养。像培养业务学术骨干那样，花大力气培养高水平、高素质的学生思想政治工作骨干。要从实际出发，制订培养

---

① 黄蓉生、颜叶甜：《改革开放40年思想政治教育学科发展的历史演进、宝贵经验与前行路径》，《思想理论教育导刊》2019年第4期。

规划，有计划、有步骤地安排他们参加各种形式的岗前培训和在岗培训，不断提高政治理论素养和政策水平，提高组织管理工作水平和工作技能。要建立必要的规章制度，切实保证各项培养工作的落实。[①] 各地各高校注重加强对辅导员队伍的实践锻炼，除了在工作中压担子以外，还不定期组织开展社会考察、调查活动，拨出专门经费支持开展工作研究，支持辅导员进行在职培训进修或攻读研究生，选拔优秀辅导员参加出国考察等。通过上下交流、岗位轮换、校内外挂职锻炼等多种途径，为高校辅导员开阔眼界、增加阅历、提高工作能力创造条件。

第三节　高校辅导员政策的系统构建

21世纪以来，改革开放进一步深化，国际国内形势也发生了复杂变化，大学生群体的思想观念、价值取向、生活交往方式等都呈现出新的特点，高等学校思想政治工作迎来新的挑战。党的十六大以来，党和国家高度重视思想政治工作，召开系列会议、颁布系列制度，系统构建了思想政治教育工作的政策环境，对高校辅导员队伍制度进行了体系化完善，这为高校辅导员队伍专业化、职业化发展提供了重要基础。

一　高校辅导员队伍系统构建时期的阶段性特征

（一）全面建设小康社会

2001年12月11日起，中国成为世界贸易组织的正式成员，标志着中国对外开放进入一个新的发展阶段。2002年，党的十六大召开，大会报告《全面建设小康社会，开创中国特色社会主义事业新局面》提出了全面建设小康社会的奋斗目标，要在21世纪头20年，集中力量，全面建设惠及十几亿人口的更高水平的小康社会。国民经济增长率连续5年超过10%，国家综合国力和国际竞争力全面提高，经济结构转型，人民生活显著改善，社会主义市场经济体制日趋完善，社会政治大局稳定。2000年2月，江泽民在广东考察时首次提出"三个代表"的要求；2001

[①] 《加强和改进大学生思想政治教育重要文献选编（1978—2014）》，知识产权出版社2015年版，第211页。

年 7 月，在庆祝建党 80 周年大会上，江泽民全面阐述了"三个代表"重要思想的科学内涵和基本内容；在党的十六大上，"三个代表"重要思想被确立为党的指导思想，写入党章。2003 年 10 月，党的十六届三中全会审议通过的《中共中央关于完善社会主义市场经济体制若干问题的决定》指出："坚持以人为本，树立全面、协调、可持续的发展观，促进经济社会和人的全面发展。"这是党的文件中第一次提出科学发展观。2007 年 10 月，在党的十七大上，胡锦涛在大会报告中全面阐释了科学发展观的时代背景、科学内涵、精神实质和根本要求，明确科学发展观的"第一要义是发展，核心是以人为本，基本要求是全面协调可持续，根本方法是统筹兼顾。科学发展观被写入党章。党的十七大上第一次把建设生态文明作为实现全面建设小康社会奋斗目标的新要求提出来"[①]。

这一时期，我国"经济平稳较快发展。综合国力大幅提升，二〇一一年国内生产总值达到四十七点三万亿元。财政收入大幅增加。农业综合生产能力提高，粮食连年增产。产业结构调整取得新进展，基础设施全面加强。城镇化水平明显提高，城乡区域发展协调性增强。创新型国家建设成效显著，载人航天、探月工程、载人深潜、超级计算机、高速铁路等实现重大突破。生态文明建设扎实展开，资源节约和环境保护全面推进"[②]。

（二）高等教育进入大众化发展阶段

1999 年开始大规模高等教育扩招。数据显示，1998 年全国普通高等学校招生人数为 108.4 万人，而 1999 年招生人数达 159.7 万人，较上年增长 47.3%。1999 年至 2006 年期间，平均每年招生增长率达到 22.9%，招生人数增长 5 倍，在校生增长 3.6 倍。到 2012 年，中国高等教育毛入学率已达到 26.7%，全国高等教育机构 3613 所，其中普通高等学校 2442 所，普通高等学校的数量和比例持续增加。高校扩招是经济发展和社会进步的客观要求，极大地增加了人民群众接受高等教育的机会。高等教育在继续扩招的基础上重点把好人才质量关，不断加强和改进大学生思

---

① 《改革开放四十年大事记》，《人民日报》2018 年 12 月 17 日第 5 版。
② 胡锦涛：《坚定不移沿着中国特色社会主义道路前进　为全面建成小康社会而奋斗——在中国共产党第十八次全国代表大会上的报告》，《人民日报》2012 年 11 月 18 日第 1 版。

想政治教育。2004年10月中共中央、国务院颁布《关于进一步加强和改进大学生思想政治教育的意见》，从战略任务、指导思想、基本原则、主要任务、有效途径等九个方面，为高等学校坚持立德树人，引导大学生健康成长成才指明了方向。"2010年7月发布《国家中长期教育改革和发展规划纲要（2010—2020年）》，强调高质量是高等教育发展的核心任务，是建设高等教育强国的基本要求。2011年4月，胡锦涛在清华大学百年校庆上发表讲话时提出了推进协同创新的理念和要求。2012年5月，教育部和财政部正式启动实施《高等学校创新能力提升计划》（即2011计划）。"①

（三）高校辅导员队伍走向专业化与职业化道路

中国高校辅导员制度经过几十年的发展，制度机制不断完善，辅导员队伍不断壮大、结构不断优化、素质不断提高。2010年，中国高校专职辅导员已近10万人；2015年，高校专职辅导员已超过13万人。② 面对复杂多变的国内外形势，面对高校大学生新特点、新情况、新问题，高校思想政治工作的任务和要求逐步深化，迫切需要源源不断、后继有人的高素质专业化的高校辅导员队伍，去不断破解日常思想政治教育工作中的"老大难"问题。另一方面，高校辅导员队伍发展过程中也逐渐出现一些问题和困难。高校辅导员既要负责学生的思想、学习、生活等方面的问题，又要处理各种行政管理事务，多重身份角色冲突日趋明显。一些高校的一线辅导员晋升空间小、发展机会少、工资待遇低，严重影响了队伍的稳定性。高校辅导员队伍的长远发展就成为突出问题。因此，辅导员队伍建设开始走向专业化、职业化发展道路，这既是应对复杂工作任务的需要，也是辅导员队伍自身建设发展的必然选择。

二 健全高校辅导员队伍建设政策体系

这一时期，党和国家以规范性文件为主体，整体规划学生思想政治

---

① 《改革开放四十年大事记》，《人民日报》2018年12月17日第5版。
② 冯刚主编：《改革开放以来高校思想政治教育发展史》，人民出版社2018年版，第429页。

教育工作，在继承发展以往政策基础上，形成了较为完善的政策系统。有学者将高校辅导员职业生涯的政策背景概括为基础性政策、主导性政策、专门性政策和派生性政策，①用以概括描述高校辅导员队伍建设发展的政策环境。可以看出，这一时期高校辅导员队伍建设的政策设计随着思想政治工作的系统推进呈现出体系化特征。

（一）基础性政策

基础性政策主要包括《教育法》、国家领导人发表的系列重要讲话精神及解读等，明确高校辅导员政策的总体方向，具有主导作用。②《中华人民共和国教育法》是规范我国教育工作的基本法律，也是高校辅导员队伍政策设计要遵循的纲领性文件。2010年，国家发布《国家中长期教育改革和发展规划纲要（2010—2020年）》，指出"坚持德育为先。立德树人，把社会主义核心价值体系融入国民教育全过程。加强马克思主义中国化最新成果教育，引导学生形成正确的世界观、人生观、价值观；加强理想信念教育和道德教育，坚定学生对中国共产党领导、社会主义制度的信念和信心；加强以爱国主义为核心的民族精神和以改革创新为核心的时代精神教育；加强社会主义荣辱观教育，培养学生团结互助、诚实守信、遵纪守法、艰苦奋斗的良好品质。加强公民意识教育，树立社会主义民主法治、自由平等、公平正义理念，培养社会主义合格公民。加强中华民族优秀文化传统教育和革命传统教育。把德育渗透于教育教学的各个环节，贯穿于学校教育、家庭教育和社会教育的各个方面"③。这从总体上对思想政治教育工作内容进行了明确规定，也进一步明确了高校辅导员的工作重点。纲要中明确指出要加强辅导员、班主任队伍建设。总之，基础性政策从根本上规定了高校辅导员队伍工作的范畴，是高校辅导员政策设计的根本遵循。

（二）主导性政策

主导性政策主要是大学生思想政治教育工作相关文件及重要会议的

---

① 曹威威：《高校辅导员职业生涯发展研究》，中国人民大学出版社2021年版，第41页。
② 曹威威：《高校辅导员职业生涯发展研究》，中国人民大学出版社2021年版，第43页。
③ 《国家中长期教育改革和发展规划纲要（2010—2020年）》，人民出版社2010年版。

精神,进一步明确了高校辅导员的工作性质、内容、方法等,为高校辅导员队伍建设发展提供了直接的政策依据。2004年8月,中共中央、国务院下发了《关于进一步加强和改进大学生思想政治教育的意见》(中发〔2004〕16号)(以下简称"16号文件")。"16号文件"是新中国成立以来第一次以党中央、国务院名义专门针对大学生思想政治教育下发的文件,文件从战略全局的高度,对新时期大学生思想政治教育工作进行了周密部署,也为高校辅导员队伍建设指明了方向。文件进一步明确了大学生思想政治教育的指导思想、基本原则、主要任务,提出充分发挥课堂教学在大学生思想政治教育中的主导作用,努力拓展新形势下大学生思想政治教育的有效途径,充分发挥党团组织在大学生思想政治教育中的重要作用,大力加强大学生思想政治教育工作队伍建设,努力营造大学生思想政治教育工作的良好社会环境,切实加强对大学生思想政治工作的领导。[①]

文件在"加强大学生思想政治教育工作队伍建设"章节中明确指出:"大学生思想政治教育工作队伍主体是学校党政干部和共青团干部,思想政治理论课和哲学社会科学课教师,辅导员和班主任……辅导员、班主任是大学生思想政治教育的骨干力量,辅导员按照党委的部署有针对性地开展思想政治教育活动。"[②] 文件对大学生思想政治教育工作队伍的选拔、培养和管理进行了系统安排,提出要"按照政治强、业务精、纪律严、作风正的要求,坚持专兼结合的原则,研究和制定加强高校思想政治教育工作队伍建设的具体意见"[③]。文件对辅导员队伍的培养深造和发展做出系统性指导,指出要选拔推荐一批从事思想政治教育工作的骨干进一步深造,攻读思想政治教育相关专业的硕士、博士学位,学成后专职从事思想政治教育工作。采取有效措施,组织参加社会实践、挂职锻炼、学习考察等活动,不断提升工作能力和水平。要完

[①] 《加强和改进大学生思想政治教育重要文献选编(1978—2014)》,知识产权出版社2015年版,第265—270页。

[②] 《加强和改进大学生思想政治教育重要文献选编(1978—2014)》,知识产权出版社2015年版,第268页。

[③] 《加强和改进大学生思想政治教育重要文献选编(1978—2014)》,知识产权出版社2015年版,第269页。

善思想政治教育队伍的专业职务系列,从思想政治教育专职队伍的实际出发,解决好教师职务聘任问题,鼓励支持安心本职工作,成为思想政治教育方面的专家。

为推动"16号文件"的贯彻落实,2004—2005年,相关部委连续出台一系列配套政策,进一步对大学生思想政治教育工作做出细化安排(见表3—1)。这些政策文件大部分未直接针对高校辅导员提出指导性意见或具体规定,但这是对高校辅导员工作内容进行的必要补充,形成了高校辅导员的工作氛围,是高校辅导员队伍政策环境的重要部分。

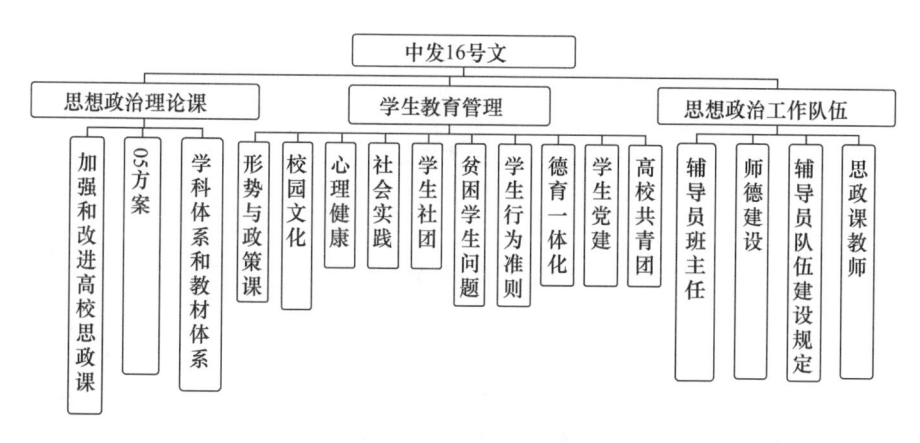

图3—1 贯彻落实中央16号文件的配套文件框架

表3—1　　　　贯彻落实中央16号文件的配套文件一览

序号	文件名称	印发日期
1	《中共中央宣传部　教育部关于进一步加强和改进高等学校思想政治理论课的意见》	2005年2月
1	《中共中央宣传部　教育部关于印发〈《中共中央宣传部　教育部关于进一步加强和改进高等学校思想政治理论课的意见》实施方案〉的通知》	2005年3月
2	《中共中央宣传部 教育部关于进一步加强高等学校学生形势与政策教育的通知》	2004年11月
3	《中共中央宣传部 教育部关于加强和改进高等学校哲学社会科学学科体系和教材体系建设的意见》	2005年5月

续表

序号	文件名称	印发日期
4	《中共中央办公厅转发〈中共中央组织部 中共教育部党组 共青团中央关于加强和改进在大学生中发展党员工作和大学生党支部建设的意见〉》	2005年4月
5	《教育部 共青团中央关于进一步加强高等学校校园网络管理工作的意见》	2005年1月
6	《中宣部 中央文明办 教育部 共青团中央关于进一步加强和改进大学生社会实践的意见》	2005年2月
7	《共青团中央 教育部关于进一步加强和改进大学生社团工作的意见》	2005年1月
8	《教育部 共青团中央关于加强和改进高等学校校园文化建设的意见》	2004年12月
9	《国务院办公厅关于进一步做好2004年普通高等学校毕业生就业工作的通知》	2004年4月
10	《国务院办公厅关于切实解决高校贫困家庭学生困难问题的通知》	2004年9月
11	《教育部 卫生部 共青团中央关于进一步加强和改进大学生心理健康教育的意见》	2005年1月
12	《普通高等学校学生管理规定》	2005年3月
13	《教育部关于印发〈高等学校学生行为准则〉的通知》	2005年3月
14	《中组部 中宣部 中央党校 教育部 总政治部关于组织高校哲学社会科学教学科研骨干研修的意见》	2005年1月
15	《教育部关于进一步加强和改进师德建设的意见》	2005年1月
16	《教育部关于加强高等学校辅导员班主任队伍建设的意见》	2005年1月
17	《教育部关于整体规划大中小学德育体系的意见》	2005年4月
18	《共青团中央、教育部关于进一步加强和改进高校共青团建设的意见》	2005年4月

(三) 专业性政策

专业性政策主要指相关部门专门面向高校辅导员群体制定出台的具体规章制度文件。

2006年7月，教育部发布了《普通高等学校辅导员队伍建设规定》，即中华人民共和国教育部令（第24号）（以下简称"24号令"）[①]，对高

[①] 《加强和改进大学生思想政治教育重要文献选编（1978—2014）》，知识产权出版社2015年版，第344页。

校辅导员队伍建设提出专门性整体性意见。"24号令"对辅导员队伍的定义、要求与职责、配备与选聘、培养与发展、管理与考核等内容做了详细的规定，对中央16号文有关辅导员队伍建设方面的内容进一步细化。第一，"24号令"中明确了辅导员的身份定位是"高等学校教师队伍和管理队伍的重要组成部分，具有教师和干部的双重身份。辅导员是开展大学生思想政治教育的骨干力量，是高校学生日常思想政治教育和管理工作的组织者、实施者和指导者。辅导员应当努力成为学生的人生导师和健康成长的知心朋友"①。第二，"24号令"提出了"政治强、业务精、纪律严、作风正"的选聘标准，规定了高校辅导员工作的5条要求和8项职责，要求高校辅导员遵循大学生思想政治教育规律，开展日常思想政治工作，丰富教育内容、创新教育途径、不断增强工作的实效性。第三，"24号令"的标准性、约束性强。如要求"高等学校总体上要按师生比不低于1∶200的比例设置本、专科生一线专职辅导员岗位"。"高等学校应结合实际，按各校统一的教师职务岗位结构比例合理设置专职辅导员的相应教师职务岗位。专职辅导员可按助教、讲师、副教授、教授要求评聘思想政治教育学科或其他相关学科的专业技术职务。"② 以及要求制定高校辅导员队伍的考核办法、健全考核体系等。

2006年，教育部印发了《2006—2010年普通高等学校辅导员培训计划》，系统设计了高校辅导员培训的任务。2007年，教育部公布了首批21个教育部高校辅导员培训和研修基地，逐步构建完善国家、省级、学校三级培训体系。2006年，教育部实施辅导员攻读思想政治教育专业硕士学位计划，2008年实施了高校辅导员在职攻读思想政治教育专业博士学位计划。此外，还有系列政策支持优秀辅导员赴海外高校访学研修、鼓励辅导员基层实践锻炼、选派辅导员参加志愿服务西部计划、援藏援疆援青干部人才计划等，从制度上保障和畅通高校辅导员队伍提升实践能力的途径。这些专门性政策是高校辅导员队伍建设发展的直接依据，

---

① 《加强和改进大学生思想政治教育重要文献选编（1978—2014）》，知识产权出版社2015年版，第344页。

② 《加强和改进大学生思想政治教育重要文献选编（1978—2014）》，知识产权出版社2015年版，第345页。

对高校辅导员队伍产生最直接的影响。

　　此外，各地方、各高校贯彻落实党中央、国务院的部署，结合本地区实际情况，制定了本地区本单位关于高校辅导员队伍建设的实施方案和细则，从而形成了高校辅导员队伍建设相对完整的"政策链"，以确保政策落实到基层一线。这些派生性政策共同构成了高校辅导员政策体系。

　　这一时期，高校辅导员队伍职业认同感进一步加强。2007年9月，首次将"高校优秀辅导员"作为单项奖项纳入全国优秀教师评选表彰工作中。2008年，教育部启动全国高校辅导员年度人物评选，充分发挥了先进典型的示范引领作用。2008年7月，全国高校辅导员工作研究会成立，每年定期组织举办全国高校辅导员职业能力大赛、全国高校辅导员优秀工作论文评选等，搭建了高校辅导员之间交流切磋、能力展示的平台。2009年起，教育部人文社科研究专项中开始设立辅导员专项，为辅导员开展研究工作提供有力支持。各地区、各高校纷纷出台政策和措施，鼓励高校辅导员成为某一学生工作领域的专家。高校辅导员队伍建设呈现出生动蓬勃的局面。

第四章

高校辅导员政策的功能建构

所谓功能，是指事物或方法所固有和发挥的有利作用。① 中国共产党高校辅导员政策作为党和国家规范与促进辅导员队伍建设的重要行动方案和实施依据，它的功能主要是对高校辅导员工作和发展产生的引导、管制与分配作用。而其功能建构，则是高校辅导员政策根据时代的发展变化，及时吸收党的创新理论、不断完善和促进辅导员队伍建设发展的过程。具体来说，高校辅导员政策的基本功能包括引领正确的政治方向、规范工作职责要求、保障职业发展权益等。研究高校辅导员政策的功能建构，对于更深刻地理解和把握长期以来党的辅导员工作历史经验，在新的历史条件下更有效地推进辅导员政策创新发展具有重要意义。

第一节 高校辅导员政策功能建构的演进特征

公共政策学认为，"政策是一种关于目标选择、价值预设和资源分配的行动过程"②。党和政府通过使用规则、权威等资源来施加对个人和组织行为的影响，从而达成高校辅导员政策功能的建构与实现。高校辅导员政策作为中国共产党领导下独创的思想政治教育工作政策，其功能建构和发展与党的理论创新息息相关。因此，梳理高校辅导员政策功能建

---

① 《思想政治教育学原理》，高等教育出版社2018年版，第17页。
② ［美］迈克尔·豪利特、M. 拉米什：《公共政策研究：政策循环与政策子系统》，庞诗等译，尹宏毅、庞诗校，生活·读书·新知三联书店2006年版，第141页。

构的历史演进过程，有助于更好地理解中国共产党的理论创新与高校辅导员政策功能建构的互动关系。

一 政治性与组织性的初步探索

高校辅导员政策虽然在新中国成立初期才正式发布，但在新民主主义革命时期中国共产党已经在军中开展政治指导员制度的探索。黄埔军校、抗日军政大学所制定的一系列政治指导员制度，在其功能建构中主要对政治指导员的政治性、组织性两方面进行了初步的探索，反映了时代潮流与革命气息。

（一）明确政治性是灵魂

为完成中国革命的重要使命，中国共产党与中国国民党开展第一次国共合作，建立了黄埔军校。黄埔军校"开政治教育之先河"[①]，采取军事与政治并重的教育方针，设立政治部。为推进政治部所负责的政治教育训练工作，时任政治部主任周恩来主持制定了《中央军事政治学校政治教育大纲草案》《黄埔本校政治部政治指导员条例》《黄埔军校组织条例》等。[②] 这些文件都将"政治性"放在首位，对黄埔军校政治训练应依据的十个条件、政治指导员的政治职责等做了相应的规定，明确政治指导员是为了"辅助政治教育与各种政治工作能于革命的意义之下更适合各部队官长与学生的需要"[③] 而遴选任命。政治指导员的政治职责主要体现在四个方面：一是考察调研校内师生的政治教育情况与意见问题，并随时报告政治部；二是及时学习、传达、宣传政治思想，"收发政治部各项讲义、文件，以及宣传的书报，务须于收到后迅速传达于每个学生"[④]；三是组织开展政治学习与讨论，"主持政治讨论会与政治工

[①] 杭元祥：《恽代英对黄埔军校政治教育的贡献》，《黄埔》2015年第5期，第47页。
[②] 许启贤主编：《中国共产党思想政治教育史》（第2版），中国人民大学出版社1999年版，第74—75页。
[③] 《黄埔本校政治部政治指导员条例》，《黄埔日刊》1926年11月19日，抗日战争纪念网（https://www.krzzjn.com/show—1940—84927.html）。
[④] 《黄埔本校政治部政治指导员条例》，《黄埔日刊》1926年11月19日，抗日战争纪念网（https://www.krzzjn.com/show—1940—84927.html）。

作实习事务,考核其成绩"①;四是完成政治部交代的其他工作,如考勤等。

在长期的革命战争中,中国共产党充分认识到培养拥有坚定共产主义信念人才的重要性。因此,中国共产党在军事大学中继续探索"政治指导员"制度,强化军校学员的政治引领。1933年中国共产党创办了培养军事干部的中国工农红军大学和培养党政干部的苏维埃大学。后来,中国工农红军大学随红军迁到陕北瓦窑堡,并于1936年更名为"中国抗日军政大学",1937年迁到西安,更名为"中国人民抗日军事政治大学"(即抗大)。毛泽东任抗大教育委员会主席,他为抗大规定了"坚定正确的政治方向,艰苦朴素的工作作风,灵活机动的战略战术"的教育方针,并强调"青年应该把坚定正确的政治方向放在第一位"②。1939年7月,中央军委在对抗大工作的指示中指出:"学校的一切工作,都是为了转变学生的思想,因此教育应当是中心,政治教育是中心之一环。"③

抗大适应了革命战争发展需要,始终注意把思想政治教育作为中心环节,颁布了《政治工作暂行条例》等制度,对军中政治指导员制度做了较为全面的创新。学校实行基层学员队(中队)的"政治指导员"制度,政治指导员兼有政治教员的职务,他们通过日常管理与教育教学把共产主义信仰、党的优良传统、党的方针路线等传递给每一位学员,让他们坚定共产主义信仰,自觉为党服务。因此,政治指导员政策的政治性得到进一步明确,政治指导员成为学校领导对学员进行教学和思想政治教育的得力助手。

(二)初步规范组织要求

黄埔军校时期,从组织机构看,政治部设总务、宣传、党务三科,政治指导员属党务科,其主要职责是给黄埔军校的学员讲授政治理论课,加强学生的政治训练。从工作要求看,1926年11月制定的《黄埔本校政治部政治指导员条例》,首先对政治指导员的工作要求进行了初步规范,

---

① 《黄埔本校政治部政治指导员条例》,《黄埔日刊》1926年11月19日,抗日战争纪念网(https://www.krzzjn.com/show—1940—84927.html)。

② 毛泽东:《被敌人反对是好事而不是坏事》,《新中华报》1939年6月6日第4版。

③ 《中共中央文件选集(1939—1940)》(第12册),中共中央党校出版社1991年版,第147页。

提出了工作纪律与周会报告的要求。

第一次国共合作失败后，中国共产党开始在军队中创新政治指导员的组织要求，以加强党对军队的组织领导。在南昌起义前夕，以周恩来为书记的中共中央前敌委员会，在起义部队中建立了中国共产党组织，并在各军、师设党代表和政治部，团、营、连设政治指导员。1927年，毛泽东在永新县三湾村进行了历史上著名的"三湾改编"，提出"支部建在连上"，第一次确立了在连以上部队设立党代表。1929年，红军中连以上的党代表又统一改称政治委员，1931年政治委员改为政治指导员，这是中国共产党历史上首次在连以上部队设置政治指导员。军队早期对政治指导员组织要求的探索，是加强中国共产党对军队领导的一项重要举措，为党统一军队思想奠定了重要的基础。

进入抗大时期，从组织机构看，基本上依据部队编制，对学生实行军事化管理，其校部设有政治部，负责全校学生的思想政治工作。从人员配备看，学员编为若干大队，大队下设中队，中队下设若干支队，政治部给大队配备政治委员，给中队配备政治指导员，给支队配备政治协理员。从工作要求上看，政治指导员全面负责中队学员的思想、学习和生活等工作，是学校对学员进行思想教育工作的得力助手；在对学员的日常管理上，政治指导员活跃在与学员交流的第一线，着力做好学员的思想、学习、健康和生活等工作。

二 政治引领与职责规范的进一步深化

从新中国成立到1965年，为顺应党和国家教育方针和时代发展需要，高校辅导员政策在实践探索中实现"从无到有—稳步发展"的良好态势。在当时特定的社会环境下，高校辅导员政策的功能主要围绕新中国高校思想政治教育的需求而设计，要求高校辅导员以"政治教育为主"，并进一步规范了辅导员岗位任务职责。但是在"文化大革命"期间，高校辅导员政策发展停滞。

（一）强化政治引领作用

新中国的成立开启了中国历史的新纪元，党的工作重心发生转移，中国的高等教育发生了历史性的转折。为了建设社会主义新中国，加强思想政治教育的领导，培养社会主义建设"又红又专"的高素质人才，中国在高校试行辅导员制度，并颁布了一系列政策。在这些政策的功能建构中，辅导员的政治引领作用被不断强化。

1951年11月，《关于全国工学院调整方案的报告》中首次提出高校"有准备的试行政治辅导员制度，设立专人担任各级政治辅导员"①，高校辅导员是"为了加强学生政治思想教育"而设立，强调高校辅导员的政治引领要求。1952年10月，教育部发布了《关于在高等学校有重点地试行政治工作制度的指示》，指出全国高等学校应有准备地建立政治辅导员制度，并规定要在高等学校设立政治工作机构——政治辅导处。政治辅导处设主任一人、辅导员若干人，《指示》要求他们"加强政治领导，开展马克思列宁主义的思想建设，为全国高等教育建设事业打下坚强的政治基础"，做好在学校党委领导下服务于基层的思想政治工作者。1961年9月，中央批准试行《教育部直属高等学校暂行工作条例（草案）》（"高教六十条"），首次正式提出要在高等学校设置专职政治辅导员。文件强调政治辅导员或班主任是"为了加强思想政治工作"而培养配备，要"有一定政治工作经验的人"担任，明确规定了辅导员是从事政治思想工作的"政治辅导员"。

可见，该时期高校辅导员政策的重要功能之一，就是进一步深化高校辅导员的政治性，强化高校辅导员的政治引领作用，让高校辅导员对自己岗位属性更加明确。

（二）进一步规范岗位与任务

在这个时期，高校辅导员政策在功能建构方面结合时代要求与高校教育实际，对高校辅导员的岗位与任务进一步规范，特别是1961年"高教六十条"正式提出设置专职辅导员，促进高校辅导员工作更加深入、细致、有成效。

1952年8月，中央教育部党组在《关于在高等学校试行政治工作制度的报告》中对高校辅导员的配备与选拔、工作任务做出了较为具体的规定。《报告》要求高校辅导员应挑选教师、学生中的优秀党员、团员充任，平均每三百名左右的学生设政治辅导员一人，这是国家首次对高校

---

① 何东昌主编：《中华人民共和国重要教育文献（1949—1975）》，海南出版社1998年版，第131页。

辅导员与学生的比例进行规定，有利于高校辅导员更深入细致地开展工作。这时高校辅导员的主要任务是在政治辅导处主任领导下辅导一系或几系的学生政治学习和社会活动，并参加学校党、团支部的领导工作，兼任政治理论课助教，是高校的政治工作基层骨干。1958年9月，为了进一步适应高校思想政治教育工作的需要，中共中央、国务院发布《关于教育工作的指示》，指出："学校党委应当配备党员去领导年级和班的工作，配备党员去做政治思想工作。"①

1961年9月，中央批准试行的"高教六十条"对高校辅导员的配备、选拔、培养做出了明确的规定。文件要求"在一、二年级设政治辅导员或者班主任，从专职的党政干部、政治理论课教师和其他青年教师中挑选有一定政治工作经验的人担任。同时，要逐步培养和配备一批专职的政治辅导员"②。这是在中央文件中第一次正式提出要在高等学校设置专职政治辅导员。在此之前，高校辅导员基本都是"专兼结合、兼职为主"，比如具有代表性的清华大学"双肩挑"辅导员。高校辅导员政策在功能建构中逐渐强调高校辅导员岗位的规范性与任务的具体性，设置"专职政治辅导员"这一政策更是为后来辅导员职业化、专业化发展奠定了良好的基础。

1965年，教育部颁布的《政治辅导员工作条例》对辅导员的地位与作用、配备与选拔、工作要求、任务和方法等做出了较为具体的规定，这时的辅导员的主要任务是在学生中宣传马列主义、毛泽东思想和党的路线、方针、政策，提高学生的思想政治觉悟。从高校辅导员岗位与任务两个维度看，高校辅导员政策已达到稳定发展的态势，政策整体框架已初步成型。

可惜在"文化大革命"期间，高校思想政治教育工作受到严重破坏，高校辅导员政策发展停滞不前。

三　从"专业化"到"职业化"的创新发展

改革开放的春风吹拂祖国大地，带来了国内、国际发展的新形势，

---

① 何东昌主编：《中华人民共和国重要教育文献（1949—1975）》，海南出版社1998年版，第859页。

② 何东昌主编：《中华人民共和国重要教育文献（1949—1975）》，海南出版社1998年版，第1065页。

而高校学生的思想也开始呈现多元化和复杂化的特征。"坚持解放思想、实事求是,着力在高校恢复党的思想政治工作,重新确立高校党建和思想政治教育的目标和方向"①,重新打造一支坚强的、有战斗力的高校辅导员队伍,高校辅导员政策的功能建构在"拨乱反正"的过程中获得了从"专业化"到"职业化"的创新发展。

(一) 重新重视高校辅导员的政治素质

党的十一届三中全会以后,高校思想政治工作重新得到重视,高校辅导员的重要作用重新得以明确。这时期的高校辅导员政策功能建构过程中,更加重视高校辅导员的政治素质,对高校辅导员的政治任务做出了更加明确的规定。

1978 年 10 月,教育部发布了《关于讨论和试行全国重点高等学校暂行工作条例(试行草案)的通知》,提出:"政治辅导员既要做大学生的思想政治工作,又要坚持业务学习,有条件的要坚持半脱产,担任一部分教学任务。"②《通知》要求高校辅导员的工作任务是宣传马克思列宁主义、毛泽东思想,宣传党在新时期的总任务和各项方针、政策,坚持无产阶级的政治方向,并不断提高学生的思想觉悟,使学生认识他们所从事的学习同建设社会主义现代化强国的关系,鼓舞和动员他们以革命的精神,群策群力,为完成学校的各项任务而奋斗;要不断改造世界观,大力培养和发扬无产阶级的好思想、好品德、好作风,批判资产阶级,同一切不良倾向做斗争。③ 1980 年 4 月,教育部与团中央共同出台《关于加强高等学校思想政治工作的意见》,指出:政治辅导员应从政治、业务都好的毕业生或教师中选聘,学校要从政治上和业务上关心他们的成长,帮助他们落实政治学习和业务进修计划。高校辅导员要"旗帜鲜明地对学生进行系统的马克思列宁主义、毛泽东思想基本原理的教育、革命理想教育、共产主义道德品质教育,培养学生运用马列主义的立场、观点、方法分析问题和解决问题的能力,逐步树立辩证唯物主义和历史唯物主

---

① 冯刚主编:《改革开放以来高校思想政治教育发展史》,人民出版社 2018 年版,第 2 页。
② 《加强和改进大学生思想政治教育重要文献选编(1978—2014)》,知识产权出版社 2015 年版,第 3 页。
③ 《加强和改进大学生思想政治教育重要文献选编(1978—2014)》,知识产权出版社 2015 年版,第 2 页。

义的世界观"①。1984 年 11 月，中共中央宣传部和教育部联合发布《关于加强高等学校思想政治工作队伍建设的意见》，指出高校辅导员在思想理论水平方面存在不少问题，进一步明确高校专职辅导员政治素质的基本要求，强调"又红又专"。1987 年 5 月，《关于改进和加强高等学校思想政治工作的决定》要求高校辅导员"要服从党和人民的需要，处处起带头模范作用，发扬献身精神，努力提高思想理论和业务水平，改进工作，以实际行动赢得学生的信任和尊重"②。

进入 21 世纪，高等教育大众化、网络普及化、价值观多元化为培养适应社会主义现代化建设需要的高层次人才带来了全新的挑战，"加强和改进大学生思想政治教育是一项重大而紧迫的战略任务"③，这要求高校辅导员的政治素质需要与时俱进，进一步提升。国家陆续颁布了一系列高校辅导员政策：《关于进一步加强和改进大学生思想政治教育的意见》（2004 年）、《关于加强和改进高等学校辅导员班主任队伍建设的意见》（2005 年）、《普通高等学校辅导员队伍建设规定》（2006 年），强调了高校辅导员的主要思想政治任务，明确了高校辅导员提高思想理论水平的培训培养方式等。

这时期的高校辅导员政策对辅导员的政治素质要求做出了明确的规定，具有重要的引导功能。作为一名高校辅导员，必须重视思想理论学习，时刻以最新的思想理论武装头脑，站稳政治立场，真正做到用真理回应、引导学生。

（二）显现高校辅导员工作的学科专业性

这一时期，中国高校辅导员政策在总结以往经验的基础上，更加强调将辅导员的学科建设于专业培养之上，逐步建立比较完善的思想政治教育专业学科体系，推动"思想政治工作科学化"，为高校辅导员的发展提供专业化的学科支撑，引导高校辅导员在学科方面多做贡献，为高校

---

① 《加强和改进大学生思想政治教育重要文献选编（1978—2014）》，知识产权出版社 2015 年版，第 5 页。

② 《加强和改进大学生思想政治教育重要文献选编（1978—2014）》，知识产权出版社 2015 年版，第 73 页。

③ 《加强和改进大学生思想政治教育重要文献选编（1978—2014）》，知识产权出版社 2015 年版，第 265 页。

辅导员的持续发展提供了坚实的保障基础。

教育部于1984年连续发布了《关于在十二所院校设置思想政治教育专业的意见》《关于在六所高等院校开办思想政治教育专业第二学士学位班的意见》《关于在高等学校举办思想政治教育本科班的意见》，探索构建中国思想政治教育专业学科体系，正式采取正规化的方式培养思想政治工作的专门人才。1986年12月，国家教育委员会发布《关于试办思想政治教育专业在职第二学士学位班的意见》，决定从1987年开始试办思想政治教育专业第二学士学位班，给高校专职辅导员提供更多的学习机会，以提高思想政治素质和业务水平。1987年5月，在《关于改进和加强高等学校思想政治工作的决定》中，强调思想政治教育是一门科学，高校专职辅导员科学定位于教师队伍的组成部分。1987年9月，国家教育委员会印发《关于思想政治教育专业培养硕士研究生的实施意见》，决定从1988年开始培养思想政治教育专业的硕士研究生，这是"开辟培养思想政治教育高层次专门人才的有效途径"[①]。1995年11月，国家教育委员会颁布《中国普通高等学校德育大纲（试行）》，指出："高等学校的德育专职人员是教师队伍的重要组成部分"，"努力培养和造就一批思想政治教育的专家和教授"[②] 2006年7月，教育部印发《2006—2010年普通高等学校辅导员培训计划》，提出实施"高校辅导员继续攻读学位计划"，分批选拔5000名优秀辅导员攻读思想政治教育专业硕士学位，500名优秀辅导员定向攻读思想政治教育专业博士学位。[③]

高校辅导员政策中更加注重将辅导员培养成"高校思想政治工作骨干"，通过学科专业化的功能建构引导辅导员加强思想政治教育规律的学习与研究，成为既能做思想政治工作，又可以从事思想政治教育教学、科研工作的"双肩挑"人才。

---

① 《加强和改进大学生思想政治教育重要文献选编（1978—2014）》，知识产权出版社2015年版，第85页。

② 《加强和改进大学生思想政治教育重要文献选编（1978—2014）》，知识产权出版社2015年版，第159页。

③ 《加强和改进大学生思想政治教育重要文献选编（1978—2014）》，知识产权出版社2015年版，第348页。

(三) 完善高校辅导员的职业发展机制

改革开放以来，高校辅导员政策更加注重完善高校辅导员队伍选聘、培养和管理机制，系统性地提出了辅导员职业发展问题，进一步明确了辅导员工作和发展的各项条件保障，让高校辅导员工作不再是过渡性的工作岗位，而是具有较强专业性的职业，实现了从"专业化"到"职业化"的历史演进。

1978—1983 年，中国高校辅导员政策的功能建构主要集中在"选聘"机制与要求的完善。1978 年 10 月，教育部发布的《关于讨论和试行全国重点高等学校暂行工作条例（试行草案）的通知》提出："在一二年级设立政治辅导员或班主任，从专职的党政干部、政治理论课教师、其他青年教师中选留有一定政治经验的人担任。"[①] 1980 年 4 月，教育部与团中央共同出台的《关于加强高等学校思想政治工作的意见》指出：政治辅导员应从政治、业务都好的毕业生或教师中选聘。

1983—2004 年，"培训培养""岗位管理""保障待遇"成为中国高校辅导员政策功能建构的重点关注对象。1984 年 11 月，中央宣传部、教育部《关于加强高等学校思想政治工作队伍建设的意见》开辟专节对高校辅导员的发展方向、培训、待遇、表彰进行了规定。1986 年 5 月，国家教育委员会发布《关于加强高等学校思想政治工作的决定》，该文件对辅导员的培养、使用和今后的发展方向做了明确的规定，具有长远的指导意义。1994 年 8 月，国家颁布《关于进一步加强和改进学校德育工作的若干意见》，明确要建立和完善校长及行政系统为主实施的高校德育管理体制，要求学校都要建立一支专兼结合、功能互补、信念坚定、业务精湛的德育工作队伍，并且要完善德育队伍的职务系列与建立表彰制度。1999 年 9 月，《关于加强和改进思想政治工作的若干意见》要求提高思想政治教育队伍的素质，优化结构，要注重关心与培养，给予表彰和奖励。

2004—2012 年，中国高校辅导员政策的功能建构特别倚重"培训培养""考核评优""职称评定"。中国于 2004 年颁布了旨在改进大学生思想政治教育的"16 号文件"以及系列配套文件，明确了辅导员兼具教师

[①] 《加强和改进大学生思想政治教育重要文献选编（1978—2014）》，知识产权出版社 2015 年版，第 3 页。

和干部的"双重身份",从培养管理机制、教师职务聘任、评优奖励制度等方面鼓励和支持一批骨干长期从事辅导员工作,以期打造一支专业化职业化的高水平的辅导员队伍。2005年1月,教育部颁布的《关于加强和改进高等学校辅导员班主任队伍建设的意见》切实要求为高校辅导员工作与发展提供政策保障,统筹规划辅导员的培训培养,完善评优奖励、考核制度,解决辅导员评聘教师职务问题。2006年发布的《普通高等学校辅导员队伍建设规定》和《2006—2010年普通高等学校辅导员培训计划》更是对高校辅导员队伍专业化建设进程的持续化深入推进和辅导员"双重身份"的职业化发展路向的完善发展产生了重要的作用。

四 以立德树人为根本拓展全面发展的职业路径

进入新时代,随着综合国力的进一步增强,中国逐渐转变世界政治经济秩序从属者的角色,敢于发出属于自己的声音。作为对时代发展变化感知最敏感的群体,新时代高校学生的思想状况也因此发生了巨大的变化。为适应新时代内外环境的变化,做好新时代高校思想政治教育工作,推动高校辅导员队伍高质量内涵式发展,针对中国高校辅导员政策的功能建构进行了深化拓展。

(一)强调立德树人根本任务

党的十八大以来,习近平总书记对中国高等教育的发展高度重视,提出把立德树人作为教育的根本任务,这成为新时代高校教育工作的根本遵循。立德,就是坚持德育为先;树人,就是坚持以人为本。围绕习近平总书记系列重要讲话精神,中国高校辅导员政策在功能建构时强调立德树人根本任务,注重引导新时代高校辅导员将立德树人作为自己工作的立足点。

2017年9月,教育部发布《普通高等学校辅导员队伍建设规定》(教育部第43号令),要求高校要坚持把立德树人作为中心环节,把辅导员队伍建设作为教师队伍和管理队伍建设的重要内容,整体规划、统筹安排。2017年12月,教育部印发《高校思想政治工作质量提升工程实施纲要》,强调要以立德树人为根本,形成全员全过程全方位育人格局。同时要求引导高校辅导员不忘立德树人初心,牢记人才培养使命,将思想政治表现和育人功能发挥作为重要内容。2018年1月,中共中央、国务院发布《关于全面深化新时代教师队伍建设改革的意见》，要求教师队伍落实立德树人根本任务，遵循教育规律，培养德智体美全面发展的社会主义建设者和接班人。2021年1月，教育部等六部门印发《关于加强新时代高校教师队伍建设改革的指导意见》，强调落实立德树人根本任务，强化高校辅导员思想政治素质和师德师风建设，为提高人才培养质量提供坚强的保障。

习近平总书记在全国高校思想政治工作会议上强调，要坚持把立德树人作为中心环节。这一时期，高校辅导员政策功能建构牢牢把握住立德树人，强调把思想政治工作贯穿教育教学全过程，实现全程育人、全方位育人，对高校辅导员牢牢把握思想政治教育规律和大学生成长规律提供了正确的工作方向指引。

（二）打造"专业化—职业化—专家化"发展路径

进入新时代，高校辅导员队伍的建设发展得到进一步重视，高校辅导员政策中加强对辅导员培养、准入、培训、考核等方面的机制建构，打造"专业化—职业化—专家化"的高校辅导员发展路径，提升高校辅导员的职业自信心和职业归属感。

2013年5月，教育部印发《普通高等学校辅导员培训规划（2013—2017年）》，要求高校辅导员具备职业道德素质、科学文化素质、思想政治教育素质等专业素质，具有大学生党建工作、学生事务管理、心理健康教育、网络运用、职业生涯规划等职业能力。同时，《规划》提出要推动辅导员开展工作和学术研究，积极推进辅导员学历提升，这都为高校辅导员专业化、职业化、专家化发展奠定了坚实的基础。2014年3月，教育部发布《高等学校辅导员职业能力标准（暂行）》，对推动高校辅导员队伍专业化、职业化、专家化发展具有重要指导作用。它强调高校辅导员是高校学生工作的"专业"人员，对其专业素质、工作基本规范、发展基本准则、管理机制基本依据进行了具体的规定，确立了高校辅导员的职业概念，强化高校辅导员管理机制的政策导向，明晰高校辅导员提升专业素养和职业能力的方向，增强高校辅导员的职业自信心与归属感。2017年9月，教育部第43号令要求：把辅导员队伍建设作为教师队伍和管理队伍建设的重要内容，整体规划、统筹安排，不断提高队伍的专业水平和职业能力，保证辅导员工作有条件、干事有平台、待遇有保障、发展有空间。

"专业化—职业化—专家化"发展路径的形成是新时代高校辅导员政策的重要功能建构，正因此，广大师生和全社会对高校辅导员工作的职业认同逐步增强，高校辅导员的工作凝聚力也得到加强。

(三) 树立全面发展职业理念

新时代为高校学生提供了坚实的发展基础：物质基础与精神文化的资源日益丰富，实现青春理想与人生价值的条件更加充分，担当时代重任与砥砺奋斗前行的平台不断拓宽。而作为负责高校一线学生工作的辅导员，必须树立全面发展的职业理念，才能做好新时代高校学生的引领工作。

2013年5月，教育部印发《普通高等学校辅导员培训规划（2013—2017年）》，对高校辅导员培训内容进行了规定，要求高校辅导员加强"思想政治理论教育""专业素养提升""职业能力培养"三大板块共11项内容的培训。

2014年3月，教育部发布了《高等学校辅导员职业能力标准（暂行）》，提出高校辅导员的多重身份。高校辅导员是教师也是党政干部，是开展高校思想政治教育与管理工作的"骨干力量""组织者""实施者"和"指导者"，是学生的"人生导师"和"知心朋友"。多重身份要求其具有全面的职业能力，政治、业务、纪律、作风位于前列，知识储备、组织管理能力、语言文字表达能力、教育引导能力、调查研究能力等样样皆能。

2017年9月，教育部第43号令要求进一步扩展高校辅导员的基本条件与主要工作职责。作为新时代的高校辅导员，需要具备较高的政治素质和坚定的理想信念，具有从事高校思想政治教育工作的宽口径知识储备，具备较强的组织管理能力和语言、文字表达能力及教育引导能力、调查研究能力等，并面向高校学生开展思想理论教育和价值引领、党团和班级建设、学风建设、学生日常事务管理、心理健康教育与咨询工作、网络思想政治教育、校园危机事件应对、职业规划与就业创业指导、理论和实践研究九个方面的工作。教育部43号令所规定的基本条件与主要职责范围之广泛，对高校辅导员全面发展提出了更高的要求。高校辅导员必须树立全面发展的职业理念，坚持终身学习、主动学习，不断拓展工作视野，职业素养和职业能力才能不断提高。

第二节　高校辅导员政策功能建构的经验与启示

九十多年来，中国高校辅导员政策随着时代的发展与党的理论创新不断更新进步，政策的功能建构也在不断丰富发展。客观地总结高校辅导员政策功能建构的基本经验与启示，探求规律，把握方向，将更有助于贯彻党的全面领导，坚持服务人才培养与辅导员队伍建设的可持续发展。

一　高校辅导员政策功能建构要坚持党的全面领导

党的领导是全面的、系统的、整体的，必须全面、系统、整体加以落实。始终坚持党的全面领导、坚持社会主义方向，这一历史经验是中国高校辅导员政策功能建构的核心和灵魂。

（一）不断巩固高校党的领导地位

高校作为辅导员开展工作的重要场所，其领导体制关系到辅导员队伍建设与发展方向的关键问题。因此，中国高校辅导员政策特别重视不断巩固高校党的领导地位。

高校党的领导体制不断完善。1958年9月，中共中央、国务院《关于教育工作的指示》强调在一切高等学校中，应当实行学校党委领导下的校务委员会负责制。1978年10月，教育部发布了《关于讨论和试行全国重点高等学校暂行工作条例（试行草案）的通知》，提出："高等学校的党委员会，是中国共产党在高等学校中的基层组织，是学校工作的领导核心，对学校工作实行统一领导"，"系党总支委员会（或分党委）领导全系工作"。[①] 1989年8月，《中共中央关于加强高等学校党的建设的通知》明确规定，高校实行党委领导下的校长责任制。2014年，中共中央办公厅发布《关于坚持和完善普通高等学校党委领导下的校长负责制的实施意见》，要求"要坚持党委的领导核心地位，保障校长依法行使职

[①] 《加强和改进大学生思想政治教育重要文献选编（1978—2014）》，知识产权出版社2015年版，第3页。

权,建立健全党委统一领导、党政分工合作、协调运行的工作机制"①。2017年12月,《高校思想政治工作质量提升工程实施纲要》强调要"发挥各级党组织的育人保障功能,进一步理顺高校党委的领导体制机制,明确高校党委职责和决策机制,健全和完善高校党委领导下的校长负责制,推动学校各级党组织自觉担负起管党治党、办学治校、育人育才的主体责任"②。

  高校党的领导工作要求不断强化。1980年印发的《关于加强高等学校学生思想政治工作的意见》提出:"学校党委要加强对学生思想政治工作的领导,把它列入党委的重要议事日程。校、系两级都要有一名副书记主管学生的思想政治工作;校党委可根据具体情况,设立学生政治思想工作的机构,如学生工作部或青年工作部。"③ 1987年5月,中共中央发布的《关于改进和加强高等学校思想政治工作的决定》明确指出,贯彻党和国家的教育方针,改进和加强思想政治工作的关键在校、系两级领导;学校党委对思想政治工作负有领导责任,要加强党的思想建设和组织建设;党委书记和校长,应当努力成为社会主义的教育家。党的十三届四中全会后不久,中共中央、国务院转发国家教育委员会《关于当前高等学校工作中几个问题的意见》的通知,指出各级党委、政府和教育部门要切实加强对高等学校工作的领导,把坚定正确的政治方向放在教育工作的第一位,真正把高等学校办成培养社会主义接班人的坚强阵地。2021年1月,教育部等六部门颁发《关于加强新时代高校教师队伍建设改革的指导意见》,提到要强化党对高校的政治领导,增强高校党组织政治功能。

(二)辅导员要在高校党委统一领导下开展工作

  高校辅导员政策的一个重要导向功能,就是引导辅导员始终保持正

---

① 《关于坚持和完善普通高等学校党委领导下的校长负责制的实施意见》,2014年10月16日,中华人民共和国教育部官网(http://www.moe.gov.cn/jyb_xwfb/s5148/201410/t20141016_176071.html)。

② 《中共教育部党组关于印发〈高校思想政治工作质量提升工程实施纲要〉的通知》,2017年12月5日,中华人民共和国教育部官网(http://www.moe.gov.cn/srcsite/A12/s7060/201712/t20171206_320698.html)。

③ 《加强和改进大学生思想政治教育重要文献选编(1978—2014)》,知识产权出版社2015年版,第7页。

确的政治方向。因此，高校辅导员政策的功能建构要不断强化高校党委对辅导员工作的领导作用。

2004年8月，中共中央、国务院发布《关于进一步加强和改进大学生思想政治教育的意见》，提出：辅导员、班主任是大学生思想政治教育的骨干力量，辅导员按照党委的部署有针对性地开展思想政治教育活动。① 2005年1月，教育部《关于加强高等学校辅导员班主任队伍建设的意见》强调：辅导员、班主任工作在大学生思想政治教育的第一线，在思想、学习和生活等方面负有指导学生、关心学生的职责，要按照党委的部署有针对性地开展思想政治教育活动。在重大政治问题上要立场坚定、旗帜鲜明，与党中央保持高度一致，坚决维护党和国家的利益及高校稳定。同时，辅导员的选聘工作要在学校党委的统一领导下，采取组织推荐和公开招聘相结合的方式进行。② 2006年7月，教育部第24号令要求"辅导员选聘工作要在高等学校党委统一领导下，采取组织推荐和公开招聘相结合的方式进行"③。2017年9月，教育部第43号令规定辅导员选聘工作要在高等学校党委统一领导下进行，由学生工作部门、组织、人事、纪检等相关部门共同组织开展。院（系）党委（党总支）负责对辅导员进行直接领导和管理。

二 高校辅导员政策功能建构要坚持服务人才培养

坚持以人为本、服务大学生，是高校思想政治教育的出发点和落脚点，也是大学生思想政治工作的内在需求。④ 随着大学生发展需求的不断增多，高校辅导员政策的功能也要随之发展。高校辅导员政策功能建构始终要服务于人才培养，从而保障辅导员能积极回应大学生的发展需求。

（一）培养"又红又专"的社会主义人才

新中国成立后，中国共产党的工作中心发生转移，为了建设社会主

---

① 《加强和改进大学生思想政治教育重要文献选编（1978—2014）》，知识产权出版社2015年版，第268页。

② 《加强和改进大学生思想政治教育重要文献选编（1978—2014）》，知识产权出版社2015年版，第283页。

③ 《加强和改进大学生思想政治教育重要文献选编（1978—2014）》，知识产权出版社2015年版，第345页。

④ 冯刚主编：《高校思想政治教育创新发展研究》，中国人民大学出版社2009年版，第99页。

义新中国,我们提出的人才培养目标是培养"又红又专"的社会主义高素质人才。1957年,毛泽东在《关于正确处理人民内部矛盾的问题》中指出:"我们的教育方针,应该使受教育者在德育、智育、体育几个方面都得到发展,成为有社会主义觉悟的有文化的劳动者。"① 1958年9月,中共中央、国务院《关于教育工作的指示》强调:培养出一支数以千万计的"又红又专"的工人阶级知识分子的队伍,是全党和全国人民的巨大的历史任务之一。在这一认识的基础上,1961年9月发布的"高教六十条"规定高等学校学生的培养目标是:具有爱国主义和国际主义精神,具有共产主义道德品质,拥护共产党的领导,拥护社会主义,愿为社会主义事业服务、为人民服务;通过马克思列宁主义、毛泽东著作的学习,和一定的生产劳动、实际工作的锻炼,逐步树立无产阶级的阶级观点、劳动观点、群众观点、辩证唯物主义观点;掌握本专业所需要的基础理论、专业知识和实际技能,尽可能了解本专业范围内科学的新发展;具有健全的体魄。这实际就是对"又红又专"的具体要求。

改革开放初期,由于"文化大革命"导致一些学生的思想政治问题较多,因此人们对思想政治工作的认识是与阶级斗争紧密结合起来的,人才培养目标基本还是"又红又专"。1978年10月颁布的《关于讨论和试行全国重点高等学校暂行工作条例(试行草案)的通知》中对于高校的基本任务做了相关规定,要求贯彻执行"教育必须为无产阶级政治服务,必须同生产劳动相结合"的根本方针,培养社会主义革命和社会主义建设所需要的各种专门人才。② 1980年4月,教育部、共青团中央联合发布《关于加强高等学校学生思想政治工作的意见》,要求高校的培养目标必须坚持"又红又专"的方向。1982年10月,教育部颁发的《关于在高等学校逐步开设共产主义思想品德课程的通知》中依旧强调,要"培养学生成为有革命理想、讲革命道德、守革命纪律,有文化的又红又专的人才"③。

---

① 《毛泽东文集》(第七卷),人民出版社1999年版,第226页。
② 《加强和改进大学生思想政治教育重要文献选编(1978—2014)》,知识产权出版社2015年版,第1页。
③ 《加强和改进大学生思想政治教育重要文献选编(1978—2014)》,知识产权出版社2015年版,第16页。

(二) 培养"四有"新人

进入加快改革开放和社会主义现代化建设、发展社会主义市场经济的新历史阶段后,邓小平进一步提出了社会主义教育方针,提出我们要培养有理想、有道德、有文化、有纪律的"四有"新人。①

1987年5月,《关于改进和加强高等学校思想政治工作的决定》指出当时高校思想政治教育的状况与问题,即"要把学生培养成为有理想、有道德、有文化、有纪律的人才,还需作很大努力"。1993年2月,中共中央、国务院颁布的《中国教育改革和发展纲要》明确提出,要"用马列主义、毛泽东思想和建设有中国特色的社会主义理论教育学生,把坚定正确的政治方向摆在首位,培养有理想、有道德、有文化、有纪律的社会主义新人,是学校德育即思想政治和品德教育的根本任务"②。为进一步培养适应21世纪社会主义现代化建设需要的高层次人才,国家政策进一步明确高校辅导员的任务。2000年7月,《关于进一步加强高等学校学生思想政治工作队伍建设的若干意见》提出:以马克思列宁主义、毛泽东思想特别是邓小平理论为指导,贯彻党的教育方针,按照江泽民同志对全国青年和大学生提出的坚持学习科学文化与加强思想修养的统一、坚持学习书本知识与投身社会实践的统一、坚持实现自身价值与服务祖国人民的统一、坚持树立远大理想与进行艰苦奋斗的统一的要求……教育引导学生树立正确的理想信念,加强思想修养,成为有理想、有道德、有文化、有纪律的一代新人。③ 2004年的中发16号文件,也要求以大学生全面发展为目标,深入进行素质教育,培养有理想、有道德、有文化、有纪律的社会主义新人。④ 2006年,教育部发布第24号令,切实提出"加强辅导员队伍建设,应当坚持育人为本、德育为先,促进高等学校改革、发展和稳定,促进培养造就有理想、有道德、有文化、有纪律

---

① 《十六大以来重要文献选编》(中),中央文献出版社2006年版,第78页。

② 《十四大以来重要文献选编》(上),人民出版社1996年版,第77页。

③ 《加强和改进大学生思想政治教育重要文献选编(1978—2014)》,知识产权出版社2015年版,第210页。

④ 《加强和改进大学生思想政治教育重要文献选编(1978—2014)》,知识产权出版社2015年版,第266页。

的社会主义建设者和接班人"①。

（三）培养全面发展的社会主义建设者和接班人

进入21世纪，党和国家对于人才培养的目标与时俱进，不断更新。江泽民同志强调，当代大学生要成为"理想远大、热爱祖国的人""德才兼备、全面发展的人""知行统一、脚踏实地的人"。②胡锦涛同志希望当代青年"努力成为理想远大、信念坚定的新一代，品德高尚、意志顽强的新一代"③。习近平总书记强调，要不断提高学生思想水平、政治觉悟、道德品质、文化素养，让学生成为德才兼备、全面发展的人才。④总的来说，党和国家需要培养全面发展的社会主义建设者和接班人。高校辅导员政策也围绕这个目标而不断进行功能构建，加强辅导员队伍的建设。

2004年的中发16号文件要求采取切实措施，建设一支精干、高素质的学生思想政治工作队伍，培养德智体美等全面发展的社会主义事业建设者和接班人。

2005年1月，教育部《关于加强高等学校辅导员班主任队伍建设的意见》强调，"要像重视业务学术骨干一样重视辅导员、班主任的选拔、培养和使用……为培养德智体美全面发展的社会主义合格建设者和可靠接班人作出贡献"⑤。2014年3月，《高等学校辅导员职业能力标准（暂行）》提出：要育人为本，促进学生全面发展，努力培养社会主义合格建设者和可靠接班人。2017年9月，教育部第43号令明确指出"辅导员工作要引导学生正确认识世界和中国发展大势、正确认识中国特色和国际比较、正确认识时代责任和历史使命、正确认识远大抱负和脚踏实地，成为又红又专、德才兼备、全面发展的中国特色社会主义合格建设者和

---

① 《加强和改进大学生思想政治教育重要文献选编（1978—2014）》，知识产权出版社2015年版，第344页。
② 江泽民：《在庆祝清华大学建校九十周年大会上的讲话》，《人民日报》2001年4月30日第1版。
③ 胡锦涛：《胡锦涛致信中国青年群英会》，《中国青年报》2007年5月5日第1版。
④ 《习近平在全国高校思想政治工作会议上强调 把思想政治工作贯穿教育教学全过程 开创我国高等教育事业发展新局面》，《人民日报》2016年12月9日第1版。
⑤ 《加强和改进大学生思想政治教育重要文献选编（1978—2014）》，知识产权出版社2015年版，第283页。

可靠接班人"①。2017年12月,《高校思想政治工作质量提升工程实施纲要》进一步指出,要切实提高工作亲和力和针对性,着力培养德智体美全面发展的社会主义建设者和接班人,着力培养担当民族复兴大任的时代新人,不断开创新时代高校思想政治工作新局面。2018年1月,中共中央、国务院印发《关于全面深化新时代教师队伍建设改革的意见》,强调造就党和人民满意的高素质专业化创新型教师队伍,是为了培养德智体美全面发展的社会主义建设者和接班人。

三 高校辅导员政策功能建构要有利于可持续发展

高校辅导员开展思想政治教育活动,要做到改造客观世界和改造主观世界相统一。毛泽东曾指出:"因为他们是教育者,是当先生的,他们就有一个先受教育的任务。"② 高校辅导员政策规定了辅导员应具备的理论水平和专业技能,对辅导员能力提升起到保障作用。因此,高校辅导员政策功能建构,是要有利于辅导员队伍可持续发展的。

(一)思想政治教育的学科化发展

1983年,作为高校辅导员工作开展基础的思想政治教育开始了学科化的发展阶段。思想政治教育学科正式创立,思想政治教育本硕博学位体系与人才培养体系逐步建立,为高校辅导员的发展提供了专业化的学科支撑,并产生了深远的影响。

一是思想政治教育学科的创立。1984年4月,教育部印发《关于在十二所院校设置思想政治教育专业的意见》,要为高校培养思想政治工作人员,"标志着我国思想政治教育本科专业、思想政治教育专业得以正式创立,并且标志着思想政治教育学科终于正式创立"③。

二是思想政治教育本硕博学位体系的构建。1984年6月,教育部发布《关于在高等学校举办思想政治教育本科班的意见》,对思想政治教育本科班的培养目标和招生对象等做出了具体规定,明确"高校现职思想

---

① 《加强和改进大学生思想政治教育重要文献选编(1978—2014)》,知识产权出版社2015年版,第661页。
② 《毛泽东文集》(第七卷),人民出版社1999年版,第270—271页。
③ 冯刚主编:《改革开放以来高校思想政治教育发展史》,人民出版社2018年版,第60页。

政治工作人员"修读，标志着思想政治教育学科的本科班得以正式创立。1987年9月，国家教育委员会印发《关于思想政治教育专业培养硕士研究生的实施意见》，决定从1988年开始培养思想政治教育专业的硕士研究生，这是"开辟培养思想政治教育高层次专门人才的有效途径"①。对一门学科而言，"博士点是学科建设的关键，它不仅是学科人才培养的最高层次的体现，也是衡量一个单位学科建设水平的重要标准，更是推动科学研究、人才培养、队伍建设等的动力和保障"②。1996年，中国人民大学、武汉大学（与华中师范大学合作）、清华大学（与首都师范大学、北京科技大学合作）先后获批中国第一批马克思主义理论与思想政治教育博士学位授权点。③ 中国思想政治教育专业学位体系正式形成，也标志着思想政治教育学科走向成熟。

三是思想政治教育第二学位的设立。1984—1986年，教育部印发了《关于在六所高等院校开办思想政治教育专业第二学士学位班的意见》和《国家教育委员会关于试办思想政治教育专业在职第二学士学位班的意见》，分批指定高校开设思想政治教育专业第二学士学位班。"招生对象是年龄在三十岁以下的（个别可放宽到三十五岁）已获得理工农医学士学位，在高等学校从事思想政治工作一年以上的优秀在职人员"④，标志着中国思想政治教育学科的第二学士学位班正式设立并逐步发展。

（二）高校辅导员队伍培训系统化建设

习近平总书记在全国高校思想政治工作会议上强调："传道者自己首先要明道、信道。高校教师要坚持教育者先受教育，努力成为先进思想文化的传播者、党执政的坚定支持者，更好担起学生健康成长指导者和

---

① 《加强和改进大学生思想政治教育重要文献选编（1978—2014）》，知识产权出版社2015年版，第85页。
② 沈壮海主编：《思想政治教育发展报告2014/2015》，高等教育出版社2016年版，第11页。
③ 冯刚主编：《改革开放以来高校思想政治教育发展史》，人民出版社2018年版，第63—64页。
④ 《加强和改进大学生思想政治教育重要文献选编（1978—2014）》，知识产权出版社2015年版，第25页。

引路人的责任。"① 因此，高校辅导员政策在功能建构中不断推动队伍培训发展。

一是制定系统化的培训计划。2006年，教育部办公厅印发了《2006—2010年普通高等学校辅导员培训计划》的通知，计划到2010年培养和造就1000名在思想政治教育方面有一定国内影响的专家。2013年，教育部印发《普通高等学校辅导员培训规划（2013—2017年）》，要求健全建立多级培训网络，打造"示范培训—专题培训—日常培训"的分层次、全覆盖的三级辅导员培训体系。2017年，教育部第43号令要求辅导员培训纳入高等学校师资队伍和干部队伍培训整体规划，建立国家、省级和高等学校三级辅导员培训体系，并对培训学时安排进行了规定，确保每名专职辅导员每年参加不少于16个学时的校级培训，每5年参加1次国家级或省级培训。

二是建立培训研修基地。为了整合各方培训力量，提升培训培养的专业化科学化水平，加强队伍建设、提升素质能力等问题研究，实现信息互通、成果共享、优势互补，切实发挥辅导员培训的示范辐射效应，国家依托高校培育和建立了一批培训研修基地。2007年，教育部了公布首批21个高校辅导员培训和研修基地名单。2017年，教育部第43号令强调教育部设立高等学校辅导员培训和研修基地，开展国家级示范培训；《高校思想政治工作质量提升工程实施纲要》提出要加大培养培训力度，开展高校思想政治工作队伍国家示范培训。2018年至今，教育部建设了一批高校思想政治工作队伍培训研修中心，培育建设高校思想政治工作创新发展中心，要求中心按照标准进行规范化建设，开展全国辅导员培训研修班、开设辅导员研究开放课题、征集辅导员工作科研论文等，推动辅导员培训工作高质量发展。

（三）鼓励高校辅导员开展研究

高校辅导员政策多次提出高校辅导员开展工作和学术研究，强调理论与实践相结合。

一是大力培育领军人才。2014年，教育部启动"思想政治教育中青

---

① 《习近平在全国高校思想政治工作会议上强调　把思想政治工作贯穿教育教学全过程 开创我国高等教育事业发展新局面》，《人民日报》2016年12月9日第1版。

年杰出人才支持计划"和"高校辅导员访问学者计划",着力推动思想政治教育工作者的发展。2017年发布《高校思想政治工作质量提升工程实施纲要》,强调大力培育领军人才,在"长江学者奖励计划"中,加大对思想政治教育相关领域高层次人才倾斜支持力度。

二是强化项目支持引领。2009年,国家设立了"教育部人文社会科学研究专项任务项目(高校思想政治工作)"。2013年教育部启动全国高校辅导员工作精品项目建设,同年教育部印发了《普通高等学校辅导员培训规划(2013—2017年)》,提出要推动辅导员开展工作和学术研究,继续在教育部人文社会科学研究专项任务中设立辅导员专项,逐步加大项目经费支持力度,鼓励辅导员参与"思想政治教育研究文库"建设,结合实践工作和理论研究,形成一批具有决策咨询价值和推广示范意义的研究成果。[①] 2017年发布《高校思想政治工作质量提升工程实施纲要》,强调强化项目支持引领,实施"高校思想政治工作中青年杰出人才支持计划",支持出版理论和实践研究专著,培育一批高校思想政治工作精品项目,建设一批高校思想政治工作名师工作室。2018年启动《高校思想政治工作研究文库》建设,2019年"教育部人文社会科学研究专项任务项目(高校思想政治工作)"更名为"教育部人文社会科学研究专项任务项目(高校辅导员研究)"等,旨在促进辅导员专业化、职业化和可持续发展。

第三节 高校辅导员政策功能建构的发展趋势

党的二十大报告指出,中国发展进入战略机遇和风险挑战并存、不确定难预料因素增多的时期,各种"黑天鹅""灰犀牛"事件随时可能发生。进入新时代,高校辅导员工作作为思想政治工作的重要环节,必须牢牢把握党和国家的中心工作,在政策功能建构的发展中要紧密围绕党的历史使命,紧扣培养什么人这个根本问题,坚持把立德树人作为根本

---

① 《加强和改进大学生思想政治教育重要文献选编(1978—2014)》,知识产权出版社2015年版,第593页。

任务，坚持把队伍建设作为基础工作，坚持扎根中国大地彰显自信，为巩固和发展中国特色社会主义制度服务。

一 高校辅导员政策功能建构要紧密围绕党的历史使命

历史使命是中国共产党的重要概念。在新时代，高校辅导员政策的功能建构发展要以党的历史使命为政治基础，将长期功能和阶段功能相统一，以"四个伟大"为实施路径，进一步坚定高校辅导员的初心与使命。

（一）以党的历史使命为政治基础

党的历史使命，既是指作为执政党在社会发展中所承担的责任，也是指对于带领全体中国人民走向实现中华民族伟大复兴的中国梦进程中主动承担的责任，具有中国特色。

党的十九大报告指出："实现中华民族伟大复兴是近代以来中华民族最伟大的梦想。中国共产党一经成立，就把实现共产主义作为党的最高理想和最终目标，义无反顾肩负起实现中华民族伟大复兴的历史使命，团结带领人民进行了艰苦卓绝的斗争，谱写了气吞山河的壮丽史诗。"[①] 民族复兴不仅使命光荣，而且任务艰巨。历史使命是要指引实践的发展，要落实于行动中。党要实现的历史使命，不仅是口头上的复兴，而是切切实实体现在各个方面。高校人才培养就是中华民族复兴的一项重要任务，这项重要任务最终能否有效实现的关键之一就是思想政治教育的建设。

思想政治教育工作是一切工作的生命线，而高校辅导员作为高校思想政治教育的一线工作者，其政治素质是引领学生的关键。因此，高校辅导员政策的功能建构要以新时代党的历史使命为政治基础，通过更完善、更有效的机制加强高校辅导员的政治信仰与政治素质建设，引导高校辅导员为中华民族的伟大复兴贡献自己的力量。

（二）长期功能和阶段功能相统一

党的长期历史使命是实现中华民族伟大复兴，但是在不同的发展阶

---

① 习近平：《决胜全面建成小康社会 夺取新时代中国特色社会主义伟大胜利——在中国共产党第十九次全国代表大会上的报告》，人民出版社2017年版，第13页。

段，又会有不同的阶段使命。在新民主主义革命时期和社会主义建设时期，毛泽东在《新民主主义论》中指出：我们共产党人，多年以来，不但为中国的文化革命而奋斗；一切这些的目的，在于建设一个中华民族的新社会和新国家。① 在改革开放发展过程中，"使国家富强起来，使人民生活得到改善"② 是邓小平关于党的历史使命的重要论述。在党的十六大报告中，江泽民明确指出党要"实现中华民族的伟大复兴"③。胡锦涛在党的十八大报告中提出："全党必须更加自觉地把推动经济社会发展作为深入贯彻落实科学发展观的第一要义。"④ 习近平总书记强调，在肩负党的长期历史使命的指引下，当前阶段党的奋斗目标为"两个一百年"，即到建党100年时，中国将实现建成更高水平的小康社会；到新中国成立100年时，中国要基本实现现代化，建成社会主义现代化国家。第二个百年目标分为两个阶段：2020年至2035年，中国要在全面建成小康社会的基础上，基本实现社会主义现代化；从2035年至2050年，在达到上述目标的基础上，把中国建成富强民主文明和谐美丽的社会主义现代化强国。⑤

"历史使命"是长期使命与阶段使命的统一，长期使命就是我们党所追求的终极目标，阶段使命就是指我们党在不同历史时期或历史阶段的主要任务。因此，高校辅导员政策的功能建构，既要服务于长期使命，也能与阶段使命相匹配；既要服务于长期人才培养目标，也能为阶段性的人才培养目标做贡献。

(三) 以"四个伟大"为实施路径

为更好肩负实现历史使命，应对新的困难与挑战，习近平总书记不断在党更好地带领我国人民实现伟大梦想的战略上做出新创新。2017年7月，习近平总书记把"四个伟大"联系起来，强调实现中华民族伟大复兴的历史使命，绝不是一蹴而就，全党必须坚定不移地进行伟大斗争、

---

① 《毛泽东选集》(第二卷)，人民出版社1991年版，第663页。
② 《邓小平文选》(第三卷)，人民出版社1993年版，第264—265页。
③ 《江泽民文选》(第三卷)，人民出版社2006年版，第529页。
④ 《胡锦涛文选》(第三卷)，人民出版社2016年版，第618页。
⑤ 习近平：《高举中国特色社会主义伟大旗帜 为全面建设社会主义现代化国家而团结奋斗——在中国共产党第二十次全国代表大会上的报告》，人民出版社2022年版，第24页。

建设伟大工程、推进伟大事业，才能在新时代中国特色社会主义道路中，实现伟大梦想，促进党和国家事业的再出发。

新时代高校辅导员政策的功能建构，要引导高校辅导员以"四个伟大"指导人才培养。首先，在进行伟大斗争的过程中，高校辅导员要充分发扬斗争精神，提高斗争本领，不仅要有胆识、有担当，更要懂交流、懂技巧，善于斗争。其次，在建设伟大工程的过程中，高校辅导员要坚持党的全面领导，勇于直面问题，坚持全面从严治党，做一名廉洁向上的共产党员；在推进伟大事业的过程中，高校辅导员必须高举中国特色社会主义伟大旗帜，坚定"四个自信"，做到"两个维护"。最后，在实现伟大梦想的过程中，高校辅导员应坚持以追求中国日益强起来为主要取向，以培养德智体美劳全面发展的社会主义建设者与接班人为原则，努力为高校人才培养提供集体智慧与方案。

二 紧扣培养什么人这个根本问题

我们党适应新的时代特征和实践要求，从中国特色社会主义事业长治久安的战略全局出发，从"培养什么人、怎样培养人、为谁培养人"的战略高度，提出加强和改进大学生思想政治教育的问题。高校辅导员政策也要紧扣培养什么人这个根本问题，做出回应与解答，引导高校辅导员在不同时期围绕根本问题开展育人工作。

（一）坚持马克思主义指导

我们党始终坚持马克思主义关于人的全面发展理论，深刻洞察时代发展与社会进步为人的发展所创造的条件及其提出的新要求。坚持马克思主义的指导，提高辅导员和学生的马克思主义理论素养，这是坚持正确政治方向的基础。

马克思主义理论是中国共产党的指导思想，也是中国共产党制定政治目标、确定政治方向的基础。"马克思主义及其在中国的发展，为党和人民事业发展提供了既一脉相承又与时俱进的科学理论指导，为增进全党全国各族人民团结统一提供了坚实思想基础。"[①] 只有掌握了马克思主义这一科学的理论体系，人民群众才能把握政治方向制定的思想基础，

---

① 《习近平谈治国理政》（第二卷），外文出版社2017年版，第33页。

才能获得对当前政治目标和政治方向的合理性解释,从而从心底认同和坚持中国共产党制定的政治方向。

高校辅导员通过组织学生系统学习马克思主义、列宁主义、毛泽东思想以及中国特色社会主义理论体系,使学生掌握马克思主义理论的基本内容,能够用马克思主义的立场、观点、方法分析问题和解决问题,这为引导学生坚持正确政治方向,培养马克思主义信仰者奠定了坚实的思想和理论基础。①

因此,高校辅导员政策功能建构要进一步坚持马克思主义指导,多渠道加强高校辅导员思想政治教育理论培训,做到"在马言马,在马信马,在马用马",这样才能培养一批信仰马克思主义的优秀学生。

(二)坚持为党育人、为国育才

培养造就大批德才兼备的社会主义高素质人才,是国家和民族长远发展大计。根据时代的要求与变化,党和国家领导人对于"为党育人、为国育才"有不同的论述。

毛泽东提出要培养德育、智育、体育几个方面都得到发展,"又红又专"的高素质人才。② 邓小平强调,我们要培养有理想、有道德、有文化、有纪律的"四有"新人。③ 江泽民强调,当代大学生要成为"理想远大、热爱祖国的人""追求真理、勇于创新的人""德才兼备、全面发展的人""视野开阔、胸怀宽广的人""知行统一、脚踏实地的人"。④ 胡锦涛希望当代青年"努力成为理想远大、信念坚定的新一代,品德高尚、意志顽强的新一代,视野开阔、知识丰富的新一代,开拓进取、艰苦创业的新一代"⑤。习近平总书记强调,要教育引导学生正确认识世界和中国发展大势,正确认识中国特色和国际比较,正确认识时代责任和历史使命,正确认识远大抱负和脚踏实地,不断提高学生思想水平、政治觉

---

① 《思想政治教育学原理》(第2版),高等教育出版社2018年版,第109页。
② 何东昌主编:《中华人民共和国重要教育文献(1949—1975)》,海南出版社1998年版,第1061页。
③ 《加强和改进大学生思想政治教育重要文献选编(1978—2014)》,知识产权出版社2015年版,第48页。
④ 江泽民:《在庆祝清华大学建校九十周年大会上的讲话》,《人民日报》2001年4月30日第1版。
⑤ 《胡锦涛致信中国青年群英会》,《中国青年报》2007年5月5日第1版。

悟、道德品质、文化素养，让学生成为德才兼备、全面发展的人才；要坚持不懈培育和弘扬社会主义核心价值观，引导广大师生做社会主义核心价值观的坚定信仰者、积极传播者、模范践行者。①

"为党育人、为国育才"是我们党对"培养什么人"的重要回答。作为中国共产党重要的思想政治工作政策，高校辅导员政策的功能建构要牢牢把握"为党育人、为国育才"的重要使命，结合党和国家人才培养目标要求，引导高校辅导员既牢记育人使命，又能与时俱进。

（三）着力培养担当民族复兴大任的时代新人

我们现在培养的大学生思想政治素质如何，直接关系到中华民族伟大复兴事业能否实现。思想政治教育从根本上来讲是做人的工作，"培养什么样的人、如何培养人、为谁培养人"是教育的根本问题，是高校辅导员工作中必须面对的重要课题。党的二十大强调"着力培养担当民族复兴大任的时代新人"，赋予了新时代高校辅导员新的责任与使命。

党的二十大报告指出，青年强，则国家强。当代中国青年生逢其时，施展才干的舞台无比广阔，实现梦想的前景无比光明。要用党的科学理论武装青年，用党的初心使命感召青年，做青年朋友的知心人、青年工作的热心人、青年群众的引路人。因此，高校辅导员政策要引导辅导员坚持育人为本、德育为先，坚持贴近实际、贴近生活、贴近学生，解放思想，开拓创新，结合马克思主义理论的新发展、中国特色社会主义建设的新实践、科学技术革命的新成就，以及对大学生思想教育规律的新认识，② 提高思想政治教育的吸引力、感染力、科学性。

三　坚持把立德树人作为根本任务

育人的根本在于立德。全面贯彻党的教育方针，落实立德树人根本任务，培养德智体美劳全面发展的社会主义建设者和接班人，这是对高校思想政治工作者，特别是高校辅导员承担的立德树人根本任务的进一

---

① 《习近平在全国高校思想政治工作会议上强调　把思想政治工作贯穿教育教学全过程　开创我国高等教育事业发展新局面》，《人民日报》2016年12月9日第1版。

② 冯刚主编：《改革开放以来高校思想政治教育发展史》，人民出版社2018年版，第8页。

步强调。如何更好地指引辅导员落实立德树人根本任务,是新时代高校辅导员政策功能建构需要进一步探讨的问题。

(一) 彰显立德树人的新时代内涵

"德"指的是个人品德,也可以体现为外在的规范、规则等。"立德树人"作为发展中国特色社会主义教育事业的核心所在,强调要以德为先。但是"德"有不同的层次,不同的时代也有不同的内涵,高校辅导员政策的功能建构,要彰显立德树人的新时代内涵,并以此引导高校辅导员开展工作。

进入新时代,中国共产党既继承了中华优秀传统文化关于"德"的基本思想,并根据时代要求,对"德"的内涵提出了新的解读。"立德"不仅仅是个人的修身养性与个性品质的完善。习近平总书记指出,"德",既是个人的德,也是一种大德,就是国家的德、社会的德。国无德不兴,人无德不立。[①] "立德树人"在新时代更强调一种"大德",就是希望大学生成长为担当民族复兴大任的时代新人,为中国梦的实现贡献自己的力量。因此,高校辅导员新时代"立德树人"的要求是培养明大德的社会主义建设者与接班人。

(二) 把立德树人融入高校辅导员发展的全过程

高校辅导员政策要加强把立德树人融入高校辅导员发展的全过程,强化师德师风建设,引导高校辅导员以身作则。

要高度重视辅导员在高校育人中的重要地位,切实将立德树人作为新时代高校教师的神圣使命。要进一步构建与完善高校辅导员学习培训体系,特别要研究探索有效率的培训学习方式,创新学习方法,注重学习实效,将辅导员的思想培养与自我修养相结合;要科学规定辅导员的职业条件、职业素养、业务能力、考核机制等,在选人用人方面坚持"以德为先"的选拔标准,培养一支能够"以德服人"的高校辅导员队伍;要把解决思想问题与解决实际问题相结合,重视辅导员的职业发展、心理建设、人文关怀;要加强辅导员之间的联系,搭建各种平台,畅通沟通渠道。

---

① 《十八大以来重要文献选编》(中),中央文献出版社 2016 年版,第 3 页。

四　坚持把队伍建设作为基础工作

社会的不断发展，高校、家长、学生的需求不断变化，都推动着高校辅导员这一职业要不断与时俱进。高校辅导员政策的功能建构，可从高质量内涵式发展、典型示范引领、打造创新特色品牌等方面持续推进高校辅导员队伍的建设发展。

（一）注重高质量内涵式发展

要进一步完善高校辅导员的专业知识结构，提升辅导员培训的专业内涵，将辅导员培训纳入高等学校师资队伍和干部队伍培训整体规划，统筹做好国家、省级和高等学校三级辅导员培训体系，建设高等学校辅导员培训和研修基地，规划岗前培训、日常培训和骨干培训等，提升高校辅导员的职业素养。完善相关机制，推荐优秀辅导员参加国内、国际交流学习和研修深造，创造条件支持辅导员到地方党政机关、企业、基层等挂职锻炼，鼓励辅导员进一步攻读相关专业学位，承担思想政治理论课等相关课程的教学工作等，推动辅导员队伍高质量内涵式发展。

（二）推进典型示范引领作用

完善深化高校辅导员创优争先政策机制，推进全国、各省市、高校辅导员年度人物和辅导员职业能力大赛历年获奖典型代表优秀事迹的宣传，比如全国巡回宣讲、网络讲座等，推进先进典型的示范引领作用。建立"辅导员名师工作室"，通过优秀辅导员组建工作室团队的方式，推进交流互动，增强高校辅导员的职业认同感、荣誉感和归属感，形成育人合力。强化教育部高校思政研修中心的辐射引领作用，聚集不同区域优秀辅导员，定期开展培训、研讨、沙龙活动等，展现高校辅导员优秀形象，引领高校辅导员队伍的建设与发展。

（三）打造创新特色品牌

新时代高校辅导员政策，要鼓励打造高校辅导员创新特色品牌，促进高校辅导员队伍建设与发展。部分高校通过申请工作室、申报课题等方式，组织辅导员们根据自身工作实际打造工作特色品牌，比如通过"两微一端"、易班、大学生在线等打造辅导员网络育人平台，利用学术沙龙、心理剧比赛等打造辅导员心理育人工作室，等等。党史学习教育中，教育部组织了一批优秀辅导员参与宣讲，既锻炼了辅导员，也培育了一批品牌活动，带动辅导员队伍创新发展。

五　坚持扎根中国大地彰显自信

政策具有文化传播的功能。辅导员政策对文化自信在辅导员中推行和强化要提供保障，同时其政策本身也承载了中国特色社会主义的文化自信。因此，新时代高校辅导员政策功能建构发展，可从提升高校思想政治教育话语权、广泛践行社会主义核心价值观、着力增强高校思想政治教育的文化力量进行思考。

（一）提升高校思想政治教育话语权

思想政治教育工作是为国家立心、为民族立魂的工作。但是，目前部分高校辅导员在思想政治教育工作中却出现了"失语"的状态，高校辅导员政策功能建构中，要思考如何提升高校辅导员思想政治教育的话语权。

所谓提升辅导员思想政治教育话语权，就是要提高辅导员对学生思想政治教育的主动性，引导辅导员强化对马克思主义理论的宣传、研究，用社会主义核心价值观来引导学生，使其摒弃错误思想，成长为德智体美劳全面发展的社会主义建设者和接班人。高校辅导员政策的功能建构中，可以从这三方面来进一步提升辅导员的思想政治教育话语权：一是强调辅导员思想政治教育的主责主业，让辅导员专心将工作重点放在思想政治教育上，通过第一课堂与第二课堂相结合，加强对学生马克思主义理论的教育。二是提高辅导员的思想政治理论素养，遵循思想政治教育的规律、教书育人的规律、大学生成长成才的规律，用大学生常用的语言去释难解惑、宣传思想，与学生形成良好的思想交流互动。三是强化底线思维，做好舆论引导和特殊人群的思想疏导，确保校园的安全稳定。

（二）广泛践行社会主义核心价值观

社会主义核心价值观是凝聚人心、汇聚民力的强大力量。高校辅导员政策功能建构中，要思考如何提升高校辅导员宣传、践行社会主义核心价值观的主动性与引导性。

习近平总书记指出，"富强、民主、文明、和谐、自由、平等、公正、法治、爱国、敬业、诚信、友善，传承着中国传统文化的基因，寄托着近代以来中国人民上下求索,历经千辛万苦确立的理想和信念"①。深入开展社会主义核心价值观宣传教育,有利于弘扬以伟大建党精神为源头的中国共产党人精神谱系,培养担当民族复兴大任的时代新人。高校辅导员政策要强调社会主义核心价值观对于育人的重要性,引导高校辅导员从以下三个方面来宣传和践行社会主义核心价值观:一是推动理想信念教育常态化制度化,高校辅导员要持续抓好党史、新中国史、改革开放史、社会主义发展史宣传教育,引导学生知史爱党、知史爱国,不断坚定中国特色社会主义共同理想;二是学会将社会主义核心价值观融入日常教育、第二课堂教育、谈心谈话中,发挥其铸魂育人的作用;三是做好"宪法宣传周""纪律教育月"等学法守德主题教育活动,把社会主义核心价值观融入法治建设、融入社会发展、融入日常生活。

(三) 着力增强高校思想政治教育的文化力量

当前,许多学校按照中央和教育部的要求,坚持以社会主义先进文化为主导,以本校历史沉淀的某种精神为底蕴,着力优化校园文化环境,通过校园文化"春风化雨"引导与教育学生。

但是,目前高校辅导员在校园文化建设中发挥的主观能动性还不够大。高校辅导员政策要强调辅导员思想政治教育文化建设的重要性,引导高校辅导员从以下三个方面来增强校园思政文化:一是更好地利用"美育"的教学方式,将思想政治教育融入校园美育中,指导创作或排练更多展现中华优秀传统文化、积极向上校园文化的作品,以美育人、以美化人。二是创新学生思想政治教育方式方法,开辟思想政治教育新阵地,利用思想政治教育新载体,强化"三下乡""返家乡"等社会实践参与,推动学生充分了解党情、国情、社情、民情,增强文化建设工作的针对性和实效性。三是提升高校辅导员对全体学生的文化教育,目前高校辅导员更多关注的是中国学生的思想文化教育,可以通过更多的文化活动,提升辅导员对留学生的文化影响,深化文明交流互鉴,推动中华文化更好走向世界。

---

① 《习近平谈治国理政》(第一卷),外文出版社2018年版,第169页。

第 五 章

高校辅导员政策的目标定位

高校辅导员政策目标是高校辅导员政策制定者期望通过政策制定与实施所能达到解决高校辅导员问题的效果或目的。一般来说,高校辅导员政策目标在高校辅导员政策制定过程中,起着指导性作用,在政策方案设计中居于核心地位,是政策方案评估论证和最终抉择的根据,为政策执行和政策评估提供依据。从党的百年奋斗历程来看,党和国家高度重视高校辅导员在日常思想政治教育中的主体作用,从政策角度引领和规范高校辅导员贯彻落实高校立德树人根本任务。随着社会发展和时代任务的转换,高校辅导员政策始终围绕"培养什么人、怎样培养人、为谁培养人"根本目标,守正创新,不断丰富高校辅导员政策目标内容体系。

第一节　高校辅导员政策目标定位的历史沿革

任何事物都会经历萌芽、开始和发展的过程。高校辅导员政策同样经历了萌芽、开始和发展的过程。高校辅导员政策开始于1953年清华大学建立政治辅导员制度,但其孕育是一个长期的实践,需要经历一个"实践—感性认知—理性认识—实践"的思想认识和实践论证的复杂运动过程。高校辅导员政策目标根据党的历史任务转换和不同阶段社会主义事业发展的需要,形成了具有时代特点的政策目标定位。

一　新民主主义革命时期高校辅导员政策的目标定位

新民主主义革命时期,党面临的主要任务是,反对帝国主义、封建主义、官僚资本主义，争取民族独立、人民解放，为实现中华民族伟大复兴创造根本社会条件。党高度重视思想政治工作，并在革命实践中不断认知和总结，提出了思想政治工作是军队工作的生命线论断。高校辅导员政策源于军校政治指导员政策，其政策目标围绕中心，服务大局，为实现反对帝国主义、封建主义、官僚资本主义，争取民族独立、人民解放的历史任务，培养了一批具有共产主义信仰、坚定的无产阶级立场，愿意为人民服务并不怕牺牲的党政军干部。

（一）培育大批优秀军事政治人才

高校辅导员政策源于培养为中国共产党革命服务的军事和政治人才的需要。高校辅导员政策萌芽于第一次国共合作时期黄埔军校政治指导员制度。"在第一次国共合作期间，黄埔军校的创办以及思想政治教育的开展可以说是中国共产党高校思想政治教育的初次尝试。"① 1924 年，改组后的国民党在共产国际和中国共产党的帮助下，在广州创建了黄埔军校。仿效苏联"以党领军，政治建军"的做法，设立党代表和政治部。政治部以使师生具有正确的革命意识，增进革命精神，自觉遵守革命纪律，完成革命之历史使命为目标，是对内开展政治训练、对外负责组织宣传民众的专门机关。② 以周恩来等为代表的中国共产党人在军校建立了政治工作制度，配备了政治指导员，制定了《政治部服务细则》《本校政治部政治指导员条例》《政治讨论会原则》《政治训练班训练纲要》《本校政治指导员工作条例》，坚持军事与政治并重的教育方针，以反帝反封建为中心内容，主要研究中国革命的实际问题，以此来传播革命的基本理论，培养革命精神，使学员不仅知道"枪怎么放"，还要知道"枪向谁放"。政治教育要求学员彻底了解中国国民革命是出于工农民众实际物质生活的要求，革命胜利的保障必须依靠全体工农的努力。黄埔军校培养了大批优秀军事政治人才，许多人日后成长为工农红军的创建者和骨干力量。③

---

① 冯刚、张晓平、苏洁主编：《中国共产党高校思想政治教育发展史》，人民出版社 2021 年版，第 103 页。

② 冯刚等：《新时代高校思想政治教育学原理》，人民出版社 2021 年版，第 67 页。

③ 冯刚、张晓平、苏洁主编：《中国共产党高校思想政治教育发展史》，人民出版社 2021 年版，第 65 页。

（二）系统培养革命干部

在中国共产党独立领导创办的军校中，最早设立政治指导员制度的是 1931 年的由红军一、三军团合编组成的中央军事政治学校，之后陆续创办了中国人民抗日军事政治大学（简称"抗大"）、陕北公学、八路军军政学院、华北联合大学、延安大学、鲁迅艺术文学院等众多军政学校，这些军校都非常重视学员的思想政治工作，先后建立了政治指导员制度，以"抗大"和陕北公学为代表，以培养具有坚定政治方向的革命人才为政策目标定位。

1. "抗大"的政治指导员政策目标：培养革命军事干部

"抗大"的前身是土地革命战争时期的中国工农红军大学。1937 年由中国工农红军大学改名而成。中央军委在《关于整理抗大问题的指示》中已明确，抗大不是统一战线学校，而是党领导下的八路军干部学校。"抗大"在教学上坚持"三分政治，七分军事"的原则，组织机构采用部队编制，对学生实行的也是军事化管理。学校设有政治部、训练部、校务部。政治部下设有组织、宣传、训育、秘书四科，负责党的思想政治教育。学生编成若干大队，大队配备政治委员；大队下设若干支队，支队配备政治协理员；支队下设若干中队，中队配备政治指导员。政治指导员全面负责基层中队学员的思想、学习、生活等，是学校领导对学员进行思想政治教育工作和教学的得力助手。[①] 通过"教育学生掌握马克思主义，克服资产阶级及小资产阶级的思想意识；教育他们有纪律性、组织性，反对组织上的无政府主义与自由主义；教育他们决心深入基层实际工作，反对轻视实际经验；教育他们接近工农，决心为他们服务，反对看不起工农意识"[②]，培养具有马克思主义信仰、坚定无产阶级立场的革命军事干部。

2. 陕北公学政治指导员政策目标：培训抗日救国的政治工作干部

陕北公学是抗日战争时期中国共产党创办的一所实施国防教育，培养地方抗战干部的革命学校。与抗大不同，陕北公学是一所抗日民族统

---

① 李才栋等主编：《中国教育管理制度史》，江西教育出版社 1996 年版，第 723 页。
② 谈松华主编：《中国高等学校思想政治教育史纲》，高等教育出版社 1992 年版，第 33 页。

一战线学校，在教学计划上采取的是"三分军事，七分政治"的原则，着力培养军队政治干部，实行党组领导下的校长负责制，党总支在党组的领导下专管党务工作；行政机构设教务处、生活指导委员会（后改称政治部）和总务处。毛泽东为陕北公学进行提词说："要造就一大批人，这些人是革命的先锋队。这些人具有政治远见。这些人充满着斗志和牺牲精神。这些人是襟怀坦白的，忠诚的，积极的与正直的。这些人不谋私利，唯一的为着民族与社会的解放。这些人不是狂妄分子，也不是风头主义者，而是脚踏实地定于实际精神的人们。中国要有一大群这样的先进分子，中国革命的任务就能够解决。"①

二 社会主义革命和建设时期高校辅导员政策的目标定位

社会主义革命和建设时期，党面临的主要任务是，实现从新民主主义到社会主义的转变，进行社会主义革命，推进社会主义建设，为实现中华民族伟大复兴奠定根本政治前提和制度基础。在推进党的主要任务过程中，高校辅导员政策逐步建立，其政策目标是培养"又红又专"的社会主义新人。

（一）高校辅导员政策目标的顶层规划

新中国成立标志着社会主义政权的诞生，但巩固和发展社会主义政权是长期的过程。马克思指出："共产主义革命就是同传统的所有制关系实行最彻底的决裂；毫不奇怪，它在自己的发展进程中要同传统的观念实行最彻底的决裂。"② 新中国成立初期，高校的性质和构成比较复杂，既有中国共产党人创立新的高校，如中国人民大学等，也有各解放区原有的高等学校，还有外国教会举办教会大学等。以及部分学生存在"他们的世界观还是旧的，是资产阶级的。在他们的思想深处还存在着超阶级、超政治的观点，崇拜西方的观点，严重的个人主义观点，对中国共产党的政策和教育改革不甚理解，很不适应"③ 的现状，《中国人民政治

---

① 董纯才主编：《中国革命根据地教育史》（第二卷），教育科学出版社1991年版，第138页。
② 《马克思恩格斯文集》（第二卷），人民出版社2009年版，第52页。
③ 石云霞：《高校思想政治理论课程建设史研究》，武汉大学出版社2006年版，第5页。

协商会议共同纲领》明确规定,"人民政府的文化教育工作应以提高人民文化水平,培养国家建设人才,肃清封建的、买办的、法西斯主义的思想,发展为人民服务的思想为主要任务","给青年知识分子和旧知识分子以革命的政治教育,以适应革命工作和国家建设工作的广泛需要"。①《共同纲领》为高校辅导员政策的目标定位指明了方向和总体目标。

在《共同纲领》的文化教育政策总体目标下,1950年6月,中央人民政府召开第一次全国高等教育会议,教育部部长马叙伦指出,高等学校的任务是"培养具有高度文化水平,掌握现代科学技术的成就,全心全意为人民服务的高级建设人才"②。1951年11月30日,教育部下发了《关于全国工学院调整方案的报告》,指出"为了加强全国工学院的政治思想教育的领导,各工学院有准备地试行政治辅导员制度,设立专人担任各级政治辅导员,主持政治学习思想改造工作"③。1952年,《关于在高等学校试行政治工作制度的报告》规定,校内设立政治辅导处,在校长领导下工作。④ 这是新中国成立以来关于高校辅导员建设的最早的政策文本,其政策目标是加强学生无产阶级世界观教育,培养思想政治觉悟高、业务素质好的"又红又专"的社会主义新型人才。

(二)培养"又红又专"的人才

为了加强学生的政治思想工作,清华大学在高校中率先建立了学生政治辅导员制度,选拔思想政治觉悟高、业务素质好的高年级学生,"半脱产"做同学的政治思想工作。这种政治辅导员制度被形象地称为"双肩挑",即一肩挑业务学习,一肩挑思想政治工作。为解决清华大学学生人数一下由过去的2000多人扩大到了6000多人,当时教师中党组织的力量还很薄弱,思想政治工作的任务十分繁重的问题,时任清华大学校长的蒋南翔同志创造性地提出选择一些政治上、业务上优秀的高年级学生

---

① 何东昌主编:《中华人民共和国重要教育文献(1949—1975)》,海南出版社1998年版,第1页。

② 冯刚、沈壮海主编:《中华人民共和国学校德育编年史》,中国人民大学出版社2010年版,第12页。

③ 何东昌主编:《中华人民共和国重要教育文献(1949—1975)》,海南出版社1998年版,第131页。

④ 《建国以来重要文献选编》(第三册),中央文献出版社1992年版,第321—322页。

担任学生政治辅导员。1953年4月3日，清华大学向高教部、人事部请示设立学生政治辅导员："为了加强对学生的政治思想教育，保证学习任务的完成，并把学生中党团员的社会工作时间减少至政务院规定的每周6小时的限度，我们拟根据1952年政务院批准的全国工学院院长会议决议设立政治辅导员制度。……由于今后政治工作必须结合学习进行，辅导员由于具有一定业务水平，及其在学习上的模范作用，对展开工作会是有很大便利的。"① 清华大学政治辅导员"双肩挑"制度政策主要达成两个目标：第一，学生政治辅导员要成长为"又红又专"的政治工作骨干，其原因是政治辅导员来源于高年级学生中选拔学习成绩优秀和政治思想觉悟高的学生兼任，需要通过制度设计引导其成长为思想政治工作人才。"清华选拔政治辅导员的标准主要有两个：一个是政治思想觉悟高，二是工作业务能力强。从一开始，学校就认真总结了过去地下党时的经验，即要使思想政治工作有影响力，最好是使学生中的骨干把业务搞好，努力成为其中的优秀者。"② 第二，要培养学生成为"又红又专"的新型人才。蒋南翔指出："清华培养的学生首先要有坚定正确的政治方向。要有一批人做好学生的思想政治工作，尤其在学校的建设时期，应该紧密结合业务工作进行。过去地下党时期，只有那些学习成绩优秀的学生地下党员，才会在群众中享有很高的威望。所以要从觉悟高、学习好的学生党员中挑选政治辅导员。"③

清华大学政治辅导员"双肩挑"制度的政策目标定位，一方面充实和提高了高校思想政治工作队伍，提升了高校的思想政治工作质量；另一方面，党和国家培养了"又红又专"的社会主义新人，为社会主义建设提供了有力人才支撑。"新中国成立后，清华大学坚持德智体全面发展的培养目标，坚持'又红又专'的方向，为国家培养了大批工程技术人才。1949—1970年，清华本科毕业生28140人，专科毕业生934人，研究生毕业682人，其中有100多名成为中国科学院院士和中国工程

---

① 周良书等：《中国高校辅导员工作史论》，人民出版社2016年版，第75页。
② 杨振斌主编：《双肩挑50年——清华大学辅导员制度五十周年回顾与展望》，清华大学出版社2003年版，第13页。
③ 杨振斌主编：《双肩挑50年——清华大学辅导员制度五十周年回顾与展望》，清华大学出版社2003年版，第51页。

院院士。"① 这一制度的成功实施引起了各地各高校的高度重视，高教部随后批示引导其他高校借鉴、尝试、实施。邓小平同志曾给予了高度的评价，他说："清华过去从高年级学生和青年教师中选出人兼职做政治工作，经过若干年的培养，形成了一支又红又专的政治工作队伍，这个经验好。"②

（三）高校辅导员政策专职化目标的提出

在总结清华大学选拔高年级学生和青年教师兼任辅导员制度经验的基础上，为了进一步巩固和完善辅导员政策目标，建立专职的辅导员制度成为加强学校思想政治工作的发展趋势。1961年9月，中共中央批准试行的《中华人民共和国教育部直属高等学校暂行工作条例》（简称"高教六十条"），在总结新中国成立以来高等学校思想政治工作的基础上，提出了"为了加强思想政治工作，在一、二年级设政治辅导员或者班主任，从专职的党政干部、政治理论课教师和其他青年教师中挑选有一定政治工作经验的人担任。同时，要逐步培养和配备一批专职的政治辅导员"③。这是在中共中央文件中首次提出在高校设置专职辅导员。1964年，中共中央批转高等教育部党组《关于加强高等学校政治工作和建立政治工作机构试点问题的报告》，指出"学校设政治部，班级配备政治辅导员或班主任，教研室和其他基层单位根据需要配备专职的或兼职的政治工作干部"④。政治部的主要任务是："在上级政治机关和学校党委的领导下，负责领导全校的思想政治工作和党的工作，保证党的各项方针政策的贯彻执行，以利于培养又红又专的人才。"⑤

从高校辅导员政策发展来看，高校辅导员队伍建设来源由清华大学兼职辅导员为主，走向专兼结合。高校辅导员专职化的政策导向，在一

---

① 《百年清华 世纪荣光：庆祝清华大学建校100周年资料汇编》，清华大学出版社2012年版，第173页。

② 《回忆邓小平》（下），中央文献出版社1998年版，第20页。

③ 《中共中央文件选集（一九四九年十月——一九六六年五月）》（第38册），人民出版社2013年版，第60页。

④ 《中共中央文件选集（一九四九年十月——一九六六年五月）》（第46册），人民出版社2013年版，第229页。

⑤ 《中共中央文件选集（一九四九年十月——一九六六年五月）》（第46册），人民出版社2013年版，第228页。

定程度上保证了高校思想政治工作队伍的稳定性，为思想政治工作的科学性和专业化奠定实践基础，有利于培养"又红又专"的人才。

三 改革开放以来高校辅导员政策的目标定位

改革开放和社会主义现代化建设新时期，党面临的主要任务是，继续探索中国建设社会主义的正确道路，解放和发展生产力，使人民摆脱贫困、尽快富裕起来，为实现中华民族伟大复兴提供充满活力的体制保证和快速发展的物质条件。人是现代化中最活跃的因素，现代化的本质是人的现代化。高校辅导员政策得到恢复，并且结构进一步优化，着力培养德智体美全面发展的社会主义合格建设者和可靠接班人。

这一时期高校辅导员政策围绕党和国家的工作重点转移到以经济建设为中心的社会主义现代化建设大局，根据时代变化和学生思想实际需要，不断优化高校辅导员政策设计。以《中共中央和国务院关于进一步加强和改进思想政治工作的意见》为划分标准，高校辅导员政策发展大致经历了恢复与调整、探索与优化两个阶段。

（一）恢复与调整时期高校辅导员政策目标

高校辅导员制度在"文化大革命"时期遭到严重破坏，随着高校招生制度改革和高等教育事业的恢复，高校辅导员制度也得以重新确立和恢复。结合时代任务和人才素质需要，高校辅导员政策目标在培养德智体全面发展的社会主义合格建设者和可靠接班人的总目标下，又呈现出具有时代特点的具体目标定位。

1. 培养"又红又专"、具有社会主义觉悟的专门人才

围绕中心，服务大局是高校辅导员政策目标定位的立足点和落脚点。"文化大革命"结束后，党中央在总结过往社会主义革命和社会主义建设正、反经验的基础上，果断将党和国家工作中心转移到经济建设上来，进行了改革开放的伟大决策，提出了实现"四个现代化"的目标。现代化事业呼唤高等教育，需要大量的人才。在邓小平的关心和推动下，高校思想政治工作作为高校教育事业重要组成部分也逐步恢复，高校辅导员制度也随之重新确立。1978年10月颁布的《全国重点高等学校暂行工作条例（试行草案）》明确规定："为了加强思想政治工作，在一、二年级设政治辅导员或者班主任，从专职的党政干部、政治理论课教师和其

他青年教师中挑选有一定政治工作经验的人担任。政治辅导员都要既做学生思想政治工作，又要坚持业务学习，有条件的要坚持半脱产，担任一部分教学任务。政治辅导员可以适当轮换。"① 高校辅导员政策开始恢复，并对辅导员队伍来源、角色定位等做出了规定。

鉴于"文化大革命"时期对高校辅导员政策的严重破坏，"辅导员工作的'政治化'，严重影响了高校的思想政治工作。……于是在'教育为无产阶级政治服务'的教育方针下，讲政治被视为辅导员一切工作的根本出发点和最终归宿"②。辅导员工作要为政治服务，但根在育人，培育为社会主义事业发展需要的人。1980年教育部和共青团下发的《关于加强高等学校学生思想政治工作的意见》指出："我国高等学校的培养目标必须坚持又红又专的方向，使受教育者在德智体几方面得到发展，成为社会主义觉悟的专门人才。"③ "各高校要根据具体情况建立政治辅导员制度或班主任制度。政治辅导员和班主任应从政治、业务都好的毕业生中选留或从教师中选任。他们既要做学生思想政治工作，又要坚持业务学习，有的还要担负一部分教学任务。"④ "高等学校的学生政治工作干部，既是党的政治工作队伍的一部分，又是师资队伍的一部分，担负着全面培养学生的重要任务。"⑤

总之，这一阶段高校辅导员政策目标主要是围绕培养"又红又专"的人才展开。结合对"红"与"专"关系的不同认识，从培养社会主义劳动者和无产阶级革命事业接班人的高度定位高校辅导员政策目标。

2. 培育为"四化服务"的"四有新人"

伴随改革开放的深化发展，高校辅导员政策目标定位亦在实践基础上演化推进。随着1980年召开的全国教育工作大会，提出一定要尽最大努力为"四个现代化"培养众多人才。1982年7月，邓小平进一步指出："搞社会主义精神文明，主要是使我们的各族人民都成为有理

---

① 朱正昌：《高校辅导员队伍建设研究》，人民出版社2010年版，第16页。
② 周良书等：《中国高校辅导员工作史论》，人民出版社2016年版，第111—112页。
③ 《加强和改进大学生思想政治教育重要文献选编（1978—2008）》，中国人民大学出版社2008年版，第6页。
④ 朱正昌：《高校辅导员队伍建设研究》，人民出版社2010年版，第17页。
⑤ 朱正昌：《高校辅导员队伍建设研究》，人民出版社2010年版，第17页。

想、讲道德、有文化、守纪律的人民。"①《中共中央关于教育体制改革的决定》明确指出"要为社会主义现代化建设培养各级各类合格人才",这些人才"都应该有理想、有道德、有文化、有纪律,热爱社会主义祖国和社会主义事业,具有为国家富强和人民富裕而艰苦奋斗的献身精神,都应该不断追求新知识,具有实事求是、独立思考、勇于创造的科学精神"。② 1987年中共中央下发《关于改进和加强高等学校思想政治工作的决定》指出"要把学生培养成为有理想、有道德、有文化、有纪律的人才,还需作很大努力"③。这为高校辅导员政策目标定位提供了基本遵循。

为实现"四个现代化"培养"四有新人"目标,针对改革开放初期辅导员队伍中存在的"目前这支队伍在思想理论水平、知识结构、培训、职称待遇等方面存在不少问题,还普遍存在骨干老化、后继乏人的情况,很不适应新的历史时期高等学校思想政治工作的需要"④ 的情况,1984年中共中央宣传部、教育部颁发的《关于加强高等学校思想政治工作队伍建设的意见》对辅导员建设提出了六个方面的具体目标:一是高等思想的思想政治工作队伍必须实行专职和兼职相结合;二是对专职思想政治工作人员政治素养和知识水平的基本要求;三是思想政治工作人员的来源和发展方向;四是思想政治工作人员的培训;五是思想政治工作人员的待遇;六是要大力表彰优秀的高校思想政治工作人员,增加他们从事思想政治工作的责任感和荣誉感。这是党和国家对思想政治工作队伍建设进行的政策设计,其目标通过加强队伍建设提升思想政治工作实效,进而实现培养"四有新人"目的。

3. 培养德智体全面发展的社会主义建设者和接班人

随着改革开放事业深入推进中,受到西方"自由化"思潮、国际共产主义运动陷入低潮以及改革开放中的体制问题等多因素的影响,出现了"境内外敌对势力煽动、利用学生挑起事端,试图颠覆共产党的领导,

---

① 《三中全会以来重要文献选编》(下),人民出版社1982年版,第1299页。
② 《改革开放三十年重要文献选编》(上),中央文献出版社2008年版,第381页。
③ 《十二大以来重要文献选编》(下),人民出版社1988年版,第1410页。
④ 《加强和改进大学生思想政治教育重要文献选编(1978—2008)》,中国人民大学出版社2008年版,第51页。

否定十一届三中全会以来制定的基本方针和政策"①的现象。这一阶段高校辅导员政策目标在于稳定形势、统一思想、坚定信心,突出培养"接班人"的教育目标。

1989年政治风波后,坚持党对高校的领导,加强高校党建,重视意识形态领域的斗争成为高校思想政治工作的重要任务。邓小平在会见乌干达总统约韦里·穆塞韦尼时谈道,"我们最近十年的发展是很好的。我们最大的失误是教育方面。思想政治工作薄弱了,教育发展不够"②。这从实践层面论述了高校辅导员工作在高等教育事业中的重要位置,指明了辅导员工作政策目标定位的具体方向和工作着力点。中共中央、国务院转发的国家教委《关于当前高等学校工作中几个问题的意见》指出,"培养什么人始终是教育战线的根本问题,各级党委、政府和教育部门要切实加强对高校工作的领导,把坚定正确的政治方向放在教育工作的第一位,坚持社会主义办学方向,真正把高等学校办成培养社会主义接班人的坚强阵地"③。1995年颁布的《中华人民共和国教育法》明确规定:"教育必须为社会主义现代化建设服务,必须与生产劳动相结合,培养德、智、体等方面全面发展的社会主义事业的建设者和接班人。"④ 2000年,教育部党组颁发的《关于进一步加强高等学校学生思想政治工作队伍建设的若干意见》指出:"高等学校学生思想政治工作队伍,是保证学校坚持社会主义办学方向,全面贯彻党的教育方针,培养德智体美等全面发展的社会主义事业建设者和接班人的一支不可缺少的重要力量,是学生思想政治工作的组织者和指导者,是高等学校教师和管理队伍的重要组成部分。"⑤

(二)探索和优化时期的高校辅导员政策定位

进入21世纪以来,高校思想政治工作面临的国内外形势发生了很大

---

① 冯刚、张晓平、苏洁主编:《中国共产党高校思想政治教育发展史》,人民出版社2021年版,第85页。
② 《十三大以来重要文献选编》(上),人民出版社1991年版,第491页。
③ 冯刚、张晓平、苏洁主编:《中国共产党高校思想政治教育发展史》,人民出版社2021年版,第85页。
④ 《中华人民共和国法律汇编(1954—2004)》,人民出版社2004年版,第555页。
⑤ 《普通高校思想政治理论课文献选编(1949—2006)》,中国人民大学出版社2007年版,第103页。

变化，经济全球化、政治多元化、文化多样化进一步增强，国内市场经济体制逐步建立，经济结构逐步调整，等等，引起了大学生思想观念的巨大变革，既为高校辅导员工作提供了条件和机遇，也带来了前所未有的困难和挑战，对高校辅导员工作提出了更新、更高的要求。高校辅导员政策目标在新的形势和条件下，瞄准"培养什么人、怎样培养人"这一根本任务，聚焦辅导员工作问题意识，从辅导员自身建设和大学生思想政治教育的双重维度，不断优化高校辅导员政策，培养德智体美全面发展的社会主义合格建设者和可靠接班人。

1. 高校辅导员政策目标定位的新时空

大学生是国家宝贵的人才资源，是民族的希望，祖国的未来。党的十六大确立了全面建设小康社会的奋斗目标，大学生作为实现该项任务和目标的重要力量，不仅需要较高的科学文化素养，还需要较高的思想政治素质，才能为中国特色社会主义事业贡献青春力量。辅导员政策目标定位是社会性的、历史性的和具体的，不能独立于特定社会时代背景和大学生思想政治状态的变化，因此辅导员政策目标是特定社会存在和社会关系中的政策目标。

社会环境的变化引起社会结构和人们思想观念的转变。随着中国加入 WTO 后，中国融入全球化进程进一步加快，经济快速发展，为辅导员工作开展提供了良好的经济条件和物质基础，但西方社会思潮和价值观也为辅导员工作带来一定的挑战。市场经济和改革开放深入发展，经济体制的全面改革必然带来社会结构变动、利益格局的调整和思想观念的深刻变化，各种社会思潮、思想文化和价值观的交流、交融、交锋，给"拔节孕穗"期的大学生价值选择和价值定位带来一定的挑战。

大学生思想政治状况呈现出新特点。新世纪社会环境的变化，高校大学生思想观念和价值取向发生了新变化。与前几代大学生相比较，新世纪大学生更加独立、自主，也更加个性化，竞争、自由意识较强，但也存在一些大学生不同程度地存在政治信仰迷茫、理想信念模糊、价值取向扭曲、诚信意识淡薄、社会责任感缺乏、艰苦奋斗精神淡化、团结协作观念较差、心理素质欠佳等问题。

面对新世纪思想政治工作的新形势、新特点和新变化，高校辅导员政策要在社会环境和大学生思想政治状况的新变化中，探索和优化辅导员政策目标定位，不断提升高校思想政治工作的实效性。

2. 高校辅导员政策目标定位的指导文件

为深入贯彻党的十六大精神，适应新形势、新任务的要求，提高大学生的思想政治素质，促进大学生的全面发展，2004年8月，中共中央、国务院下发了《关于进一步加强和改进大学生思想政治教育的意见》（中发〔2004〕16号，以下简称"16号文件"）。"16号文件"的出台对加强大学生思想政治教育具有重要意义，成为高校思想政治工作的纲领性文件，也为高校辅导员政策目标定位奠定了基础。

"16号文件"从战略任务、基本原则、主要任务、有效途径、队伍建设等方面对新形势下大学生思想政治教育进行了立体的、系统的阐述。这是党中央首个专门针对大学生思想政治教育的政策文件，凸显了党和国家高度重视高校思想政治教育，从政策角度规划了大学生思想政治教育，为辅导员政策目标定位提供了基本遵循和思想指南。该文件明确大学生思想政治教育目标是培养德智体美全面发展的社会主义合格建设者和可靠接班人。同时，对辅导员定位、职责以及相应的能力做出了原则性的规定，明确了"辅导员、班主任是大学生思想政治教育的骨干力量，辅导员按照党委的部署有针对性地开展思想政治教育活动，班主任负有在思想、学习和生活等方面指导学生的职责"[①]。"所有从事大学生思想政治教育工作的人员，都要坚持正确的政治方向，加强思想道德修养，增强社会责任感，成为大学生健康成长的指导者和引路人。"[②]

3. 专业化、职业化：辅导员政策目标定位新探索

"16号文件"颁布实施以来，中宣部、教育部、团中央等部门相继制定了17个相关配套文件，其中，2002年3月15日教育部印发的《关于加强高等学校辅导员、班主任队伍建设的意见》（教社政〔2005〕2号），是专门针对辅导员政策的文件。该文件从选聘配备、培养培训和政策保障等三个方面对辅导员队伍建设做出了比较系统的全面规划和战略规划，进一步明确了辅导员是高校教师队伍的重要组成部分，是大学生思想政治工作的骨干力量，是保证高等教育事业持续健康发展不可或缺的重要

---

① 《十六大以来重要文献选编》（中），中央文献出版社2006年版，第187页。
② 《十六大以来重要文献选编》（中），中央文献出版社2006年版，第187页。

力量，并提出了鼓励和支持一批骨干攻读相关学位和业务进修，向职业化、专业化方面发展，为辅导员队伍建设向着专业化、职业化方向发展提供了政策导向。

为进一步加强辅导员队伍建设，2006年4月27—28日，全国高校辅导员建设工作会议在上海召开。这是高校辅导员工作史上首次召开专门性的、全国性的辅导员会议，会议分析了高校辅导员队伍建设中存在的瓶颈问题，提出了解决问题的具体办法。根据会议精神，2006年7月教育部发布了《普通高等学校辅导员队伍建设规定》（教育部24号令）。教育部24号令对辅导员工作的要求和职责、辅导员队伍的配备与选聘要求、高校辅导员队伍的培养与发展要求、辅导员队伍的管理和考核要求等做出了明确规定，为辅导员工作的专业化、职业化发展提供具体政策依据。教育部24号令是辅导员队伍建设的纲领性文件，推动了辅导员队伍建设的职业化、专业化，目的在于充分发挥辅导员在大学生思想政治工作中的骨干力量作用，最终政策目标是培养德智体美全面发展的社会主义合格建设者和可靠接班人。

为配合高校辅导员队伍建设的专业化、职业化发展，在教育部颁发的《2006—2010年普通高等学校辅导员培训计划》基础上，全国各地高校结合地区实际情况，出台了以专业化、职业化为目标的政策或推出了一些具体措施，如北京制定了《北京市高校大学生思想政治工作队伍培训计划（2005—2007）》，上海高校提出了"构建科学化模式、实行专业化培训、推动职业化发展"的高校辅导员建设模式，复旦大学成立了全国首个高校辅导员协会等，设立教育部高校辅导员培训和研修基地，制定了《教育部高校辅导员培训和研修基地建设与管理办法》，2008年教育部启动实施"高校辅导员在职攻读思想政治教育专业博士学位计划"试点工作，2010年开始正式实施。这些都有力地推动了高校辅导员队伍建设的专业化、职业化发展。

四 中国特色社会主义新时代高校辅导员政策的目标定位

党的十八大以来，中国特色社会主义进入新时代。党面临的主要任务是，实现第一个百年奋斗目标，开启实现第二个百年奋斗目标新征程，朝着实现中华民族伟大复兴的宏伟目标继续前进。高校辅导员政策目标始终聚焦党的中心任务，落实高校立德树人根本任务，牢牢把握"培养什么人、怎样培养人、为谁培养人"根本问题，培养担当民族复兴大任的时代新人，培养德智体美劳全面发展的社会主义建设者和接班人。

（一）高校辅导员政策目标定位的历史方位

高校辅导员政策目标定位，从根本上说是培养人的问题，培养中国特色社会主义现代化事业所需要的人。党的十九大报告中指出，经过长期努力，中国特色社会主义进入了新时代，这是我国发展新的历史方位。新时代、发展新的历史方位标识着中国特色社会主义事业迎来一个新的阶段，面临新机遇和挑战，迎来了新的奋斗目标。中国特色社会主义新时代呼唤时代新人，为高校辅导员政策目标定位锚定了方向。

1. "两个大局"是高校辅导员政策目标定位的新空间

党的十八大以来，中国特色社会主义进入了世界百年未有大变局和中华民族伟大复兴的战略全局的战略机遇期，是辅导员工作政策目标定位的大背景。世界百年未有大变局是指进入21世纪，世界大变局的调整呈现出一系列前所未有的新特征新表现，"新一轮科技革命的推进加快重塑世界步伐；经济全球化持续发展推进全球治理变革；世界多极化稳步推进使国际力量趋向平衡；大国战略博弈推动国际体系深刻变革；文明交流互鉴强化世界多元"[1]。发展中国家和新兴经济体在世界格局中发挥着越来越大的作用，世界格局出现了"西降东升"并朝着社会主义方向发展的趋势。以美国为首的发达国家对中国进行了全方位的遏制、打压政策，"英国脱欧""美国优先"等逆全球化思潮和民族主义思想出现，对于价值观形成期的大学生如何认识这一新的现象造成了一定的困惑。今天，我们比历史上任何时期都更接近、更有信心和能力实现中华民族伟大复兴的目标。中华民族伟大复兴的中国梦的实现需要一代代中国共产党人接续奋斗，这就要求必须抓好后继有人这个根本大计。

2. 社会主要矛盾是高校辅导员政策目标定位的客观依据

中国特色社会主义进入新时代，是由社会存在决定的，而社会存在的性质变化是以社会主要矛盾为判断标准。新时代中国社会的主要矛盾是人民日益增长的美好生活需要和不平衡不充分的发展之间的矛盾。中

---

[1] 王少泉：《"百年未有之大变局"：内涵与哲理》，《科学社会主义》2019年第4期。

国社会主要矛盾的变化是关系全局的历史性变化,对党和国家工作提出了许多新要求。具体到高校层面来说,就是要牢牢把握高校社会主义办学方向,贯彻落实高校立德树人根本任务,推进高校思想政治工作守正创新,培养担当民族复兴大任的时代新人。

3. 思想政治工作守正创新是高校辅导员政策目标定位的基本遵循

党的十八大以来,党和国家高度重视思想政治工作,围绕思想政治工作召开了系列高规格的会议,制定颁发了重要政策文件。2013年,习近平总书记在全国宣传思想工作会议上强调"经济建设是党的中心工作,意识形态工作是党的一项极端重要的工作"①。2016年,全国高校思想政治工作会议指出,"高校思想政治工作关系高校培养什么样的人、如何培养人以及为谁培养人这个根本问题"②。2019年,习近平总书记亲自主持召开的学校思想政治理论课教师座谈会,这是党的历史上、高等教育史上党中央专门针对一门课程召开的全国性的会议。会议强调:"办好思想政治理论课,最根本的是要全面贯彻党的教育方针,解决好培养什么人、怎样培养人、为谁培养人这个根本问题。……努力培养担当民族复兴大任的时代新人,培养德智体美劳全面发展的社会主义建设者和接班人"③。2021年7月12日,中共中央、国务院印发了《关于新时代加强和改进思想政治工作的意见》,指出"打造专兼结合的工作队伍,配齐配强思想政治工作骨干队伍,充实优化兼职工作队伍,不断壮大志愿服务工作队伍,有计划有步骤地开展全员培训,深化思想政治工作人员专业技术职务评聘制度改革,培养思想政治工作的行家里手"④。思想政治工作的新定位和新发展为高校辅导员政策目标定位提供了基本遵循。

(二)辅导员队伍专业化、职业化建设持续推进

高校思想政治事关办什么样的大学、怎样办大学的根本问题,事关党对高校的领导,事关中国特色社会主义事业后继有人,是一项重大的政治任务和战略工程。党的十八大以来,以习近平同志为核心的党中央

---

① 《学习习近平总书记8·19重要讲话》,人民出版社2013年版,第1页。
② 习近平:《论党的宣传思想工作》,中央文献出版社2020年版,第275页。
③ 《习近平谈治国理政》(第三卷),外文出版社2020年版,第328页。
④ 《关于新时代加强和改进思想政治工作的意见》,中华人民共和国教育部官网(http://www.moe.gov.cn/jyb_xwfb/sb052/moe_898/202107/t20210713_544151.html)。

把高校思想政治工作摆在突出位置，做出一系列重大决策部署，各地区、各有关部门、各高校采取有力有效措施，积极主动开展工作，创造了许多成功做法，积累了许多宝贵经验。为进一步加强新时代思想政治工作，中共中央、国务院印发《关于加强和改进新形势下高校思想政治工作的意见》（中发31号文），指出"高校思想政治工作队伍和党务工作队伍具有教师和管理人员双重身份，要纳入高校人才队伍建设总体规划，形成一支专职为主、专兼结合、数量充足、素质优良的工作力量"。[①]

为进一步落实《关于加强和改进新形势下高校思想政治工作的意见》文件精神，教育部2017年10月1日施行《普通高等学校辅导员队伍建设规定》（教育部43号令）。文件从辅导员要求与职责、配备与选聘、发展与培训、管理与考核方面对高校辅导员队伍专业化、职业化建设做了规定。文件指出，建立国家、省级和高等学校三级辅导员培训体系。教育部设立高等学校辅导员培训和研修基地，开展国家级示范培训。省级教育部门应当根据区域内现有高等学校辅导员规模数量设立辅导员培训专项经费，建立辅导员培训和研修基地，承担所在区域内高等学校辅导员的岗前培训、日常培训和骨干培训。《高等学校辅导员职业能力标准（暂行）》、《高校思想政治工作质量提升工程实施纲要》、《教育部等八部门关于加快构建高校思想政治工作体系的意见》（教思政〔2020〕1号）、《关于加强和改进新形势下高校思想政治工作的意见》均对高校辅导员专业化、职业化建设提出了具体要求。各省市围绕辅导员职业化、专业化建设，在辅导员准入资格、职业培训、职称评审等方面出台了相应的政策，安徽省委、安徽省教育工委要求各普通高校按照师生比不高于1∶200标准，在2022年底前配齐建强辅导员队伍；出台《安徽省高校专职思政课教师和专职辅导员岗位津贴发放管理办法（试行）》（皖教思政〔2021〕9号），要求按照专职思政课教师、专职辅导员人均不低于1000元/月的标准发放岗位津贴等，设立安徽省辅导名师工作室、安徽省优秀辅导员、辅导员技能大赛、辅导员培训等项目，多方位地促进辅导员队伍专业化职业化发展。

[①] 《十八大以来重要文献选编（下）》，中央文献出版社2018年版，第487页。

（三）培育中国特色社会主义事业合格建设者和可靠接班人

《中共中央关于党的百年奋斗重大成就和历史经验的决议》指出："党和人民事业发展需要一代代中国共产党人接续奋斗，必须抓好后继有人这个根本大计。……培养造就大批堪当时代重任的接班人。"① 党的二十大报告指出：广大青年要"立志做有理想、敢担当、能吃苦、肯奋斗的新时代好青年"②。2023年3月5日下午，习近平总书记在参加江苏代表团审议时指出，"新时代教育工作者要努力把青少年培养成为中国特色社会主义的建设者和接班人"③。中国共产党从治党治国的战略高度规划了立德树人的目标，为新时代高校辅导员政策目标定位提供了思想指南。

《关于加强和改进新形势下高校思想政治工作的意见》明确指出："为实现'两个一百年'奋斗目标、实现中华民族伟大复兴的中国梦，培养又红又专、德才兼备、全面发展的中国特色社会主义合格建设者和可靠接班人。"④ 教育部43号令对辅导员工作的要求是成为又红又专、德才兼备、全面发展的中国特色社会主义合格建设者和可靠接班人。教育者要先受教育。辅导员是开展大学生思想政治教育的骨干力量，辅导员首先自身要成长为中国特色社会主义合格建设者和可靠接班人，才能将高校大学生培养成为民族复兴的时代新人。在中国共产党成立100周年之际，中共中央、国务院印发《关于新时代加强和改进思想政治工作的意见》进一步明确："培养又红又专、德才兼备、全面发展的中国特色社会主义合格建设者和可靠接班人。"⑤ 培养中国特色社会主义合格建设者和可靠接班人是新时代高校落实立德树人根本任务，"培养什么人、怎样培养人、为谁培养人"这一根本问题的目标所向。高校辅导员作为高校思想政治工作的骨干力量，担负着"为党育人、为国育才"的崇高使命和历史责任，高校辅导员政策切实聚焦培育中国特色社会主义合格建设者

---

① 《中国共产党第十九届中央委员会第六次全体会议文件汇编》，人民出版社2021年版，第105页。

② 习近平：《高举中国特色社会主义伟大旗帜　为全面建设社会主义现代化国家而团结奋斗——在中国共产党第二十次全国代表大会上的报告》，人民出版社2022年版，第71页。

③ 吴丹等：《坚持以人民为中心发展教育》，《人民日报》2023年3月8日第13版。

④ 《十八大以来重要文献选编》（下），中央文献出版社2018年版，第480页。

⑤ 《中国共产党宣传工作简史》（下册），人民出版社2022年版，第609页。

和可靠接班人的目标定位，培养一代代为全面建成社会主义现代化强国，实现第二个百年奋斗目标，以中国式现代化全面推进中华民族伟大复兴而努力奋斗的时代新人。

第二节　高校辅导员政策目标定位的生成逻辑

高校辅导员政策目标定位是培养担当民族复兴大任的时代新人，培养德智体美劳全面发展的中国特色社会主义建设者和接班人。这一目标的形成不是偶然的，而是历经理论与历史的积淀，并根据时代的变迁而不断发展的。要深刻理解和把握高校辅导员政策目标的科学内涵与本质特征，必须首先明晰这一目标的生成逻辑。

一　高校辅导员政策目标定位的理论逻辑

高校辅导员政策目标是高校辅导员政策制定者在一定理论指导下，通过政策制定与实施所能达到解决高校辅导员问题的效果或目的。具体说来，马克思的人学理论是高校辅导员政策目标定位的理论基石，马克思关于人类一般规律的学说对高校辅导员政策目标定位起着决定性作用，马克思关于人的全面发展的理论为高校辅导员政策目标定位指明了方向。

马克思的人学理论为高校辅导员政策目标定位奠定了理论基石。"人是什么？什么是人？"一直是哲学的核心问题之一。从哲学史来看，可以分为唯心史观和唯物史观两大派别。唯心史观关于人的认知和理解，或诉诸抽象的人性，或诉诸经验直观和先验理性，都是在唯心史观和形而上学的方法论指导下进行的。他们视域中的"人"实际上是"抽象的人"，是脱离了人的现实存在和社会发展、脱离了人的物质生产生活和社会关系的"人"。马克思在批判旧哲学的基础上提出了唯物史观，认为"人的本质不是单个人所固有的抽象物，在其现实性上，它是一切社会关系的总和"[①]。在对唯物史观的不断阐发中，马克思实现了从"抽象的人"向"现实的人"的转向，开启了以现实的人、具体的人为出发点来

---

① 《马克思恩格斯文集》（第一卷），人民出版社2009年版，第501页。

认识人、研究人、发展人。"思想政治工作从根本上说是做人的工作"①，这一论断是对马克思主义人学理论的继承和发展，这就要求高校辅导员政策目标定位要眼中有"人"，要关注处于一定物质生产生活关系中现实的人、具体的人、活生生的人，从人的现实性基础出发，从人所处的特定社会关系和具体人的需要出发，科学制定高校辅导员政策目标。

马克思关于人类社会发展的规律对高校辅导员政策目标定位起着决定性作用。恩格斯在《在马克思墓前的讲话》中指出："正像达尔文发现有机界的发展规律一样，马克思发现了人类历史的发展规律……所以，直接的物质的生活资料的生产，从而一个民族或一个时代的一定的经济发展阶段，便构成基础，人们的国家设施、法的观点、艺术以至宗教观念，就是从这个基础上发展起来的，因而，也必须由这个基础来解释，而不是像过去那样做得相反。"② 马克思关于人类社会发展规律的发现，并在此基础上，指明了人类社会前进方向。他认为，生产力决定生产关系，生产力的发展水平制约着人的发展水平，其不仅为人的各方面发展创造条件，也要求人的发展能不断适应其发展的需要。人类历史的发展进程表明，随着生产力和科学技术的不断发展，社会对个体的体力、智力以及思想道德素质等也提出了更高的要求。③ 党的二十大报告指出："党和国家事业取得历史性成就、发生历史性变革，推动我国迈上全面建设社会主义现代化国家新征程。"④ 新时代背景下，建设社会主义现代化强国目标对社会成员的各方面素质提出了新的要求，尤其是科学文化和思想道德素质。高校辅导员政策目标要聚焦中国特色社会主义现代化建设的"人"的素养要求，注重德智体美劳等综合素质，为培养中国特色社会主义合格建设者和可靠接班人，为实现中华民族伟大复兴的中国梦铸魂育人。

马克思关于人的全面发展理论为高校辅导员政策目标定位指明了方向。马克思认为，人的本质是一切社会关系的总和。人所处的社会

---

① 《习近平谈治国理政》（第二卷），外文出版社2017年版，第377页。
② 《马克思恩格斯选集》（第三卷），人民出版社2012年版，第1002页。
③ 冯刚等：《新时代高校思想政治教育学原理》，人民出版社2021年版，第151页。
④ 习近平：《高举中国特色社会主义伟大旗帜　为全面建设社会主义现代化国家而团结奋斗——在中国共产党第二十次全国代表大会上的报告》，人民出版社2022年版，第6页。

关系决定着人的发展程度。在以私有制为基础的社会形态中，人是异化的人、单向度的人。《共产党宣言》明确提出："代替那存在着阶级和阶级对立的资产阶级旧社会的，将是这样一个联合体，在那里，每个人的自由发展是一切人的自由发展的条件。"① 在共产主义社会中，人们可以根据自己的兴趣，自主地选择适合自己的工作，每一位社会成员的体力、智力等各方面能力都能得到充分发挥，并且享有发展自己才能的自由时间，个体"人以一种全面的方式，就是说，作为一个完整的人，占有自己的全面的本质"②。新时代背景下，高质量发展是中国特色社会主义的首要任务，而高质量发展需要高素质的人才。因此，社会成员都应该努力提升自我素质，实现自我价值升华，从而为实现中华民族伟大复兴贡献自己的力量，这为高校辅导员政策目标的确立指明了方向。

二 高校辅导员政策目标定位的历史逻辑

从历史逻辑看，中国共产党一直都高度重视人才培养，结合不同历史时期的任务，提出了具体的培养要求。这些论断也构成了高校辅导员政策目标定位的历史依据。

新民主主义革命时期，以毛泽东同志为主要代表的中国共产党人对时代所需的社会新人问题进行了探索。1934年1月，毛泽东《在第二次全国苏维埃代表大会上的报告》中提出了苏维埃文化教育的总方针："在于以共产主义的精神来教育广大的劳苦民众，在于使文化教育为革命战争与阶级斗争服务，在于使教育与劳动联系起来，在于使广大中国民众都成为享受文明幸福的人。"③ 毛泽东为陕北公学成立题词时指出："要造就一大批人，这些人是革命的先锋队。这些人具有政治远见。这些人充满着斗志和牺牲精神。这些人是襟怀坦白的，忠诚的，积极的与正直的。这些人不谋私利，唯一的为着民族与社会的解放。这些人不是狂妄分子，也不是风头主义者，而是脚踏实地定于实际精神的人们。中国要有一大

---

① 《马克思恩格斯文集》（第二卷），人民出版社2009年版，第53页。
② 《马克思恩格斯文集》（第一卷），人民出版社2009年版，第189页。
③ 《建国以来重要文献选编》（第十一册），中央文献出版社1995年版，第418页。

群这样的先进分子，中国革命的任务就能够得解决。"① 高校辅导员政策目标定位于培养一批具有共产主义信仰、坚定的无产阶级立场，愿意为人民服务并不怕牺牲的党政军干部。他们"大胆构想中国之未来，决心推翻帝国主义、封建主义、官僚资本主义的压迫，或投身革命武装队伍，或组织伟大的正义的学生运动等群众运动，同民国军阀、侵华日军、国民党反动统治展开坚决对抗"②，为新民主主义革命胜利做出了重要贡献。

社会主义革命和社会主义建设时期，随着社会主义改造的完成，毛泽东意识到搞经济建设，必须要有一支政治方向正确，又精通科学技术的骨干队伍，即要有"又红又专"的全面发展的新人。他指出："我们的教育方针，应该使受教育者在德育、智育、体育几方面都得到发展，成为有社会主义觉悟的有文化的劳动者。"③ 而且各行各业要反对把政治与业务对立起来的观点，既要坚定政治方向，又要精通业务，"我们各行各业的干部都要努力精通技术和业务，使自己成为内行，又红又专"④。高校辅导员政策目标在于培养"又红又专"的有社会主义觉悟的劳动者，他们愿"把青春献给祖国"，争取"到最艰苦最需要的地方去"，组建青年突击队、青年垦荒队、青年节约队、青年扫盲队，向科学、困难、荒原进军，在抗美援朝运动中奋勇参战、保家卫国，涌现出一批批敢想敢为的青年英雄。⑤

改革开放和社会主义现代化建设时期，邓小平就如何培养适应时代发展的社会主义新人进行了深刻的理论思考和实践探索，提出了"教育全国人民做到有理想、有道德、有文化、有纪律"⑥，培养全面发展的"四有"社会主义新人。邓小平还进一步阐发了对"又红又专"的认识，认为："专并不等于红，但是红一定要专。不管你搞哪一行，你不专，你

---

① 董纯才主编：《中国革命根据地教育史》（第二卷），教育科学出版社1991年版，第138页。
② 冯刚：《敢想敢为又善作善成　新时代好青年的重要特质》，《人民论坛》2023年第2期。
③ 《毛泽东文集》（第七卷），人民出版社1999年版，第226页。
④ 《毛泽东文集》（第七卷），人民出版社1999年版，第309页。
⑤ 冯刚：《敢想敢为又善作善成　新时代好青年的重要特质》，《人民论坛》2023年第2期。
⑥ 《邓小平文选》（第三卷），人民出版社1993年版，第110页。

不懂,你去瞎指挥,损害了人民的利益,耽误了生产建设的发展,就谈不上是红。"① 邓小平把"又红又专"的要求与社会主义现代化建设的要求有机地联系起来,赋予了新的时代内涵。随着改革开放的不断深入,以江泽民同志为主要代表的中国共产党人从实际出发,在继承"四有"新人说的基础上强调德智体美全面发展,"努力造就有理想、有道德、有文化、有纪律的,德育、智育、体育、美育等全面发展的社会主义事业建设者和接班人"②。在北大百年校庆时,他提出了四点希望,即坚持学习科学文化与加强思想修养的统一、坚持学习书本知识与投身社会实践的统一、坚持实现自身价值与服务祖国人民的统一、坚持树立远大理想与进行艰苦奋斗的统一。③ 以胡锦涛同志为主要代表的中国共产党人站在新的历史起点上,依旧高度重视青年培养工作,指出:"一个有远见的民族,总是把关注的目光投向青年;一个有远见的政党,总是把青年看作是推动历史发展和社会前进的重要力量。"④ 他对青年一代提出了"四个新一代"的殷切希望:"希望广大青年勤于学习,善于创造,甘于奉献,努力成为理想远大、信念坚定的新一代,成为品德高尚、意志顽强的新一代,成为视野开阔、知识丰富的新一代,成为开拓进取、艰苦创业的新一代。"⑤ 这一时期高校辅导员政策目标定位于培养"四个现代化"服务的建设者和接班人,"'最肯学习,最少保守思想'的青年们积极响应党和国家工作中心战略转移,拥护适应'四个现代化'建设浪潮,喊出'团结起来、振兴中华'的响亮口号,以'四有新人'姿态大踏步探索、开风气之先,奋力成为新长征突击手、青年星火带头人等,在现代化建设各条战线上作出卓绝贡献"⑥。

中国特色社会主义新时代,以习近平同志为核心的党中央高度重视党和国家社会主义事业后继有人的根本大计,立足"为谁培养人"这一

---

① 《邓小平文选》(第二卷),人民出版社1994年版,第262页。
② 《江泽民文选》(第二卷),人民出版社2006年版,第332页。
③ 《江泽民文选》(第二卷),人民出版社2006年版,第124—125页。
④ 《胡锦涛文选》(第一卷),人民出版社2016年版,第327页。
⑤ 《胡锦涛总书记在同团中央新一届领导班子成员和团十六大部分代表座谈时的重要讲话学习读本》,人民出版社2008年版,第140页。
⑥ 冯刚:《敢想敢为又善作善成 新时代好青年的重要特质》,《人民论坛》2023年第2期。

根本问题，为中国民族复兴中国梦培养堪当大任的时代新人做出了顶层设计和规划。"历史和现实都告诉我们，青年一代有理想、有担当，国家就有前途，民族就有希望，实现中华民族伟大复兴就有源源不断的强大力量。"① 2014 年 5 月，习近平总书记在北京大学师生座谈会上的讲话中指出："有信念、有梦想、有奋斗、有奉献的人生，才是有意义的人生。当代青年建功立业的舞台空前广阔、梦想成真的前景空前光明，希望大家努力在实现中国梦的伟大实践中创造自己的精彩人生。"② 习近平总书记在纪念五四运动 100 周年大会上的讲话中强调："把青年一代培养造就成德智体美劳全面发展的社会主义建设者和接班人，是事关党和国家前途命运的重大战略任务，是全党的共同政治责任。"③ 2022 年 4 月 25 日，习近平总书记在中国人民大学考察时强调："广大青年要做社会主义核心价值观的坚定信仰者、积极传播者、模范践行者，向英雄学习、向前辈学习、向榜样学习，争做堪当民族复兴重任的时代新人，在实现中华民族伟大复兴的时代洪流中踔厉奋发、勇毅前进。"④

辅导员政策目标定位于中国特色社会主义合格建设者和可靠接班人，他们"在脱贫攻坚战场摸爬滚打，在科技攻关岗位奋力攀登，在抢险救灾前线冲锋陷阵，在疫情防控一线披甲出征，在奥运竞技赛场奋勇争先，在保卫祖国哨位威武守护，在具有新的历史特点的伟大斗争中成为有生力量"⑤。

三 高校辅导员政策目标定位的实践逻辑

党的十八大以来，党和国家事业取得了历史性成就，发生了历史性变革，推动国家迈上了全面建设社会主义现代化新征程。新时代新征程

---

① 《习近平给华中农业大学"本禹志愿服务队"回信 勉励青年志愿者以青春梦想用实际行动为实现中国梦作出新的更大贡献》，《人民日报》2013 年 12 月 6 日第 1 版。
② 习近平：《青年要自觉践行社会主义核心价值观——在北京大学师生座谈会上的讲话》，人民出版社 2014 年版，第 14 页。
③ 习近平：《在纪念五四运动 100 周年大会上的讲话》，人民出版社 2019 年版，第 12 页。
④ 《习近平在中国人民大学考察时强调 坚持党的领导传承红色基因扎根中国大地 走出一条建设中国特色世界一流大学新路》，《人民日报》2022 年 4 月 26 日第 1 版。
⑤ 冯刚：《敢想敢为又善作善成 新时代好青年的重要特质》，《人民论坛》2023 年第 2 期。

面临着新的历史任务和奋斗目标。党的二十大报告明确指出："从现在起，中国共产党的中心任务就是团结带领全国各族人民全面建成社会主义现代化强国、实现第二个百年奋斗目标，以中国式现代化全面推进中华民族伟大复兴。"① 新任务、新目标、新要求需要培育具有新的时代要求的中国特色社会主义建设者和接班人，这是高校辅导员政策目标定位的实践基础。"教育是国之大计、党之大计。培养什么人、怎样培养人、为谁培养人是教育的根本问题。育人的根本在于育德。全党贯彻党的教育方针，落实立德树人根本任务，培养德智体美劳全面发展的社会主义建设者和接班人。""立志做有理想、敢担当、能吃苦、肯奋斗的新时代好青年，让青春在全面建设社会主义现代化国家的火热实践中绽放绚丽之花。"② 习近平总书记在2023年新年贺词中强调："明天的中国，希望寄予青年。青年兴则国家兴，中国发展要靠广大青年挺膺担当。年轻充满朝气，青春孕育希望。广大青年要厚植家国情怀、涵养进取品格，以奋斗姿态激扬青春，不负时代，不负华年。"③ 新时代新征程的新实践为辅导员政策目标定位提出了总体目标和具体的育人要求，提供了实践依据。

第三节 高校辅导员政策目标定位的深化发展

高校辅导员政策目标随着中国特色社会主义事业不断推进而深化发展。中国特色社会主义进入了新时代新征程，高校辅导员政策目标定位要把培育时代新人作为根本目标，把"四个坚持不懈"作为基础工作，把"四个相统一"作为基本要求，把"四个正确认识"作为具体导向。

---

① 习近平：《高举中国特色社会主义伟大旗帜　为全面建设社会主义现代化国家而团结奋斗——在中国共产党第二十次全国代表大会上的报告》，人民出版社2022年版，第21页。
② 习近平：《高举中国特色社会主义伟大旗帜　为全面建设社会主义现代化国家而团结奋斗——在中国共产党第二十次全国代表大会上的报告》，人民出版社2022年版，第34、71页。
③ 《国家主席习近平发表二〇二三年新年贺词》，《人民日报》2023年1月1日第1版。

一　把培育时代新人作为根本目标

政策目标是决策者意欲通过政策制定和实行达到的社会效果和社会影响。政策目标在政策体系中具有重要地位,是政策制定的指导方针,是政策方案设计的核心,是政策方案评估、论证和最终抉择的基础依据,也是政策执行和执行评估的基本标尺。高校辅导员政策目标是高校辅导员政策制定的指导方针,是政策设计、执行、评估的总依据。

(一)高校辅导员政策目标确立原则

马克思主义唯物史观认为,社会存在决定社会意识,社会意识对社会存在具有能动的反作用。高校辅导员政策目标定位属于人的社会意识范畴,而社会意识受到社会存在的制约,人的能动性发挥是以尊重、利用规律为基础。因此,科学、合理的高校辅导员政策目标是在尊重、利用辅导员工作规律的基础上形成的,需要把握和坚持以下原则。

1. 目标要具有社会需求性

政策总是在一定社会中存在的,具有社会性,受到一定社会条件的制约。政策从根本上说是为了解决一定社会问题、满足社会需要产生的。高校辅导员政策是植根中国特色社会主义这一社会存在的。唯物史观指出,人民群众是社会历史创造者,这里人民群众是代表整个社会运动趋势的先进力量,人民群众的先进性不是自发形成的,而是一个自觉的过程。列宁的"灌输论"表明,工人阶级的科学社会主义思想和社会主义觉悟不是自发形成的,需要先进的理论和思想通过外在"灌输",形成科学社会主义思想和社会主义觉悟的自觉。高校辅导员政策的目标是通过辅导员日常思想政治教育培养中国特色社会主义的合格建设者和可靠接班人,以满足中国特色社会主义事业发展的需要。

2. 目标要具有现实可行性

确定目标是把主客观条件统一起来的决策和计划过程。政策面临的主客观条件是不断发展变化的,目标的确定要充分考虑条件的不断变化,并随着情况的变化而相应地做出调整或修改,以使目标不断适应实际情况。① 条件分为外部条件和内部条件,政策目标定位要充分考虑内外部主

---

① 梅宪宾主编:《管理学原理》,吉林大学出版社2010年版,第129页。

客观条件，忽视或者脱离实际条件确立的目标，政策目标难以实现；重视条件但政策目标过低不利于解决实际社会问题，目标的界定要源于现实又高于现实，是经过主观努力可以达到的目标。高校辅导员政策的目标需要综合考虑育人的社会条件和辅导员工作自身具备的条件，合理地定位，培养符合时代需要的新人。以辅导员队伍建设为例，辅导员队伍建设经历了兼职化到专职化，再到专业化和科学化的政策目标定位，这种定位是以当时当地的条件为转移的，确保高校辅导员政策目标现实可行性。

3. 目标要具有前瞻性

在确定政策目标时要具有发展的、与时俱进的眼光，科学地预测问题的发展动向，掌握问题发展的各种可能趋势，使得政策目标具有一定的弹性限度和前瞻性。政策目标作为人在实践基础上的自觉能动性的产物，既来源于实践，又高于实践并对实践具有指导和引领的作用，推动实践螺旋式发展和进步，这就要求政策目标既考虑当前的需要，还应综合考量未来的需要。习近平总书记指出："全党要提高战略思维能力，不断增强工作的原则性、系统性、预见性、创造性，按照新要求制定党和国家大政方针，完善发展战略和各项政策，以新的精神状态和奋斗姿态把中国特色社会主义推向前进。"① 高校辅导员政策运用战略思维进行目标定位，既要立足当前，更要着眼于中国特色社会主义事业的发展需要，增强政策目标的前瞻性和预见性。

4. 目标要具有协调性

政策目标的实现是一种系统的努力，由于政策要解决问题的复杂性，因此达到的政策目标也具有多元性，这些目标之间有主有次，要相互协调而且不能与总体目标背道而驰，也不能与其他领域的政策目标相互矛盾和抵触。高校辅导员政策目标是解决培养什么人、怎样培养人、为谁培养人的"人的培养"的问题，而"人的培养"政策目标达成是一个系统工程。习近平总书记强调："要把立德树人融入思想道德教育、文化知识教育、社会实践教育各环节，贯穿基础教育、职业教育、高等教育各领域，学科体系、教学体系、教材体系、管理体系要围绕这个目标来设

---

① 《习近平谈治国理政》（第二卷），外文出版社2017年版，第62页。

计，教师要围绕这个目标来教，学生要围绕这个目标来学。凡是不利于实现这个目标的做法都要坚决改过来。"① 立德树人是教育的根本任务，而贯彻立德树人应落实到高校的各个环节、各部门和各领域中来，高校全体教职工都担负有立德树人的职责。高校辅导员是思想政治工作骨干力量，承担的是思想道德教育工作。这就要求高校辅导员政策以立德树人为导向，与高校思想道德教育政策目标、文化知识教育政策目标、社会实践教育政策目标同向同行，守好一段渠、种好责任田，协同发力。

（二）高校辅导员政策目标的具体内容

高校辅导员政策目标产生于高校"培养什么人、培养什么人"的现实需要，植根于社会主义革命、建设和改革时期社会主义新人素质的要求。根据政策目标定位的社会需求性、现实可行性原则，中国特色社会主义进入新时代，需要与时代要求相适应的时代新人。就辅导员政策目标是培养什么样人的问题，具体包括大学生、辅导员两类主体的目标定位。

1. 培养时代新人的目标指向

培养社会主义事业的建设者和接班人是高校辅导员政策的基本目标，贯穿高校辅导员政策的始终。社会主义事业的建设者和接班人必然要有相应的素质结构，这种素质结构随着现实需要和社会主义事业发展呈现相应的发展，最终指向人的全面发展。中国特色社会主义进入新时代，根据前瞻性等原则，培育堪当民族复兴大任的时代新人成为高校辅导员政策的根本目标定位。

（1）社会主义事业的建设者和接班人。习近平总书记在全国教育大会上指出，培养什么人，是教育的首要问题。培养什么人，在不同时代、不同国家具有不同回答，既有普遍性，也有特殊性。"古今中外，每个国家都是按照自己的政治要求来培养人的，世界一流大学都是在服务自己国家发展中成长起来的。我国社会主义教育就是要培养社会主义建设者和接班人。"② 普遍性指的是每个国家都是按照自己的政治要求培养人，培养服从服务统治阶级需要的人；特殊性指的不同性质的政治要求培养

---

① 习近平：《论党的宣传思想工作》，中央文献出版社2020年版，第351页。
② 习近平：《在北京大学师生座谈会上的讲话》，人民出版社2018年版，第6页。

的人是不同的，对于中国共产党领导的社会主义事业来说，高校辅导员政策的目标是培养社会主义事业的建设者和接班人，这既是高校辅导员政策目标基本定位，也是贯穿高校辅导员政策目标始终的。

（2）德智体美劳全面发展的人。社会主义建设者和接班人，需要相应的素质结构。在社会主义事业不同阶段，社会主义建设者和接班人的素质结构要求向着全面发展方向不断推进。在社会主义建设初期，德智体三育并举是社会主义劳动者的素质结构要求。毛泽东指出："我们的教育方针，应该使受教育者在德育、智育、体育几方面都得到发展，成为有社会主义觉悟的有文化的劳动者。"① 进入世纪之交，社会主义事业建设者和接班人是德智体美四育并举的素养结构。1999年出台的《中共中央、国务院关于深化教育改革全面推进素质教育的决定》中指出："实施素质教育，就是全面贯彻党的教育方针，以提高国民素质为根本宗旨，以培养学生的创新精神和实践能力为重点，造就'有理想、有道德、有文化、有纪律'的，德智体美等全面发展的社会主义事业建设者和接班人。"② 中国特色社会主义进入新时代，习近平总书记在全国教育大会提出了培养德智体美劳全面发展的社会主义建设和接班人。党的二十大报告对社会主义建设者和接班人的德智体美劳五育并举的素质结构进行再次强调，"全面贯彻党的教育方针，落实立德树人根本任务，培养德智体美劳全面发展的社会主义建设者和接班人"③。

（3）担当民族复兴大任的时代新人。当前，中国已经迈上全面建设社会主义现代化新征程，全面建成社会主义现代化强国，实现中华民族伟大复兴的中国梦，需要高校"弘扬以伟大建党精神为源头的中国共产党人精神谱系，用好红色资源，深入开展社会主义核心价值观宣传教育，深化爱国主义、集体主义、社会主义教育，着力培养担当民族复兴大任的时代新人"④。新时代高校辅导员政策的目标是培养民族复兴的时代新

---

① 《毛泽东文集》（第七卷），人民出版社1999年版，第226页。
② 《十五大以来重要文献选编》（中），人民出版社2001年版，第859页。
③ 习近平：《高举中国特色社会主义伟大旗帜 为全面建设社会主义现代化国家而团结奋斗——在中国共产党第二十次全国代表大会上的报告》，人民出版社2022年版，第34页。
④ 习近平：《高举中国特色社会主义伟大旗帜 为全面建设社会主义现代化国家而团结奋斗——在中国共产党第二十次全国代表大会上的报告》，人民出版社2022年版，第44页。

人，围绕学生、关照学生、服务学生，遵循"思想政治工作规律、教书育人规律、学生成长规律"的"三规律"，坚持"因事而化、因时而进、因势而新"的"三因"理念，用马克思主义中国化时代化，特别是习近平新时代中国特色社会主义思想进行理论武装，不断提升青年学生的思想道德素质和科学文化素养，使广大青年学生爱党爱国，听党话、跟党走，扎根人民、奉献国家，立志为全面建设社会主义现代化强国而砥砺奋斗。

2. 高校辅导员队伍建设的任务要求

高校辅导员政策总体目标是培养社会主义建设者和接班人，包括了大学生和辅导员两类主体。相对于大学生是一种未来力量，辅导员是一种现实力量。辅导员是开展大学生思想政治教育的骨干力量，是高等学校学生日常思想政治教育和管理工作的组织者、实施者、指导者。高校辅导员队伍政策目标既要契合辅导员工作实际需要，也要结合未来工作发展趋势，科学、合理地进行目标定位。

（1）"又红又专"的政治要求。在清华大学设立政治辅导员制度时，明确将政治思想觉悟高、工作业务能力强作为选拔政治辅导员的标准。"当时对辅导员要求很高，首先要做到'又红又专'，我们学生政治辅导组不少同志也碰到了这个问题，大家相互勉励，这一关一定要过。"① 政治思想觉悟高指向的是"红"，要求具有较高的思想政治素养、坚定的政治方向；工作业务能力强指向的是"专"，能够做好思想政治工作，专业成绩优秀。随着对辅导员工作实践发展和认知加深，辅导员由兼职化向专职化发展，逐步形成了以专职为主，专兼结合的队伍建构。"又红又专"一直是辅导员队伍建设的基本选拔标准和要求。《普通高等学校辅导员队伍建设规定》（教育部43号令）指出，辅导员要"具有较高的政治素质和坚定的理想信念，热爱大学生思想政治教育事业，甘于奉献，潜心育人，具有强烈的事业心和责任感，具有从事思想政治教育工作相关学科的宽口径知识储备"② 等"红""专"条件。

---

① 杨振斌主编：《双肩挑50年——清华大学辅导员制度五十周年回顾与展望》，清华大学出版社2003年版，第75页。

② 《普通高等学校辅导员队伍建设规定》，中华人民共和国教育部官网（http://www.moe.gov.cn/srcsite/A02/s5911/moe_621/201709/t20170929_315781.html）。

(2) 专业化职业化的发展方向。辅导员专业化职业化，是高校辅导员发展的素质要求和发展方向。习近平总书记在全国高校思想政治工作会议上强调："做好高校思想政治工作，要因事而化、因时而进、因势而新。要遵循思想政治工作规律，遵循教书育人规律，遵循学生成长规律，不断提高工作能力和水平。"①《普通高等学校辅导员队伍建设规定》（教育部第43号令）明确指出：切实加强高等学校辅导员队伍专业化职业化建设。教育部先后出台的《大学生思想政治教育工作测评指标体系》《高等学校辅导员职业能力标准（暂行）》等政策文件，为辅导员专业化职业化提供了政策支撑。专业化是指"相对于原来的'政治辅导员'工作的政治化、行政化、事务化而言的"②，强调辅导员工作的科学性、专业性；职业化是"相对于原来的'政治辅导员'主要以兼职为主，以组织的工作安排为主，只从事一定时间的临时性工作岗位而言的"③，强调辅导员的工作是一门职业，增强辅导员职业归属感以及职业稳定性，有利于大学生思想政治教育的常态化、科学化开展，增强大学生思想政治教育实效。

(3) 教师和干部的双重身份定位。高校辅导员是高等学校教师队伍和管理队伍的重要组成部分，具有教师和干部的双重身份。教师和干部双重身份是辅导员专业化、职业化的外在依托，专业化、职业化是辅导员在高校具有教师和干部双重身份的内在依据。辅导员的教师身份有利于开展专业化研究，成为辅导员行业的专家、学者。辅导员的干部身份有利于职业化，增强职业认同。辅导员教师和干部的双重身份定位，既明确了辅导员的身份定位问题，又推进了辅导员专职化，增强了辅导员队伍的稳定性。

---

① 《习近平谈治国理政》（第二卷），外文出版社2017年版，第378页。
② 朱平、陈勇：《〈普通高等学校辅导员队伍建设规定〉与辅导员队伍专业化、职业化发展——纪念〈普通高等学校辅导员队伍建设规定〉颁布十周年》，《思想理论教育》2016年第8期。
③ 朱平、陈勇：《〈普通高等学校辅导员队伍建设规定〉与辅导员队伍专业化、职业化发展——纪念〈普通高等学校辅导员队伍建设规定〉颁布十周年》，《思想理论教育》2016年第8期。

二 把"四个坚持不懈"作为基础工作

"为谁培养人"始终是高校辅导员政策目标定位的核心问题意识,培养时代新人是新时代高校辅导员政策的目标,坚持不懈传播马克思主义科学理论、坚持不懈培育和弘扬社会主义核心价值观、坚持不懈促进高校和谐稳定、坚持不懈培育优良校风和学风是高校辅导员政策目标达成的基础性工作。

第一,坚持不懈传播马克思主义科学理论。坚持高校社会主义办学方向,必须坚持马克思主义的指导地位,稳步推进马克思主义理论教育,将学习和传播马克思主义科学理论放在高校建设的突出位置。高校辅导员肩负培养中国特色社会主义事业建设者和接班人的重大任务,具有鲜明政治性。政治上的坚定来自理论上的清醒。没有理论上的清醒,就不可能有政治上的坚定。马克思主义科学理论是党治党治国的基础理论,也是辅导员培育时代新人的理论武器。马克思指出:"思想的闪电一旦彻底击中这块素朴的人民园地,德国人就会解放成为人。"① 坚持用马克思主义科学理论武装大学生,大学生才能在思想上、政治上、行为上与党和国家的方针政策保持一致。

第二,坚持不懈培育和弘扬社会主义核心价值观。党的二十大报告指出:"社会主义核心价值观是凝聚人心、汇聚民力的强大力量。"② 作为培养时代新人的重要平台,培育和弘扬社会主义核心价值观已然成为高校立德树人的应有之义。随着西方意识形态渗透和市场经济不良因素的影响,历史虚无主义、物欲崇拜等不良社会思潮在高校青年群体中产生负面影响,腐蚀着广大青年的价值选择和价值取向。高校应当将社会主义核心价值观融入法治建设、融入社会发展、融入日常生活,日用而不觉,引导广大师生做社会主义核心价值观的坚定信仰者、积极传播者、模范践行者。

第三,坚持不懈促进高校和谐稳定。维护高校的和谐稳定是开展一

---

① 《马克思恩格斯选集》(第一卷),人民出版社2012年版,第16页。
② 习近平:《高举中国特色社会主义伟大旗帜 为全面建设社会主义现代化国家而团结奋斗——在中国共产党第二十次全国代表大会上的报告》,人民出版社2022年版,第44页。

切校园活动的前提与基础。当前，高校仍然存在部分教师师德意识淡化、学生心理问题频发、师生关系恶化等不和谐现象。高校学生人数众多、思想汇聚多元、信息鱼龙混杂，往往牵一发而动全身，极易引发群体性突发事件。因此，促进高校和谐稳定，既要在现实层面保障校园的安全稳定和师生的生命健康，也要在精神层面加强对学生的人文关怀和心理疏导，引导他们养成理性平和的健康心态，把高校建设成为安定团结的模范之地。

第四，坚持不懈培育优良校风和学风。校风即校园风气，是一所学校在办学过程中对其办学目标、管理理念、教学经验的融合与浓缩。学风即学习风气，指学生在长期的学习过程中形成的一种相对稳定的学习氛围与行为表现。培育优良的校风学风是一个持久性、系统性、整体性的工程。一方面，高校应注重文化建设和宣传工作，通过举办一系列校园主题活动，营造健康向上、崇德向善的学校氛围，将优良校风、合格学风内化为师生自觉遵守、自觉践行的行为准则。另一方面，高校应重视制度建设，加强教育全过程管理，严格规范师生行为，实现以考风促学风、以学风促教风、以教风促校风，做到治理有方、管理到位、风清气正。

三 把"四个相统一"作为基本要求

高校辅导员具有教师和管理人员双重身份，是高校育人的重要组成力量，是学生成长成才的人生导师和健康生活的知心朋友。在培育时代新人的过程中，辅导员要坚持教书和育人相统一、坚持言传和身教相统一、坚持潜心问道和关注社会相统一、坚持学术自由和学术规范相统一，做"四有"好教师，做学生的人生导师和健康成长的知心朋友。

第一，坚持教书和育人相统一。所谓"教书育人"，是指"教师在传授专业知识的同时，以自身的道德行为和人格魅力，引导学生实现人生应有的价值追求、塑造自身完美人格的过程"[①]。教书和育人是一个相互渗透、不可分割的整体。教书是育人的重要手段，育人是教书的根本目

[①] 郑永廷：《把高校思想政治工作贯穿于教育教学全过程的若干思考——学习习近平总书记在全国高校思想政治工作会议上的讲话》，《思想理论教育》2017年第1期。

的，在于培育学生形成马克思主义的世界观、人生观和价值观。实现中华民族的伟大复兴，不能培养只掌握专业技能的"工具人"，而是要实现教书和育人相结合，努力培养德智体美劳全面发展的中国特色社会主义事业合格建设者和可靠接班人。

第二，坚持言传和身教相统一。"文以载道，亲其师，才能信其道。""言传身教"是指教育者通过自己的语言和行为引导受教育者，使其接受教化的过程。广大高校思政课教师在教书育人过程中，既要有言传和言教，又要重视身教和行教，"思政课教师要有堂堂正正的人格，用高尚的人格感染学生、赢得学生"①。辅导员既是知识的传递者，更是引导学生成长成才的榜样。辅导员与学生朝夕相处，是大学里最熟悉学生的人，也是学生最信任的人；辅导员的一言一行犹如一面镜子，对学生的言行和举止影响最大。教育者要先受教育，"让有信仰的人讲信仰"。辅导员在日常思想政治工作中，要以坚定的马克思主义信仰、扎实的马克思主义理论知识践行社会主义核心价值观，以"春风化雨"般的方式影响、塑造学生道德品质。

第三，坚持潜心问道和关注社会相统一。"师者，所以传道、授业、解惑也。"对于辅导员而言，他们不仅要向学生传递专业知识，而且承担着知识生产和学术发展的重任，教学与科研犹如鸟之两翼，缺一不可。潜心问道是科研的必然要求，正所谓明道、信道是传道的前提和基础。辅导员潜心问道要以"培养什么人、怎样培养人、为谁培养人"为根本出发点，探索时代新人成长发展的内在规律和辅导员工作规律等相关知识生产，不断推进辅导员工作的知识体系和理论体系发展，为辅导员工作高质量发展提供学理支撑。关注社会，指的是潜心问道不是做书斋里的学问，而是要扎根中国大地，面向社会发展需要和人的成长发展需要做研究，要有鲜明的问题意识和时代意识，潜心问道的最终目的是解决社会中存在的问题，引领社会发展，关注社会是潜心问道目的达成的重要载体和方式。辅导员要关注学生成长成才的社会环境、学生的思想困惑和实际困难等现实需要，不断提升辅导员工作的针对性和实效性。辅

---

① 习近平：《思政课是落实立德树人根本任务的关键课程》，人民出版社 2020 年版，第 16 页。

导员要以落实立德树人为根本目标,通过服务于国家发展和民族复兴的现实需要,来实现二者的统一。

第四,坚持学术自由和学术规范相统一。学术自由和学术规范是推动学术发展的重要保障。学术自由旨在强调学术有独立自主地表达思想、探索真理的自由,学术规范意在表达学术需要遵守的准则规范和道德底线。政治鲜明是辅导员工作的显著特征。具体来说,辅导员的学术研究要以马克思主义理论为基础,要以培养中国特色社会主义建设者和接班人为目标,任何违背或者背离这一底线原则的学术自由都是不可取的。广大高校辅导员,应当树立责任意识,恪守学术规范、严守道德底线,以科学严谨的态度对待学术。同时,还应树立问题意识,在实践基础上勇于创新,积极探索马克思主义理论的科学内涵,成为马克思主义科学理论的忠实研究者和传播者。

四 把"四个正确认识"作为具体导向

《普通高等学校辅导员队伍建设规定》指出:"引导学生正确认识世界和中国发展大势、正确认识中国特色和国际比较、正确认识时代责任和历史使命、正确认识远大抱负和脚踏实地,成为又红又专、德才兼备、全面发展的中国特色社会主义合格建设者和可靠接班人。"[1] 这为辅导员政策目标的定位确立了具体方向。

第一,正确认识世界和中国发展大势,坚定大学生理想信念。辅导员教育引导学生正确认识世界和中国发展大势,辩证看待人类社会发展的必然性和曲折性,准确把握中国发展的重要战略机遇期。只有从社会主义思想源头和历史演进中,认识、把握人类社会发展和中国特色社会主义发展的历史必然性,才能在国际对比中明确优势、认清不足,提升民族自信心,增强时代责任感。尊重顺应历史的选择和人民的选择,坚定理想信念,与历史同步伐,与时代共命运。[2] 高校辅导员要引导学生将

---

[1] 《普通高等学校辅导员队伍建设规定》,中华人民共和国教育部官网(http://www.moe.gov.cn/srcsite/A02/s5911/moe_621/201709/t20170929_315781.html)。

[2] 王易、单文鹏:《在深化"四个正确认识"中提高大学生思想政治素质》,《思想理论教育导刊》2017年第7期。

中国情怀和时代特征与世界眼光统一起来，引导学生正确认识历史和人民为什么选择了马克思主义、选择了社会主义、选择了中国共产党。正确认识中国特色社会主义是社会主义，不是别的什么主义，辩证认识中国特色社会主义为什么好、共产党为什么能，归根到底是马克思主义行，中国化时代化的马克思主义行。有了对国内、国际形势的正确判断，才能正确认识"小我"和"大我"、个人与社会的关系，不断坚定为共产主义远大理想和中国特色社会主义共同理想而努力奋斗的信念和信心。

第二，正确认识中国特色和国际比较，增强大学生"四个自信"。面对世界百年未有之大变局，正确认识中国特色和国际比较，有助于引导学生全面客观认识中国特色社会主义，正确看待外部世界。高校辅导员要向广大学生讲清楚中国特色社会主义独特的道路、制度、理论和文化，用中国特色社会主义的历史成就和历史性变革，向大学生阐述中国特色社会主义的比较优势和远大发展前途，强调只有坚持走中国特色社会主义道路，才能有更加幸福的未来和更加伟大的成就。[①] 同时，引导学生正确看待中国与国际上其他国家的差异，能够客观、辩证、理性地看待中国的发展及存在的不足，坚持用大历史观、正确历史观分析发展中存在的问题，坚定"四个自信"。

第三，正确认识时代责任和历史使命，明确大学生责任担当。大学生是中国特色社会主义的建设者和接班人，其时代责任和历史使命就是实现中华民族伟大复兴的中国梦。高校辅导员要引导青年大学生关注时代发展，重视责任承担。要教育引导大学生学习历史、正视历史，只有了解和正视历史才能面向未来。在此基础上，引导学生从新时代的历史定位中提振信心，认识到我们比历史上任何时期都更接近中华民族伟大复兴的目标。作为新时代大学生，应积极主动地将个人成长发展的青春梦与人民幸福、国家富强、民族复兴的中国梦结合起来，将个人命运与国家命运紧密相连，以强国有我的使命感和责任感，努力学习，苦练本领，为实现民族复兴的中国梦夯实基础。

第四，正确认识远大抱负和脚踏实地，引导大学生务实笃行。习近平总书记在2013年5月4日同各界优秀青年代表座谈时强调，广大青年

[①] 冯刚等：《新时代高校思想政治教育学原理》，人民出版社2021年版，第159页。

要牢记"空谈误国,实干兴邦",立足本职、埋头苦干,从自身做起,从点滴做起,用勤劳的双手、一流的业绩成就属于自己的人生精彩。① 高校辅导员要引导学生充分认识到中国特色社会主义是中国共产党带领人民历经艰难险阻探索到的实现中华民族伟大复兴中国梦的正确道路,也是广大青年大学生应该坚定确立的人生信念。广大青年学生在校期间要勤奋学习、刻苦钻研、培养创新精神和实践能力,做到科技自立自强,为建设教育强国、人才强国、科技强国,为实现中华民族伟大复兴贡献青春力量。

---

① 《十八大以来重要文献选编(上)》,中央文献出版社2014年版,第280页。

第 六 章

高校辅导员政策内容的实体与程序

辅导员是开展大学生思想政治教育工作的骨干队伍，是高校人才培养的重要力量。加强辅导员队伍建设是高校育人工作中的一项长期而重要的战略任务。党和国家高度重视辅导员队伍的关键作用，先后印发了《关于进一步加强和改进大学生思想政治教育的意见》《普通高等学校辅导员队伍建设规定》《关于加强高等学校辅导员、班主任队伍建设的意见》《高等学校辅导员职业能力标准（暂行）》《关于加强和改进新形势下高校思想政治工作的意见》《关于新时代加强和改进思想政治工作的意见》等重要政策文件，为高校辅导员队伍建设构建了政策体系，奠定了坚实基础。本章将从政策分析的视角，通过不同时期的政策内容分析，把握高校辅导员政策内容的历史发展脉络；通过对政策发展演变的系统梳理，帮助更好理解和把握高校辅导员政策的实体性内容和程序性内容。

第一节 高校辅导员政策内容的历史发展

中国高校辅导员制度的发展已历经 80 多年的历史变革。作为高校思想政治教育工作制度的重要组成部分，高校辅导员制度经历了萌芽创立、初期发展、停滞低潮、恢复发展、着力加强、充实完善等过程。①

一 萌芽创立阶段

1933 年，中国共产党在江西瑞金创办了第一所由中共中央直接领导

---

① 冯刚主编：《新时代高校辅导员培训教程》，人民出版社 2022 年版，第 443—448 页。

的军事院校——中国工农红军大学。1936年，因形势所需，中国工农红军大学迁移至陕北的瓦窑堡，改名为抗日军政大学。1937年，党中央转移至延安后，将抗日军政大学更名为中国人民抗日军事政治大学，并引进人民军队中的政治指导员制度。抗大对军中政治指导员制度做了较为全面的创新，所形成的《政治工作暂行条例》是抗大创办以来颁布的第一个系统、全面的政治工作方面的法规文件。1937年12月26日，为健全与加强抗大的思想政治工作，保证教育计划的顺利实施，抗大政治部主任莫文骅、副主任胡耀邦签署训令，颁布《政治工作暂行条例》，要求抗大各级政治组织认真贯彻执行。暂行条例包括8个方面的内容：抗大政治部工作暂行条例、总支委工作暂行条例、组织科工作暂行条例、宣传科工作暂行条例、俱乐部工作暂行条例、大队政治协理员工作暂行条例、连队政治指导员工作暂行条例、连队救亡室的组织与工作。[1] 其中，连队政治指导员工作暂行条例对政治指导员的定位、职责、要求、职权、任免等均做了明确规定。具体内容为："政治指导员是校政治部委派到连队，在政治协理员及政治部领导下对全连队政治工作的完全负责者，在政治工作上服从其直属政治协理员之指导，在军事上服从大队长；政治指导员必须非常了解中国共产党边区政府之政策，以及抗日军队、抗大之组织原则、任务与目的，同时还要了解革命的三民主义之精神与内容，政治立场要非常坚定，并须具有相当军事知识；不论在执行自己的任务上、贯彻上级指示上、个人行动及遵守校规上均须做全体学员的模范；政治指导员必须了解掌握全连学员的姓名、籍贯、思想意识、政治觉悟、文化水平、斗争履历及工作能力经验等情况；政治指导员必须是最优秀最积极的中国共产党党员，绝对向党负责，坚决执行党的策略路线、决议与号召，保证与巩固党在学员队的领导地位；政治指导员不兼任救亡室的领导，但对救亡室全部工作应负直接指导之责；政治指导员可当选支部委员或书记，注意吸收学员中先进分子入党；政治指导员有与队长同等的权限，可接受学员的意见、申诉书，并可直接正当处理和报告上级政治机关，指导学员学习，保证教育计划完成；须注意本队违犯革命道德与校风的行为；政治指导员须经常向大队政治协理

---

[1] 《中国人民抗日军事政治大学史》，国防大学出版社2000年版，第67—71页。

员和校政治部报告本队政治工作情况；政治指导员的任免与调动完全属于校政治部。"① 政治指导奠基础，革命熔炉育英才。抗大的政治指导员制度为日后的高校辅导员制度的建立提供了宝贵的经验，产生了深远的影响。

二 初期发展阶段

随着新中国成立以及对高等教育的改造，高校辅导员制度开始逐步确立。主要体现在 1951 年政务院批准教育部《关于全国工学院调整方案的报告》、1961 年《教育部直属高等学校暂行工作条例（草案）》、1964 年《关于加强高等学校政治工作和建设政治工作机构试点问题的报告》和 1965 年《关于政治辅导员工作条例》等文件中。

1951 年 11 月，国家政务院批准《关于全国工学院调整方案的报告》，明确提出在高等教育中设立政治辅导员，建立政治辅导员制度，并对政治辅导员的职责做出初步规定，其政策内容为"为了加强全国工学院的政治思想教育的领导，各工学院有准备地试行政治辅导员制度，设立专人担任各级政治辅导员，主持政治学习思想改造工作"②。这是在中国共产党领导下，中国首次提出在高等学校建立辅导员制度。

1953 年，时任清华大学校长的蒋南翔率先提出并建立了学生政治辅导员制度，也被称为"双肩挑"辅导员制度。清华大学档案馆保存着 1953 年 4 月校党委书记何东昌起草的学校给中央高教部、人事部的一份报告手稿。这份报告较为清楚地呈现了清华大学"双肩挑"辅导员制度的政策内容。报告指出："为了加强对学生的政治思想教育，保证学习任务的完成，并减少学生中党团员骨干的社会工作至政务院规定的每周六小时的限度，我们拟根据 1952 年政务院批准的全国工学院院长会议决议设立政治辅导员制度。办法是：挑选学习成绩优良，觉悟较高的党团员担任辅导员，其学习年限延长一年，学科则相应减少，每周进行二十四小时工作，这样，并可培养辅导员成为比一般学生具有更高政治质量及

---

① 《中国人民抗日军事政治大学史》，国防大学出版社 2000 年版，第 70 页。
② 《中央人民政府教育部关于全国工学院调整方案的报告》，《人民日报》1952 年 4 月 16 日第 1 版。

业务水平的干部。"① 这些学生辅导员一肩挑思想政治工作，一肩挑业务学习。蒋南翔所倡导的"双肩挑"学生政治辅导员，是对高校辅导员制度的创造性、开拓性实践，将高年级学生纳入辅导员工作队伍，强化了思想政治工作力量。此后，中国高校辅导员制度进一步发展，初步实现辅导员制度由局部实施向全国普及。

1961年9月，《教育部直属高等学校暂行工作条例（草案）》批准实施。该条例第一次明确提出在高等学校设立专职的政治辅导员。自此条例颁布，部属院校开始设立专职辅导员。后来，其他部委地方高校也开始设立专职辅导员。②

1964年6月，中共中央批准教育部党组《关于加强高等学校政治工作和建设政治工作机构试点问题的报告》，其中指出，在高等教育部和直属高等学校设立政治部，作为校党委的工作机构，负责领导全校的思想政治工作和党的工作，保证党的各项方针政策的执行，培养"又红又专"的人才。并且在确定的试点大学（北京大学、清华大学）建立了从上到下的政治工作机构，学校设立政治部、班级配备政治辅导员或班主任、教研室和其他基层单位根据需要配备专职的或兼职的政治工作干部，而且在政治部下可以设组织、宣传、统战等部。同时，在确定的试点大学还提出在两三年内按平均每一百名学生配齐一名专职政治工作干部。政治工作干部来源主要从高等学校优秀毕业生中选留，所需增加的编制列入各主管部门编制计划以内。③

1965年，在进行了一定时间的试点之后，教育部制定了《关于政治辅导员工作条例》，该条例以法规的形式对辅导员的地位、作用、来源以及学生工作的系列问题等做了较为详细的规定。根据《条例》的相关要求，各高校结合本校的实际情况普遍建立了高校辅导员制度，《关于政治辅导员工作条例》的颁布标志着高校辅导员制度的正式确立。④

---

① 《"双肩挑"政治辅导员制度的建立》，清华大学档案馆官网（https://dag.tsinghua.edu.cn/info/1066/2766.htm）。

② 陈正芬：《中国高校辅导员制度研究》，中国社会科学出版社2018年版，第86页。

③ 何东昌主编：《中华人民共和国重要教育文献（1949—1975）》，海南出版社1998年版，第1286—1287页。

④ 陈正芬：《中国高校辅导员制度研究》，中国社会科学出版社2018年版，第86页。

三 停滞低潮阶段

"文化大革命"使中国辅导员制度的建设遭到严重破坏。在这十年期间,党和国家有关高校辅导员的制度建设近乎停摆。在林彪、江青反革命集团的操纵下,执行了极"左"的路线。政治工作队伍被工人宣传队、解放军宣传队取代,实行所谓的工、农、兵上大学、管理大学、改造大学。大批高校政工干部包括政治辅导员工作受到严重影响,不但破坏了高校思想政治教育工作的优良传统,而且完全否定了高校思想政治工作的作用,高校辅导员制度也被全面否定。① 总体而言,这十年之中,中国高校辅导员制度历经波折。

四 恢复发展阶段

1977年,中国恢复了统一的高考制度。次年,高校辅导员制度也得到恢复。在这一时期,党和国家出台了系列重要文件,为后续辅导员制度的快速发展奠定坚实基础。

1978年10月,教育部《关于讨论和试行全国重点高等学校暂行工作条例(试行草案)的通知(节选)》中指出:"为了加强思想政治工作,在一、二年级设政治辅导员或者班主任,从专职的党政干部、政治理论课教师和其他青年教师中挑选有一定政治工作经验的人担任。政治辅导员都要既做学生思想政治工作,又要坚持业务学习,有条件的要坚持半脱产,担任一部分教学任务。政治辅导员可以适当轮换。"②

1980年4月29日,教育部与团中央共同颁布《关于加强高等学校学生思想政治工作的意见》,对辅导员的选聘、职责、培养、待遇等做了进一步的强调。《意见》指出:"各校要根据具体情况建立政治辅导员制度或班主任制度。政治辅导员和班主任应从政治、业务都好的毕业生中选留或从教师中选任。他们既要做学生思想政治工作,又要坚持业务学习,有的还要担负一部分教学任务。学校领导要从政治上和业务上关心他们

---

① 陈正芬:《中国高校辅导员制度研究》,中国社会科学出版社2018年版,第87—88页。
② 《加强和改进大学生思想政治教育重要文献选编(1978—2014)》,知识产权出版社2015年版,第3页。

的成长，帮助他们落实政治学习和业务进修计划。兼职政工干部做思想政治工作的好坏，应该作为考核、提职提级的重要条件之一。各校可根据情况，建立一支相对稳定的政工干部队伍，以利积累经验，改进工作；有的兼职政工干部，可依照本人的情况，工作几年以后进行轮换，并给予半年、一年或一年以上的脱产进修时间。"① "高等学校的学生政治工作干部，既是党的政治工作队伍的一部分，又是师资队伍的一部分，担负着全面培养学生的重要任务。他们和教学人员一样，都是办好高等学校不可缺少的重要力量。"② "在一般情况下，政工人员的物质待遇应不低于同时期毕业的教学人员的水平。对于有专业知识并担任一定教学任务的政工干部，应与专业教师同样评定职称。对于不担任教学工作的专职政工干部，可以按照本人的条件，评为处级、科级，享受同级干部的工资福利待遇。"③

1984年11月，中共中央宣传部、教育部发布《关于加强高等学校思想政治工作队伍建设的意见》，针对当时"普遍存在的骨干老化、后继乏人的情况，很不适应新的历史时期高等学校思想政治工作的需要"的实际问题，从六大方面提出了加强队伍建设的意见，具体包括："一、高等学校的思想政治工作队伍必须实行专职和兼职相结合；二、对专职思想政治工作人员政治素质和知识水平的基本要求；三、思想政治工作人员的来源和发展方向；四、专职思想政治工作人员的培训；五、思想政治工作人员的待遇；六、要大力表彰优秀的高校思想政治工作人员，增强他们从事思想政治工作的责任感和荣誉感。"④

1986年5月，中共中央、国务院批转《国家教委关于加强高等学校思想政治工作的决定》，对思想政治工作队伍的建设意义予以特别强调："建设一支精干有力的思想政治工作队伍，是做好高等学校思想政治工作

---

① 《加强和改进大学生思想政治教育重要文献选编（1978—2014）》，知识产权出版社2015年版，第6—7页。
② 《加强和改进大学生思想政治教育重要文献选编（1978—2014）》，知识产权出版社2015年版，第2页。
③ 《加强和改进大学生思想政治教育重要文献选编（1978—2014）》，知识产权出版社2015年版，第7页。
④ 《加强和改进大学生思想政治教育重要文献选编（1978—2014）》，知识产权出版社2015年版，第36—37页。

的组织保证。建国以来，高等学校曾经建立了一支比较坚强的思想政治工作队伍，对培养上百万有社会主义觉悟的专门人才做出了重大贡献。党的十一届三中全会以后，许多思想政治工作干部坚守岗位，辛勤工作，任劳任怨，做了许多有益的工作。但是，目前这支队伍存在着数量不足、思想不稳、后继乏人的情况，思想和业务水平也不能适应形势发展的需要，已经严重地影响了高等学校的思想政治工作的正常开展，必须下决心尽快加强思想政治工作队伍的建设。"①

1987年5月，中共中央发布《关于改进和加强高等学校思想政治工作的决定》，这是这个时期思想政治工作领域的最高层级政策文件。文件在开篇强调，在新形势下，高等学校必须把改进和加强思想政治工作作为自己的重要任务。文件从六个方面做出系统、全面的规定和部署。"一、进一步明确办学指导思想，坚持高等教育的社会主义方向；二、努力改进学校思想政治工作的内容、形式和方法；三、加强教职工队伍的思想建设，大力提倡教书育人、服务育人；四、建设一支坚强的马克思主义理论队伍和思想政治工作队伍；五、提高高等学校领导班子的思想政治水平，加强和改善对思想政治工作的领导；六、全党全社会都应关心青年学生的健康成长。"②

1990年，中共中央发布《关于加强高等学校党的建设的通知》，从编制定额上做出规定，提出"从当前的实际情况出发，专职党务工作人员和思想政治工作人员的编制定额，一般应占全校师生员工总数的百分之一左右"③。

2000年，教育部党组颁布《关于进一步加强高等学校学生思想政治工作队伍建设的若干意见》，文件首次提出，"有条件的高等学校可以根据工作需要和选留人员的条件，在本校推荐免试研究生的计划中划出一定的名额，用于选留作学生政治辅导员的人员，这些人员取得攻读硕士

---

① 《加强和改进大学生思想政治教育重要文献选编（1978—2014）》，知识产权出版社2015年版，第51页。

② 《加强和改进大学生思想政治教育重要文献选编（1978—2014）》，知识产权出版社2015年版，第70—74页。

③ 《加强和改进大学生思想政治教育重要文献选编（1978—2014）》，知识产权出版社2015年版，第102页。

学位研究生资格后，工作 2 年再读研究生"①。该政策也被称为"2+2 辅导员"，可让学生 2 年时间内专职从事辅导员工作，之后再继续攻读研究生，这样能够保证工作的投入和专注，有利于保障工作质量和扩充辅导员队伍。

五 着力加强阶段

对这一时期党和国家出台的相关文件梳理可见，这一阶段的政策导向一方面体现了更加精准的管理，另一方面是对高校辅导员制度建设进行了专业化与职业化方面的引导与探索。

2004 年，中共中央、国务院发布《关于进一步加强和改进大学生思想政治教育的意见》，该文件是这个阶段的纲领性文件。从加强和改进大学生思想政治教育是一项重大而紧迫的战略任务；加强和改进大学生思想政治教育的指导思想和基本原则；加强和改进大学生思想政治教育的主要任务；充分发挥课堂教学在大学生思想政治教育中的主导作用；努力拓展新形势下大学生思想政治教育的有效途径；充分发挥党团组织在大学生思想政治教育中的重要作用；大力加强大学生思想政治教育工作队伍建设；努力营造大学生思想政治教育工作的良好社会环境；切实加强对大学生思想政治教育工作的领导等九大方面提出意见。②

2005 年，教育部发布《关于加强高等学校辅导员班主任队伍建设的意见》首次明确"专职辅导员总体上按 1∶200 的比例配备，保证每个院（系）的每个年级都有一定数量的专职辅导员。同时，每个班级要配备一名兼职班主任"③。

2006 年，《普通高等学校辅导员队伍建设规定》（中华人民共和国教育部令第 24 号）④ 明确提出，高等学校应当把辅导员队伍建设作为

---

① 《加强和改进大学生思想政治教育重要文献选编（1978—2014）》，知识产权出版社 2015 年版，第 210—212 页。
② 《加强和改进大学生思想政治教育重要文献选编（1978—2014）》，知识产权出版社 2015 年版，第 265—270 页。
③ 《加强和改进大学生思想政治教育重要文献选编（1978—2014）》，知识产权出版社 2015 年版，第 283 页。
④ 《加强和改进大学生思想政治教育重要文献选编（1978—2014）》，知识产权出版社 2015 年版，第 344—346 页。

教师队伍和管理队伍建设的重要内容。文件进一步对辅导员的地位与作用、工作角色、工作职责、工作要求以及辅导员的配备与选拔、培养与发展等做了明确的规定。《规定》的颁布对高校辅导员职业化、专业化建设具有里程碑的意义，使中国高校辅导员制度建设提升到了一个新的水平。

2006年，教育部制定了《2006—2010年普通高等学校辅导员培训计划》，系统提出了高校辅导员的培训思路。该计划提出的培训目标为："以教育部举办的全国辅导员骨干示范培训为龙头，以辅导员培训和研修基地举办的培训为重点，以高校举办的系统培训为主体，与学习考察、学位进修、科学研究、研讨交流等多种形式相结合，构建分层次、多形式的培训体系。逐步建立辅导员持证上岗制度，2006年起参加工作的专职辅导员必须取得高等学校辅导员培训证书方能上岗。到2010年，完成辅导员的轮训工作，使辅导员队伍整体素质有明显提高，培养和造就1000名在思想政治教育方面有一定国内影响的专家。"[①]

六　充实完善阶段

党的十八大以来，尤其是全国高校思想政治工作会议召开以来，学校思想政治工作守正创新，陆续出台了一系列辅导员相关政策，辅导员队伍建设成效显著，高校辅导员队伍建设进入全新的发展阶段。

2013年，教育部发布《普通高等学校辅导员培训规划（2013—2017年）》，从指导思想、主要任务、培训内容、保障措施等方面对高校辅导员的培训做了具体规定，提出了"到2017年，基本形成适应高等教育发展需要、符合辅导员成长成才规律、规范科学的培训机制，基本构建起内容完善、形式多样、科学合理的培训体系，为全面提高辅导员队伍服务高等教育质量提升和高校学生全面发展的能力奠定坚实基础"，"国家、省级、高校三级辅导员培训有序开展，国家级骨干示范培训5年达到1万人次，省级培训5年内实现轮训一遍，校级培训实现全员化、全覆盖要

[①]《加强和改进大学生思想政治教育重要文献选编（1978—2014）》，知识产权出版社2015年版，第347—349页。

求"等主要目标。①

2014年,教育部首次制定《高等学校辅导员职业能力标准(暂行)》,对高校辅导员职业概况、基本要求和各级能力标准进行了规范与要求,首次构建高校辅导员队伍初级、中级、高级三级能力标准体系,是体现高校辅导员专业化、职业化的代表性政策。文件要求"要紧密结合实际,抓紧制订贯彻落实《能力标准》的具体措施,及时调整和完善高校辅导员培养培训方案、工作职能设置、考评考核指标等,努力将高校辅导员队伍建设提升到新水平"②。

2017年,教育部修订出台了《普通高等学校辅导员队伍建设规定》(中华人民共和国教育部令第43号)。从高校辅导员队伍的要求与职责、配备与选聘、发展与培训、管理与考核等各个方面进行了规定,该规定强调"高等学校要坚持把立德树人作为中心环节,把辅导员队伍建设作为教师队伍和管理队伍建设的重要内容,整体规划、统筹安排,不断提高队伍的专业水平和职业能力,保证辅导员工作有条件、干事有平台、待遇有保障、发展有空间"③。该建设规定一直沿用至今,是当前指导辅导员队伍建设的核心政策文件。

2017年,中共中央、国务院印发了《关于加强和改进新形势下高校思想政治工作的意见》。《意见》分为七个部分:重要意义和总体要求;强化思想理论教育和价值引领;发挥哲学社会科学育人功能;加强对课堂教学和各类思想文化阵地的建设管理;加强教师队伍和专门力量建设;推进高校思想政治工作改革创新;加强和改善党对高校的领导。《意见》指出,加强和改进高校思想政治工作的基本原则是:(1)坚持党对高校的领导。落实全面从严治党要求,把党的建设贯穿始终,着力解决突出问题,维护党中央权威、保证党的团结统一,牢牢掌握党对高校的领导权。(2)坚持社会主义办学方向。坚持马克思主义指导地位,坚持以人

---

① 《普通高等学校辅导员培训规划(2013—2017年)》,中华人民共和国教育部官网(http://www.moe.gov.cn/srcsite/A12/moe_1407/s3017/201305/t20130506_151815.htm)。

② 《加强和改进大学生思想政治教育重要文献选编(1978—2014)》,知识产权出版社2015年版,第660—668页。

③ 《教育部公布〈普通高等学校辅导员队伍建设规定〉(中华人民共和国教育部令第43号)》,中华人民共和国教育部官网(http://www.gov.cn/xinwen/2017—10/05/content_5229685.htm)。

民为中心的发展思想,更好为改革开放和社会主义现代化建设服务、为人民服务。(3)坚持全员全过程全方位育人。把思想价值引领贯穿教育教学全过程和各环节,形成教书育人、科研育人、实践育人、管理育人、服务育人、文化育人、组织育人长效机制。(4)坚持遵循教育规律、思想政治工作规律、学生成长规律。把握师生思想特点和发展需求,注重理论教育和实践活动相结合、普遍要求和分类指导相结合,提高工作科学化精细化水平。(5)坚持改革创新。推进理念思路、内容形式、方法手段创新,增强工作时代感和实效性。①《意见》作为这一时期的纲领性文件,进一步明确了高校思想政治工作主要目标和基本要求。

2017年12月,教育部印发《高校思想政治工作质量提升工程实施纲要》,推进形成"三全育人"格局,提出了十大育人体系。文件强调,"一体化构建内容完善、标准健全、运行科学、保障有力、成效显著的高校思想政治工作质量体系,形成全员全过程全方位育人格局","充分发挥课程、科研、实践、文化、网络、心理、管理、服务、资助、组织等方面工作的育人功能,挖掘育人要素,完善育人机制,优化评价激励,强化实施保障,切实构建'十大'育人体系"。②

2020年4月,教育部会同中组部、中宣部等其他七部门印发了《关于加快构建高校思想政治工作体系的意见》,③ 从构建理论武装、学科教学、日常教育、管理服务、安全稳定、队伍建设、评估督导七个体系入手,把立德树人融入思想道德、文化知识、社会实践教育各环节。

2021年7月,中共中央、国务院印发了《关于新时代加强和改进思想政治工作的意见》(以下简称《意见》),文件既总结了过去又谋划了未来,体现了中国共产党百年来开展思想政治工作的一系列科学性、规律性认识。《意见》包括总体要求、把思想政治工作作为治党治国的重要

---

① 《中共中央 国务院关于加强和改进新形势下高校思想政治工作的意见》,中华人民共和国中央人民政府官网(http://www.gov.cn/zhengce/2017—02/27/content_5182502.htm?from=timeline&isappinstalled=0)。

② 《高校思想政治工作质量提升工程实施纲要》,中华人民共和国教育部官网(http://www.moe.gov.cn/srcsite/A12/s7060/201712/t20171206_320698.html)。

③ 《教育部等八部门关于加快构建高校思想政治工作体系的意见》,中华人民共和国中央人民政府官网(http://www.gov.cn/zhengce/zhengceku/2020—05/15/content_5511831.htm)。

方式、深入开展思想政治教育、提升基层思想政治工作质量和水平、推动新时代思想政治工作守正创新发展、构建共同推进思想政治工作的大格局六个部分。《意见》指出,思想政治工作是党的优良传统、鲜明特色和突出政治优势,是一切工作的生命线。加强和改进思想政治工作,事关党的前途命运,事关国家长治久安,事关民族凝聚力和向心力。①

2022年10月,党的二十大报告对思想政治工作做出了新部署,强调要"用社会主义核心价值观铸魂育人,完善思想政治工作体系,推进大中小学思想政治教育一体化建设。坚持依法治国和以德治国相结合,把社会主义核心价值观融入法治建设、融入社会发展、融入日常生活"②。

随着外部环境、教育对象、方法手段的不断变化,思想政治工作展现了更加明确的发展方向,即更加注重新时代思想政治工作体系的完善。③ 在政策不断发展和方向指引下,高校辅导员在不断加强自身专业化、职业化的同时,需要更加注意加强与各育人体系的协同,主动作为、挺膺担当,用好政策工具,发挥育人合力,提升育人实效。

第二节　高校辅导员政策的实体性内容

高校辅导员政策的实体性内容主要指辅导员工作内涵和具体实践领域的有关政策内容,可从工作性质定位、工作职责、职业守则、工作保障等来确定辅导员工作的内涵、要求及边界。

一　高校辅导员的工作性质定位

在2006年教育部发布的《普通高等学校辅导员队伍建设规定》(中华人民共和国教育部令第24号)中明确指出:"辅导员是开展大学生思

---

① 《中共中央　国务院印发关于新时代加强和改进思想政治工作的意见》,中华人民共和国中央人民政府官网(http://www.gov.cn/zhengce/2021—07/12/content_ 5624392.htm)。

② 习近平:《高举中国特色社会主义伟大旗帜　为全面建设社会主义现代化国家而团结奋斗——在中国共产党第二十次全国代表大会上的报告》,人民出版社2022年版,第44页。

③ 冯刚、梁超锋:《完善新时代思想政治工作体系建构》,中国青年网(http://pinglun.youth.cn/ll/202212/t20221209_ 14184791.htm)。

想政治教育的骨干力量,是高校学生日常思想政治教育和管理工作的组织者、实施者和指导者。辅导员应当努力成为学生的人生导师和健康成长的知心朋友。"① 这一表述与 2017 年教育部发布的《普通高等学校辅导员队伍建设规定》(中华人民共和国教育部令第 43 号)中对辅导员队伍定位的表述基本一致,但对人生导师和知心朋友的表述有所变化。其表述为:"辅导员是开展大学生思想政治教育的骨干力量,是高等学校学生日常思想政治教育和管理工作的组织者、实施者、指导者。辅导员应当努力成为学生成长成才的人生导师和健康生活的知心朋友。"② 从以上文件可知,高校辅导员主要承担三种角色。

(一)学生日常思想政治教育和管理工作的组织者、实施者、指导者

组织、实施、指导的目标是:围绕学生、关照学生、服务学生,把握学生成长规律,不断提高学生思想水平、政治觉悟、道德品质、文化素养;引导学生正确认识世界和中国发展大势、正确认识中国特色和国际比较、正确认识时代责任和历史使命、正确认识远大抱负和脚踏实地,成为又红又专、德才兼备、全面发展的中国特色社会主义合格建设者和可靠接班人。

要将组织、实施、指导落实好,必须坚持以下六个基本原则:一是坚持教书与育人相结合。坚持育人为本、德育为先,把人才培养作为根本任务,把思想政治教育摆在首要位置。二是坚持教育与自我教育相结合。既要充分发挥学校教师、党团组织的教育引导作用,又要充分调动大学生的积极性和主动性,引导他们自我教育、自我管理、自我服务。三是坚持政治理论教育与社会实践相结合。既重视课堂教育,又注重引导大学生深入社会、了解社会、服务社会。四是坚持解决思想问题与解决实际问题相结合。既讲道理又办实事,既以理服人又以情感人,增强思想政治教育的实际效果。五是坚持教育与管理相结合。把思想政治教育融于学校管理之中,建立长效工作机制,使自律与他

---

① 《加强和改进大学生思想政治教育重要文献选编(1978—2014)》,知识产权出版社 2015 年版,第 344—346 页。

② 《教育部公布〈普通高等学校辅导员队伍建设规定〉(中华人民共和国教育部令第 43 号)》,中华人民共和国教育部官网(http://www.gov.cn/xinwen/2017—10/05/content_ 5229685.htm)。

律、激励与约束有机地结合起来，有效地引导大学生的思想和行为。六是坚持继承优良传统与改进创新相结合。在继承党的思想政治工作优良传统的基础上，积极探索新形势下大学生思想政治教育的新途径、新办法，努力体现时代性，把握规律性，富于创造性，增强实效性。①

（二）学生成长成才的人生导师

一个好的启蒙老师有可能决定学生的性格、学生的生活方式和习惯，甚至决定了学生的人生态度和人生走向。在大学之中，学生初入大学到毕业离校，一路伴随其成长的人就是辅导员。辅导员通过工作、生活的息息相伴，一言一行都会对学生产生潜移默化的影响。在处于人生成长关键期的大学生面前，辅导员见证和陪伴着他们的每一步发展，辅导员以自己"过来人"的阅历和智慧，为他们指点迷津，引领他们找寻人生成长的方向。

"人生导师"这一角色对于辅导员自身提出了很高的要求。从实际情况看，高校不少辅导员也刚刚从校园毕业，从学生身份转化为辅导员身份。因此，在面对"人生导师"这样的角色时，辅导员自身要有强烈的"本领恐慌"意识，要通过不断学习和向高年资辅导员讨教，通过理论的深入学习涵养自我，通过反复的磨炼提升自我，令自身具备过硬的思想政治素养，具备良好的谈心谈话技巧，具备专业的职业规划技能，具备豁达的心理境界，从而切实担当好学生的"人生导师"角色。

（三）学生健康生活的知心朋友

在这个角色中，关键词一是健康生活，二是知心朋友。在开展学生工作的过程中，辅导员一要保持良好的学习、工作、生活状态，在确保自身身心健康的同时加强心理健康专业知识学习，捕捉学生在学校日常生活学习中的小信号，帮助和引导学生正确看待心理问题，合理疏解负面情绪和想法，保持积极健康的生活态度。二要发挥辅导员经常接触学生、了解学生的优势，当好学生的知心人、倾听者、陪伴者，做到以教

---

① 《加强和改进大学生思想政治教育重要文献选编（1978—2014）》，知识产权出版社2015年版，第265—270页。

育的方式关照生命，当好学生健康生活的知心朋友。

现实中的高校辅导员要面对来自方方面面的工作，是一个"角色集"①，可以说是"上面千根线，下面一根针"，工作极为繁杂。需要辅导员自身做好自我定位、自我调节、自我认知，善于适应多重角色，拓展"一体多面"的内涵，进行"一专多能"的专业素质拓展，对自身工作形成角色认同，找到内在价值，从而提升思想政治教育的针对性，增强工作的实效性。

二　高校辅导员的工作职责

根据《普通高等学校辅导员队伍建设规定》（中华人民共和国教育部令第43号），辅导员主要承担九项工作职责。②

（一）思想理论教育和价值引领

引导学生深入学习习近平总书记系列重要讲话精神和治国理政新理念新思想新战略，深入开展中国特色社会主义、中国梦宣传教育和社会主义核心价值观教育，帮助学生不断坚定中国特色社会主义道路自信、理论自信、制度自信、文化自信，牢固树立正确的世界观、人生观、价值观。掌握学生思想行为特点及思想政治状况，有针对性地帮助学生处理好思想认识、价值取向、学习生活、择业交友等方面的具体问题。

（二）党团和班级建设

开展学生骨干的遴选、培养、激励工作，开展学生入党积极分子培养教育工作，开展学生党员发展和教育管理服务工作，指导学生党支部和班团组织建设。

（三）学风建设

熟悉了解学生所学专业的基本情况，激发学生学习兴趣，引导学生养成良好的学习习惯，掌握正确的学习方法。指导学生开展课外科技学术实践活动，营造浓厚学习氛围。

---

① 钟一彪：《高校辅导员工作的价值实现》，《高校辅导员》2014年第1期。
② 《教育部公布〈普通高等学校辅导员队伍建设规定〉（中华人民共和国教育部令第43号）》，中华人民共和国教育部官网（http：//www.gov.cn/xinwen/2017—10/05/content_ 5229685.htm）。

（四）学生日常事务管理

开展入学教育、毕业生教育及相关管理和服务工作。组织开展学生军事训练。组织评选各类奖学金、助学金。指导学生办理助学贷款。组织学生开展勤工俭学活动，做好学生困难帮扶。为学生提供生活指导，促进学生和谐相处、互帮互助。

（五）心理健康教育与咨询工作

协助学校心理健康教育机构开展心理健康教育，对学生心理问题进行初步排查和疏导，组织开展心理健康知识普及宣传活动，培育学生理性平和、乐观向上的健康心态。

（六）网络思想政治教育

运用新媒体新技术，推动思想政治工作传统优势与信息技术高度融合。构建网络思想政治教育重要阵地，积极传播先进文化。加强学生网络素养教育，积极培养校园好网民，引导学生创作网络文化作品，弘扬主旋律，传播正能量。创新工作路径，加强与学生的网上互动交流，运用网络新媒体对学生开展思想引领、学习指导、生活辅导、心理咨询等。

（七）校园危机事件应对

组织开展基本安全教育。参与学校、院（系）危机事件工作预案制定和执行。对校园危机事件进行初步处理，稳定局面控制事态发展，及时掌握危机事件信息并按程序上报。参与危机事件后期应对及总结研究分析。

（八）职业规划与就业创业指导

为学生提供科学的职业生涯规划和就业指导以及相关服务，帮助学生树立正确的就业观念，引导学生到基层、到西部、到祖国最需要的地方建功立业。

（九）理论和实践研究

努力学习思想政治教育的基本理论和相关学科知识，参加相关学科领域学术交流活动，参与校内外思想政治教育课题或项目研究。

以上九项职责，在《高等学校辅导员职业能力标准（暂行）》（教思政〔2014〕2号）中，根据工作年限的不同和职业层级的不同，还有不同的具体表述（见表6—1）。①《高等学校辅导员职业能力标准（暂行）》作为一个导向型标准，将辅导员职业能力划分为三个等级，能帮助广大辅导员根据自身的工作年限，更清晰地对照自己当前所处的职业发展阶段和应具备的职业能力，从而明确自身职业发展努力方向和目标，按照人才发展规律循序渐进地进步提升。

表6—1　《高等学校辅导员职业能力标准（暂行）》中辅导员职责具体表述

职业功能	初级辅导员工作内容（工作年限为1—3年）	中级辅导员工作内容（工作年限为4—8年）	高级辅导员工作内容（工作年限为8年以上）
一 思想政治教育	（一）熟悉学生家庭情况、个人特长等基本信息，掌握学生思想特点、动态及思想政治状况 （二）深入开展中国特色社会主义、中国梦宣传教育和社会主义核心价值观教育，帮助学生树立正确的世界观、人生观、价值观，确立在中国共产党领导下走中国特色社会主义道路、实现中华民族伟大复兴的共同理想和坚定信念 （三）有针对性地帮助大学生处理好学习成才、择业交友、健康生活等方面的具体问题	（一）组织、协调班主任、思想政治理论课教师和组织员等共同做好经常性的思想政治教育工作 （二）参与思想道德修养、形势与政策教育等课程教学 （三）为学生在理想、信念等方面遇到的深层次思想问题提供有针对性的教育咨询	（一）主动思考研究，掌握思想政治教育的重点和一般规律，提高学生思想政治教育针对性和实效性 （二）开展工作调查研究，调整工作思路和方法 （三）研究把握思想政治教育规律性、前沿性问题，成为思想政治教育专家*

---

① 《加强和改进大学生思想政治教育重要文献选编（1978—2014）》，知识产权出版社2015年版，第660—668页。

续表

职业功能	初级辅导员工作内容 （工作年限为1—3年）	中级辅导员工作内容 （工作年限为4—8年）	高级辅导员工作内容 （工作年限为8年以上）
二 党团和班级建设	（一）做好学生骨干的遴选、培养、激励工作 （二）做好学生入党积极分子培养教育工作 （三）做好学生党员发展和教育管理服务工作 （四）指导学生党支部和班团组织建设	（一）开展党员教育管理服务工作 （二）指导学生党支部和班团组织开展主题党、团日等活动 （三）参与学生业余党校、团校建设，讲授党课、团课	深入研究高校党建的规律性前沿性问题，成为党建专家*
三 学业指导	（一）了解学生所学专业的基本情况，组织开展专业教育 （二）培养学生学习兴趣，指导学生养成良好学习习惯，规范学生学习方式行为 （三）组织开展学风建设，营造浓厚学习氛围	（一）帮助学习困难学生适应大学学习生活，激发学习兴趣，掌握科学的学习方法 （二）研究分析学生学习状态和学习成绩变化，并针对性地开展分类指导 （三）指导学生开展课外科技学术实践活动 （四）指导学生考研、出国留学等学习事务	（一）组织学生参与专业课教师的实验或研究项目，培养学生学术爱好和研究能力 （二）深入研究学生学习能力、创新能力形成规律，培养学生创新思维和创造性人格 （三）研究完善学生综合评价体系，研究健全创新人才培养机制
四 日常事务管理	（一）开展新生入学教育 （二）做好毕业生离校教育、管理和服务工作 （三）组织好学生军训工作 （四）有效开展助、贷、勤、减、补工作，落实好家庭经济困难学生的资助工作	（一）违法违纪学生的教育处理 （二）能熟练把握学生情感、人际交往、财经、法律等方面事务，科学咨询指导的政策、方法和技巧	积极创新学生事务管理的理念和方法，总结凝练工作经验，深入研究把握学生事务管理的规律，成为学生事务管理专家*

续表

职业功能	初级辅导员工作内容（工作年限为1—3年）	中级辅导员工作内容（工作年限为4—8年）	高级辅导员工作内容（工作年限为8年以上）
四 日常事务管理	（五）做好学生奖励评优和奖学金评审工作 （六）为学生的日常事务提供基本咨询，进行生活指导 （七）指导学生开展宿舍文化建设，促进学生和谐相处、互帮互助		
五 心理健康教育与咨询	（一）协助学校心理健康教育机构开展心理筛查 （二）对学生进行初步心理问题排查和疏导 （三）组织开展心理健康教育宣传活动	（一）心理问题严重程度的识别与严重个案的转介 （二）心理测验的实施 （三）有效开展学生心理疏导工作 （四）初步开展心理危机的识别与干预 （五）相对系统地组织开展心理健康教育活动	总结凝练实践工作经验，深入研究把握心理健康教育的规律，成为心理健康教育专家*
六 网络思想政治教育	（一）构建网络思想政治教育重要阵地，有效传播先进文化、弘扬主旋律 （二）拓展工作途径，加强与学生的网上互动交流，运用网络平台为学生提供学习、生活、就业心理咨询等服务 （三）及时了解网络舆情信息，密切关注学生的网络动态，敏锐把握一些苗头性、倾向性、群体性问题	（一）综合利用传统、网络媒体，统筹协调网上、网下工作 （二）引导学生在网上自我教育、自我管理和自我服务，教育学生在网上自我约束、自我保护 （三）围绕学生关注的重点、热点和难点问题，进行有效舆论引导；丰富网上宣传内容，把握网络舆论的话语权和主导权	熟练应用现代信息技术，结合丰富的网络思想政治教育工作经验，深入研究把握网络传播的规律、研判网上学生思想动态，成为网络思想政治教育专家*

续表

职业功能	初级辅导员工作内容（工作年限为1—3年）	中级辅导员工作内容（工作年限为4—8年）	高级辅导员工作内容（工作年限为8年以上）
七 危机事件应对	（一）对危机事件作初步处理，努力稳定并控制局面 （二）了解事件相关信息并及时逐级上报 （三）组织基本安全教育并建立基层应急队伍	（一）指导初级辅导员对危机事件作初步处理，稳定并控制局面 （二）对事件相关信息做好全面汇总和准确分析并及时与有关部门沟通 （三）对事件发展及其影响进行持续关注与跟踪 （四）组织安全教育课程学习	（一）对危机事件进行分类分级，并做出预判 （二）协调相关部门妥善处理危机事件，稳定工作局面 （三）总结经验，对工作进行改进，完善预警和应对机制 （四）总结凝练实践工作经验，深入研究把握危机事件应对的规律，成为校园公共危机管理专家*
八 职业规划与就业指导	（一）为学生提供高效优质的就业指导和信息服务 （二）帮助学生树立正确的就业观念，引导毕业生到基层、到西部、到祖国最需要的地方建功立业	（一）帮助学生正确分析自己的职业倾向 （二）开展职业生涯规划活动，帮助学生树立正确的职业观、择业观、创业观、成才观，尽快适应社会、融入社会	总结凝练实际工作经验，深入研究把握职业生涯规划与就业指导工作的规律，能为学生开展基本的创业指导，成为职业规划与就业指导专家*
九 理论和实践研究	（一）攻读并获得思想政治教育、教育学、管理学等相关专业学位；参加校内相关学科领域学术交流活动 （二）参与校内外思想政治教育课题或项目研究	（一）攻读获得思想政治教育、教育学、管理学等相关专业博士学位；参加国内学术交流活动 （二）主持或参与校级及以上思想政治教育课题或项目研究，形成具有针对性和实效性的研究成果	（一）参加国际交流、考察和进修深造 （二）主持省部级以上思想政治教育课题或项目研究；形成具有影响力和推广价值的研究成果

注：标*项为专家职能，高级辅导员须至少符合一项标*项。

三 高校辅导员的职业守则

根据《高等学校辅导员职业能力标准（暂行）》（教思政〔2014〕2号），高校辅导员需遵守五大职业守则。

（一）爱国守法

热爱祖国，热爱人民，拥护中国共产党的领导，拥护中国特色社会主义制度。遵守宪法和法律法规，贯彻党的教育方针，依法履行教育职责，维护校园和谐稳定。不得有损害党和国家利益以及不利于学生健康成长的言行。

（二）敬业爱生

热爱党的教育事业，树立崇高职业理想，以献身教育事业、引领学生思想和服务学生成长为己任。真心关爱学生，严格要求学生，公正对待学生。不得损害学生和学校的合法权益。在职责范围内，不得拒绝学生的合理要求。

（三）育人为本

把握思想政治教育规律和大学生成长规律，引导学生树立正确的世界观、人生观和价值观。增强学生社会责任感、创新精神和实践能力。尊重学生独立人格和个人隐私，保护学生自尊心、自信心和进取心，促进学生全面发展，努力培养社会主义合格建设者和可靠接班人。

（四）终身学习

坚持终身学习，勇于开拓创新，主动学习思想政治教育理论、方法及相关学科知识，积极开展理论研究和实践探索，参与社会实践和挂职锻炼，不断拓展工作视野，努力提高职业素养和职业能力。

（五）为人师表

学为人师，行为世范。模范遵守社会公德，引领社会风尚，以高尚品行和人格魅力教育感染学生。不得有损害职业声誉的行为。

四 高校辅导员的工作保障

从政策供给上看，高校辅导员的工作保障政策不断完善、覆盖更加全面、保障更加有力，体现了党中央对辅导员队伍的高度重视和亲切关怀。

(一) 建立保障框架

在 2004 年中共中央、国务院《关于进一步加强和改进大学生思想政治教育的意见》(中发〔2004〕16 号)中强调,"辅导员、班主任工作在大学生思想政治教育第一线,任务繁重,责任重大,学校要从政治上、工作上、生活上关心他们,在政策和待遇方面给予适当倾斜"[1]。

在 2005 年教育部发布的《关于加强高等学校辅导员班主任队伍建设的意见》中,明确提出切实为辅导员、班主任工作和发展提供政策保障,涵盖了辅导员的教师层面发展、干部层面发展、工作信息提供、评优奖励、队伍管理、工作待遇、培训进修研究等多个领域,建立起必要的保障框架,具体内容为以下几方面。[2]

1. 制定促进辅导员、班主任工作和发展的政策,是加强辅导员、班主任队伍建设的保障

要切实解决好辅导员评聘教师职务问题,根据辅导员岗位职责要求,进一步完善相应的专业技术职务评聘标准。各地教育部门和高等学校要按学校教师职务岗位职数的适当比例评聘专职辅导员的教师职务。各省(自治区、直辖市)和有条件的高等学校应成立专门的评审组织,评审中要充分考虑辅导员工作的特点,注重考核其思想政治教育工作的实绩,特别是在关键时刻的表现。兼职班主任在晋升专业职务时,要充分考虑其担任班主任的工作经历和业绩。专任教师晋升高一级教师职务时,原则上要有担任班主任等学生教育管理工作的经历。

2. 要统筹规划专职辅导员的发展

鼓励和支持一批骨干攻读相关学位和业务进修,向职业化、专家化方向发展。要把专职辅导员队伍作为党政后备干部培养和选拔的重要来源,根据工作需要,向校内管理工作岗位输送或向地方组织部门推荐。高校选拔党政领导干部,要重视专职辅导员的经历。根据本人的条件和志向,也可向教学、科研工作岗位输送。

---

[1] 《加强和改进大学生思想政治教育重要文献选编 (1978—2014)》,知识产权出版社 2015 年版,第 265—270 页。

[2] 《加强和改进大学生思想政治教育重要文献选编 (1978—2014)》,知识产权出版社 2015 年版,第 284 页。

3. 要创造条件为辅导员、班主任获取工作信息和资料提供方便

通过多种渠道,帮助辅导员、班主任了解国际国内形势、党和国家的方针政策以及各地和高等学校有关工作的好经验、好做法,及时向他们通报学校改革发展的情况。

4. 要完善辅导员、班主任评优奖励制度

各地教育部门和高等学校要将优秀辅导员、班主任表彰奖励纳入各级教师、教育工作者表彰奖励体系中,按一定比例评选,统一表彰。要树立一批辅导员、班主任先进典型,宣传他们的先进事迹,充分肯定辅导员、班主任在大学生思想政治教育中的贡献。

5. 要加强对辅导员、班主任队伍的管理

制定高等学校辅导员、班主任工作条例,进一步明确其工作职责和工作要求。要完善辅导员、班主任的考核制度,定期对辅导员、班主任进行工作考核。考核结果要与职务聘任、奖惩、晋级等挂钩。对工作不称职的要进行批评教育,仍无改进的应调离工作岗位。在事关政治原则、政治立场和政治方向问题上不能与党中央保持一致的,不得从事辅导员、班主任工作。

6. 要为辅导员、班主任队伍建设创造必要条件

高等学校要根据实际,将辅导员、班主任的岗位津贴等纳入学校内部分配体系统筹考虑,确保辅导员、班主任的实际收入与本校专任教师的平均收入水平相当。专职辅导员在职攻读学位和国内外业务进修,应纳入学校教师培训计划,享受学校有关鼓励政策。要创造条件鼓励并支持辅导员、班主任结合大学生思想政治教育的工作实践开展科学研究,不断探索和创新大学生思想政治教育的思路和办法。

(二) 深化保障内容

党的十八大以来,高校思想政治工作队伍建设进入了新的阶段。2017年教育部发布的《普通高等学校辅导员队伍建设规定》(中华人民共和国教育部令第43号),在辅导员工作条件、干事平台、待遇保障、发展空间上进一步深化,该文件中有关"保障"的制度内容包括以下几方面。①

---

① 《教育部公布〈普通高等学校辅导员队伍建设规定〉(中华人民共和国教育部令第43号)》,中华人民共和国教育部官网(http://www.gov.cn/xinwen/2017—10/05/content_ 5229685.htm)。

在第一章"总则"中指出,高等学校要坚持把立德树人作为中心环节,把辅导员队伍建设作为教师队伍和管理队伍建设的重要内容,整体规划、统筹安排,不断提高队伍的专业水平和职业能力,保证辅导员工作有条件、干事有平台、待遇有保障、发展有空间。

在第三章"配备与选聘"中指出,专职辅导员是指在院(系)专职从事大学生日常思想政治教育工作的人员,包括院(系)党委(党总支)副书记、学工组长、团委(团总支)书记等专职工作人员,具有教师和管理人员双重身份。高等学校应参照专任教师聘任的待遇和保障,与专职辅导员建立人事聘用关系。

在第四章"发展与培训"中指出,高等学校应当制定专门办法和激励保障机制,落实专职辅导员职务职级"双线"晋升要求,推动辅导员队伍专业化职业化建设。高等学校要鼓励辅导员在做好工作的基础上攻读相关专业学位,承担思想政治理论课等相关课程的教学工作,为辅导员提升专业水平和科研能力提供条件保障。高等学校要积极为辅导员的工作和生活创造便利条件,应根据辅导员的工作特点,在岗位津贴、办公条件、通讯经费等方面制定相关政策,为辅导员的工作和生活提供必要保障。

(三)持续加强队伍建设

梳理教育部官网公开的近四年教育部思想政治工作司年度工作要点可看出,教育部负责高校辅导员的司局每年都将加强高校辅导员的队伍建设作为一项重要工作来重点谋划、重点推进,涵盖了高校辅导员的标准设置、评先评优、专项培训、学历提升等方面,每年提法有所侧重,不断持续深化。

在2020年工作要点中,提出"持续加强高校辅导员队伍建设"。要求动员广大辅导员投身疫情防控一线,全面提升素质能力。建好辅导员队伍管理网络系统,精准掌握辅导员配备情况。对落实专职辅导员岗位配备不达标的省市和高校重点督导、挂牌督办,切实突破制约辅导员队伍建设的瓶颈问题。建立完善高校专职辅导员职业发展体系和专职辅导员管理岗位(职员等级)晋升制度,明确辅导员岗位晋升的条件、标准、名称和晋升的办法,不断提升辅导员的地位待遇和职业获得感。推进完善辅导员职业荣誉体系,形成"最美辅导员""辅导员年度人物"等梯次结构。继续实施"高校思想政治工作中青年骨干队伍建设项目",着力培育一批领军人才和中青年骨干。推进"国企骨干担任校外辅导员"工作。紧密围绕"三辅三主六导四员"分层分类要求,制定直属高校辅导员全覆盖培训规划,着力增强辅导员的"脚力、眼力、脑力、笔力"。优化高校思想政治工作队伍国内外访学研修、国家示范培训等专项计划,优化完善辅导员专业学位攻读计划,建立形成完整教育培养体系。大力加强民办高校、高职院校辅导员培训力度。办好第八届全国高校辅导员素质能力大赛。①

在2021年工作要点中,提出"加快配齐高校专职工作队伍"。要求推动高校将党务工作和思想政治工作队伍纳入学校人才工作总体规划,完善选拔、培养、激励等机制。推动高校严格落实"每个院(系)至少配备1至2名专职组织员"的要求。专项督促整改未按标准设置专职辅导员岗位,或用劳务派遣、人事代理等方式聘用辅导员的高校。会同人力资源和社会保障部有关司局制定高校专职辅导员职业发展体系和管理岗位(职员等级)晋升制度,明确相关条件、标准、办法等。②

在2022年工作要点中,提出"促进骨干队伍建设提质增效"。要求专项督促未按标准设置专职辅导员岗位或用劳务派遣、人事代理等方式聘用辅导员的高校做好整改。开展"最美高校辅导员"推选展示活动。举办全国高校思想政治工作骨干示范培训班。实施"全国高校辅导员能力提升导航计划",强化基础性建设、提升性扶持和示范性激励。继续实施高校思想政治工作中青年骨干队伍建设项目、高校网络教育名师培育支持计划、辅导员专业学位攻读计划。办好第九届全国高校辅导员素质能力大赛。③

在2023年工作要点中,专门对"加强一线工作队伍建设"进行阐述。要求强化政策保障,健全完善辅导员素质能力标准,建立更加突出

---

① 《教育部思想政治工作司2020年工作要点》,中华人民共和国教育部官网(http://www.moe.gov.cn/s78/A12/gongzuo/yaodian/202004/t20200408_441319.html)。
② 《教育部思想政治工作司2021年工作要点》,中华人民共和国教育部官网(http://www.moe.gov.cn/s78/A12/gongzuo/yaodian/202103/t20210317_520288.html)。
③ 《教育部思想政治工作司2022年工作要点》,中华人民共和国教育部官网(http://www.moe.gov.cn/s78/A12/gongzuo/yaodian/202203/t20220303_604031.html)。

工作实绩的考核评价体系，探索构建符合辅导员队伍特点的职业发展体系和岗位晋升制度。研制高校辅导员队伍培训规划，加强示范培训、专题培训、全覆盖培训。继续开展"最美高校辅导员"推选展示，实施高校思想政治工作中青年骨干队伍建设项目、高校网络教育名师培育支持计划、思政骨干专业学位攻读计划。[1]

第三节 高校辅导员政策的程序性内容

高校辅导员政策的程序性内容是指辅导员工作中所需要遵守的程序规范，从配备、选拔进行源头把关，从发展、培训开展人才培养，从管理、考核抓好队伍建设，从而建立和完善辅导员工作的基本操作程序，在政策框架内促进提升辅导员的综合素质，促进辅导员的职业发展。

一 高校辅导员的配备

（一）配备要求

根据《普通高等学校辅导员队伍建设规定》（中华人民共和国教育部令第43号）第六条，高等学校应当按总体上师生比不低于1∶200的比例设置专职辅导员岗位，按照专兼结合、以专为主的原则，足额配备到位。[2] 专职辅导员是指在院（系）专职从事大学生日常思想政治教育工作的人员，包括院（系）党委（党总支）副书记、学工组长、团委（团总支）书记等专职工作人员，具有教师和管理人员双重身份。高等学校应参照专任教师聘任的待遇和保障，与专职辅导员建立人事聘用关系。高等学校可以从优秀专任教师、管理人员、研究生中选聘一定数量兼职辅导员。兼职辅导员工作量按专职辅导员工作量的1/3核定。

（二）配备变化

关于辅导员数量配备的要求，根据国家有关政策规定，是一个不断

---

[1]《教育部思想政治工作司2023年工作要点》，中华人民共和国教育部官网（http://www.moe.gov.cn/s78/A12/gongzuo/yaodian/202302/t20230221_1046541.html）。

[2]《教育部公布〈普通高等学校辅导员队伍建设规定〉（中华人民共和国教育部令第43号）》，中华人民共和国教育部官网（http://www.gov.cn/xinwen/2017—10/05/content_5229685.htm）。

变化的过程。1964 年,《关于加强高等学校政治工作和建设政治工作机构试点问题的报告》中提出"建议二、三年内配齐班级的专职政治工作干部,其编制为平均每一百个学生至少配备一人。干部来源,主要从高等学校毕业生中间选留解决"①。1995 年,国家教育委员会颁布试行的《中国普通高等学校德育大纲》中规定,"学生专职政工人员是指专职从事学生思想政治教育的人员,包括学校分管德育工作的党委副书记(可兼副校长)、学生工作部(处)、团委中从事学生思想教育的人员、系党总支副书记(可兼副系主任)、团总支书记、辅导员(或年级主任)以及专职从事思想政治教育的其他人员等。与学生人数的比例大体掌握在 1∶120—1∶150。规模较小的学校应视情况酌情提高比例"②。2006 年,《普通高等学校辅导员队伍建设规定》(中华人民共和国教育部令第 24 号)中提出按师生比 1∶200 配备专职辅导员。2017 年,《普通高等学校辅导员队伍建设规定》(中华人民共和国教育部令第 43 号)沿用 1∶200 的规定。在实际工作中,高校通过专职辅导员和兼职辅导员相结合的方式来推进按比例配备辅导员,这需要高校的高度重视和实质推进。有的高校通过增加专职辅导员招聘人数来扩充专职辅导员队伍,有的高校推动青年教师担任专职辅导员,有的高校鼓励高年级学生担任兼职辅导员。高校按比例配备辅导员经历了一个发展过程。2022 年 3 月 17 日,教育部举行新闻发布会,介绍三年来贯彻落实学校思想政治理论课教师座谈会精神工作进展成效。教育部思想政治工作司副司长张文斌在会上介绍,教育部多次对辅导员队伍配备未达标的省份和部属高校进行"一对一"专项督办。截至 2022 年 3 月,全国高校专兼职辅导员达 24.08 万人,比 2019 年增加了约 5.2 万人,师生比实现从 1∶205 到 1∶171 配置,31 个省(区、市)辅导员配备实现整体达标。③

---

① 《中华人民共和国教育大事记 1949—1982》,教育科学出版社 1984 年版,第 362 页。
② 《加强和改进大学生思想政治教育重要文献选编(1978—2014)》,知识产权出版社 2015 年版,第 154—159 页。
③ 《贯彻落实学校思政课教师座谈会精神 加快构建高校思想政治工作体系》,中华人民共和国教育部官网(http://www.moe.gov.cn/fbh/live/2022/54301/sfcl/202203/t20220317_608130.html)。

二 高校辅导员的选拔

（一）选拔条件

2006年，《普通高等学校辅导员队伍建设规定》（中华人民共和国教育部令第24号）对辅导员选聘提出了需坚持三大标准：一是政治强、业务精、纪律严、作风正；二是具备本科以上学历，德才兼备，乐于奉献，潜心教书育人，热爱大学生思想政治教育事业；三是具有相关的学科专业背景，具备较强的组织管理能力和语言、文字表达能力，接受过系统的上岗培训并取得合格证书。①

2017年，《普通高等学校辅导员队伍建设规定》（中华人民共和国教育部令第43号）将辅导员选聘调整为辅导员应当符合五大基本条件：（1）具有较高的政治素质和坚定的理想信念，坚决贯彻执行党的基本路线和各项方针政策，有较强的政治敏锐性和政治辨别力；（2）具备本科以上学历，热爱大学生思想政治教育事业，甘于奉献，潜心育人，具有强烈的事业心和责任感；（3）具有从事思想政治教育工作相关学科的宽口径知识储备，掌握思想政治教育工作相关学科的基本原理和基础知识，掌握思想政治教育专业基本理论、知识和方法，掌握马克思主义中国化相关理论和知识，掌握大学生思想政治教育工作实务相关知识，掌握有关法律法规知识；（4）具备较强的组织管理能力和语言、文字表达能力，及教育引导能力、调查研究能力，具备开展思想理论教育和价值引领工作的能力；（5）具有较强的纪律观念和规矩意识，遵纪守法，为人正直，作风正派，廉洁自律。②

通过文件比较可以看出，新版本的《普通高等学校辅导员队伍建设规定》对选聘辅导员的要求进行了深化。一是政治要求上更加鲜明，进一步明确"政治强"的内涵和要求；二是专业要求上更加具体，对"具有相关的学科专业背景"进行了进一步明确，对具备的能力要求进行了

---

① 《加强和改进大学生思想政治教育重要文献选编（1978—2014）》，知识产权出版社2015年版，第344—346页。

② 《教育部公布〈普通高等学校辅导员队伍建设规定〉（中华人民共和国教育部令第43号）》，中华人民共和国教育部官网（http://www.gov.cn/xinwen/2017-10/05/content_5229685.htm）。

延伸，从原有的"具备较强的组织管理能力和语言、文字表达能力"（行政管理岗位普适性要求），增加了"教育引导能力、调查研究能力，具备开展思想理论教育和价值引领工作的能力"（辅导员岗位个性化要求）。

值得注意的是，新版本的《普通高等学校辅导员队伍建设规定》对选聘高校辅导员的学历要求仍然与2006年文件保持一致，即"具备本科以上学历"。近年来，中国不断扩大高层次人才自主培养的规模。根据教育部2022年9月新闻发布会的信息，十年来高等教育规模在不断扩大，高等教育学校3012所，在学总规模4430万人，十年增加1100余万人，毛入学率57.8%，十年提高27.8个百分点，翻了近一倍。高层次创新人才自主培养能力显著提升。2021年全国共有在学研究生333.2万人，比2012年增加了近一倍，其中，在学博士研究生50.9万人；"双一流"建设高校在学研究生195.4万人，占全国58.7%。① 在此背景下，我国高校辅导员选聘的可选人才层次也逐渐提高。经对教育部公布的第一轮"双一流"建设高校（共42所）近3年的高校辅导员招聘公告进行梳理，除2所高校未能检索到公开招聘信息外，7所高校将招聘高校辅导员的学历条件定为：博士研究生；32所高校将招聘条件定为：具有硕士及以上学位；1所高校因招收少数民族专职辅导员，将招聘条件定为：学士。结合辅导员岗位主要需要面向学生，做好管理与服务工作，"具有主要学生骨干经历""在校期间担任学生干部""有学生工作经历""在高等教育阶段具有学生干部、兼职辅导员等经历"等描述也成为大多数高校的招聘要求或者是优先条件，在42所第一轮"双一流"建设高校的招聘公告中，有23所高校在招聘公告中有所体现。

（二）选拔程序

根据2017年《普通高等学校辅导员队伍建设规定》（中华人民共和国教育部令第43号），辅导员选聘工作要在高等学校党委统一领导下进行，由学生工作部门、组织、人事、纪检等相关部门共同组织开展。根据辅导员基本条件要求和实际岗位需要，确定具体选拔条件，通过组织推荐和公开招聘相结合的方式，经过笔试、面试、公示等相关程序进行

---

① 《数说"教育这十年"》，中华人民共和国教育部官网（http://www.moe.gov.cn/fbh/live/2022/54875/sfcl/202209/t20220927_665124.html）。

选拔。选拔程序是严格的规范流程，2017 年规定的相关表述与 2006 年版本基本一致。在实际操作中，大部分高校采用公开对外招聘形式来选拔辅导员。高校内部也会面向现有职员在校内公开招聘辅导员。

三 高校辅导员的发展与培训

从现有的政策供给上看，高校辅导员的发展与培训受到高度重视，有成体系的政策规定，且方向明确，旨在推动辅导员队伍专业化与职业化建设。

（一）发展政策

2017 年的《普通高等学校辅导员队伍建设规定》（中华人民共和国教育部令第 43 号）强调："高等学校应当制定专门办法和激励保障机制，落实专职辅导员职务职级'双线'晋升要求，推动辅导员队伍专业化职业化建设。"[①] 这清晰指明了高校辅导员在干部身份层面的发展通道。

将新旧两版《普通高等学校辅导员队伍建设规定》做比较分析，还可看出以下几点。

一是在管理岗位等级确定上，教育部 43 号令提出，"高等学校应当制定辅导员管理岗位聘任办法，根据辅导员的任职年限及实际工作表现，确定相应级别的管理岗位等级"。这是推进辅导员职务职级"双线"晋升的重要举措，也令辅导员管理岗位聘任有据可依，能依规进行。

二是在辅导员专业技术职务（职称）评聘上，教育部 43 号令在同样强调侧重考察辅导员工作实绩基础上明确提出，"专职辅导员专业技术职务（职称）评聘应更加注重考察工作业绩和育人实效，单列计划、单设标准、单独评审"。这是对辅导员在教师身份层面的政策红利，也是重要的激励保障政策。

三是在辅导员系统培训上，教育部 43 号令强调，"辅导员培训应当纳入高等学校师资队伍和干部队伍培训整体规划。建立国家、省级和高等学校三级辅导员培训体系"。还进一步明确了高等学校的培训要求，"高等学校负责对本校辅导员的系统培训，确保每名专职辅导员每年参加

---

① 《教育部公布〈普通高等学校辅导员队伍建设规定〉（中华人民共和国教育部令第 43 号）》，中华人民共和国教育部官网（http://www.gov.cn/xinwen/2017—10/05/content_5229685.htm）。

不少于 16 个学时的校级培训，每 5 年参加 1 次国家级或省级培训"。可以看出，辅导员队伍培训得到高度重视，辅导员既是教师又是干部的双重身份也得到再次明确。

（二）培训政策

2013 年 5 月，教育部党组印发《普通高等学校辅导员培训规划（2013—2017 年）》，设定了具体的培训目标，即"到 2017 年，基本形成适应高等教育发展需要、符合辅导员成长成才规律、规范科学的培训机制，基本构建起内容完善、形式多样、科学合理的培训体系，为全面提高辅导员队伍服务高等教育质量提升和高校学生全面发展的能力奠定坚实基础"①。该规划还系统规定了建立健全多级培训网络、不断扩大培训覆盖面、加强基地建设和师资队伍建设、加强课程和教材建设、推动辅导员开展工作和学术研究、积极推进辅导员学历提升、强化实践教育、推进网络培训平台建设、组织海外考察培训等九项辅导员培训主要任务。

单从辅导员学历提升上，教育部就陆续推出了第二学士学位班、本科班、在职第二学士学位班、培养思政专业硕士研究生、辅导员在职攻读博士学位等多种政策，多措并举、多管齐下，政策着眼的学历层次也在不断提升。如 1984 年，教育部发布《关于在六所高等院校开办思想政治教育专业第二学士学位班的意见》，批准清华大学、北京钢铁学院、北京师范学院、大连工学院、西安交通大学、浙江大学首批进行试点。1984 年，6 所院校招生计划总数为 191 名。② 1984 年，教育部发布《关于在高等学校举办思想政治教育本科班的意见》，凡思想政治教育本科班毕业的学生，承认其大学本科毕业学历，符合《中华人民共和国学位条例》第四条及《中华人民共和国学位条例暂行实施办法》有关规定的，授予学士学位。③ 1986 年，国家教育委员会发布《关于试办思想政治教育专业在职第二学士学位班的意见》，于 1987 年，在清华大学、南开大学、

---

① 《普通高等学校辅导员培训规划（2013—2017 年）》，中华人民共和国教育部官网（http：//www. moe. gov. cn/srcsite/A12/moe_ 1407/s3017/201305/t20130506_ 151815. htm）。

② 《加强和改进大学生思想政治教育重要文献选编（1978—2014）》，知识产权出版社 2015 年版，第 25 页。

③ 《加强和改进大学生思想政治教育重要文献选编（1978—2014）》，知识产权出版社 2015 年版，第 26 页。

西安交通大学、复旦大学、华中师范大学首批试办在职第二学士学位班,计划招收学生150名。① 1987年,国家教育委员会印发《关于思想政治教育专业培养硕士研究生的实施意见》的通知,对大学本科毕业后从事思想政治工作五年以上、思想政治表现优秀、工作成绩突出的在职人员,可按有关规定由招生单位单独进行考试。② 2008年,为贯彻落实中共中央国务院《关于进一步加强和改进大学生思想政治教育的意见》(中发〔2004〕16号)精神,大力加强高校辅导员队伍建设,教育部启动高校辅导员在职攻读思想政治教育专业博士学位计划试点工作,由教育部高校辅导员培训和研修基地所在高校承担招生和培养工作。

从政策实施成效看,目前已建立相对完备的培训体系。2022年3月,教育部思想政治工作司副司长张文斌在教育部新闻发布会上介绍,这几年建立了部、省、校三级的辅导员培训研修体系,专门设置了党情国情社情的考察课程。另外,举办辅导员素质能力提升的示范培训班。从教育部层面举办全国性的示范培训班,省级层面举办本地区示范培训班,学校层面举办校级培训。从教育部层面,每年大概线上培训7万人,线下培训5000人左右。再加上各省和各校的培训,基本上做到了辅导员培训的全覆盖。在辅导员攻读学位方面,教育部每年有300个辅导员在职攻读博士学位的计划。在辅导员科研方面,也得到社会科学司的大力支持,在每年的人文社科项目,专设了一个辅导员专项,每年设立200余项高校辅导员研究课题。③

四 高校辅导员的管理与考核

(一)高校辅导员的管理

根据2017年《普通高等学校辅导员队伍建设规定》(中华人民共和

---

① 《加强和改进大学生思想政治教育重要文献选编(1978—2014)》,知识产权出版社2015年版,第60页。
② 《加强和改进大学生思想政治教育重要文献选编(1978—2014)》,知识产权出版社2015年版,第85—86页。
③ 《贯彻落实学校思政课教师座谈会精神 加快构建高校思想政治工作体系》,中华人民共和国教育部官网(http://www.moe.gov.cn/fbh/live/2022/54301/sfcl/202203/t20220317_608130.html)。

国教育部令第 43 号)① 第十七条:"高等学校辅导员实行学校和院(系)双重管理。学生工作部门牵头负责辅导员的培养、培训和考核等工作,同时要与院(系)党委(党总支)共同做好辅导员日常管理工作。院(系)党委(党总支)负责对辅导员进行直接领导和管理。"② 该规定重点理顺了高校辅导员的管理体制,解决了辅导员"归谁管、怎么管"的问题。各高校在此管理体制下制定了相应的辅导员管理办法。

(二) 高校辅导员的考核

根据 2017 年《普通高等学校辅导员队伍建设规定》(中华人民共和国教育部令第 43 号)第十八条:"高等学校要根据辅导员职业能力标准,制定辅导员工作考核的具体办法,健全辅导员队伍的考核评价体系。对辅导员的考核评价应由学生工作部门牵头,组织人事部门、院(系)党委(党总支)和学生共同参与。考核结果与辅导员的职务聘任、奖惩、晋级等挂钩。"③ 针对高校辅导员的考核,顶层制度设计主要确定了考核的机制和原则,具体如何实施是由高校具体落实,每个高校结合自身实际制定各自的考核评价体系。有研究指出,辅导员的工作对象是大学生,因此大学生应该作为辅导员的考核主体之一,这样才更能直观地对辅导员平时的工作开展情况进行评价。但实际上很少有学校让学生参与辅导员的考核评价工作,而且考核缺乏创新,辅导员真实的工作能力根本不能全面地反映出来。高校层面仍需加强对辅导员开展评价的科学性和全面性,突出实践业绩导向,切实引导和鼓励辅导员安心工作、真正关心关爱学生,督促和激励辅导员尽职尽责,在工作中更加投入,促进其专业发展。

(三) 高校辅导员的激励

根据 2017 年《普通高等学校辅导员队伍建设规定》(中华人民共和国教育部令第 43 号)第十九条:"教育部在全国教育系统先进集体和先进个人表彰中对高校优秀辅导员进行表彰。各地教育部门和高等学校要

---

① 《教育部公布〈普通高等学校辅导员队伍建设规定〉(中华人民共和国教育部令第 43 号)》,中华人民共和国教育部官网 (http://www.gov.cn/xinwen/2017—10/05/content_ 5229685.htm)。

② 《教育部公布〈普通高等学校辅导员队伍建设规定〉(中华人民共和国教育部令第 43 号)》,中华人民共和国教育部官网 (http://www.gov.cn/xinwen/2017—10/05/content_ 5229685.htm)。

③ 冯刚主编:《新时代高校辅导员培训教程》,人民出版社 2022 年版,第 407 页。

结合实际情况建立辅导员单独表彰体系并将优秀辅导员表彰奖励纳入各级教师、教育工作者表彰奖励体系中。"[①] 2022 年 3 月，教育部思想政治工作司副司长张文斌在教育部新闻发布会上介绍，这两年教育部一直通过选树先进典型，来带动全国辅导员潜心育人。连续组织开展全国高校辅导员素质能力大赛。教育部会同中宣部一起举办"最美高校辅导员"推选展示，已经开展了三年，先后评选了 30 位全国高校最美辅导员。教育部还推选了一批高校辅导员年度人物，涌现出一大批优秀辅导员的典型。教育部在中宣部的大力支持下，在央视等主流媒体和各种媒体上广泛宣传优秀辅导员的先进事迹和职业风貌，推动广大辅导员努力成为学生为学为事为人示范的"大先生"。[②] 总体上看，各项工作取得了比较好的成效。

总体而言，近年来，高校辅导员队伍建设得到党中央高度重视。辅导员队伍在感受关爱的同时应感到责任重大、使命光荣，应从自身出发，从实际出发，从工作出发，持之以恒、久久为功，以一体化、常态化和长效化协调推进思想政治工作，将政策效应扎实有力地转化为育人实效。

[①]《教育部公布〈普通高等学校辅导员队伍建设规定〉（中华人民共和国教育部令第 43 号）》，中华人民共和国教育部官网（http://www.gov.cn/xinwen/2017—10/05/content_5229685.htm）。

[②]《贯彻落实学校思政课教师座谈会精神 加快构建高校思想政治工作体系》，中华人民共和国教育部官网（http://www.moe.gov.cn/fbh/live/2022/54301/sfcl/202203/t20220317_608130.html）。

第七章

高校辅导员政策的运行机制

政策的运行机制是将决策付诸实施的过程，也是将政策目标转化为实际结果的必经阶段，[①] 包括政策执行各个阶段和各个环节运行的基本方式，涉及政策的构成、功能、各组成部分的相互关系等多方面的内容，内涵非常丰富。[②] 高校辅导员政策是从辅导员发展的现实需要、时代要求、国家发展及不同时代大学生成长成才的实际情况等方面出发，以推动辅导员职业化和专业化发展、提升高校育人实效、促进大学生成长为目的的一种制度设计，是反映高校辅导员制度变迁的重要客观凭证。

本章主要通过研究新民主主义革命时期、社会主义革命和建设时期、改革开放时期以及新时代等不同时期高校辅导员政策运行机制的历史轨迹和显著特点，理顺高校辅导员政策实施的组织架构、制度体系、运行机制，进而对政策运行机制的主体、层级、功能进行分析，归纳总结出高校辅导员政策运行机制的基本经验，提出新时代优化高校辅导员政策运行机制的路径，使之与立德树人的根本任务更为契合。

第一节 高校辅导员政策运行机制的历史特点

高校辅导员政策是具有中国特色的思想政治教育制度，是高校辅导员队伍建设的重要依据，推动着思想政治教育与管理工作的规范化、科

[①] 杨宏山编著：《公共政策学》，中国人民大学出版社2020年版，第108页。
[②] 关信平主编：《社会政策概论》，高等教育出版社2009年版，第103页。

学化、专业化。虽然学界普遍认为，1951年11月国家政务院批准的《关于全国工学院调整方案的报告》，标志着中国高校辅导员制度的正式建立。然而，其实早在新民主主义革命时期，中国共产党已经在军事学校、干部学校和正规高等学校中建立了思想政治工作制度，为中国高校辅导员政策的诞生打下了坚实基础。

一 萌芽阶段：始于军队、服务革命

新民主主义革命时期，中国共产党在高校中参考军队的管理方式设置政治辅导员或指导员专门从事思想政治工作，政治辅导员或指导员旨在为革命服务。① 在此期间制定和实施的思想政治工作相关制度，虽然在适用范围和规范主体上并不是真正意义上的高校辅导员政策，但是这些制度文件与高校辅导员政策的制定前提相同，实施目的和政策内容相似，并且为高校辅导员政策的建立和发展提供了宝贵经验，可以称其为高校辅导员政策的萌芽和雏形。

新民主主义革命时期，高校辅导员政策的发展历程可以划分为三个历史阶段：建党初期与大革命时期的播种阶段、土地革命战争时期和全民族抗日战争时期的萌芽阶段、解放战争时期的雏形阶段。②

（一）建党初期与大革命时期的播种阶段

关于辅导员制度的溯源研究，学界有一个共识：中国的高校辅导员制度萌芽于中国共产党在部队中的思想政治工作，最早可以追溯到第一次国共合作时期。

1924年6月，黄埔军校成立。黄埔军校根据"以俄为师"的办学方针，仿照苏联建立政治工作制度，制定《黄埔军校政治部服务细则》，设立负责对全校教职员和学生进行政治教育与宣传的政治部。"在对黄埔军校的现代化办学特征进行分析以后，我们认为那个时期的政治教育与军事教育相辅相行的制度可以视为中国高校辅导员工作的源起。"③

---

① 聂永江：《历史制度主义视域的高校辅导员制度变迁研究》，《黑龙江高教研究》2021年第7期。

② 侯凯升：《中国高校辅导员制度的发展历程及其经验启示》，《广东教育》2021年第10期。

③ 史仁民：《黄埔军校现代化办学特征探析》，《教育史研究》2013年第4期。

中国共产党党员周恩来、熊雄曾先后担任政治部主任，修订和完善黄埔军校的政治工作制度。黄埔军校政治工作制度是中国共产党首次参与制定的学校政治工作制度，这一制度为中国共产党在高校建立思想政治工作制度提供了参考和借鉴，为中国高校辅导员政策的诞生和发展播下了种子。同时，为了加强党对军队的领导，中国共产党还先后派遣了聂荣臻、恽代英等许多同志进入黄埔军校，担任政治教官，进行思想政治教育工作。

事实上，创办黄埔军校的主要目的就是要以学校里的学生为根本，成立革命军，而当时的政治工作制度正是为使革命军成为党军，吸取了苏联红军的政治工作经验而设立。由此可见，辅导员制度始于军队，服务于革命。

（二）土地革命战争时期和全民族抗日战争时期的萌芽阶段

南昌起义后，中国共产党领导的军队不断壮大，在这个时期，政治指导制度开始以条例的形式广泛而全面地存在于中国工农红军的建设工作中。1933年11月，中国共产党在江西瑞金创办中国工农红军大学，这是一所由中共中央直接领导的、致力于培养军事干部的专门学校。在这所在具有干部学校性质的大学中，中国共产党高度重视政治工作，设立政治部并将"着重阶级教育与党性的锻炼，以及国际主义的教育"[①]作为教育方针。这也标志着中国高校辅导员政策发展进入萌芽阶段。

中国工农红军大学随后又历经数次调整，先是随红军长征迁到瓦窑堡，并于1936年改称"抗日红军大学"；1937年迁至延安，改名为"中国人民抗日军事政治大学"（简称"抗大"）。"抗大"下设政治部，"政治部下设组织科、宣传科、训育科、秘书科"[②]，其中政治部的核心职责是面向"抗大"学生开展思想政治工作，政治部还给中队配备了政治指导员，有学者认为这就是中国高校辅导员的源起。为适应革命战争的需要，当时举办的大学组织机构都仿照部队编制，将学员编成若干大队，

[①]《老解放区教育资料（一）土地革命战争时期》，教育科学出版社1981年版，第188—189页。

[②]《老解放区教育资料（二）抗日战争时期》（上册），教育科学出版社1986年版，第254、328页。

大队下设若干支队，支队下设若干中队；政治部给大队配备政治委员，支队配备政治协理员，中队配备政治指导员；对学生的管理实行基层学员队（中队）的"政治指导员"制度。①

该时期政治指导员的主要任务就是协助学校领导对学员进行管理和教育，政治指导员是学校领导对学员开展教学和教育工作的得力助手。学员的学习、生活、健康以及思想动态都是政治指导员的工作范围，这已经具备了现代辅导员的部分职责。

（三）解放战争时期的雏形阶段

在长期的革命斗争中，中国共产党一贯重视青年学生、重视思想政治工作，积累了丰富的思想政治教育工作经验。到了解放战争时期，在中国共产党的领导下，高等学校逐步建立了正规教育制度，其中关于高校思想政治工作的简要规定，是中国高校辅导员政策的雏形。

中国共产党创办的高等教育是由干部教育发展而来的，并逐步向正规化的方向不断发展完善。例如，办学历史悠久、影响深远、极具代表性的华北联合大学与延安大学"在办学过程中干部教育与高等教育反复交替，体制变化各有五六次之多"②。解放战争时期，高等教育逐渐与干部教育相区别，成为正规的高等学校。1949年8月颁布的《关于整顿高等教育的决定》提出，"把高等教育和干部训练区别开来，使之成为正规的高等学校"和"建立正规的教育制度"，③并对高校思想政治工作做出简要规定，中国高校辅导员政策初现雏形。

二 建设阶段：建章立制、逐步完善

社会主义革命和建设时期，是指1949年10月至1978年12月党的十一届三中全会召开的一段历史时期。针对这一时期国家对建设社会主义人才的要求，在借鉴苏联经验和继承抗日军政大学政治辅导员制度的基础上，同时结合具体国情和高等教育发展状况，高校辅导员政策逐步建

---

① 刘艳：《高校辅导员工作制度的发展历程及经验总结》，《学校党建与思想教育》2008年第12期。
② 陈桂生：《中国革命根据地教育史（下）》，华东师范大学出版社2016年版，第254页。
③ 李才栋、谭佛佑、张如珍、李淑华主编：《中国教育管理制度史》，江西教育出版社1996年版，第747页。

立并日趋发展完善，可以划分为三个历史阶段：国民经济恢复和社会主义改造时期的建章立制、开始全面建设社会主义时期的进一步发展以及"文化大革命"时期的发展受挫。

（一）国民经济恢复和社会主义改造时期的建章立制

新中国成立后，中国共产党领导高等学校积极建立、实施和完善各项高校辅导员政策。1951年10月，教育部发布《关于加强对学校政治思想教育的领导》，要求各类学校加强思想政治工作。这一时期，高校思想政治工作主要围绕党的中心任务而展开，如组织师生参加"土改"、开展反封建教育等。

1951年11月30日，中央人民政府政务院第113次政务会议批准了教育部召集的全国工学院院长会议所通过的《关于全国工学院调整方案的报告》，该报告明确提出，在工学院中试行政治辅导员制度，并对政治辅导员的职责做出初步规定，即"主持政治学习思想改造"[①]。这是在中国共产党领导下，首次提出在高等学校建立辅导员制度，标志着真正意义上的中国高校辅导员政策体系开始逐步建立。

1952年，教育部在《关于在高等学校有重点地试行政治工作制度的指示》中明确规定，要在高校设立政治工作机构——政治辅导处；1953年，清华大学在全国率先建立政治辅导员制度，"选学习成绩优秀，觉悟较高的党团员担任辅导员"[②]，标志着中国高校辅导员制度新的发展——从完全政治化走向政治、业务"双肩挑"，既奠定了高校辅导员工作的基础，也对中国高校思想政治工作有深远的影响。

1956年，教育部制定了《关于政治辅导员工作条例》，对政治辅导员的地位、作用和学生工作等一系列问题做出了明确规定。至此，全国各类高校普遍建立了政治辅导员队伍，开启了高校辅导员队伍建设的大幕，也标志着高校辅导员政策已经形成初步体系。

（二）开始全面建设社会主义时期的进一步发展

进入全面建设社会主义时期，中国高校辅导员政策进一步发展，初

[①] 何东昌主编：《中华人民共和国重要教育文献（1949—1997）》，海南出版社1998年版，第131页。

[②] 《双肩挑——清华大学学生辅导员工作四十年的回顾与探索》，清华大学出版社1993年版。

步实现由局部实施向全国普及、由政策文件向法律法规、由兼职模式向专职与兼职结合模式的转变和发展。教育部配套文件相继发出，对高校政治辅导员工作机构设置、人员配备、选拔培养等各方面做出了更为细致的制度安排。

1961年9月批准实施的《教育部直属高等学校暂行工作条例（草案）》，首次提出为了加强思想政治工作，逐步培养和配备一批专职的政治辅导员，并明确规定将高等学校的某一固定年级作为政治辅导员的思想政治工作对象，专职辅导员、年级辅导员由此产生。这是中共中央文件第一次正式提出设置高校专职政治辅导员，既是高校思想政治工作方面的创举，也是高校政治辅导员职业化的开端。[①]

1964年6月发布的《关于加强高等学校政治工作和建立政治工作机构试点问题的报告》，提出在全国高等学校配备政治干部，这标志着高校辅导员政策开始由部分高校施行发展为全国高校普及，同时文件还对政治辅导员的编制问题做出明确规定，制度的可操作性显著增强。1965年8月出台的《高等学校学生班级政治辅导员工作条例（草案）》，进一步明确了政治辅导员的身份作用、选拔条件、能力素质、工作内容、工作方法等内容，标志着高校政治辅导员工作开始向专业迈进。同年出台的《中华人民共和国高等教育政治工作条例（草案）》，则标志着高校辅导员制度开始由政策文件向法律法规方向发展，中国高校辅导员政策的规范性显著提升。

（三）"文化大革命"时期的发展受挫

"文化大革命"时期，由于受到"左"倾错误思想的干扰，中国高等教育出现了脱离实际的问题，高校思想政治工作的发展遭遇挫折，高校辅导员工作和政策发展也陷入低谷。

这一时期在"以阶级斗争为纲"的社会大背景制约下，辅导员工作呈现出曲折发展的态势，辅导员工作受到很大冲击。大学生思想政治教育受到灾难性破坏，高校党组织被冲垮，思想政治工作机构和队伍瘫痪，辅导员队伍建设也受到了严重破坏。

[①] 任雅才：《新中国成立以来高校辅导员政策演进的历史、特征与趋势》，《中学政治教学参考》2021年第8期。

三　发展阶段：恢复健全、创新完善

直到改革开放之后，高校辅导员工作和政策才开始逐渐得以恢复和发展。改革开放和社会主义现代化建设新时期，在中国共产党领导下，将辅导员队伍专业化、职业化建设作为高校辅导员政策发展和完善的方向。在此期间，高校辅导员政策的发展历程可以划分为三个历史阶段：改革开放初期的恢复健全、改革开放和现代化建设新阶段的规范加强以及全面建设小康社会时期的创新完善。

（一）改革开放初期的恢复健全

1978年4月至6月，全国教育工作会议在北京召开，会议明确了恢复统一高考后学校教育工作的一系列方针、政策性问题，高校各级党组织陆续恢复，思想政治工作制度得到恢复和发展。[①] 1978年10月试行的《全国重点高等学校暂行工作条例》，提出重新采用专职与兼职相结合、辅导员服务指定年级的工作模式，在高等学校设置政治辅导员。这标志着中国高校辅导员制度重新得到恢复，重新以"兼职为主，专职为辅"的工作模式在高等学校设置政治辅导员。[②]

1980年3月，邓小平论及思想工作时指出，"清华大学的经验，应当引起全国注意"[③]。同年4月，教育部与团中央发出《关于加强高等学校学生思想政治工作的意见》，要求各校要根据具体情况建立政治辅导员或班主任制度，政治辅导员和班主任既要做思想政治工作，又要坚持业务学习，有的还要负担一部分教学任务，基本上恢复了"文化大革命"前辅导员队伍"双肩挑"的做法。

1981年7月发布的《高等学校学生思想政治工作暂行规定（征求意见稿）》重新对高校政治辅导员的岗位设置做出明确规定；1984年11月发布的《关于加强高等学校思想政治工作队伍建设的意见》对高校政治

---

① 刘艳：《高校辅导员工作制度的发展历程及经验总结》，《学校党建与思想教育》2008年第12期。

② 侯凯升：《中国高校辅导员制度的发展历程及其经验启示》，《广东教育》2021年第10期。

③ 徐京跃、张宗堂、吴晶、李江涛：《党中央关心清华大学发展纪事》，2011年4月26日，中国经济网（http://www.ce.cn/xwzx/gnsz/szyw/201104/26/t20110426_22384219.shtml）。

辅导员的职权职责、任职模式、基本要求、选拔方式、发展方向、薪资待遇做出了详细规定；1986年，原国家教委下发《选配品学兼优的应届毕业生充实高等学校思想政治教育工作队伍的通知》；1987年，中共中央颁发《关于改进和加强高等学校思想政治工作的决定》。

上述系列文件，不仅将辅导员队伍作为高校专职学生思想政治教育队伍的有机组成部分来建设，同时还明确了他们的身份、待遇，为辅导员的发展提供了政策保障，其详细程度和规范程度远超社会主义革命和建设时期的相关制度，更多地关注辅导员的培养和辅导员队伍的壮大。至此，中国高校辅导员政策完全恢复。

(二) 改革开放和现代化建设新阶段的规范加强

随着改革开放的不断推进，中国高校辅导员政策也持续规范加强，并赋予了辅导员在加强学生思想政治教育上的主导地位。

1993年2月发布的《中国教育改革和发展纲要》明确提出要建设好一支以精干的专职人员为骨干、专兼职结合的思想政治工作队伍，标志着辅导员任职模式开始由"兼职为主"向"专职为主"的方向发展。《纲要》还提出要重视学校德育即思想政治和品德教育工作，从这个时候开始，中国共产党对辅导员身份明显淡化了"政工干部"而强化了"德育队伍"的概念。[①]

1994年8月，中央召开第二次全国教育工作会议并印发《中共中央关于进一步加强和改进学校德育工作的若干意见》，进一步提出通过开展培训工作、建立表彰制度的方式提高思想政治工作队伍的整体素质，《意见》特别指出：经济越发展，越要加强学校的思想政治工作。

1995年11月，国家教委颁布的《中国普通高等学校德育大纲（试行）》提出要在加强高校辅导员队伍建设方面培养和造就一批思想政治教育的专家和教授。1999年，全国教育工作会议全面部署了深化教育改革、全面推进素质教育的工作，提出要关心和培养思想政治工作者，帮助他们提高政治素质和业务能力。以上这些会议决议或措施的出台都为下一阶段辅导员的专业化发展奠定了良好的基础。

---

① 史仁民、吕进、史东梁：《中国共产党领导下的高校辅导员制度的百年探索——基于历史制度主义的分析》，《高教探索》2022年第6期。

通过这些政策不难看出，国家对于辅导员在加强学生思想政治教育上的期许，并赋予了辅导员在加强学生思想政治教育上的主导地位。然而，此时大部分的辅导员都不是专职的，往往各自还兼任着其对应专业的教学任务或者其他岗位的工作任务，这使得大部分辅导员不能专注于加强学生思想政治教育的工作。

（三）全面建设小康社会时期的创新完善

在全面建设小康社会这一历史阶段，中国高校辅导员制度不断完善，高校辅导员的地位显著提升，作用显著增强，高校辅导员开始真正走向职业化、专业化。

2004年10月，教育部发布《关于进一步加强和改进大学生思想政治教育的意见》（又称"16号"文件），"16号文件"是党和国家的历史上首个以中共中央、国务院名义发布的关于大学生思想政治教育的文件，也是高校辅导员政策发展的纲领性文件，是辅导员发展历史上的一个里程碑。《意见》将"高校政治辅导员"改称"高校辅导员"，[①] 辅导员的职责范围扩大，由负责思想政治工作转变为负责思想政治教育、学生事务管理和学生发展指导。高校辅导员的地位被提升到前所未有的高度——大学生"思想政治教育的骨干力量"。

2005年1月颁布的《关于加强高等学校辅导员、班主任队伍建设的意见》，明确提出向职业化、专家化方向发展的高校辅导员队伍建设目标，并将高校辅导员攻读思想政治教育相关专业学位和进行业务进修作为职业化、专家化发展的主要路径，[②] 高校辅导员队伍专业化、职业化建设正式成为高校辅导员政策完善的目标。

2006年7月，教育部出台《普通高等学校辅导员队伍建设规定》，在明确高校辅导员角色定位的基础上，对高校辅导员的职权职责、配备数量、选聘方式、发展方向、管理方式、考核办法做出详细规定，标志着比较系统和完备的中国高校辅导员政策基本建立。《规定》还将开展思想

---

① 《加强和改进大学生思想政治教育重要文献选编（1978—2014）》，知识产权出版社2015年版，第268页。

② 何东昌主编：《中华人民共和国重要教育文献（2003—2008）》，海南出版社2010年版，第606页。

政治教育研究作为高校辅导员的重要职能,鼓励高校辅导员以自身的思想政治工作实践为基础进行学术研究,努力成为专职专家型辅导员,高校辅导员队伍的专业化水平逐渐提高。2012 年 2 月颁发的《全国大学生思想政治教育工作测评体系(试行)》,将高校辅导员的考核与晋升、薪资与待遇、培训与发展纳入思想政治教育工作测评体系,通过评价体系的鞭策推动高校辅导员的职业化、专业化发展。

四 新时代:职业化、专业化路径发展

党的十八大以来,中国进入中国特色社会主义新时代,高校辅导员发展也相应地进入了成熟和创新阶段。新时代赋予了高校辅导员全新的使命,这一阶段的高校辅导员政策基本成熟,主要以建立高校辅导员职业标准、深化高校辅导员专业发展以及完善高校辅导员晋升机制三个方面为重点,进一步推进高校辅导员政策的稳定运行和创新发展。

(一)建立高校辅导员职业标准

纵观中国高校辅导员政策的发展历史,1978 年的改革开放无疑是重要转折点。在此之前,高校辅导员工作主要依靠经验型角色行动,也就是说,辅导员并没有接受过系统的专业化训练,解决工作中的问题主要依靠经验的"知识"而非学理的知识。①

进入中国特色社会主义新时代阶段,在中国共产党的领导下,高校辅导员培训制度和职业标准体系相继建立,逐步形成了一套比较完整、比较系统的体系,中国高校辅导员政策运行基本成熟。2013 年 5 月发布的《普通高等学校辅导员培训规划(2013—2017 年)》是建党以来第一部比较系统和规范的高校辅导员培训制度。2014 年 3 月,教育部印发《高等学校辅导员职业能力标准(暂行)》,详细界定了辅导员的职业定义、等级分布、能力特征、基本要求和能力标准,对高校辅导员的在职培训、职业标准和人才培养工作提供了操作指南。

这些政策和举措让高校辅导员告别了懵懂模糊的经验时代,增强了辅导员职业的社会认同,强化了辅导员队伍建设的政策导向,充实与丰

---

① 田玉麒、薛洪生:《制度变迁的运作机制:基于历史制度主义的理论考察》,《黑龙江社会科学》2016 年第 4 期。

富了辅导员工作的专业内涵，规范了辅导员的工作领域，标志着高校辅导员职业标准的正式建立。

（二）深化高校辅导员专业发展

高校辅导员政策演进过程，昭示了专业化和职业化是辅导员队伍的发展大势。进入新时代以来，国内外形势风云变幻，大学校园管理与服务也面临着诸如学生思想立场不坚定、理想信念薄弱、学习压力过大、心理问题凸显等挑战，这就要求高校辅导员必须具备更强的专业能力、发挥更有效的作用。

党和国家特别重视高校辅导员的专业发展，适时调整了工作职责、身份界定、配备选聘、专业培训和发展通道等方面的内容，凸显与思想政治理论课教师同向同行，以求培养出更加符合新时代要求的高校辅导员。2017年9月，教育部修订《普通高等学校辅导员队伍建设规定》，明晰了辅导员的9项主要工作职责，在辅导员的工作要求、职责选聘、培训、管理等方面设置了更加标准和精细的规定，对于促进高校辅导员工作的专业化发展起到了不可估量的作用。《规定》对辅导员的角色定位已经从单纯的"政治辅导员"变为"一专多能"的专业化人才，保障了高校立德树人根本任务实现的路径选择。

深化高校辅导员的专业发展，从根本上说，就是要还原辅导员的教育性，高校辅导员政策的发展经历了从单纯政治化到政治化与专业化相结合的过程，实现了思想政治教育与专业教育的有效结合，应然地走向了以满足学生全面发展的育人需求。中国特色社会主义高等教育在逻辑上一以贯之地体现了中国共产党领导这一最本质特征和最大优势。[①]

（三）完善高校辅导员晋升机制

完善高校辅导员晋升机制是中国高校辅导员政策运行的重要保障。纵观中国高校辅导员政策的发展历史，设立晋升机制是任何一个时期高校辅导员政策正常运行的必要前提。

在2017年9月修订的《普通高等学校辅导员队伍建设规定》中，教育部对高校辅导员晋升机制和激励机制进一步完善和创新，提出"双线"

[①] 何英：《中国共产党领导高等教育的百年历史演进与实践经验》，《现代教育管理》2021年第7期。

晋升的新型晋升模式，创造性地提出建立辅导员单独表彰体系；而在2020年4月发布的《关于加快构建高校思想政治工作体系的意见》，更是明确提出了职级、职称"双线"晋升办法，高校辅导员晋升机制得到创新性发展。

所谓"双线"晋升，就是指高校辅导员兼具行政管理干部和高校教师的双重身份，在晋升时既可以作为行政管理干部晋升，又可以作为高校教师晋升。在"双线"晋升模式下，高校辅导员能够自由选择职业发展方向，从事行政工作或思想政治教育研究；能够自由选择职业晋升途径，晋升为更高级别的行政干部或是思想政治教育专业教师；能够自由选择重点学习的知识和重点提升的能力，学习管理学知识和提升行政管理能力、学习思想政治教育专业的理论知识和培养学术科研能力、学习思想政治理论课教学知识和提升思想政治理论课教学能力。这一晋升机制极大地调动了高校辅导员的积极性，为高校辅导员政策的运行发展提供了生机和活力。

第二节　高校辅导员政策运行机制的基本经验

回望中国高校辅导员政策的百年发展历程，其间既有累累硕果，亦有波澜曲折，对其发展运行的基本经验做好归纳总结，可为新时代构建更加科学长效、更加完善有力的高校辅导员政策提供有益启示。在本章节，我们通过对辅导员政策在不同阶段的特色提炼和问题剖析，以及对政策发展趋势的走向分析，得出以下四条关于高校辅导员政策运行机制的重要基本经验：始终牢牢掌握党对高校辅导员政策运行的领导权、积极推动高校辅导员政策运行机制的一体贯通、努力强化高校辅导员政策运行机制的工作合力以及不断与时俱进完善高校辅导员政策的运行机制。

一　始终牢牢掌握党对高校辅导员政策运行的领导权

中国特色社会主义最本质的特征是中国共产党领导，中国特色社会主义制度的最大优势是中国共产党领导。党政军民学，东西南北中，党是领导一切的,是最高政治领导力量。① 中国的高校辅导员政策是与中国社会主义制度下的高等教育的发展相适应的,是带有显著的社会主义特征的。因此,牢牢掌握党对高校辅导员政策运行的领导权是我国高校辅导员政策运行的根本原则。

（一）高校辅导员是具有中国特色的高等教育政治体现

中国高校辅导员政策是社会主义教育的历史产物,高校辅导员是具有中国特色的高等教育的独特政治体现。无论是萌芽时期的"政治指导员",还是1953年的"政治辅导员",以及后来的"思想政治辅导员"的全称,再到今天的"辅导员"简称,不难看出高校辅导员始终如一的鲜明政治属性。

高校辅导员的政策发展也与国家的政治、经济、文化的变化密切相关。延安时期,"抗大"在特殊的历史背景之下,坚定正确的政治方向,形成了以艰苦奋斗为政治本色的"抗大精神";新中国成立初期,国家要巩固新政权,特别强调政治工作,提出"思想政治工作是经济工作和其他一切工作的生命线"②,这是当时国内外环境的直接反映;20世纪80年代强调经济建设,政治相应弱化;20世纪90年代后期经济多样化导致了思想文化的多元化;进入新时代之后,党中央提出科学发展观,强调和谐与发展……高校辅导员政策的发展历程,也是中国共产党对高等教育事业的不断探索的过程,与国情、党情、社会发展以及高等教育发展需求相一致,体现着党在不同发展时期对高校辅导员的要求和期望。

（二）办好具有中国特色的高等教育必须坚持党的领导

习近平总书记指出,办好中国高等教育,必须坚持党的领导,牢牢掌握党对高校工作的领导权,使高校成为坚持党的领导的坚强阵地。这一点任何时候都不能有丝毫动摇。③ "高校是党领导下的高校,是中国特色社会主义高校。"④ 因此,坚持党的领导不仅是高等教育的根本遵循,也是高校辅导员队伍政策运行的根本原则。

---

① 习近平:《论坚持党对一切工作的领导》,中央文献出版社2019年版,第1页。
② 本书编写组:《中国共产党简史》,人民出版社、中共党史出版社2021年版,第229页。
③ 习近平:《论坚持党对一切工作的领导》,中央文献出版社2019年版,第162页。
④ 《习近平谈治国理政》（第二卷）,外文出版社2017年版,第377页。

从高校辅导员政策发展的历史进程来看，坚持党委领导、获得政策支持是高校辅导员政策得以稳定运行、最大限度发挥辅导员队伍功效的必然选择。"文化大革命"期间，出现"泛政治化"倾向，从而导致辅导员队伍建设遭遇挫折，这从反面证明了坚持党的领导的重要性。党的十一届三中全会之后，高校思想政治工作重新得到党和国家的重视，在实践中不断巩固党委统一领导、各部门齐抓共管的格局。高校辅导员队伍建设内容与措施的涵盖面更广、规范更加明确、针对性更强、支持力度更大，许许多多支持高校辅导员专业学习深造、参与培训研修、实践拓展、海（境）外交流等政策的陆续出台，直接推动了辅导员队伍的职业化和专业化发展。由此可见，坚持党的领导、获取政策支持，仍将是高校辅导员政策行稳致远的最可靠保障。

（三）开展思想政治教育是高校辅导员的首要职责

高校辅导员政策的发展深深根植于百年中国高等教育的发展之中，辅导员在促进学生德智体美劳全面发展方面发挥了关键作用。纵观中国高校辅导员政策的发展历史，高校辅导员始终是高校的思想政治工作者，加强高校思想政治工作和思想政治教育是建立中国高校辅导员政策的根本目的。因此，必须明确思想政治教育职责在高校辅导员工作职责中的首要地位，高校辅导员工作必须坚持以习近平新时代中国特色社会主义思想为指导，坚持正确的政治方向，为中国特色社会主义事业培养合格建设者和可靠接班人，必须把学生的思想政治教育放在首位。

作为高等教育育人体系中的重要骨干力量，"政治首位"是辅导员岗位属性的必然要求，中国高校辅导员工作内容不只是事务管理或心理咨询，思想引导与价值塑造是首要的，这就必然要求在辅导员选拔中坚持政治首要标准。[①] 在辅导员队伍建设初期，清华大学"双肩挑"政治辅导员制度中要求的"又红又专"选拔原则，就是这一标准的具体体现。而在新时期辅导员队伍建设中，"政治强、业务精、纪律严、作风正"这一提法不仅强调了高校辅导员队伍过硬的思想政治素质和核心工作能力，而且强调了政治能力与业务能力的结合，引导高校辅导员坚定政治立场、

---

① 彭庆红、耿平：《新中国成立70年来高校辅导员队伍建设的历史进程、总体趋势与经验启示》，《思想理论教育导刊》2019年第8期。

提高政治站位、提升政治素质。

二 积极推动高校辅导员政策运行机制的一体贯通

新中国成立后,我们党发挥作为执政党的优势,自上而下地调动各方面的力量和资源推行思想政治工作,初步建立了党政齐抓共管、各方面分工配合的思想政治教育工作体系。① 这种以国家为主导,注重顶层设计、一体贯通的运行机制,也成为中国高校辅导员政策的显著优势。

(一) 注重顶层设计、统筹谋划高校辅导员政策体系

中国高校辅导员队伍建设之所以能够快速发展,最重要的经验之一就是通过顶层设计来推进高校辅导员政策的实践创新。围绕"培养什么样的辅导员""如何培养辅导员"这一现实课题所进行的顶层设计,既明确了辅导员政策内在的价值属性,也形成了"自上而下"进行政策推进的鲜明特色。②

所谓顶层设计,指的是运用系统论的方法,从全局的角度,对某项任务或者某个项目的各方面、各层次、各要素统筹规划,以集中有效资源,高效快捷地实现目标。③ 各级党委、政府及高校围绕如何加强和改进辅导员队伍建设所进行的顶层设计,最直接的表现形式就是制定出台了一系列政策规定,形成了"自上而下"的渐进式推进辅导员队伍建设发展的鲜明特色。例如,在高校辅导员队伍建设开端时期,党和国家先后下发了《关于全国工学院调整方案的报告》(1951 年)、《中共中央关于在高等学校中批判资产阶级思想和清理"中层"的指示》(1952 年)和《关于在高等学校有重点的试行政治工作制度的指示》(1952 年)三个指导性文件,首次形成了高校辅导员队伍建设的顶层设计,这为各地各高校推进高校辅导员队伍建设提供了政策指导和明确要求。随后,各地各高校纷纷制定了辅导员队伍建设制度文

---

① 冯刚、张晓平、苏洁主编:《中国共产党高校思想政治教育发展史》,人民出版社 2021 年版,第 389 页。

② 刘宏达、潘开艳:《十年来我国高校辅导员制度的顶层设计及其实践创新》,《思想政治教育研究》2017 年第 1 期。

③ 刘松柏:《"顶层设计"的魅力和价值》,《经济日报》2011 年 6 月 22 日第 13 版。

件，设立政治辅导处，大力推进学校思想政治工作，使顶层设计很快就真正落地生效。

顶层设计指的并不是具体的设计原则和设计方案，而是在于对设计的全局观和系统观以及科学性的强调。顶层设计强调来自高端的总控全局的价值观和理念的主导，以及由此产生的针对改革攻坚的系统性和科学性的自上而下的总体设计。① 从高校内部来看，高校结合自身实际，深入贯彻落实上级文件所制定的辅导员相关文件政策，也是这所高校对辅导员队伍建设的顶层设计。这种以不同的形式、有效的制度和完善的机制科学开展高校辅导员队伍建设的政策运行机制，不仅符合中国高校辅导员政策顶层设计的实际需求，也更有利于加强辅导员工作目标的战略性定位、促进其功能作用的最大化发挥，最终促成思想政治教育工作现实问题的整体性解决。

（二）充分发挥高校党委及相关机构的主导作用

中国共产党向来高度重视教育行政部门及高校党委在思想政治教育中的主导作用，思想政治教育工作往往是由教育行政管理部门进行统一布置，高校党委及其相关组成机构负责具体实施，因此呈现出直接迅速、精准有力的特征。作为开展大学生思想政治教育工作的骨干队伍，高校辅导员是高校学生日常思想政治教育和管理工作的组织者、实施者、指导者，高校党委对于辅导员队伍建设负有主体责任，高校辅导员政策的执行和落实过程中必须充分发挥高校党委及相关机构的主导作用。

在地方党委和高校党委的集中统一领导下，中国高校辅导员队伍近年来的发展建设势头迅猛。2012 年以来，国家教育主管部门以及各省市和高校紧扣党和政府加强和改进高校思想政治工作的大局，从战略层面强化高校辅导员队伍建设。例如，连续制定《普通高等学校辅导员培训规划（2013—2017 年）》（2013 年）、《普通高等学校辅导员队伍建设规定》（2017 年）、《关于加强和改进新形势下高校思想政治工作的意见》（2017 年）等系列政策文件，强化了高校辅导员队伍建设的战略定位，促进了高校辅导员队伍建设的可持续发展，为高校辅导员队伍建设提供了

---

① 张岭泉：《论"顶层设计"的四个关键问题》，《人民论坛》2012 年第 20 期。

根本制度保障。

三 努力强化高校辅导员政策运行机制的工作合力

2004年，中共中央、国务院《关于进一步加强和改进大学生思想政治教育的意见》指出："要建立健全党委统一领导、党政群齐抓共管、有关部门各负其责、全社会大力支持的领导体制和工作机制，形成全党全社会共同关心支持大学生思想政治教育的强大合力。"[①] 作为大学生思想政治教育的重要环节，强化高校辅导员政策运行机制的工作合力，是高校辅导员政策运行的重要保障。

（一）坚持共同参与、齐抓共管的建设思路

高校辅导员政策要想落地落实落细，就必须坚持政策主体各方共同参与、齐抓共管的建设思路。一方面，要坚决落实党中央的决策部署，党和国家的决策部署是对辅导员队伍建设的顶层设计，是战略考虑和系统安排，需要各高校坚决贯彻落实执行。另一方面，高校内的组织部、人事部门、学生工作部门、纪检部门以及马克思主义学院等单位和院系也同样承担着确保高校辅导员政策有序运行的重要职责。

1980年，教育部、共青团中央发布的《关于加强高等学校学生思想政治工作的意见》中指出："学校党委要加强对学生思想政治工作，把它列入党委的重要议事日程。校系两级都要有一名副书记主管学生的思想政治工作；校党委可以根据实际情况，设立学生思想政治工作机构，如学生工作部或青年工作部。把行政、共青团、学生会、工会、教师各方面的力量统一组织起来，共同做好工作。"[②] 文件中关于学校和学院党委层面分别设立一名党委副书记主管学生思想政治工作的规定一直延续至今，并完善和巩固了高校学生思想政治教育工作在党委领导下，由党、政、工、团齐抓共管的模式。而在1987年发布的《关于加强研究生思想政治工作的几点意见》中更是明确规定："党委组织部、学生工作部和学

---

① 《加强和改进大学生思想政治教育重要文献选编（1978—2014）》，知识产权出版社2015年版，第269页。
② 《普通高校思想政治理论课文献选编（1949—2008）》，中国人民大学出版社2008年版，第345页。

校人事处是学校德育的管理部门。"① 在实践过程中，高校组织部和人事部门的主要职责是负责选拔和招募一支理论素质高、能力强、社会主义信念坚定的辅导员队伍；学生工作部门主要负责辅导员队伍的建设和培养工作，包括对于如何开展学生思想政治工作的指导，做好辅导员继续教育和培训培养的统筹安排等，是这支队伍的直接上级部门；纪检部门则需要通过营造清正廉洁的工作氛围来为这支队伍的建设和培养提供环境保障；学院层面，一方面高校的马克思主义学院需要负责辅导员队伍的思想政治理论专业培养，另一方面其他院系也需要做好各自院系辅导员队伍的日常管理和工作安排。

（二）整合协调、加强配合，形成校内育人合力

育人为本是教育的本质属性和价值追求，育人是一项涉及高校各方面、各层级工作的系统工程，而高校辅导员作为这个系统工程中的重要一员，不仅是高校育人体系中的关键力量，也是促进学生全面发展的中坚力量。在全员育人、全过程育人、全方位育人的高校思想政治教育格局中，高校辅导员队伍需要与其他思想政治工作相关队伍加强协调、紧密配合，才能切实发挥大学生思想政治教育骨干力量的作用。②

在全员育人、全过程育人、全方位育人的背景下，高校需要统筹协调各方力量形成育人合力，"一切为了学生"的办学理念为高校协同育人提供了共同的思想基础。辅导员对学生最熟悉、最了解，是家校协同育人的纽带，在教育对象全覆盖、内容全方位、影响全时空、陪伴全过程方面具有不可替代的独特优势，对学生思想和情感的影响也最大。但同时，这支队伍却存在人生阅历浅、育人理论弱、专业意识淡的素质短板和流动性较大带来的职业发展预期不稳定的缺憾。这就要求我们要加强对辅导员队伍与各方力量的统筹协调，构建一体化的育人机制，充分整合校内育人合力。例如，可以通过推进青年教师担任专职辅导员，辅导员担任思政理论课双聘教师或兼职教师等方式，加强辅导员队伍与其他

---

① 《加强和改进大学生思想政治教育重要文献选编（1978—2014）》，知识产权出版社 2015 年版，第 82 页。

② 彭庆红、耿平：《新中国成立 70 年来高校辅导员队伍建设的历史进程、总体趋势与经验启示》，《思想理论教育导刊》2019 年第 8 期。

育人队伍的协调联动和紧密配合,切实发挥大学生思想政治工作骨干的作用。①

习近平总书记在全国高校思想政治工作会议上强调指出:"整体推进高校党政干部和共青团干部、思想政治理论课教师和哲学社会科学课教师、辅导员班主任和心理咨询教师等队伍建设,保证这支队伍后继有人、源源不断。"② 从高校辅导员政策运行的角度出发,就是要做到辅导员队伍建设与其他思想政治工作队伍同步加强和形成合力。

四 不断与时俱进完善高校辅导员政策的运行机制

中国特色社会主义进入新时代以来,对时代新人的素质要求,尤其是对思想政治素质的要求比以往任何时候都要更高,这样一种新变化也对高校辅导员队伍建设提出了新要求。作为一种渐进式发展、螺旋式上升的政策体系,近年来,高校辅导员政策也顺应着新的发展要求,采取了新的实践举措,呈现出新的发展趋势。始终保持与时俱进、不断创新完善,是高校辅导员政策运行的内在要求。

(一) 在不断调整中丰富内涵

纵观中国高校辅导员政策的发展历程,传承与创新始终是高校辅导员队伍发展的基本动力。一方面,只有在传承中,高校辅导员政策才可以保持一定的稳定性,才能不断延续和积累成果。其中,在高校辅导员政策发展中传承的主要是根本原则、根本方向、基本制度、基本组织架构、长期有效的工作方式等优良传统。这些基本要素方面的中断、动摇或是简单地否定,必然带来辅导员队伍的挫折、损害。③ 例如,在"文化大革命"时期,由于思想政治教育被错误地引向了极端,政治辅导员制度发展遭受严重挫折。

另一方面,由于时代在变化、环境在改变,具体的工作任务也在不

---

① 刘洁予:《高校思想政治工作治理体系视域下的辅导员队伍建设研究》,《高校辅导员》2020年第6期。

② 《习近平在全国高校思想政治工作会议上强调 把思想政治工作贯穿教育教学全过程 开创我国高等教育事业新局面》,《人民日报》2016年12月9日第1版。

③ 彭庆红、耿平:《新中国成立70年来高校辅导员队伍建设的历史进程、总体趋势与经验启示》,《思想理论教育导刊》2019年第8期。

断更新，这就需要我们"因事而化、因时而进、因势而新"，只有通过与时俱进、改革创新，才能持续丰富和深入拓展高校辅导员政策的内涵。从发展历程上来看，中国高校辅导员政策始终跟随着党和国家在不同阶段的中心任务的发展变化而变化，反映着不同时期社会的时代背景。例如，在新民主主义革命时期，在军队、军事学校和干部学校中制定的思想政治工作制度，同样效仿了军队的管理模式，其主要目的是服务于革命。而在新中国成立初期，为保证能够迅速统一思想，中国共产党充分发挥了高校党委的主导作用，迅速在高校建立起思想政治教育的领导及运行体制，最大限度地运用好高校在学生动员上的优势。随着改革开放的到来，中国高校辅导员的队伍和制度得以恢复和重建，专业化和职业化的发展路径成为辅导员政策发展的新导向。

（二）在基层实践中推动创新

实践是检验真理的唯一标准，任何一项科学的政策都必须应用于实践并在实践中进行检验，中国高校辅导员政策也不例外。高校辅导员的工作是动态的，不是一成不变的，具有时代性、青年性、高效性、思想政治性等特点。如果说辅导员的相关制度和政策是顶层设计，那么在基层的实践中，各级党委、政府、高校和相关机构通过围绕辅导员队伍的专业化培养和职业化发展等方面的实践创新，则为高校辅导员政策的发展运行，提供了源源不断的动力。

一方面，辅导员的职业特性对其提出了专业化培养的要求。高校辅导员工作的本质就是服务，而服务对象就是高校学生，这项工作的涉及面广、专业性强，因此，加强辅导员的专业化培养是提升其素质能力的重要途径。目前，全国和各省级教育部门已经建设了一批辅导员培训和研修基地，合理规定岗前培训、日常培训和骨干培训等培训内容、工作量等，各高校也将辅导员的培训纳入专业教师培训体系，重点对辅导员加强思想政治教育、时事政策、管理学、教育学、社会学和心理学以及就业指导、学生事务管理等方面的学科专业培训。高校辅导员应该在全面了解学生各方面情况的基础上，选择适当时机，运用恰当方法为学生提供帮助，解决问题；应该紧跟时代步伐，创新观念，了解学生的需要；应该不断地自我学习，用新知识、新文化、新观念武装自己。

另一方面，辅导员的专业化培养也促进了其职业化发展的进程。"高校辅导员职业化是以提高辅导员思想政治教育的效果为目标,注重教育工作的专业性和科学性,强调职业角色的稳定性和长期性,逐步形成专门职业的发展过程。"① 当前,国内各高校日益重视建立健全辅导员各项管理制度,已经形成了较为完整的政策体系,辅导员队伍的晋升机制也得到了进一步的畅通,出现了越来越多的教授级、正处级辅导员。在社会层面,各个层级举办的辅导员职业能力大赛、辅导员年度人物评选层出不穷,也体现了社会对辅导员的专业认同和广泛认可。

第三节 新时代优化高校辅导员政策运行机制的路径

2017年10月18日,中国共产党第十九次全国代表大会在北京召开。党的十九大报告提出了中国发展新的历史方位——中国特色社会主义进入了新时代。新时代赋予高校辅导员新的使命和担当。高校的根本任务是立德树人,高校辅导员担负着培养学生成为德智体美劳全面发展的中国特色社会主义建设者和接班人的职责。② 新时代高校辅导员的工作面临着全新的机遇和挑战,为进一步优化高校辅导员政策运行机制,就必须牢牢树立"五育"并举的工作导向,全面构建"大思政"的工作格局,深化推进"三全育人"的工作体系以及积极建设"一站式"学生社区。

一 树立"五育"并举工作导向

"五育"并举这一理念最早由著名革命家、教育家和政治家蔡元培先生提出。1912年2月,蔡元培发表了著名的教育论文《对于新教育之意见》,根据当时我国教育现状和未来发展将会面临的时代要求,比较系统地提出了"五育并举"的思想:"军国民教育、实利主义教育、公民道德教育、世界观教育、美感教育皆近日之教育所不可偏废",简称为"五育

---

① 刘宏达、潘开艳:《十年来我国高校辅导员制度的顶层设计及其实践创新》,《思想政治教育研究》2017年第1期。
② 陈宝生:《认真学习贯彻全国教育大会精神 开启加快教育现代化、建设教育强国新征程》,《人民教育》2018年第19期。

并举"。① 这一理念是中国近代教育发展的重要代表,也是中国高等教育发展的"指南针"。

2018 年 9 月,习近平总书记在全国教育大会上强调:"在党的坚强领导下,全面贯彻党的教育方针,坚持马克思主义指导地位,坚持中国特色社会主义教育发展道路,坚持社会主义办学方向,立足基本国情,遵循教育规律,坚持改革创新,以凝聚人心、完善人格、开发人力、培育人才、造福人民为工作目标,培养德智体美劳全面发展的社会主义建设者和接班人,加快推进教育现代化、建设教育强国、办好人民满意的教育。"② 在深入贯彻习近平总书记重要讲话精神过程中,教育系统逐步形成"五育"并举提法,将其作为加快推进教育现代化、建设教育强国、办好人民满意的教育的重要指导理念,这也赋予了新时代高校辅导员新的使命和担当。

(一) 以德育为根本

德育,即思想政治与品德修养教育,是"五育"并举的首要与根本,是高校思想政治工作的中心环节,是落实立德树人根本任务的核心要素。德育的过程就是高校辅导员开展思想政治工作育人育才的过程,关系到高校培养什么样的人、怎样培养人以及为谁培养人这个根本问题。"充分发挥思想政治工作保证方向、提供动力、增强活力和凝聚力的作用,提高我国高等教育发展水平,增强国家核心竞争力。"③ 因此,从提高人才培养能力这一视角出发,德育的地位、作用和价值都非常突出,在中国高等教育事业发展中具有重要的"生命线"和"稳定器"功能。④

(二) 以智育为核心

智育,是智能教育的简称,是全面发展教育的重要组成部分,通常

---

① 孟瑀:《试论蔡元培的美学思想》,《宿州教育学院学报》2014 年第 2 期。
② 《习近平在全国教育大会上强调 坚持中国特色社会主义教育发展道路 培养德智体美劳全面发展的社会主义建设者和接班人》,《人民日报》2018 年 9 月 11 日第 1 版。
③ 郑永廷:《把高校思想政治工作贯穿教育教学全过程的若干思考——学习习近平总书记在全国高校思想政治工作会议上的讲话》,《思想理论教育》2017 年第 1 期。
④ 韩君华、许亨洪:《"五育并举"视域下高校思想政治工作体系创建的机制探析》,《思想理论教育》2021 年第 2 期。

用来指教育者有目的、有计划、有组织地向学生传授系统的文化科学知识、技能和发展学生智力的教育。① 高校肩负着培养专门人才、发展科学知识的职能，而培养学生具备科学文化知识自然也成为高校的核心工作。因此，智育也是"五育"并举中的核心，是高校辅导员工作的核心工作，其主要目标是启迪智慧。高校辅导员需要充分发挥组织协调管理能力，为学生做好学业帮扶和就业指导工作。

（三）以体育为重点

体育，即向受教育者传授健身的知识技能、增强体质、培养自觉锻炼身体习惯的教育，包括体育教育、竞技运动和身体锻炼等多方面的内容，是高校辅导员需要深度融合的教育活动，其主要目标是让学生强身健体。高校辅导员可以在体育方面开展的工作包括：加强学生对体育运动的认知，养成良好的运动习惯；组织学生开展竞技类体育活动，如趣味运动会、素质拓展等；推进做好学生体质健康测试，提升学生体测参测率和优良率。

（四）以美育为突破

"以培养审美能力、美的情操和艺术兴趣为主要任务的教育"，这是《现代汉语词典》中关于美育的解释。美育在人的全面发展中占有突出地位，也是"五育"并举工作更上一层台阶的重要突破口。高校美育工作旨在通过培养学生认识美、体验美、感受美、欣赏美和创造美的能力，使他们具有美的理想、美的情操、美的品格和美的素养，达到以美育人、以美化人的目的，其主要目标是培养学生的审美观，发展他们鉴赏美、创造美的能力。党和国家一直高度重视美育工作，2018年9月10日，习近平总书记在全国教育大会上对学校美育工作提出明确要求："要全面加强和改进学校美育，坚持以美育人、以文化人，提高学生审美和人文素养。"② 面对新时代高校美育改革发展的要求和使命，高校辅导员应当进一步整合资源，营造浓厚的美育文化氛围，帮助学生树立正确的美育教育观念，提高学生的审美和人文素养。

---

① 肖学飞：《智育新论》，《东疆学刊》1992年第3期。
② 《习近平在全国教育大会上强调　坚持中国特色社会主义教育发展道路　培养德智体美劳全面发展的社会主义建设者和接班人》，《人民日报》2018年9月11日第1版。

（五）以劳动教育为抓手

劳动教育，即培养学生进行劳动观念和劳动技能的教育。习近平总书记在全国教育大会上强调："要在学生中弘扬劳动精神，教育引导学生崇尚劳动、尊重劳动，懂得劳动最光荣、劳动最崇高、劳动最伟大、劳动最美丽的道理，长大后能够辛勤劳动、诚实劳动、创造性劳动。"① 高校作为人才培养的基地，承担着为国家建设发展输送人才的重要任务，劳动教育正是大学生成人成才的基础，更关系到高校立德树人根本任务的实现、国家的发展和民族的未来。② 在新形势下，高校辅导员要牢牢以劳动教育为抓手，帮助学生树立马克思主义劳动观，培养学生基本的劳动能力，养成良好的劳动习惯与劳动品质。

二 构建"大思政"工作格局

2016年12月7—8日，全国高校思想政治工作会议在北京召开，习近平总书记在会议上强调，高校思想政治工作关系高校培养什么样的人、如何培养人以及为谁培养人这个根本问题，要坚持把立德树人作为中心环节，把思想政治工作贯穿教育教学全过程，实现全程育人、全方位育人，努力开创中国高等教育事业发展新局面，标志着中国"大思政"战略定位和工作格局的正式确立。③ 构建"大思政"工作格局是习近平总书记在全国高校思想政治工作会议上着重阐述的重要思想，是实现高校思想政治工作科学化的必要环节，我们要深刻理解"大思政"的丰富内涵，积极完善"大思政"的工作体系。

（一）深刻理解"大思政"的丰富内涵

"大思政"是指统筹思想政治规律、教书育人规律、学生成长规律，运用一切可能资源，发挥一切可能的力量，开展学生思想政治教育工作，

---

① 《习近平在全国教育大会上强调 坚持中国特色社会主义教育发展道路 培养德智体美劳全面发展的社会主义建设者和接班人》，《人民日报》2018年9月11日第1版。

② 《习近平在全国教育大会上强调 坚持中国特色社会主义教育发展道路 培养德智体美劳全面发展的社会主义建设者和接班人》，《人民日报》2018年9月11日第1版。

③ 《充分发挥高校共青团在大学生思想政治工作中的生力军作用——深入学习习近平总书记关于高校思想政治工作的重要论述》，2017年1月26日，人民网（http://opinion.people.com.cn/n1/2017/0126/c1003—29049660.html）。

全面落实立德树人的根本任务。① 新时代背景下的"大思政"理念也呈现出持续加强改进、不断创新的发展态势。构建"大思政"工作格局，首先要认识其不断发展完善的丰富内涵，才能做到"因事而化、因时而进、因势而新"。

2017年2月，中共中央、国务院在《关于加强和改进新形势下高校思想政治工作的意见》中强调，坚持全员全过程全方位育人，把思想价值引领贯穿教育教学全过程和各环节，形成教书育人、科研育人、实践育人、管理育人、服务育人、文化育人、组织育人长效机制。2017年12月，中共教育部党组印发《高校思想政治工作质量提升工程实施纲要》，指出要充分发挥课程、科研、实践、文化、网络、心理、管理、服务、资助、组织等方面工作的育人功能，挖掘育人要素，完善育人机制，优化评价激励，强化实施保障，切实构建十大育人体系。2018年5月，习近平总书记在北京大学考察时发表重要讲话，强调要把思想政治工作体系贯通于学科体系、教学体系、教材体系、管理体系，要求把中国的特色和优势有效转化为培养社会主义建设者和接班人的能力。② 2020年4月，教育部等八部门发布《关于加快构建高校思想政治工作体系的意见》，明确要求健全立德树人的教育体制机制，加快构建高校思想政治工作体系，详细规划了理论武装体系、学科教学体系、日常教育体系、管理服务体系、安全稳定体系、队伍建设体系、评估督导体系七个子体系。从"思想政治体系贯穿于人才培养体系"到"一体化全贯通的高校思想政治工作体系"，"大思政"理念在认识和实践上也在不断地丰富和拓展。

（二）积极完善"大思政"的工作体系

构建"大思政"工作格局既是全面贯彻党的教育方针，坚持社会主义办学方向和性质的需要，也是建设一流大学、一流学科和培养一流人才的需要。"大思政"工作体系的建立，意味着高校思想政治教育将由原来的内循环转变为大循环，由原来思政系统内的单兵作战变为集团作战、

---

① 孙其昂：《推进高校构建"大思政"格局》，《群众》2018年第9期。
② 习近平：《在北京大学师生座谈会上的讲话》，人民出版社2018年版。

联合作战。① 同时,"大思政"强调人员参与的广泛性、时空的延续性以及系统的开放性,这就要求各级党委和高校要凝聚共识、形成合力、整体推进"大思政"工作体系和格局的完善。

首先,"大思政"强调人员参与的广泛性,这意味着思想政治教育活动的参与主体进一步扩大,不再局限于传统的思想政治理论课教师、高校辅导员、党的宣传组织部门,还包括全体教师和管理人员,以促进高校形成整体性的思想政治教育育人环境。② 在这当中,高校辅导员是最贴近学生的人,具有无可比拟的天然优势,辅导员要当好学生需求的倾听者和传导者,始终保持与学生常态化的良性互动,成为链接青年学生与思想政治教育各个环节的关键所在。

其次,"大思政"强调时空的延续性,这就要求我们把思想价值引领贯穿教育教学的全过程和各环节。坚持以学生成长为中心,统筹推进课程育人,着力加强科研育人,扎实推动实践育人,深入推进文化育人,创新推动网络育人,大力促进心理育人,切实强化管理育人,不断深化服务育人,全面推进资助育人以及积极优化组织育人。

最后,"大思政"强调系统的开放性,我们要坚持以社会主义核心价值观为引领,构建学校、家庭和社会有机结合的协同育人机制,全国、地方和学校三级贯通的协同联动机制,紧密协作,相互对接,充分调动各方面的育人资源,深入挖掘和运用各方面的育人要素。

三 深化"三全育人"工作体系

2016年12月,习近平总书记在全国高校思想政治工作会议上提出全程育人、全员育人、全方位育人的总体要求。2017年2月,中共中央、国务院印发《关于加强和改进新形势下高校思想政治工作的意见》,明确提出要坚持"三全育人",即"坚持全员、全过程、全方位育人",把思想价值引领贯穿教育教学全过程和各环节。深化打造一体化全贯通的高校"三全育人"工作体系,必须做到构建"全员育人"共同体、紧抓

---

① 冯刚主编:《改革开放以来高校思想政治教育发展史》,人民出版社2018年版,第26页。

② 王璐:《新时代高校辅导员工作转型的三重维度》,《教育探索》2019年第5期。

"全过程育人"关键环节以及凝聚"全方位育人"工作合力。

（一）构建"全员育人"共同体

"全员育人"指的是从事教育主体范围的最大化，从广义上看，全社会、家庭、学校及学生个人都是教育的主体；从狭义上看，高校全体教职工都应该参与育人工作，强化育人意识和育人责任，自觉将育人要求和育人要素落实到各群体、各岗位上去，通过多种途径方式对大学生进行思想政治教育。这里的"全员"既包括党员领导干部、思想政治理论课教师、辅导员班主任、心理健康教育教师、就业指导教师等党建和思想政治工作队伍，也包括直接对学生进行知识教育的全体专业课教师，甚至还包括行政管理人员、后勤保障人员等可以发挥教育作用的主体。

构建"全员育人"共同体，首先，要坚持高校党委统一领导，多部门齐抓共管，各部门通力合作，着力提升德育工作的协同性，实现全员育人的一体化系统。其次，要注重培养一批专家型辅导员，促进辅导员队伍专业化培养和职业化发展，提升学工队伍的管理能力和水平。最后，要建设健全多层面的育人机制，包括但不限于以下各种类型的育人队伍，如辅导员、班主任、思想政治理论课教师、机关党政工作人员、行政管理人员、后勤工作人员等。此外，学校还可以通过聘请校外专家学者、家长、校友等，辅助学校开展全员育人的思想政治教育。

（二）紧抓"全过程育人"关键环节

"全过程育人"指的是将立德树人的要求融入学校教育教学、学生成长成才、教师成长发展的全过程，建立大学生从入学到毕业、就业的全过程育人环节，甚至是推进至大中小学一体化发展，建立长时段、可持续、贯穿式的育人链条。其核心要义，是将思想政治教育嵌入教育教学的全时段各环节，贯穿于学生成长成才全过程，实现时时用力、久久为功。推进"全过程育人"也是构建高校思想政治工作体系的内在要求。①

一方面，思想政治教育工作要覆盖大学生在校学习全过程，坚持大

---

① 董秀娜、李洪波、杨道建：《"三全育人"理念下构建高校思想政治工作体系的三维路径》，《思想教育研究》2021年第1期。

学不同培养阶段相贯通，采取循序渐进的教育方式，对各个年级的大学生进行思想政治教育，打通入学、学习、就业各个环节。例如，针对新生入学教育，可以通过衔接中学思想政治教育和大学思想政治教育的关键环节，积极开展理想信念教育、行为规范和纪律教育、心理健康教育等各类形式的教育活动，引导学生树立坚定的理想信念和牢固的纪律意识；针对毕业生，则可以通过开展就业指导和职业生涯规划教育等教育活动，引导学生树立正确的就业观和择业观。

另一方面，思想政治教育要融入教育教学全过程，推动"思政课程"与"课程思政"同向同行、协同育人。加强思想政治学习，不应只在思政类课堂，还须利用课堂这一主阵地，从思想政治理论课堂拓展到专业课堂，充分发挥所有课程的育人功能，实现全过程育人效果的最大化。①

（三）凝聚"全方位育人"工作合力

"全方位育人"指的是打通校内校外、课内课外、线上线下等通道，充分利用各种教育资源和载体，将思想政治教育渗透到课堂教学、科学研究、学生管理和社会实践等各方面，实现育人工作的协同联动。高等教育中"全方位育人"的目标是大学生全面发展，并从不同的视角、空间，创新不同的方式、方法、手段，使培养大学生全面发展进行全方位展开，不仅局限于大学生的专业知识素质培养，还要加强对大学生的思想道德素质、科学文化素质、心理健康素质、专业创新素质、适应社会素质的培养。②

首先，要拓展校内与校外相融合，构筑"学校＋家庭＋社会"的立体型育人平台，充分发挥校内外各类德育基地、实践基地的育人功能。同时，积极引进校外优质资源进入校内课堂，鼓励校内师生走出校园参加校外各类各级实习实践活动。

其次，要加强第一课堂与第二课堂相融合，围绕第一课堂，开展思想引领、学业发展、体质发展、文化艺术、劳动教育类第二课堂活动，

---

① 刘瑞、周海亮：《以立德树人为根基的高校"三全育人"工作机制建构研究》，《学校党建与思想教育》2019年第3期。

② 王岩、冯爱玲：《高校思想政治"三全育人"模式组成要素解析》，《高教学刊》2018年第16期。

深入落实"五育并举",积极推进学校第二课堂建设,提升学生综合素质。

最后,要深化线上与线下相融合,紧跟互联网发展脚步,构建育人新媒体矩阵。高校思想政治教育信息共享平台内容涵盖各个方面,十分丰富,不仅能够弥补线下教育资源的不足、开拓学生的视野空间,而且能够开辟网络思政工作的新阵地,运用"互联网+思政"模式建立清朗干净的网络思政环境。①

四 建设"一站式"学生社区

"一站式"学生社区是基于学生宿舍和公寓等物理空间,打造成为集学生思想政治教育、师生交流、文化活动、生活服务等功能于一体的育人新场域。党的十八大以来,党中央高度重视高校学生社区空间建设。2017年9月,中共中央办公厅、国务院办公厅印发的《关于深化教育体制机制改革的意见》提出,探索建立书院制、住宿学院制等有利于师生开展交流研讨的学习生活平台。2020年4月,教育部等八部门联合印发的《关于加快构建高校思想政治工作体系的意见》,明确提出:依托书院、宿舍等学生生活园区,推动"一站式"学生社区建设,将园区打造成为集学生思想教育、师生交流、文化活动、生活服务于一体的教育生活园地。自2019年开始,教育部选取两批高校试点探索"一站式"学生社区建设。2021年,教育部通过思政网云平台组织各高校开展"一站式"学生社区的自主建设。教育部思政司2022年工作要点指出,"全面开展'一站式'学生社区综合管理模式建设",要"争取实现对1000所左右高校的覆盖"②。由此可见,建设"一站式"学生社区已经成为提高大学生思想政治教育实效性的重要途径和内在需求,也是新时代高校辅导员政策运行的重要方向和发展要求。

(一)充分践行"一线规则"

"一站式"学生社区依托楼宇宿舍,聚合空间、队伍、资源、技

---

① 董秀娜、李洪波:《高校"三全育人"协同机制构建研究》,《思想教育研究》2020年第8期。
② 周远、张振:《高校"一站式"学生社区的空间建构逻辑与路向》,《思想理论教育》2022年第7期。

术、制度等要素，把校院领导力量、管理力量、服务力量、思政力量压到教育管理服务学生一线，打通了育人"最后一公里"，是践行"一线规则"的有力抓手。根据"一站式"学生社区的建设要求，学校领导班子成员、机关部（处、室）主要负责人、院系党政班子成员、行政管理人员以及辅导员班主任队伍等多支队伍都要通过进社区、进宿舍等方式，深入学生当中，开展全方位的指导和支持，形成一线育人合力，推动解决学生思想、心理、学业、生活、就业等实际问题，真正让思想政治工作走进学生的日常生活，为学生的健康成长提供良好的制度和平台。

（二）积极发挥学生主体性

"一站式"学生社区为学生自我教育、自主管理、自我服务、自我监督提供了空间支持，学生参与的主动式服务可以提升学生的幸福感和成就感。要坚持学生在"一站式"社区建设中的主体地位，构建价值塑造、能力培养和实践体认"三位一体"的学生社区育人体系。一方面，积极开展评优评先、培育精品项目等活动，增强学生的参与感、获得感，推动形成互帮互助互学的长效工作机制，营造自愿服务、主动奉献的社区文化，鼓励学生积极参与社区治理，提升学生的认同感、归属感。另一方面，可以通过遴选学生党员、入党积极分子担任社区服务组织负责人，积极发挥示范引领作用，激发学生参与朋辈帮扶、社区建设管理工作的积极性、主动性和创造性。

（三）运用信息技术赋能

通过传统设施智能化提升和打造"数字化社区"，运用信息技术赋能"一站式"学生社区的科学化、信息化管理，不仅可以为学生提供更优质、便捷的服务，还能够精准对接学生需求、大幅提升社区治理效率。例如，西安交通大学建立了学生工作管理信息系统，依托"一卡通"有效实现对所有学生、全部课堂、各个环节数据的实时记录，动态开展精准画像、学情分析、就业指导;[①] 中山大学优化大学服务中心（USC）线上平台，围绕学生、关照学生、服务学生，面向学生需求，全面整合学

---

① 王军华：《高校"一站式"学生社区建设的内生价值、现实挑战与突破进路》，《思想理论教育》2022年第10期。

校教学、服务、管理、健康、第二课堂等系统功能，打通教育教学、管理服务各个环节，学生在校内外、全天候、全时段均可通过手机企业微信或电脑端访问办理相关业务，实现学生从入学到离校，衣、食、住、行、学"一网通办"。

第 八 章

高校辅导员政策的动力系统

回首百年党史以及高校辅导员政策发展史，我们能清晰且强烈地认识到，高校辅导员的发展与高校辅导员政策的变革密不可分。正如政策科学的创立者拉斯韦尔所言："政策是一种含有目标、价值与策略的大型计划"①，而教育政策"是一个国家教育进步和社会发展的基础，它既是与人们获取知识和技能过程有关的法律规章，同时也是教育管理机构对教育资源进行权威控制的过程"②。可见，高校辅导员有着怎样的发展，或发展成为何种状况，可以说很大程度上取决于我们党和国家制定与实施着怎样的政策。作为一个新兴的领域，政策研究受到了很多学者的关注，借助政策系统动力学理论，通过对高校辅导员政策动力系统的要素、发展、内生动力等的研究，分析相关法规制定、执行、变更的原因、实质和过程，有利于推动高校辅导员政策制定由过去的政治主导的经验性决策逐步转化为重视科学研究的科学决策。

第一节 高校辅导员政策动力系统的要素

美国系统学家 G. Gorden 将系统定义为："所谓系统是指相互作用、相互依靠的所有事物，按照某些规律结合起来的综合。"③ 从定义可以看

---

① 张乐天：《高等教育政策的回顾与反思（1977—1999）》，南京师范大学出版社 2008 年版，第 3 页。
② 陈学飞主编：《教育政策研究基础》，人民教育出版社 2011 年版，第 2—3 页。
③ 钟永光、贾晓菁、钱颖等编著：《系统动力学》（第二版），科学出版社 2013 年版，第 11 页。

出,要研究一个政策动力系统,就要分析其要素,以及要素之间的关系。"文本是教育政策的载体和基本表现形式"①,在建党百年的高校辅导员制度发展史中,高校辅导员政策的变迁主要是"党和国家为了实现思想政治教育目标、完成思想政治工作任务而制定的纲领和原则,主要以公文如通知、规定、意见、办法等形式呈现出来"②。在本节,将基于可考的文本分析研究的角度,从高校辅导员政策制定主体、运行主体以及目标主体三个维度展开分析。

一 高校辅导员政策制定主体

"政策主体可以一般地界定为直接或间接地参与政策制定、执行、评估和监控的个人、团体或组织。"③ 高校辅导员政策制定主体指的主要是参与高校辅导员政策制定的承担者。纵观高校辅导员的政策发展史,党和国家以及各级政府等"政治权力主体"天然扮演着高校辅导员政策制定的主体角色。虽然在不同的历史发展阶段其具体呈现的方式会有所不同,如主要为高校、军校或军队、部委、中共中央等,总体呈现从上至下的政策指导,从下至上的实践探索,上下结合、以点带面、高位推动的发展规律。

(一)军校或军队作为萌芽期的政治指导员制度制定的主体

在辅导员政策的萌芽期,军校或军队作为主体根据军事人才培养需要创建思想政治教育工作组织机构并根据革命战争实际需要制定政治指导员制度。早在建党之初,随着马克思主义在中国的传播,早期的中国共产党人就"确定党成立后的中心任务是组织工会和教育工人,确定专门人员负责马列主义理论的宣传和工人的教育工作"④。得到多数学者公认的是,军校作为主体,创立了政治指导员制度,而第一次国共合作的

---

① 陈学飞主编:《教育政策研究基础》,人民教育出版社2011年版,第277页。
② 冯刚、郑永廷主编:《思想政治教育学科30年发展研究报告》,光明日报出版社2014年版,第415页。
③ 陈振明主编:《政策科学——公共政策分析导论》,中国人民大学出版社1998年版,第107页。
④ 王道阳、魏玮:《高校辅导员制度演变及其启示》,《思想政治教育研究》2016年第6期,第101页。

产物，以成立于1924年的黄埔军校的建立为标志。"黄埔军校的显著特点是以苏联红军为榜样，首次创建了一整套完备的思想政治教育工作组织机构，配备了数量众多的专职政工人员，制定了非常严密的规则制度。"[1] 周恩来在担任黄埔军校政治部主任期间，主持制定了《国民革命军党代表条例》等系列制度，"在军队中创造性地建立党代表制度"[2]。1927年，毛泽东在领导秋收起义时进行了著名的"三湾改编"，把党支部建在连上，连以上各级设置党代表，全军由前敌委员会统一指挥。1933年，党创立了中国工农红军大学，到1937年改名为中国人民抗日军事政治大学。为适应革命战争需要，大学基本参照部队编制，对学生实行军事化管理，配备政治指导员专门负责学员的思想、学习、健康和生活等工作。

（二）高校作为探索期的高校政治辅导员政策制定的主体

在辅导员政策的探索期，高校作为主体主动探索并试行政治辅导员制度。新中国成立后，党的工作重心转移到建设社会主义新中国上来，目标是培养"又红又专"的高素质人才，在继承政治指导员制度的基础上，在高校试行政治辅导员制度。部分高校，如清华大学等作为主体，主动设计并试行辅导员制度，经过一段时间的探索，在总结相关高校的经验基础上，在1958年9月19日，中共中央、国务院发出《关于教育工作的指示》，明确指出："学校党委、应当配备党员去领导年级和班的工作，配备党员去做政治思想工作、学校的行政工作和生产管理工作。"[3] 这是首次以中共中央、国务院的名义对辅导员的素质、工作场所、工作职责等提出了要求。随后，被指定作为试点的清华大学、北京大学，再次作为主体，通过在学校层面建立政治部，在班级配备政治辅导员或班主任，教研室和其他单位根据实际情况配备专兼职政治工作干部等一系列举措，将中央的指示精神落实到具体的机构、岗位设置以及人员配备上来。在较为充分的试行后，1961年9月，中共中央批准了《教育部直

---

[1] 王树荫主编：《中国共产党思想政治教育史》，中国人民大学出版社2016年版，第22页。

[2] 许启贤：《中国共产党思想政治教育史》，中国人民大学出版社2004年版，第74—75页。

[3] 何东昌：《中华人民共和国重要教育文献（1949—1975）》，海南出版社1998年版，第859页。

属高等学校暂行工作条例（草案）》，简称"高教六十条"，这是党中央第一次明确提出在高等学校设立政治辅导员。从这以后，部属高校开始设立政治辅导员并建立相应的制度规范，随后，其他部委地方高校也开始陆续设立专职辅导员。1965年，在试行了一段时间后，教育部印发了《关于政治辅导员工作条例》。到1966年，全国各普通高校基本都设立了辅导员岗位并建立了高校辅导员制度。

（三）恢复发展期的高校辅导员政策制定的多个主体

在恢复发展期，由于面临的形势和任务复杂且多变，多个主体参与了辅导员政策的制定。一是教育部或国家教委、团中央等作为重要主体通过组织召开会议并颁布重要政策文件加强思想政治工作，并在政策的相关条文中对作为思想政治工作队伍重要一员的辅导员队伍进行规定。如"文化大革命"后，1978年全国教育工作会议召开，对恢复高考后的一系列教育方针进行了明确，同年10月，教育部颁布了修订的《全国普通高等学校暂行工作条例》，1980年，教育部与团中央共同颁布《关于加强高等学校学生思想政治工作的意见》，等等。二是中组部、中宣部会同国家教委作为主体，将党的建设与思想政治工作同时部署。如1993年，中组部、中宣部、国家教委印发了《关于新形势下加强和改进高等学校党的建设和思想政治工作的若干意见》，明确实行党委领导下的校长负责制，要求各高校"努力建立一支以精干的专职人员为骨干、专兼职相结合的政工队伍"[①]。三是党中央作为主体，在重要的历史时间节点，发布最高规格的文件，明确高校辅导员队伍建设的方向。如1987年5月，中共中央发布《关于改进和加强高等学校思想政治工作的决定》，明确指出"建设一支坚强的马克思主义理论队伍和思想政治工作队伍……高等学校的思想政治工作队伍应由精干的专职人员与较多的兼职人员组成……高等学校的每个班级均应配备兼职的班主任、导师或辅导员"[②]。这是自1977年恢复高考以后，对思想政治教育确立为专门的学科以来的重要政

[①] 《加强和改进大学生思想政治教育重要文献选编（1978—2014）》，知识产权出版社2015年版，第132页。

[②] 《加强和改进大学生思想政治教育重要文献选编（1978—2014）》，知识产权出版社2015年版，第73页。

策文件，标志着高校辅导员走上专业化、职业化发展的道路。再如1999年的第三次全国教育工作会议，中共中央发布了《关于加强和改进思想政治工作的若干意见》，指出"按照提高素质、优化结构、相对稳定的要求，建设一支政治强、业务精、作风正的思想政治工作队伍"[1]。为面向21世纪，全面推进素质教育提供了重要保证。

（四）完善与发展时期的高校辅导员政策制定的主体

进入完善与发展时期，党中央始终作为高校辅导员政策制定的重要主体，牢牢把握政策发展的导向。如2004年，中共中央国务院发布《关于进一步加强和改进大学生思想政治教育的意见》，即"中央16号文件"，明确了"大学生思想政治教育工作队伍主体是学校政工干部和共青团干部，思想政治理论课和哲学社会科学课老师，辅导员和班主任"[2]。并对不同类别的队伍的工作任务和范围进行了界定，还对大学生思想政治教育工作队伍的选拔、培养和管理机制进行了明确，"中央16号文件"是高校辅导员队伍发展历程中的重要里程碑，标志着高校辅导员进入职业化发展的新阶段。随后，教育部出台了一系列配套文件，包括2005年的《关于加强和改进高等学校辅导员班主任队伍建设的意见》，2006年的《普通高等学校辅导员队伍建设规定》（教育部24号令），《2006—2010年普通高等学校辅导员培训计划》，包括攻读硕士、博士学位计划、选派优秀辅导员出国研修计划、在全国建立辅导员培训基地等，2013年又制定了《普通高等学校辅导员培训规划（2013—2017年）》，2014年的《高等学校辅导员职业能力标准（暂行）》。这一时期以"中央16号文件"的出台为标志，辅导员职业化、专业化、现代化的建设进入了蓬勃发展的新阶段。2016年12月，全国高校思想政治工作会议召开，中共中央、国务院印发了《关于加强和改进新形势下高校思想政治工作的意见》，即"中央31号文件"。指出要加强教师队伍和专门力量建设，明确高校思想政治工作队伍和党务工作队伍具有教师和管理人员双重身份，并要纳入

---

[1] 《加强和改进大学生思想政治教育重要文献选编（1978—2014）》，知识产权出版社2015年版，第199页。

[2] 《加强和改进大学生思想政治教育重要文献选编（1978—2014）》，知识产权出版社2015年版，第268页。

高校人才队伍建设总体规划,作为一支专门化的工作力量加强建设。随后 2017 年,教育部根据《意见》修订并印发了《普通高等学校辅导员队伍建设规定》(教育部 43 号令),标志着辅导员的专业化、职业化、现代化建设进入了高质量发展的新阶段。

二 高校辅导员政策运行主体

一般而言,政策运行一般经过政策发布——实施准备——政策宣传——政策试验——全面推行——评估总结等过程,高校辅导员政策运行的主体指的是政策运行过程的主要参与者。回顾高校辅导员的发展历程,除了萌芽期政治指导员制度运行的主体主要为军校内设的政治部或是军队的党组织外,在高校辅导员制度的确立、发展、完善等阶段,高校辅导员政策运行的主体主要为以教育部为代表的部委、各地教育部门、高校以及高校的内设机构。政策的运行主体呈现从高到低、自上而下的形态,其运行的内容和方式则呈现从宏观到微观、从原则到具体的规律。

(一)教育部或国家教委作为高校辅导员政策运行的主要主体

教育部作为教育的主管部委,自成立之日起,就承担着高校辅导员政策运行的主要责任,虽然在不同的历史时期,机构的名称有所变化,如教育部、国家教委等。在高校辅导员政策运行过程中,教育部主要扮演着推动执行者、调度调控者以及优化完善者的角色。

一是作为高校辅导员政策运行的推动执行者,教育部在高校辅导员政策运行的重要历史时间节点上发挥着重要的推动执行的作用。如新中国成立后,国家采取了多种措施,"使政治权力向教育领域渗透,包括对旧大学的改造和建立高校辅导员制度"[①]。包括调整政府与高校的关系,以确保政治制度在高校的组织实施。如 1951 年,由政务院批准发布的《关于全国工学院调整方案的报告》中提出建立政治辅导员制度,紧跟着,1952 年,教育部就发布了《关于在高等学校有重点地试行政治工作制度的指示》,明确指出,"为了加强政治领导,改进政治思想教育,全

[①] 段其波:《高校辅导员制度的历史变迁与优化发展》,《学校党建与思想教育》2017 年第 10 期。

国高等学校应有准备地建立政治辅导员制度"①。再如经历"文化大革命"的短暂停滞后,中共中央召开全国教育工作会议,对恢复高考后的一系列教育方针进行明确,教育部随即颁布了《全国普通高等学校暂行工作条例》,专章陈述思想政治工作,细化对高校辅导员政策要求。在1985年到1998年期间,曾以国家教委的名义制定并印发了若干文件,细化中央对高校辅导员政策的意见。在1999年第三次全国教育工作会议上,中共中央出台《关于加强和改进思想政治工作的若干意见》,2000年则以教育部党组名义颁发了《关于进一步加强高等学校学生思想政治工作队伍建设的若干意见》。再到后来的中央"16号文件""31号文件",教育部均出台了系列的配套政策,确保高校辅导员政策的有效运行。

二是作为高校辅导员政策运行的调度调控者,教育部一般采用两种方式来进行调控。一种方式是中共中央作为政策制定的主体,制定出台新政策后,教育部牵头在吃透中央精神的基础上,结合实际,会同各地教育部门以及高校研究落实,以教育部名义出台配套政策,再由高校以及其内设部门研究具体落实政策来运行,这同时也是教育部推动政策执行的典型方式。另一种方式是在正式出台政策前,先由教育部指定部分高校进行先行探索运行,待积累一定经验后,再上升到由中共中央作为高校辅导员政策制定主体制定相关政策,然后再选取某些高校进行试点,再进一步用法规的方式将一些事项明确下来,然后再扩展到其他类型高校乃至全国。尤其是在辅导员制度的初创期,教育部对高校辅导员政策运行的调控作用最为明显。

三是作为高校辅导员政策运行的优化完善者,教育部在高校辅导员政策的运行过程中,除了在推动执行和调度调控方面发挥了重要作用外,也通过努力,不断推动高校辅导员政策的科学化、规范化、合理化发展。从最初1958年发布的《关于在高等学校有重点地试行政治工作制度的指示》,是在全国范围内试行政治工作制度的纲领性文件,政治辅导员制度作为政治工作制度的重要组成部分开始进入高等学校。再到历次全国教育工作会议后,都会相应出台关于教育以及高等学校的相关政策文件,将思想政治工作列为非常重要的事项进行规定,列为专业进行攻关研究,再到设立学

---

① 陈正芬:《中国高校辅导员制度研究》,中国社会科学出版社2018年版,第85页。

科培养专门人才再到建立职业能力标准推动职业化发展,等等,不断将作为思想政治工作重要力量的辅导员队伍建设推向深入。

(二)高校作为高校辅导员政策运行的重要主体

高校作为高校辅导员政策最重要的落地实施者,是高校辅导员政策运行的重要主体,在高校辅导员制度发展的历程中扮演着重要的角色,主要体现在先试先行、贯彻落实和反馈调整上。

一是先试先行。从1952年教育部发出《关于在高等学校有重点地试行政治工作制度的指示》后,1953年,时任清华大学校长蒋南翔结合清华大学的实际,创设了"双肩挑"辅导员制度。作为先试先行的典型代表,清华大学对高校辅导员政策的创新性发展,为后来的高校辅导员尤其是兼职辅导员政策的制定出台和发展完善奠定了良好的基础。再到1964年,教育部报中共中央批准的《关于加强高等学校政治工作和建设政治工作机构试点问题的报告》出台,确定了包括北京大学、清华大学在内的试点大学,在全面试行后,1965年制定了《关于政治辅导员工作条例》。从上述发展历程可以看出,中央制定高校辅导员相关政策是审慎的,充分尊重高校作为辅导员政策的最重要运行者,在政策尚未成熟前,一般不会通过部委强推,也不会在全部高校无差别地推广。

二是贯彻落实。高校是贯彻落实辅导员政策的最后一环,如果中央要求和教育部等部委工作部署未能在高校予以落地落实,高校辅导员政策就失去了生命力。一方面,贯彻落实高校辅导员政策,是高校落实党的教育方针的需要。如新中国成立后的辅导员制度的确立,就是因应新中国百废待兴的国情实际,为巩固新生政权、维护社会稳定、推动社会发展的需要,急需大批"又红又专"的人才的情况被提出来的。另一方面,贯彻落实高校辅导员政策是遵循高等教育规律的需要。现代大学的职能伴随着大学自身发展和社会需求而不断变化和演进,其职能历经了由诞生之初时单一的人才培养职能到如今的兼具人才培养、科学研究、社会服务、文化传承创新、国家交流合作等多职能的变化。高校辅导员政策在高校的落地生根,是系统回答和解决好"为谁培养人、培养什么人、怎样培养人"这一根本问题的重要保障。另外,贯彻落实高校辅导员政策是遵循大学生成长成才的规律的需要。马克思关于人的科学理论为我们把握大学生的成长成才规律提供了理论依据,大学生作为现实的人，其成长成才的规律与社会发展规律和所处的时代背景密切相关。辅导员作为在高校中最接近大学生的群体，是培养堪当大任的时代新人不可或缺的重要力量，作为重要的运行主体，将辅导员政策贯彻落实好是高校重要的政治任务。

三是反馈调整。除了发挥先试先行作用，并坚决贯彻落实中央决策部署外，高校还发挥着反馈调整的重要作用。借用系统动力学的理论，"系统的机构由其所属对象和流程定义"，"在大系统的状态下，系统各部分之间的相互作用——而不是各部分自身的运行——决定了系统总的动态行为特征"。[①] 在中央政策的方向性指引以及教育部正式的制度安排下，高校除要解决如何准确无误地贯彻落实外，还肩负着及时予以反馈，推动政策制定主体对政策进行适时调整，打破政策制度间的壁垒，解决政策运行过程中的问题的重要责任。如 1980 年 4 月由教育部和团中央印发的《关于加强高等学校学生思想政治工作的意见》就明确规定："对于有专业知识并担任一定教学任务的政工干部，应与专业教师同样评定职称。对于不担任教学工作的专职政工干部，可以按照本人的条件，评为处级、科级，享受同级干部的工资福利待遇。"[②] 包括后续对辅导员配比数量等相关政策的落实，不仅仅是高校通过努力就可以完全解决的，需要从国家层面进行政策制度的顶层设计，统筹相关部委以及地方和高校的力量协调解决。此外，在高校的具体运行中，还需根据所在地方教育部门，高校内设部门以及下设学院系的学生工作队伍实际，在发挥主观能动性进行贯彻落实的同时，也需要将问题和建议及时反馈，以确保政策能落地并取得实效。

三　高校辅导员政策目标主体

"政策客体是指公共政策发挥作用时所指向的对象，包括特定的政策问题和目标群体。"[③] 按照该定义，高校辅导员政策目标主体指的是高校

---

① 钟永光、贾晓菁、钱颖等编著：《系统动力学》（第二版），科学出版社 2013 年版，第 11 页。

② 《加强和改进大学生思想政治教育重要文献选编（1978—2014）》，知识产权出版社 2015 年版，第 7 页。

③ 杨宏山：《公共政策学》，中国人民大学出版社 2020 年版，第 21 页。

辅导员政策发挥作用时所指向的对象，包括特定的政策问题本身以及目标群体，也即可以从"问题"和"人"两个角度来理解和把握。中国高校辅导员制度从建党之初的萌芽到后来的发展完善，虽然在不同的历史时期，高校辅导员政策目标主体的具体呈现方式会有所不同，但如果从政策"问题"的角度理解，都是为了保证党的方针政策在高校的贯彻落实，源源不断地培养听党话、跟党走的革命者、建设者和接班人；如果从"人"的角度把握，那就是建强高校辅导员队伍以及培养人才，重点是青年大学生。

（一）新民主主义时期高校辅导员政策目标主体

从五四运动到新中国成立这段时期，是高校辅导员政策的萌芽期，党在高校的主要任务是"传播马克思主义，培养一批具有共产主义信仰、坚定的阶级立场，愿意为人民服务并不怕牺牲的党政军干部"[①]。总体而言，就是要培养具有坚定政治信仰的无产阶级革命者。这一时期高校辅导员政策目标，一是在普及宣传马克思主义理论中培养青年马克思主义者。围绕党这一时期的主要任务，分别在革命根据地和国统区双线开展，通过党团组织宣传普及马克思主义，创办大学培养革命干部，在黄埔军校培植革命思想等，努力转变群众思想，提高高校师生的思想觉悟，尽可能多地吸收知识分子参加革命运动，为革命需要培养和输送人才。二是在领导青年反帝爱国运动中为党的武装斗争培养人才。1927年，蒋介石和汪精卫先后背叛革命，政治局势陡然逆转，在这生死存亡的关头，中国共产党人肩负起伟大历史任务，开始以武装的革命去反对武装的反革命。这一时期，党通过在红色根据地创办新型高等学校，系统培养大量政治、军事、经济、文化、教育等方面的人才；同时不放弃国统区的工作基础，继续领导青年学生开展反帝反封建运动等方式努力培养人才。三是在宣传斗争形式和党的主张中团结青年学生。"九一八"事变后，日本帝国主义发动侵华战争，国民党政府消极抗战，这一时期，高校辅导员政策的主要目标是既要在抗日根据地培养具有坚定政治方向的革命人才，又要在国统区最广泛地凝聚青年力量，宣传战争形势和党的主张，

[①] 冯刚、张晓平、苏洁主编：《中国共产党高校思想政治教育发展史》，人民出版社2021年版，第63页。

培养一大批具有坚定阶级立场、斗争精神和牺牲精神的革命人才。四是在改造知识分子中团结力量迎接全国解放。抗战胜利后，国民党发动内战，中国共产党面临武装夺取政权，解放全中国的历史使命。这一时期，高校辅导员政策的主要目标是一方面在解放区进行知识分子改造、提高青年学生觉悟，另一方面在国统区消除学生对国民党的幻想、团结凝聚青年迎接新中国的到来。

（二）社会主义革命和建设时期高校辅导员政策目标主体

新中国的成立，是高校辅导员政策发展变化的新起点，随着社会主义教育制度的逐步建立，高校辅导员政策也历经了奠定基础、曲折发展、遭受严重破坏等阶段。1949 年到 1956 年，党的主要任务是"进行社会主义革命，将新民主主义的中国改造成社会主义的中国"①。在这一时期，高校辅导员政策的目标是肃清旧思想，对学生进行思想改造。高校紧密结合全国范围内的土地改革、镇压反革命、抗美援朝、"三反""五反"等政治运动，引导学生肃清封建的、买办的、法西斯主义的思想，树立为人民服务的思想。逐步确立"身体好、学习好、工作好"的培养目标。1956 年到 1966 年，在 1956 年社会主义改造基本完成后，转入了大规模进行社会主义建设的新阶段，这一时期，党提出了要培养德智体全面发展，有社会主义觉悟的、有文化的劳动者。并在后续的整风运动和反右时期，提出了"又红又专"的工人阶级知识分子培养目标。在"大跃进"期间，提出工人群众知识化和知识分子劳动化的教育改革要求，到 1958 年底，开始意识到"大跃进"的错误，逐步开始对错误思想进行调整纠偏，提出要正确处理教学与劳动的关系。再到 1962 年，党的思想政治建设任务转向"以阶级斗争为纲"，认为高等教育方面的最主要斗争是资产阶级和无产阶级争夺青年一代。1966 年至 1976 年的"文化大革命"结束后，高校进入了"拨乱反正"、努力培养大量专业人才的新阶段，高校思想政治教育回归正轨，高校辅导员政策得到了全面恢复和发展。高校辅导员政策目标任务回归到聚焦"一个中心两个基本点"和四项基本原则上来，突出"守纪律"和培养创新精神，并提出把关心学生生活作为一

---

① 冯刚、张晓平、苏洁主编：《中国共产党高校思想政治教育发展史》，人民出版社 2021 年版，第 70 页。

项政治任务来抓。

（三）改革开放时期高校辅导员政策目标主体

伴随着改革开放的深化，高校辅导员政策目标任务也随着国内外形势的变化和政策实践的实际逐步调整。这一时期，高校辅导员政策的目标主要体现在三个方面。一是培育社会主义接班人目标任务的提出。以党的十二大和十二届三中全会为标志，确立了走中国特色社会主义建设道路，开展经济体制改革，建设现代化强国后，国民经济快速发展。但在改革开放的起步和探索期，建设过程出现了一些问题，境外敌对势力趁机煽动、利用学生挑起事端，试图颠覆中国共产党的领导。这一阶段高校思想政治工作以及高校辅导员政策的目标任务在于"稳定形势、统一思想、坚定信心，突出培养'接班人'的教育目标"[①]。一方面，坚持党对高校的领导，强化培养"接班人"意识；另一方面，反对资产阶级自由化，将意识形态斗争作为主要任务。二是培养德智体全面发展的社会主义建设者和接班人。以邓小平"南方谈话"和党的十四大为标志，中国的改革开放和现代化建设正式从计划经济体制转向社会主义市场经济体制。党的十四大提出，"要在全国各族人民尤其是青少年中，进一步加强党的基本路线教育，爱国主义、集体主义和社会主义思想教育，中国近代史、现代史教育和国情教育，增强民族自尊、自信和自强精神，抵御资本主义和封建主义腐朽思想的侵蚀，树立正确的理想、信念和价值观"[②]。因此，这一时期高校辅导员政策目标主要体现在：用邓小平理论和"三个代表"思想坚定改革信心、统一思想；完整提出社会主义大学思想政治教育的目标，将美育和心理健康教育纳入其中；将树立社会主义共同理想和发展社会主义精神文明作为重要任务这三个方面。三是高校辅导员队伍政策向系统化、科学化发展。这一时期，党的十六届三中全会提出了科学发展观，以解决在改革开放大潮中，人才培养无法迅速适应扩招带来的诸多需求的问题，高校办学出现趋同化、功利化等问

---

① 冯刚、张晓平、苏洁主编：《中国共产党高校思想政治教育发展史》，人民出版社2021年版，第85页。

② 冯刚、张晓平、苏洁主编：《中国共产党高校思想政治教育发展史》，人民出版社2021年版，第87页。

题,提出了确立培养德智体美全面发展的社会主义合格建设者和可靠接班人的目标,提出了社会主义荣辱观和社会主义核心价值体系教育,提出了将素质教育作为思想政治教育的重要任务,提出了强调培育学生创新精神和实践能力等一系列理念。

(四)新时代高校辅导员政策目标主体

2012年11月,党的十八大胜利召开,标志着中国特色社会主义进入新时代。在新时代,中国面临前所未有的复杂局势,国内改革发展稳定的任务更加繁重,世界各国利益摩擦和矛盾不断升级,新冠疫情带来多重挑战。境外敌对势力与我争夺阵地、争夺青年、争夺人心的斗争愈发激烈。高校辅导员政策在高校思想政治教育的目标任务更为系统、科学和完善,在高校思想政治教育工作治理体系和治理能力现代化的要求下,需要加快推进政策本身以及队伍自身系统化和科学化的建设。习近平总书记在党的二十大报告中明确指出:"教育是国之大计、党之大计。培养什么人、怎样培养人、为谁培养人是教育的根本问题。育人的根本在于立德。全面贯彻党的教育方针,落实立德树人根本任务,培养德智体美劳全面发展的社会主义建设者和接班人。"[①] 这是以习近平同志为核心的党中央对新时代教育事业的总体战略部署,对高校辅导员提出了更高的要求和期待,因此,高校辅导员政策的目标任务就是要回答好"为谁培养人""培养什么人""怎样培养人"这一根本问题,坚持立德树人根本任务,坚守为党育人、为国育才初心使命,教育引导学生树立四个正确认识,教育引导学生树立文化自信,培育和践行社会主义核心价值观等,促进学生德智体美劳全面发展,真正培养出党和国家需要、对社会有用的人才。

第二节　高校辅导员政策动力系统的发展

"政策和策略是党的生命。"[②] 中国共产党历来重视高校辅导员政策的

[①] 习近平:《高举中国特色社会主义伟大旗帜　为全面建设社会主义现代化国家而团结奋斗——在中国共产党第二十次全国代表大会上的报告》,人民出版社2022年版,第34页。

[②] 《毛泽东选集》(第四卷),人民出版社1991年版,第1298页。

制定、运行和落实，按照政策系统动力学理论，"任何复杂的政策系统结构模型都是由系统内生的变量以及变量之间的关系（或线条）构造的"①。对于高校辅导员政策系统而言，其要素除了政策制定、运行以及目标主体外，还包括政策环境、政策内容等。在不同的历史时期，激发高校辅导员政策动力系统发展的要素以及其相互作用的机制也各不相同，本节主要从高校辅导员政策发展的政策环境以及政策内容变化的角度去探索高校辅导员政策动力系统的发展规律。

一 新民主主义革命时期高校辅导员动力系统的初创

在新民主主义革命时期，推动高校辅导员政策发展的主要动力有两个：一是先进知识分子对马克思主义思想的宣传和传播，启蒙了思想，提高了觉悟，为高校辅导员政策的萌芽奠定了良好思想基础；二是国内革命斗争的实际，需要培养大批服务于革命事业的人才，这是推动高校辅导员发展的重要现实力量。

（一）马克思主义在中国的传播为政治辅导员的确立奠定了思想基础

早在19世纪末20世纪初，马克思主义理论就已经被一些资产阶级思想家传入国内，它们大多是对马克思主义学说的翻译和介绍，在1917年俄国十月革命后，以及在1919年五四运动后，一批先进知识分子包括陈独秀、李大钊、毛泽东、李达、周恩来、邓中夏等才意识到这是解救中国的良方。于是，他们更加系统全面地介绍和宣传马克思主义。通过创办刊物、翻译著作、利用各类讲坛和纪念活动等广泛宣传马克思主义，掀起了一场轰轰烈烈的新文化启蒙运动。

1921年中国共产党的成立，标志着党的思想政治教育正式开端，政治辅导员作为思想政治教育的重要工作力量也得以逐渐确立。中国共产党的成立本身就是马克思主义理论与中国工人运动实际相结合的产物，中国共产党早期的党员最主要就是知识分子，他们依托党组织，更加有组织地、专门化地通过各种形式多样的活动启蒙工人的思想，提高工人的觉悟。

国民革命时期，中国共产党的思想政治教育在革命军队和农民中有

---

① 赵德余：《政策系统动力学》，社会科学文献出版社2019年版，第27页。

效开展，1924—1927 年大革命期间，更是在黄埔军校首次创建了完备的政治工作机构和制度，并组建了专门的政治工作队伍，其也是政治辅导员的前身，有序开展军队思想政治教育工作。

（二）国内革命斗争实际催生了政治辅导员制度

新民主主义革命时期，中国共产党深刻意识到人才培养的重要性，正如毛泽东所指出的："在一切为着战争的原则下，一切文化教育事业均应使之适合战争的需要。"① 在这一时期，为了更好地为革命战争培养人才，中国共产党开始举办工农学校，到后来创办革命学校，举办大学，培养了一大批具有较高文化水平和理论水平的人才。"在当时的战争条件下，革命根据地不可能有系统的学校制度，主要以干部教育为主，培养党、政、军干部。"② 与此同时，毛泽东还指出："虽以培养军事干部为目的，但政治教育仍占重要地位，至少亦应与军事教育列于同等地位。"③ 在当时的历史环境下，大学的人才培养直接服务于革命战争的需要是必然的选择，陕北公学建校之初就提出"以非常时期的方法，来达到教育本来目的；运用非常的精神，来扩大教育的效果"④ 的宗旨，因此被称为"战火中的大学"。

围绕为革命战争培养人才的目标，为建立一支稳定的政治辅导员队伍，中国共产党一方面动员中共党员和共青团员报考黄埔军校，另一方面从黄埔一期的学员里招录一部分进入政治部工作，保证有专门的力量从事思想政治教育工作，努力培养自己的人才。在东征和北伐期间，如东征时，"国民革命军总政治部从农民运动讲习所、政治训练班、黄埔军校等部门调来人组成宣传总队，总队下设支队、分队，分别随各师出发，沿途进行宣传教育"⑤。虽然经历了大革命时期短暂的停滞，在抗日战争

---

① 《建党以来重要文献选编（1921—1949）》第 15 册，中央文献出版社 2011 年版，第 619 页。

② 顾明远：《从新民主主义教育到社会主义教育——纪念中国共产党成立 90 周年》，《教育研究》2011 年第 7 期。

③ 《建党以来重要文献选编（1921—1949）》第 16 册，中央文献出版社 2011 年版，第 129 页。

④ 成仿吾：《成仿吾教育文选》，教育科学出版社 1984 年版，第 22 页。

⑤ 冯刚、张晓平、苏洁主编：《中国共产党高校思想政治教育发展史》，人民出版社 2021 年版，第 411 页。

时期以及解放战争时期，专门化的政治辅导员队伍都发挥了非常重要的作用。

二 社会主义革命和建设时期高校辅导员动力系统的探索

新中国成立后，百废待兴，肃清旧思想，把新民主主义中国改造成社会主义中国，培养社会主义建设者成为最重要的时代命题，也是推动高校辅导员政策发展的主要动力。

（一）肃清封建教育思想，树立为人民服务思想的迫切任务

新中国成立后，在国民经济恢复和社会主义改造时期，肃清封建教育思想、树立为人民服务思想是教育的首要任务，也是推动高校辅导员政策发展的主要动力。这一时期，高等学校教育的主要目标是："以提高人民文化水平，培养国家建设人才，肃清封建的、买办的、法西斯主义的思想，发展为人民服务的思想为主要任务。"[①] 这里所指的人民，"包括工人阶级、农民阶级、小资产阶级和民族资产阶级。这就是我们服务的对象"[②]。可见，在国民经济恢复和社会主义改造时期，高等教育的主要目标就是首先团结、改造教育工作者，然后努力从劳动人民中团结、改造、培养出大批新型的知识分子，但"培养这些新型知识分子，并不是为排斥原有的知识分子，而是在团结改造原有知识分子的同时，增加新的血液"[③]。这种团结改造首先是政治文化思想上的改造，"理论学习必须密切结合学生的思想实际，即把理论学习作为改造思想的武器，改造思想作为理论学习的直接目的"[④]。在积累了一定的政治思想改造工作的基础上，1952年9月2日，中共中央转发了教育部党组提出的《关于在高等学校实行政治工作制度的报告》，报告中明确提出要在各高校内设立政治工作机构，名称可称为政治辅导处，并规定"政治辅导处设主任一人，辅导员若干人，在校长领导下进行工作"[⑤]，首次提出了各高校要设置政治辅导员岗位，同时，报告还对政治辅导处的

---

① 《建国以来重要文献选编》第一册，中央文献出版社1992年版，第74页。
② 《建国以来重要文献选编》第一册，中央文献出版社1992年版，第235页。
③ 《建国以来重要文献选编》第一册，中央文献出版社1992年版，第235页。
④ 《建国以来重要文献选编》第一册，中央文献出版社1992年版，第78页。
⑤ 《建国以来重要文献选编》第三册，中央文献出版社1992年版，第283—284页。

任务，岗位设置，政治辅导员的来源以及工作机制等进行了规定，标志着高校辅导员政策的确立。

（二）将新民主主义的中国改造成社会主义的中国的目标牵引

1952年9月，《人民日报》发表社论《做好院系调整工作，有效地培养国家建设干部》，指出院系调整工作是"使我国高等教育服从祖国需要、有效地培养国家建设人才的重大措施"①。可见，国家建设需要是高等学校人才培养的重要目标牵引，但这种牵引是以扎实有效的政治思想改造工作作为前提的。"今天的院系调整工作，是在学校的政治改革和教师的思想改造已经取得重大胜利的基础上进行的。两年以前，在全国高等教育会议上即曾提出了调整院系的问题，但是两年来这一工作很少进展，这主要是因为许多教师在思想上还严重地存在着崇拜资产阶级、宗派主义、本位主义、个人主义的观点，没有确立全心全意为人民服务的思想，因此就不能很好地贯彻执行新民主主义的教育方针。"② 为推动从新民主主义革命顺利过渡到社会主义阶段，党制定了过渡时期总路线，明确了"统一调配干部，大量培养工业建设人才，是我党当前保证党的总路线的实现，保证第一个五年计划的顺利完成，具有头等重要意义的任务"③。

为解决干部思想顾虑，培养更多社会主义建设人才，中共中央批发了中央宣传部《关于学校教育工作座谈会的报告》，明确指出，"在国家进行社会主义工业化和社会主义改造的过程中，必须相应的发展和提高学校教育，为国家培养建设人才和提高人民的文化水平。不培养出足够数量合乎国家建设需要的德才兼备的优秀干部并把劳动人民的文化程度提高到相当的水平，要想建成社会主义社会是不可能的"④，并强调"要保证做好学校工作，首先必须建立起那里的强有力的党的领导"⑤。可见，在为社会主义改造培养大量人才的目标牵引下，高等教育迅速发展，并带动了高校辅导员政策的发展。

---

① 《建国以来重要文献选编》第三册，中央文献出版社1992年版，第304页。
② 《建国以来重要文献选编》第三册，中央文献出版社1992年版，第304—305页。
③ 《建国以来重要文献选编》第四册，中央文献出版社1992年版，第447页。
④ 《建国以来重要文献选编》第七册，中央文献出版社1992年版，第129页。
⑤ 《建国以来重要文献选编》第七册，中央文献出版社1992年版，第130页。

(三)坚持"教育为无产阶级政治服务,教育与生产劳动相结合"的方针指引

"教育与生产劳动相结合"的论断是马克思在考察英国工人阶级受教育状况后提出的,在19世纪资本主义社会下的英国,工人只有劳动权利而没有受教育权利,马克思认为,要使人成为正常发展的人,必须使生产劳动与教育相结合。中国共产党也充分认识到劳动的重要性,无论是在新民主主义社会向社会主义社会过渡时期,还是在社会主义化改造基本完成的时候,都提倡重视劳动,"不仅县、区、乡的干部,而且县级以上的各级党委的主要领导人员、在政府和人民团体中工作的党的主要干部,包括党的中央委员在内,凡是能够参加体力劳动的,都应该每年抽出一部分时间参加一部分体力劳动"[1]。为进一步解决中小学毕业生升学难题,同时满足广大人民群众接受教育的热情,还要求中小学毕业生从事农业生产,1954年,中共中央转发了《关于解决高小和初中毕业生学习与从事生产劳动问题的请示报告》,在报告的批语中指出:"所有工人、农民和群众,在接受了义务教育之后,其中一小部分优秀毕业生可以升学深造,其他绝大多数都应该从事工、农业及其他生产劳动……今后中小学教育的方针应该是:彻底肃清封建、买办、法西斯思想和资产阶级教育思想的残余,对全体师生透彻说明体力劳动与脑力劳动的密切关系,重申体力劳动是一切劳动的基础。要向教师、学生、家长解释说:能升学固然是光荣的、正当的;如不能升学,而从事劳动生产也是光荣的、值得肯定的。"[2] 此外,还提出坚持"两条腿走路"的办学方针,贯彻两种教育制度和两种劳动制度,强调教育要与生产劳动相结合,转变大学生择业观念,动员城市知识青年上山下乡,服从国家分配等,数以万计的大学生根据国家需要,奔赴全国各地,成为新中国建设的生力军,高校辅导员队伍也得到了蓬勃发展。但在"文化大革命"期间,高校的工作不能正常开展,缺乏推动力量,高校辅导员在这一时期发展缓慢,陷入停滞。

---

[1] 《建国以来重要文献选编》第十册,中央文献出版社1992年版,第230页。
[2] 纪志耿:《教育必须和生产劳动相结合——新中国成立初期党的教育思想及其当代价值》,《学理论》2015年第8卷。

三 改革开放时期高校辅导员动力系统的重构与发展

改革开放时期高校辅导员动力系统的发展历经三个阶段。一是恢复与调整阶段，主要特点是"拨乱反正"，将工作重心调整到社会主义现代化建设上来。二是加强与改进阶段，确立培养德智体美全面发展的社会主义劳动者的人才培养目标。三是开拓与深化改革阶段，坚持科学发展观，推进高校辅导员科学发展。每个阶段的形势、目标、任务和动力等都不尽相同，但总体而言，高校辅导员政策在这一时期发展迅速。

（一）恢复与调整阶段

"拨乱反正"，将工作重心调整到社会主义现代化建设上来。为了解放思想，推动社会主义事业快速发展，中央密集地召开了一系列重要会议，出台一系列关于加强思想政治工作的文件，要求高等学校、农村、企业、中小学、军队等都要重视思想政治工作，倡导既要抓经济，又要抓思想，强调要尊重知识、尊重人才，重视人才培养，有力推动高校思想政治工作回归正轨。尤其在1980年4月，教育部、共青团中央发布的《关于加强高等学校学生思想政治工作的意见》，还专章专门对政治工作队伍进行了阐述，对这支队伍的来源、任务、培养方式、可享受的工作福利待遇等都进行了规定。1984年6月，全国高等学校思想政治工作会议在北京召开，会议提出，思想政治工作要适合八十年代青年的特点，强调要突出培养创新精神，"启发、爱护和支持青年人的创新精神与改革精神，使青年中勤于学习、敢于探索、勇于创新的可贵精神，大大发扬起来"[1]，同时，还提出要教育青年坚持"四项基本原则"，"使青年在德、智、体几方面得到全面发展，使我们的学校多出人才，快出人才，出好人才"[2]。中央强有力的高位推动，高校辅导员政策进入了迅速发展的新阶段。

（二）加强与改进阶段

培养社会主义接班人的概念不断强化。1987年前后，中央已经认识

---

[1] 李德芳、杨素稳、李辽宁主编：《中国共产党思想政治教育史料选辑》，武汉大学出版社2019年版，第221页。

[2] 李德芳、杨素稳、李辽宁主编：《中国共产党思想政治教育史料选辑》，武汉大学出版社2019年版，第222页。

到高校在人才培养问题上存在一定程度的脱离社会主义建设实际需要的倾向,1989年政治风波后,坚持党对高校的领导,加强学校党建,重视意识形态领域的斗争被提上重要议程,1989年7月,中共中央、国务院转发国家教委《关于当前高等学校工作中几个问题的意见》,明确提出培养什么人始终是教育战线的根本问题,要求各级党委、政府和教育部门真正把高等学校办成培养社会主义接班人的坚强阵地。随着改革开放的深入和社会主义市场经济的迅速发展,国内经济、社会生活、利益关系等都发生了巨大变化,对高校思想政治教育带来了巨大冲击,1993年12月,中共中央、国务院印发国家教委制定的《中国教育改革和发展纲要》,指出要用马列主义、毛泽东思想和建设中国特色社会主义理论教育学习,把坚定正确的政治方向摆在首位。在1995年出台的《中华人民共和国教育法》中明确规定,"教育必须为社会主义现代化建设服务,必须与生产劳动相结合,培养德智体等方面全面发展的社会主义事业的建设者和接班人"[①]。改革开放前二十年的经济发展注重速度但在一定程度上忽视了质量,科学发展的课题被提出来,更加关注学生的全面发展问题。2004年8月,中共中央、国务院发出《关于进一步加强和改进大学生思想政治教育的意见》(简称"中央16号文件"),提出高校要"以理想信念教育为核心,以爱国主义教育为重点,以思想道德建设为基础,以大学生全面发展为目标,解放思想、实事求是、与时俱进,坚持以人为本,贴近实际、贴近生活、贴近学生,努力提高思想政治教育的针对性、实效性和吸引力、感染力,培养德智体美全面发展的社会主义合格建设者和可靠接班人"[②]。该文件在很长一段时间成为中国共产党指导全国高校开展思想政治教育的纲领性文件。

(三)开拓与深化改革阶段

高校辅导员向专业化、职业化发展的开端。这一时期,高校辅导员政策发展的主要动力有:一是新时期的新形势新挑战。进入21世纪后,

---

[①] 冯刚、沈壮海主编:《中华人民共和国学校德育编年史》,中国人民大学出版社2010年版,第747页。

[②] 《加强和改进大学生思想政治教育重要文献选编(1978—2014)》,知识产权出版社2015年版,第265—266页。

国内外形势发生了巨大变化，一方面，世界经济全球化进程加快，政治多极化、文化多元化的趋势进一步增强；另一方面，党的十六大确立了全面建设小康社会的目标，社会主义现代化建设进入新时期，市场经济体制逐步建立，改革开放继续深化，高等教育的大众化和网络的日益普及化等，社会环境的变化和人们思想观念的转变，为高校辅导员的迅速发展提供良好机遇的同时，也带来了前所未有的挑战，向高校辅导员队伍提出了更高的要求。二是新时期大学生的思想政治状况的实际。由于社会环境的巨大变化，大学生的思想观念、价值取向也发生了深刻的变化，与前几代大学生相比，这一时期的青年大学生一方面关心国家大事和社会现实问题，拥护中国共产党的领导，但对深层次的理论问题认识却不够深刻。另一方面大学生的世界观、人生观和价值观主流是积极健康的，但在思想观念、价值取向方面却存在一定程度的知行脱节、过于自我，出现功利化倾向等问题。再有，青年大学生具有较强的竞争意识和创新意识，能够积极向上，但一些情绪和心理问题日趋增多。三是辅导员自身发展的需要。尽管高校政治辅导员政策起步很早，但因为各种原因，辅导员队伍并没有得到真正的发展和壮大，面对新时期的新形势、新挑战以及新时期大学生的思想政治状况实际，2004年8月，中共中央和国务院联合发布的"中央16号文件"，就大学生思想政治教育做出重大决策，成为较长一段时期内指导大学生思想政治教育的纲领性文件，为高校辅导员队伍建设提供了指导思想，不仅对辅导员队伍任用和选拔提出了要求，而且还立足辅导员自身，要求高校给予一系列的制度保障，有力推动了高校辅导员政策的长足发展。2005年，作为"中央16号文件"的配套文件，教育部《关于加强高等学校辅导员班主任队伍建设的意见》发布，使得高校辅导员队伍建设逐渐由粗略的、方向性不强的探索，转变为比较具体的、有确定目标方向的实践。2004年，全国高校辅导员建设工作会议在上海召开，这是新中国成立以来第一次全国性、专门性的辅导员工作会议，会议的最重要成果，就是诞生了教育部24号令，即《普通高等学校辅导员队伍建设规定》，不仅明确了加强辅导员队伍建设的意义和目的、角色定位、职责规定、素质要求、培养发展、管理考核等，还明确了辅导员具有教师和干部的双重身份，实行学校和院（系）双重领导等，提供了全面的制度框架，成为高校辅导员队伍建设的纲领性文件。

四 新时代高校辅导员动力系统的创新发展

新时代以来，中央继续高度重视高校辅导员工作，教育部和各地方省市、高校制定了各种配套政策，高校辅导员动力系统不断完善，专业化、职业化水平不断提升，在创新中迅速发展。

（一）构建高校辅导员职业能力培养体系

提升高校辅导员职业能力不仅关乎千万大学生的成长成才问题，也关乎高校辅导员队伍自身创新发展问题。在中央领导的持续关注和部署下，通过建立行业协会、提高学历学识、加强培训培养、举办职业能力大赛等多种方式，逐步构建起完善的高校辅导员职业能力培养体系。一是中央领导高度重视持续关注。进入新时代，习近平总书记多次就加强辅导员队伍建设做出重要指示批示，做出重要工作部署。二是建立辅导员行业协会。作为民间社会组织，高校辅导员行业协会是辅导员群体在自身发展需要的驱动下，自发自愿结成的专门性团体，高校辅导员协会的成立，有利于进一步发挥辅导员在大学生思想政治教育中的作用，有利于辅导员同行间进行交流互鉴，有利于推动辅导员队伍的专业化发展。目前，全国绝大多数省市、高校均建立了辅导员协会。三是加强培训，提升学历。2007年7月，教育部设立了首批21个教育部高校辅导员培训和研修基地，针对高校辅导员开展专项培训并组织开展专题研究工作。为提高辅导员学历，2006年起，教育部委托34所具有思想政治教育专业博士点的高校招收了首批1000余名辅导员攻读硕士学位。2008年起，启动实施"高校辅导员在职攻读思想政治教育专业博士学位计划"，自2010年起正式实施"高校辅导员专项计划"等。四是举办高校辅导员职业能力大赛。2012年起，教育部主办，全国高校辅导员工作研究会承办了"高校辅导员职业能力大赛"，以赛代训，展现辅导员良好精神风貌，营造辅导员立足岗位建功立业、着眼学生成长成才提升职业能力的浓厚氛围。五是发布《高等学校辅导员职业能力标准（暂行）》。2014年，《高等学校辅导员职业能力标准（暂行）》发布，标志着高校辅导员队伍建设走向成熟。

(二) 提升高校辅导员理论研究水平

高校辅导员工作是一项实践性很强的工作，实践离不开理论的指导，理论是推动实践发展的重要源泉。提升高校辅导员理论研究水平的方式主要有：一是创办专业研究刊物。2009 年，《高校辅导员学刊》在安徽师范大学创刊，专门刊发辅导员工作的研究成果。同年，《高校辅导员》在山东大学正式创刊。2010 年，教育部思想政治工作司将《高校辅导员学刊》和《高校辅导员》确认为全国高校辅导员工作研究指导性刊物。二是设立专项基金，成为研究热点。教育部人文社科基金的设立被公认为是理论研究的风向标，2011 年起，教育部人文社科研究专项在"高校思想政治工作"中设立辅导员专项，单列项目批准号，每年设置约 100 个项目，涵盖辅导员工作的方方面面，高校辅导员工作研究成果逐年增加，逐渐成为研究的热点。三是建立辅导员名师工作室。近年来，"辅导员名师工作室"的工作模式在很多省份逐步推开，其主要目的是围绕辅导员主要职责，开展相关理论与实践的探索，研究制定辅导员工作要求、工作规范、考核标准，推广富有特色和成效的工作经验和案例等。四是出版各类研究性著作。2009 年以前，关于辅导员的研究性著作数量非常有限，相关著作的内容主要围绕高校辅导员的培训、基本知识介绍等，2010 年以后，尤其是进入新时代后，随着高校辅导员职业化的推进，有关辅导员的著作逐渐开始增多，著作类型趋于多样化，理论性越来越强，高校辅导员工作理论体系日趋完善。

(三) 完善高校辅导员激励与评价机制

推动高校辅导员的健康发展，离不开完善的激励与评价机制的建立，如果激励不够，评价体系不够完备，就很难使高校辅导员成为人们所乐于从事的职业。党和国家想了很多办法：一是常态化地选优树典。从 2009 年起，举办"全国高校辅导员年度人物"评选活动，设置了"全国优秀辅导员""高校优秀思想政治教育工作者"等荣誉称号，每年评选表彰一批为人师表、爱岗敬业、无私奉献，广受师生好评的优秀辅导员，并组织先进事迹报告会，用身边人讲述身边事，用身边事激励身边人等。这些活动，对辅导员坚定职业理想，提高技能素养，实现人生价值，起到了十分重要的示范引领作用。二是制定专门的辅导员职称职务评定规则。高校辅导员队伍职业化、专业化的发展，离不开完善的职称评定制度保障，各省市、高校进行了各种有益的探索，2015年，中共中央办公厅、国务院办公厅印发了《关于进一步加强和改进新形势下高校宣传思想工作的意见》，就进一步加强高校宣传思想工作、全面推进意识形态工作做出了全面部署，随后，中共中央宣传部、中共教育部党组印发《关于加强和改进高校宣传思想工作队伍建设的意见》，要求严格落实辅导员"双重身份、双线晋升"和辅导员专业技术职务单列指标、单设标准、单独评审政策。2017年，中共中央、国务院印发《关于加强和改进新形势下高校思想政治工作的意见》，进一步明确高校思想政治工作队伍的双重身份，要求将其纳入高校人才队伍建设总体规划，并提出这支队伍的建设目标是专职为主、专兼结合、数量充足、素质优良。经过多年努力，高校辅导员的学历程度得到很大的提升，职业发展路径越来越顺畅，社会认可度越来越高，辅导员的个人满意度也逐步提高。

第三节　高校辅导员政策发展的内生动力

纵观高校辅导员的发展历程，要推动高校辅导员政策的科学化发展，除了外部的政策牵引，更重要的是要激发内生动力，包括在促进高校辅导员职业发展需求中，在推动高校辅导员政策运行机制改革中，在完善高校辅导员政策效果评估中增强内生动力。

一　在促进高校辅导员职业发展需求中激发内生动力

高校辅导员能够健康发展，离不开走职业化专业化的发展路径，那就意味着需要有一支高素质、稳定的工作队伍，还要形成一定的职业标准和制定一整套的制度，能够激励、满足和保障高校辅导员的职业发展需求，从而激发这支队伍获得源源不断的发展动力。

（一）构建打造高素质辅导员队伍，建立贯穿全生命周期的培训体系

要打造一支高素质的辅导员队伍，就要建立贯穿"选育管用"全生命周期的培训培养体系。在入口关上，自"中央16号文件"发布后，高校在招聘辅导员时，一般都要求硕士以上的学历，还要求具备相关的专业知识、职业素养和职业能力，政治面貌必须为中共党员，很多高校采取面向社会招聘的方式来进行招录，以保证能够选拔到更多的优秀人才。

在培养培育上，基本形成以教育部举办的全国高校辅导员骨干示范培训为龙头，辅导员培训研修基地为重点，各高校举办的各类培训为主体，贯穿岗前、新上岗、在岗日常轮训等多层次、多形式的高校辅导员培训体系。培训内容更加丰富，除涵盖辅导员工作内容的方方面面外，还注重相关学科理论知识的学习；培训方式更加多样，根据辅导员的不同成长阶段、不同专业背景、不同的工作对象等差异，借助相关学科的方法优化培训方式。在培养使用上，还推行持证上岗、职业资格认证等制度，规定辅导员要经专业培训、获得相关资格证书后才能上岗。

（二）建立科学的行业标准

辅导员要成为一门专业，需要建立科学的行业标准，需要对辅导员的准入条件、职责、任务、管理、考核等进行严格规定。随着高校辅导员制度的不断完善，辅导员的行业标准也越来越清晰和完备，政策文件也从最初的意见到落地的规定，再到具体的职业能力标准，越来越具体，越来越精细。在高校层面，各高校积极探索，针对不同的学生群体，分为研究生辅导员和本科生辅导员，对不同的辅导员职责进行分类，如分为学术型辅导员、生活辅导员、职业辅导员等。此外，就辅导员管理而言，不少高校制定了严格的辅导员管理制度，尝试将主观与客观相结合，定性与定量相结合，建立健全考核指标体系，使之更为科学和可操作。评估的方式也采取个人自评加院系综合评价、学生以及学生主管部门的评价相结合的方式，多维度考察辅导员的工作成效。随着行业标准越来越科学，越来越完备，越来越多优秀的人才被吸引进入辅导员队伍，辅导员队伍得以发展壮大，其发展动力也被很好地激发出来。

（三）畅通流动机制，健全激励机制

各高校在实践中都意识到，畅通职业发展通道是推动高校辅导员政策发展的重要力量，不少高校将辅导员纳入人才培养计划，为辅导员进行职业发展规划，提供多种进修学习、到各级党政机关挂职锻炼的机会，将工作达到一定年限的优秀辅导员输送到学校的各个重要岗位，有的输送到专业教师队伍，有的输送到党政管理干部队伍，还有的输送到其他高校或到地方任职。有些高校为了激励辅导员，还在政策上予以倾斜，在职称晋升、职级评审、工资待遇等方面给予优待，满足辅导员职业发展需求，让辅导员感受到实实在在的福利。

（四）提供积极支持，营造良好环境

高校辅导员的职业发展离不开各地党委、政府以及教育部门的大力支持，一方面，通过制定各项配套政策和制度，监督、检查、评估各高校的执行情况，加大资金投入，设立研究项目，建设培训基地，邀请专家进行培训等提供支持；另一方面，建立行业协会，定期组织专题研讨、经验交流、培训学习等，搭建同行学习交流平台，推动辅导员队伍更好地改革创新。此外，还激励高校进行创新探索，借鉴国内外先进经验和不同学科知识，如学生事务管理、心理健康教育、生涯规划辅导等，为辅导员的职业化发展提供有力支撑，营造良好的职业环境。

二 在推动高校辅导员政策运行机制改革中催化内生动力

"徒法不足以自行"，法规制度的生命力在于执行。一方面，既要持之以恒地解决有法可依的问题，不断完善制度体系。正如习近平总书记所强调的，"要搞好制度'供给侧结构性改革'，空白缺位的抓紧建立，不全面的尽快完善，成熟经验及时推广"①。要通过高校辅导员政策制定的主体不断推动政策制度的完备来为高校辅导员建设保驾护航。另一方面，还要锲而不舍地解决有法必依的问题，不断扎紧制度的笼子。因此，要努力推动高校辅导员政策运行的主体执纪执规并强化督查检查，才能确保政策运行顺畅，制度执行到位，催化内生动力，取得实际成效。

（一）推动国家、省市、高校的三级辅导员政策体系的科学运行

当前，高校辅导员政策的运行主体基本可以分为国家、省市、高校三个层面，在实际运行中，已经形成了一个立体的政策体系，推动其科学运行，对高校辅导员政策制度的有效执行具有积极作用。第一，在国家层面，要根据党和国家的教育方针，人才培养目标，所面临的形势，辅导员政策基础、运行实际以及存在问题等，进行科学的顶层设计，结合重要会议，重要时间节点，出台宏观政策指导，指明建设方向，统筹协调各方，起到纲举目张的效果。第二，在省市层面，在中央颁布有关政策文件的基础上，各省市结合本地区的工作基础和实际，颁布系列政

---

① 习近平：《在中央和国家机关党的建设工作会议上的讲话》，《求是》2019 年第 21 期。

策文件，对中央文件进行细化实化。第三，在高校层面，则以国家、省市的政策文件为指导，根据学校实际，颁布更为具体细致、更为可操作可落地的制度文件，从目前情况看，辅导员工作与发展的政策体系基本完备，内容涵盖辅导员的工作、管理、选拔、考核、使用、发展等各方面。在实际工作中，要努力推动国家、省市、高校的政策实现上下贯通、内外联动、左右衔接、科学运行、执行有力。

（二）推进高校辅导员政策的落实落细

尽管国家、省市、高校三级辅导员政策体系已经基本建立，但仍存在政策体系不够完备，政策法规不够配套，政策链条不够完整等问题，可以尝试从以下几个方面寻求突破。一是加强政策理论研究。目前，关于高校辅导员的研究主要偏重经验的和表象的描述，上升到抽象的理性的认识还不够，多为对辅导员工作某一个具体问题或某一方面问题的研究，缺乏对辅导员政策本身的研究，即便有一些关于辅导员制度的研究，但全面性和系统性都不够。二是加强调查研究。调查研究是做好一切工作的基础，了解情况是制定政策的基础，不了解情况是难以做到科学决策的，更谈不上有效推动工作的落实。正如习近平总书记指出的"正确的决策离不开调查研究，正确的贯彻落实同样也离不开调查研究"[1]，调查研究是推进辅导员政策的落实落细的有效方式，及时的调查研究可以了解工作的实际开展情况，通过跟踪反馈和督促整改等方式，推动工作的顺利完成。三是应用系统动力学理论与方法进行高校辅导员政策分析。系统动力学是"由美国麻省理工学院的福瑞斯特教授于1950年代创立，是一种以反馈控制理论为基础，通过结构—功能分析与模拟来认识和解决复杂动态反馈性系统问题的研究方法"[2]，高校辅导员政策的制定和运行过程本身是一个系统的动态过程，意味着可以借鉴系统动力学理论来分析高校辅导员政策问题的诊断、政策模拟与决策支持、政策实施的督导与评估、政策变迁的历史解释等关键问题，这对科学决策以及确保决策科学都有非常重要的理论意义和实践价值。

---

[1] 习近平：《在党的十九届一中全会上的讲话》，《求是》2018年第1期。
[2] 赵德余：《政策系统动力学》，社会科学文献出版社2019年版，第1页。

三　在完善高校辅导员政策效果评估中增强内生动力

高校辅导员政策执行效果的好坏，要通过定性和定量的评估来衡量，及时有效的评估可以产生源源不断的动力推动高校辅导员政策的科学发展。高校辅导员政策效果评估可以从以下几个方面进行完善。

（一）提高政策制定的准确性与完整性

一是要评估政策指向对象的准确性。对象指的是政策的指向和范围，对于高校辅导员政策而言，其具体的指向和范围是否准确，决定了政策实施的有效性。正如马克思在说明对象时所指出的，"这取决于对象的性质以及与之相适应的本质力量的性质；因为正是这种关系的规定性形成一种特殊的、现实的肯定方式"[①]，我们至少要从辅导员的工作本身、工作对象，以及辅导员自身发展等三个维度以及这三者之间的关系去把握其质的规定性和发展变化规律，从而更好地评估其政策指向和范围的准确性，激发政策的内生动力。二是要评估政策内容的完整性。政策的内容是制定政策目标的具体化体现，在确定了政策制定的目标后，准确、完整的政策内容是确保政策目标得以实现的保证。政策的完整性主要体现在以下三个方面。第一，具有普遍性。高校辅导员政策制定是由社会主义高校的办学方向以及高等教育规律所决定的，政策内容是对全体高校辅导员发生作用的，而不是其他主体以及这些主体相关的行为。第二，具有一致性。高校辅导员政策需要保持结构、内容、程序等的一致性，从政策发展的时间先后顺序看，需要保持注意内容之间的不矛盾和连贯性；从政策执行的主体看，需要注意保证国家、省市、高校政策的不冲突和和谐性；从政策内容涉及的范围看，需要注意保障辅导员的职责规定、工作要求、条件保障等的不排斥和逻辑性。第三，具有合理性。一方面，辅导员的政策要符合思想政治工作规律、教书育人规律、学生成长规律，要符合辅导员职业发展和心理认同规律，需具有客观合理性；另一方面，辅导员政策实体性内容和程序性内容都要具有合理性，确保逻辑关系准确，符合辅导员的实践要求。

---

① 马克思：《1844年经济学哲学手稿》，人民出版社2018年版，第83页。

(二) 提高政策运行的程序性与规范性

政策本身是一个关系范畴，代表着政策主体与政策客体之间的关系，而这种关系的维持与发展是通过政策运行的程序性和规范性来体现的。一是程序性，"程序主要是指人们为了实现特定的目标或解决特定的问题而制订的命令序列的集合"①，辅导员政策的运行要充分体现程序性，也就是政策所规定的这些命令序列是有密切的逻辑因果关联的，这些相互关联的因果关系链是辅导员政策系统的关键基础和重要"部件"，因此，除了辅导员政策的主体内容外，还要注重其程序性的设计，以确保主体内容在按程序运行的过程中不会发生偏差，保障辅导员工作的顺利开展。二是规范性，只要"概念、制度或实践本身被某个人或团体认为具有强制力或约束力，就可以认为他们具有规范性的特征"②。可见，政策的规范性具有公开、明确、强制的特点。第一，政策具有公开性。无论政策文件是以什么方式发布，要么对政策运行主体公开，要么对辅导员群体公开，因为只有公开，才可能被政策运行主体以及辅导员本身知晓，在知晓的前提下，才有可能很好地执行。第二，政策具有明确性。政策内容要清晰明了，准确易懂，不能模棱两可，晦涩难懂，政策语言不能过于抽象，要体现具体性，要可操作可落地，不要留有过多的自由裁量空间，避免出现不公正的结果。第三，政策具有强制性。政策限定了政策行为主体的活动界限，为了保证政策的有效性，对超出活动界限的行为主体，政策将通过强制力将其阻止并将其规范到政策关系框架内。高校辅导员政策也是如此。因此，要运用好政策的强制性，保障政策的顺利实施。

(三) 提高政策落实的实效性与持续性

对政策的研究不能只停留在抽象的理论研究上，还要落实到丰富的实践之中，既要提高政策落实的实效性，也要保持政策的持续性。作为高校思想政治工作政策的重要组成部分，高校辅导员政策提高政策落实的实效性和持续性的关键在于贯彻落实好现行政策，并在政策文件生命

---

① 陈正芬：《中国高校辅导员制度研究》，中国社会科学出版社2018年版，第202页。
② 马晨：《自由的现实化与制度能动性——从规范性的角度看黑格尔哲学中的法》，《国外社会科学前沿》2022年第6期。

周期内保持其稳定性的同时，推动政策的创新发展。一是落实政策执行的实效性。政策只有在运行中才能产生效益，实现价值。高校辅导员政策在贯彻执行中，第一，要让政策的对象——高校辅导员自身了解政策、正确认识政策并自觉维护政策；第二，要营造政策运行的良好氛围，从国家到省市到高校，都要积极营造尊重辅导员、重视思想政治工作和辅导员工作的良好氛围；第三，要彰显政策的价值。在政策的运行过程中，辅导员的素质能力得以提升，大学生思想政治工作的针对性和实效性增强，辅导员工作得到社会的广泛认可，这些都是政策落实的价值。二是落实政策发展的持续性。通过对辅导员政策发展史的梳理可见，特定的政策是特定历史时期的产物，与特定历史时期的社会经济、政治、文化等发展程度密切相关，有一定的生命周期，但作为政策，又需要保持好持续性，这种持续性包括两个方面：第一是相对稳定性。不管是政策制定的主体还是政策运行的主体，都不能随意对政策进行改动，要保持政策的权威性和稳定性，从而对政策的对象起到约束作用，一旦失去了相对稳定性，人们就不会去遵守政策、照章办事。第二是守正创新。在保持政策稳定性的同时，也不能墨守成规、一成不变，要在发展中创新、在创新中发展，使其更好地遵循规律，适应社会发展的需要。

第九章

高校辅导员政策的效果评估

高校辅导员政策的效果评估是为了客观评价高校辅导员政策的实施是否达到了预期成效，并以评估结果为依据持续推动高校辅导员政策的优化发展。开展高校辅导员政策的效果评估，一方面可以全面系统地总结高校辅导员政策实施所取得的成绩，另一方面也可以实事求是地反映出高校辅导员政策在各地各高校落实过程中可能存在的问题。《深化新时代教育评价改革总体方案》指出，新时代教育评价工作要坚持立德树人、坚持问题导向、坚持科学有效、坚持统筹兼顾、坚持中国特色，努力形成富有时代特征、彰显中国特色、体现世界水平的教育评价体系。① 进入中国特色社会主义新时代，高校辅导员政策效果评估要以《深化新时代教育评价改革总体方案》为基本遵循，结合高校辅导员工作实际，落实立德树人根本任务，推动高校学生工作高质量内涵式发展。同时，我们又要透过历史的纵深，以历史的观点、发展的观点、联系的观点和辩证的观点开展高校辅导员政策评估工作，以推动高校辅导员政策优化发展。

第一节 高校辅导员政策效果评估的发展历程

高校辅导员政策是中国共产党党组织在革命斗争、发展建设及治国理政过程中，为取得高校青年学生的认同与支持，根据党的性质、宗旨、目标和章程，结合一定历史时期的路线方针和战略任务而制定的党组织

---

① 《深化新时代教育评价改革总体方案》，人民出版社2020年版，第2—3页。

在高校思想政治工作中有关辅导员工作的行动准则。无论是从理论还是从实践层面，高校辅导员政策都是紧紧围绕为什么建设高校辅导员队伍、谁负责建设高校辅导员队伍以及如何建设高校辅导员队伍这些问题而进行的顶层设计。与此相应，开展高校辅导员政策效果的评估则是要回应高校辅导员队伍建得怎么样这个核心命题，具体而言就是要回答高校辅导员政策的运行是否与党组织提出的目标相一致、高校辅导员队伍建设的状况是否与党组织所处的历史方位相契合、高校辅导员队伍是否胜任党所处阶段的历史任务等问题。

一 高校辅导员政策效果评估的实践回顾

加强辅导员队伍建设，提升学生工作质量，高校辅导员政策起着重要的引领和推动作用。而高校辅导员政策的落地和运行效果如何，则需要通过高校辅导员政策效果评估予以反馈。高校辅导员政策效果的评估，应牢牢把握"为什么评""谁来评""评什么""如何评"等重要问题。[①] 高校辅导员的设立及其政策制定，是中国共产党结合高校青年学生培养实际，创造性地提出并持续推动发展的。高校辅导员政策效果的评估，也有一个渐进的深化过程。

（一）评估主体：从单一到多元

由于历史和时代方面的原因，高校辅导员政策的效果评估经历了一个由单一主体到多元主体的发展历程。在革命战争年代，中国共产党在高校开展青年学生的工作并没有一个完整的政策体系，党组织只是根据自身工作力量，结合当时当地和所在高校的实际情况，采取渗透的方式对青年学生进行动员和组织。革命战争年代，由于敌我力量的悬殊，出于保护革命同志和进步青年的目的，中国共产党在高校开展的工作大多处于地下或半地下状态。鉴于当时的历史状况和中国共产党的发展阶段，并没有形成真正意义上的高校辅导员工作队伍。因此，也还没有真正意义上的高校辅导员政策效果评估。当然，这并不否认党组织出于推动革命工作的需要，所开展的高校青年学生工作状况研究。当时开展的这种工作研讨，是由党组织根据自身发展需要而进行的一种自我评估，是基

---

① 冯刚等：《高校思想政治教育工作质量评价研究》，人民出版社2020年版，第1页。

于实践的工作评判。鉴于革命斗争形势，当时所开展的评估工作其主体是党组织和党员同志，不可能由党外人士来实施。新中国成立之后，中国共产党掌握了政权，高校成为培养社会主义建设者和接班人的阵地，高校辅导员政策也逐步建立健全。在这种时代背景和办学环境下，高校辅导员政策效果评估的主体既可以是党组织本身，也可以是社会专业机构，还可以是专业人士等。评估的主体由此变得多元多样，各方面评估主体可以从实际需要出发，开展高校辅导员政策效果的评估。

(二) 评估客体：从基本到全面

高校辅导员政策效果评估的客体是指高校辅导员政策所作用的对象，通常是指高校辅导员队伍及其相关的方面。从高校辅导员政策效果评估的发展进程看，高校辅导员政策效果评估的客体经历了一个从基本到全面的过程。所谓的"基本"首先是指对面上情况的评估，是基础性的评估，主要包括高校辅导员队伍建设情况、高校辅导员工作开展情况、高校对辅导员的政策配套情况等。"基本"指涉的是总体性状况，而不是具体的某个人、某件事。"基本"的另一层意思是，高校辅导员政策发展的初创阶段，由于革命的严峻形势，同时出于认识方面的原因或囿于力量方面的不足，由于客观条件方面的局限，中国共产党从组织角度只能对高校辅导员政策开展基础性的绩效评估。这种评估并没有系统的科学理论支撑，也还没有全面深入地铺开。实际上，直至改革开放初期的1984年，《关于加强学校思想政治工作队伍建设的意见》出台后，高校辅导员政策效果评估的客体才逐步清晰。此后，党和政府持续加强高校思想政治工作队伍建设，专门针对辅导员队伍建设的政策文件也得以出台，其中2005年《教育部关于加强高等学校辅导员班主任队伍建设的意见》和2006年《普通高等学校辅导员队伍建设规定》最具标志性。进入中国特色社会主义新时代，党和政府根据时代方位和形势发展的需要，提出了全员、全程、全方位的"三全育人"理念。与此相应，高校辅导员政策效果评估的客体也步入"全面"阶段，对人员、流程和场域等方面的全覆盖评估成为高校辅导员效果评估的应有之义。

(三) 评估内容：从嵌入到单列

高校辅导员政策效果评估的内容，有一个从简单到丰富的过程。在革命时期，高校辅导员政策还处于萌芽及初创阶段。这个时期的高校辅导员政策常常是嵌入党的其他工作之中的，所以高校辅导员政策的效果评估也与其他工作糅合在一起进行。新中国成立之后，清华大学开始专门设置辅导员工作队伍。从这时候起，高校辅导员才作为高校一支专门的教育管理队伍开始出现。尽管如此，该时期清华大学的辅导员制度是探索性的，属于"双肩挑"辅导员。从高校辅导员政策效果评估的角度，已经开始具备了把高校辅导员队伍作为一支专门力量进行工作绩效评估的条件。但从高校辅导员专门队伍的创立到其发展壮大，高校辅导员政策有一个与时俱进、不断完善的过程。在改革开放前，高校辅导员政策评估方面，党和政府一直都是从高校思想政治工作维度切入开展高校辅导员政策效果评估的。改革开放以来，高校辅导员的专业化职业化成为党和政府非常关注的问题。例如，1984年颁布的《关于加强学校思想政治工作队伍建设的意见》，从学生思想政治工作人员的角度对辅导员工作进行了阐述。1987年党中央印发了《关于改进和加强高等学校思想政治工作的决定》，从把学生培养成为有理想、有道德、有文化、有纪律的人才出发，对学校思想政治教育提出了明确要求，并就建设一支坚强的马克思主义理论队伍和思想政治工作队伍进行了规定，要求把从事学生思想政治教育的专职人员，列入教师编制并实行教师职务聘任制。2000年，教育部颁布了《关于进一步加强高等学校学生思想政治工作队伍建设的若干意见》，对高校学生思想政治工作者的任务、素质要求、队伍建设政策和措施、组织领导、制度保障等提出了具体要求。2004年颁布的中共中央、国务院关于《进一步加强和改进大学生思想政治教育的意见》，对高校辅导员的专业化职业化起了重要的推动作用。2005年，教育部发布《关于高等学校辅导员班主任队伍建设的意见》。随后的2006年，教育部颁布《普通高等学校辅导员队伍建设规定》。进入新时代，《高等学校辅导员职业能力标准》以及新修订的《普通高等学校辅导员队伍建设规定》相继出台。以这些政策和制度为蓝本，高校辅导员政策效果评估进入了新阶段，这一时期的高校辅导员工作内容非常丰富，包括学生教育、管理和服务方方面面的内容，政策效果评估的内容已经可以单独成篇，而无须嵌入其他政策的评估内容之中了。当然，这种"单列"并不意味着"断裂"，高校辅导员政策仍然是高校思想政治工作体系，只是其内容更加丰富、覆盖面更大，需要进行专门化、专业化的评价了。

(四) 评估方法：从定性到综融

在高校辅导员政策效果评估的方法方面，经历了一个从以定性为主到定性定量融合的过程。中国共产党创立初期，我们党本身面临着组织还没有建立健全，党员数量还比较少等一系列问题，加之当时的工作重点和目标任务并不是高校，所以并没有把关注点放在工作效果评估上。与当时革命战争年代的严峻形势相适应，中国共产党首先要分清敌我才能进行斗争。因此，"谁是我们的朋友，谁是我们的敌人"在严酷的战争时期是最为基本的问题，"红旗到底能打多久"是大家普遍关注的重要问题。新中国成立后，凝聚各方面力量巩固政权、建设社会主义国家是重中之重。在这一时期，高校要为党和国家培养"又红又专"的人才是辅导员政策的目标导向，高校辅导员政策就是要保证学生工作队伍为着这个人才培养目标而开展各方面工作。这时候，"又红又专"这个具有定性意义的标准实际上也就是该时期最为重要的评价尺度。对高校辅导员政策效果的评估，具有定性评估的属性。改革开放以来，随着经济社会的持续发展，高校面临的机遇和挑战也不断增多，高校辅导员政策的迭代升级持续加快，高校辅导员政策效果评估的具体方法也越来越丰富，定性方法和定量方法融合发展，大数据、人工智能等技术在高校辅导员政策效果评估中的应用也越来越普遍。高校辅导员政策效果评估方法的进阶，既是我们国家经济社会发展水平提升的表现，也反映出我们党治国理政能力和水平的不断增强。

二 高校辅导员政策效果评估的基本成果

高校辅导员政策效果评估，是为了全面检阅高校辅导员队伍建设的成效，重点是对高校辅导员的队伍建设情况、工作任务落实情况以及政策运行的环境等方面进行评估评价，以持续推动高校辅导员政策的迭代升级。

(一) 健全了工作队伍

高校辅导员政策效果评估所呈现出的成果首先体现为辅导员工作队伍的建立健全。中国共产党始终立足中华民族的伟大复兴，立于培养社会主义建设者和接班人的高度来建设高校辅导员队伍，同时也基于问题导向来评估高校辅导员政策效果。我们党对高校辅导员政策的评估及推动高校辅导员政策发展的努力具有持续性，这反映在我们党和国家历年颁布的高校辅导员政策文本之中。正因为有党和政府与时俱进的政策配套，中国高校辅导员队伍建设才能适应时代的发展变化，不断建立健全并持续发展。在中国共产党初创时期，党的各级组织就注重结合革命斗争的实际在各级各类学校开展思想宣传工作。这一时期设立的政治指导员，是高校辅导员的雏形，工作队伍在当时尚不成规模。新中国成立以来，以清华大学"双肩挑"辅导员为标志，高校辅导员队伍真正建立起来。但是，"双肩挑"辅导员以学生为主、以兼职为主，实际上属于"功能型"的队伍建设模式。这种"功能型"队伍建设模式，是以解决问题、完成工作任务为目标，而队伍本身并不是重点。也就是说，达成工作目标是辅导员队伍建设的重点，而具体到工作由谁来做则可以根据实际情况进行考量。此后，我们党在对高校辅导员政策效果进行评估的基础上，实事求是指出高校辅导员队伍建设中存在的问题，并通过政策与时俱进的升级来推动问题的解决。例如，1984年颁布的《关于加强高等学校思想政治工作队伍建设的意见》，指出了当时高校辅导员队伍在思想理论水平、知识结构、培训、职称待遇等方面存在的突出问题。显然，这是经过深入的调查研究和评估后做出的结论。与此类似，2005年教育部《关于加强高等学校辅导员班主任队伍建设的意见》，对辅导员、班主任队伍建设的情况进行了客观评价，认为辅导员和班主任队伍还不能很好地适应新形势下加强和改进大学生思想政治教育的需要，还存在一些问题和困难，必须采取切实措施加以解决。从文本分析我们可以看出，每个新的高校辅导员政策文件，都是以问题为导向、以目标为引领，都是在评估前期高校辅导员政策的基础上，提出推动高校辅导员队伍建设的具体政策措施，为配齐建强高校辅导员队伍指明方向、提供遵循。

（二）深化了工作任务

高校辅导员政策的每一次迭代升级，都是在评估此前的政策效果及高校思想政治工作所面临的形势和任务基础上进行的。正是一次一次紧跟时势的评估评价，把高校辅导员政策的发展不断引入纵深。就高校辅导员工作内容方面而言，在中国共产党创立阶段，当时我们党能够使用的资源和手段以及可依靠的力量都还比较薄弱。当时，党组织在高校开展工作常常是以地下的方式秘密进行，工作内容还比较宽泛，工作目标是争取青年学生的支持和拥护。只要有利于实现工作目标的方式方法都在党组织可考虑的范畴之内，工作的手段和内容也都比较灵活，主要是以政治上的指导和思想上的引导为主。新中国成立之后，围绕着培养有社会主义觉悟的有文化的劳动者，高校辅导员的职能主要由专职的党政干部、政治理论课教师和有一定政治工作经验的青年教师担任，以培养"又红又专"的青年学生为工作目标。具体而言，就是教育引导学生拥护共产党的领导，拥护社会主义，愿意为社会主义事业服务。在此基础上，积极地对青年学生开展无产阶级的、共产主义的世界观教育。改革开放以来，面对新的形势任务，我们党立足建设高校精干有力的思想政治工作队伍和配齐建强高校辅导员队伍，持续出台政策以加强高校思想政治工作队伍建设，对高校辅导员素质要求和工作内容等方面的规定也越来越具体翔实。以2017年10月1日起开始施行的《普通高等学校辅导员队伍建设规定》为例，高校辅导员的工作职责包括思想理论教育和价值引领、党团和班级建设、学风建设、学生日常事务管理、心理健康教育与咨询工作、网络思想政治教育、校园危机事件应对、职业规划与就业创业指导、理论和实践研究。从内容上看，高校辅导员政策评估已经涵盖了学生日常教育管理和服务的方方面面，推动高校辅导员队伍建设朝着专业化、职业化方向发展。

（三）优化了工作环境

高校辅导员政策评估的目标从根本上讲，是通过科学的评估评价以加强高校辅导员队伍建设，从而做好高校学生的思想政治教育工作。高校辅导员政策效果评估最终是为了给高校学生思想政治教育创造良好的环境，为培养德才兼备、全面发展的社会主义建设者和接班人提供科学依据。思想政治教育是在一定环境中存在和发展的。思想政治教育环境是思想政治教育的要素之一，影响着思想政治教育的主体、客体和中介等其他要素，并影响着思想政治教育全过程。[①] 一般而言，环境是指某一事物存在或活动的外部场域。政策环境，即政策活动的外部场域，它对政策的产生、存在、发展和变迁具有重要影响。政策总是发生于一定的政治、经济和社会文化环境以及自然环境之中。政策环境可分为人工环

---

① 骆郁廷主编：《思想政治教育原理与方法》，北京师范大学出版社2019年版，第249页。

境和自然环境。其中，人工环境又分为政治环境、经济环境、社会文化环境和国际环境等。① 高校辅导员政策效果评估，既包括了对高校辅导员政策运行的评估，也包含了对高校辅导员政策环境的评估，这在高校辅导员相关政策文件的表述中可以得到印证。例如，1961年《中华人民共和国教育部直属高等学校暂行工作条例（草案）》中对班的组织和活动提出了具体要求，认为班级的组织和活动必须力求简化，以免形成活动过多、负担过重的情形。这就意味着，经过评估和调研，政策制定者或高层管理者认为当时的班级集体在组织机构、活动开展方面已经过多过泛，所以提出了精简组织和减少活动的要求。又如2005年教育部《关于加强高等学校辅导员班主任队伍建设的意见》指出，尽管多年来各地各高等学校采取多种措施加强辅导员、班主任队伍建设，也积累了一定经验并取得了明显成效。但总体而言，辅导员、班主任队伍建设还不能很好地适应新形势下加强和改进大学生思想政治教育的需要，还存在一些问题和困难，必须采取措施加以解决。这是教育部在深入调研、充分论证、多方评估的基础上得出的结论，为制定高校辅导员的下一步政策提供了很好的工作基础。随后的2006年，教育部颁布了《普通高等学校辅导员队伍建设规定》，对高校辅导员的工作要求、工作职责、配备与选聘、发展与培训、管理与考核等方面提出了具体规定。2017年，《普通高等学校辅导员队伍建设规定》又结合新时代要求进行了修订。通过政策一次次的调整和优化，高校辅导员的政治待遇、社会待遇、经济待遇、工作环境、发展机遇等方面不断得以改善，高校辅导员也涌现出一大批先进典型，为党的教育事业做出了应有贡献。

三 高校辅导员政策效果评估的发展趋势

党的十八大以来，中国特色社会主义进入新时代，高校辅导员政策效果评估呈现出新的时代特征，为高校坚持党的全面领导、落实立德树人根本任务提供决策依据和结果反馈。

（一）以"三全育人"为导向的综合评估

坚持和加强党对高校的全面领导，是加强和改进高校思想政治工作

---

① 杨宏山编著：《公共政策学》，中国人民大学出版社2020年版，第21页。

的基本经验,也是落实立德树人根本任务的重要保障。同时,我们党着眼中华民族伟大复兴的战略全局和百年未有之大变局,提出了人才强国战略。进而,党的二十大报告把教育、科技、人才摆在了全面建设社会主义现代化国家的基础性、战略性支撑的位置。这就意味着,作为中国特色社会主义高校,应该秉持为党育人、为国育才的初心和使命,坚持党的教育方针,坚持社会主义办学方向,努力培养德智体美劳全面发展的社会主义建设者和接班人,培养堪当民族复兴大任的时代新人。为落实党的全面领导以及促进学生全面发展,我们党对高校思想政治工作提出要构建"全员育人""全程育人""全方位育人"的"三全育人"工作格局。"三全育人"的"大思政"工作格局意味着,原有的辅导员工作机制应按照"三全育人"的目标任务有机融入新时代高校思想政治工作体系之中。也就是说,高校辅导员要找准自己在"三全育人"中的角色定位。"全员育人"意味着,高校辅导员只是新时代高校育人诸多力量中的重要一员,不能用单打独斗的思维模式来开展新时代高校思政工作;"全程育人"意味着,高校辅导员可能只是参与了育人的某一过程,除此之外还要采取措施关注育人的其他环节;"全方位育人"意味着,高校辅导员是育人整体的一个组成部分,要用好各个场域开展学生思想引领。在"三全育人"格局下进行高校辅导员政策评估,最重要的是要结合新时代对高校辅导员工作的新任务、新目标、新要求以及培育时代新人的新定位,开展综合式评估。这种综合式评估既要体现"三全育人"的成效,更要注重评估高校辅导员在"三全育人"过程中的角色定位及其功能发挥。

(二)宏观、中观、微观一体贯通的全程评估

从政策运行的角度,无论是体制机制还是工作内容、人员配置,都不可避免地要涉及宏观、中观和微观层面。进入新时代以来,以习近平同志为核心的党中央以巨大的政治勇气和政治担当加强对高校意识形态和政治安全工作的统筹,要求全党同志深刻认识"两个确立"的决定性意义,树立"四个意识",坚定"四个自信",做到"两个维护"。新时代高校辅导员政策评估,必须立足时代要求和发展方位,在宏观层面要立足"国之大者",贯彻落实好为党育人、为国育才的职责使命。也就是说,宏观层面的评估要以坚持正确的政治方向为基本要求。在中观层面,

要以规章制度的落实为基础,评估高校在落实辅导员政策方面的举措、方法、路径、成效及其短板、不足。政策只有执行才有生命力,只有结合高校实际执行才有生产力。高校辅导员政策具体到各高校,需要有相应的配套制度文件,评估这些制度文件的科学性和有效性,是高校辅导员政策中观评估的重要内容。在微观层面,要以学生成长为中心开展有深度的评估。高校辅导员政策就其本质而言,并不是为了辅导员队伍自身,而是为了培养德智体美劳全面发展的社会主义建设者和接班人。立德树人是高校的根本任务,人才培养是高校的核心使命。以学生成才为中心,应围绕学生在德、智、体、美、劳方面的发展进行评估。就高校辅导员政策评估层面,主要是对学生的整体状况进行评价,而不是指个案研究。在具体内涵方面,"德育"应重点评估学生积极向党组织靠拢、提交入党申请书的比例,"智育"应重点评估学生的挂科率情况,"体育"可重点评估体质健康达标率和优良率情况,"美育"可重点评估学生校园文化活动参与度及艺术技能掌握情况,"劳动教育"可重点评估学生日常劳动参与率及结合专业开展生产劳动的比例。立足新时代,高校辅导员政策效果评估,应以落实立德树人根本任务为引领,切实以学生成长为中心,以推动学生德才兼备、全面发展为导向开展评价工作。由此可见,宏观方向—中观制度—微观成长一体贯通的全程评估,是新时代高校辅导员政策评估的重要发展趋势。

(三)以大数据技术为支撑的结果评估

大数据和人工智能在很大程度上改变了人们的思维方式和行为模式。与此相应,高校辅导员政策的效果评估也要注意借鉴大数据和人工智能的相关方法。牛津大学教授舍恩伯格等学者指出,大数据时代思维主要体现为三个特征:大数据不是随机样本而是全体数据;大数据强调的不是精确性而是混杂性;大数据反映的不是因果关系而是相关关系。[①] 由此可见,作为科研工作者,要真正获得大数据其实并不容易,因为"全体数据"很难形成,况且这些数据还是"混杂性"的,数据也只能反映"相关关系"。这不仅对研究者收集数据的能力提出很高要求,也对研究

---

① [英]维克托·迈尔—舍恩伯格、肯尼思·库克耶:《大数据时代》,盛杨燕、周涛译,浙江人民出版社2013年版,第27—94页。

者的数据分析能力要求非常高。我们需要意识到这些问题，否则所谓的"大数据"分析也就失去了其原初的意义。因此，推动学科交叉融合是开展高校辅导员政策效果评估的必然要求。在这里，非常有必要吸纳数学、计算机等领域的专家学者参与其中，尤其是大数据、人工智能、超算等方面的专家。要在多学科融合、多要素参与、多维度关联中进行更科学、精准的分析，只有这样，才能真实、准确地对高校思想政治教育质量做出科学评价。当然，在具体的实践中，高校辅导员政策的效果评估也要防止走向"数据崇拜"以及"数字化陷阱"，避免"唯数据论"。大数据要与高校辅导员长期积累的工作经验和实证观察结合起来使用，以深入检验大数据评估的信度和效度。一是要注重用好大数据从战略全局评估高校辅导员政策效果。高校的根本任务是立德树人，中心工作是人才培养。高校思想政治教育的目标是培养德智体美劳全面发展的社会主义建设者和接班人。因此，我们要从中华民族伟大复兴和中国共产党治国理政的战略全局来统揽高校学生思想政治教育效果评估。在这个前提下，高校辅导员政策效果评估中的"大数据"应如何体现思想政治教育的政治引领属性和育人成效，这是需要深入思考的问题。二是要注重用好大数据评估高校辅导员的使命担当。为党育人、为国育才是中国高等教育的初心使命，方向性问题是高校辅导员政策效果评估的基本问题。坚持正确的政治方向、注重政治评价是高校辅导员政策效果评估的根本要求。大数据能否收集和反映以上方面的详细情况，在评估中是需要高度重视的。三是要注重用好大数据评估人才培养质量。高校立身之本在于立德树人，高校辅导员政策事关高校"培养什么样的人、如何培养人和为谁培养人"这一根本问题。高校辅导员政策效果评估，要充分考虑人才培养的过程性评价。要坚持以学生成长为中心，对高校落实立德树人根本任务的工作体系、制度机制、方法路径、具体措施等进行评估评价。

（四）共建共治共享为特征的参与式评估

随着经济社会的不断向前发展，人们对美好生活的追求日益多样，同时发展不平衡不充分的问题仍将长期存在。在这种情况下，只有充分发挥人民群众的积极性、主动性和创造性，才能更好地推动发展，才能更充分地满足人民群众的多样需求。在此社会背景下，高校辅导员政策的效果评估也要结合高校的发展阶段和青年学生的时代特征，与时俱进地改革创新。一是要注重发挥高校党委作为治校理政主体的积极性。在传统上，一谈到政策效果评估，往往多通过自上而下的检查督导方式进行，甚至有的地方还形成了"上有政策、下有对策"的畸形评估文化。自上而下的政策评估效率比较高，对于快速收集全面数据是有其可取之处的，但如果把这种评估与资源配置高度结合起来时，则难免弊端丛生。为避免类似情况发生，高校辅导员政策的效果评估需要形成共建共治共享的参与式评估模型，充分发挥高校党委的主体作用，参与评估的高校不能仅仅作为被动的一方而存在。二是要发挥师生在高校辅导员政策效果评估中的主人翁精神。立德树人的成效是检验高校辅导员政策效果的根本标准，这离不开包括广大辅导员和青年学生在内的高校师生参与。高校辅导员政策行不行，高校辅导员自身最有体会，青年大学生也深受影响，高校辅导员政策效果评估理应把老师和学生的切身体会涵盖其中，彰显师生的主体性和主动精神。

第二节　高校辅导员政策效果评估的基本原则

高校辅导员政策效果评估是一项具有很强政治性的工作，既要遵循政策评估的基本规律，也要符合中国共产党党建工作及思想政治工作原则。只有这样，才能把握高校辅导员政策效果评估的正确政治方向，才能有效推动高校辅导员队伍建设，从而实现为党育人、为国育才的思想政治教育工作目标。

一　坚持正确方向

方向性问题是任何工作的前提性和根本性问题，如果偏离了正确的方向，工作就将失去意义，一切努力也都将白费。高校辅导员政策效果评估，首要的就是坚持党的全面领导，扎根中国大地、把握中国国情，引领、组织和发动广大高校青年学生听党话、跟党走，为实现中华民族伟大复兴凝聚起源源不断的青春力量。

（一）坚持党的全面领导

中国共产党是中国高校辅导员政策的开创者和实施者，也是中国高校辅导员政策不断发展的持续推动者。高校辅导员政策是中国共产党为实现自身使命和战略任务而制定的，是为了培养培育青年大学生，以实现国家富强、民族复兴之伟业。因此，高校辅导员政策效果评估必须坚持党的全面领导。首先，高校辅导员政策效果评估的方法要有利于坚持党的全面领导。高校辅导员政策效果的评估，其方法既可以是定性方法，也可以是定量方法；既可以是自上而下的方式，也可以是自下而上的路径；既可以是定期有组织开展，也可以是不定期随机实施。但是无论哪一种方式，都要有利于坚持党的全面领导，而不能削弱党的领导。其次，高校辅导员政策效果评估的内容要有利于坚持党的全面领导。高校辅导员政策效果的评估，包含方方面面的内容。例如，高校辅导员政策的相关方就包括制定者、政策主体、政策客体、政策环境等；高校辅导员政策还包括人员配置、阵地建设、工作任务、运行机制、组织领导等方面。只有把事关高校辅导员政策执行的重要内容和关键要素纳入政策效果评估，才能真正有利于党的全面领导。否则，"蜻蜓点水"地进行所谓的政策效果评估，最终只能流于形式，反而不利于高校辅导员政策的落实。最后，高校辅导员政策效果评估的结果运用要有利于党的全面领导。从科学客观的角度，政策效果评估不只是好的方面，也一定会评估出政策在执行过程中的不足及其产生的意想不到的问题。对于政策结果的运用，要在对评估结果谨慎"再评估"的基础上进行使用，不能"偏听偏信"。特别是不能只看评估结果好的方面，而对不足和问题置之不理。倘若如此，就起不到政策评估应有的作用。

（二）坚持扎根中国大地

高校辅导员制度是中国共产党为做好高校青年学生的教育管理服务而设立的，这是中国共产党在革命、建设和发展中经过长期实践而形成的治校理政的有效方式，是具有鲜明中国特色的一项制度设计。开展高校辅导员政策效果评估，要坚持扎根中国大地，把党的历史、中国国情与高校实际有机结合起来。也就是说，高校辅导员政策效果评估要树立历史思维，要符合中国国情，同时也要结合高校实际。首先，高校辅导员政策效果评估要树立历史思维。高校辅导员政策，其创立和发展是一个历史的过程，同时政策的健全和完善也是一个历史的过程。因此，高校辅导员政策效果的评估要实事求是，要根据所处的历史阶段进行客观评价,而不能脱离所处的时代方位。其次,高校辅导员政策效果评估要符合中国国情。高校辅导员政策,是中国共产党在高校学生思想政治工作中的一项重要创举,也是中国共产党在实践基础上建设社会主义大学的重要经验。这跟西方国家办高等教育的模式和路径具有很大的不同。国外不少大学都设置了学生事务管理部门,也会从不同层面开展学生教育管理工作。但国外高校的学生工作体系与中国共产党高校辅导员工作体系是基于不同的底层逻辑,在运行上也有很大的差异性。因此,在进行高校辅导员政策效果评估时,要从中国共产党推动高校发展建设和促进学生成长成才的历史逻辑、理论逻辑和实践逻辑去系统思考,而不能简单化和抽象化。最后,高校辅导员政策效果评估要结合高校实际来展开。中国高校的类型多、数量大,而且这些高校在地域分布上也是不平衡的。不同高校无论是在吸纳人才还是在资源利用上都存在很大的差异。如此一来,不同高校的辅导员队伍建设及资源投入情况也会有所不同。高校辅导员政策效果评估需要在国家要求的统一性和高校发展的差异性之间做好平衡,否则高校辅导员政策效果评估将变成"一刀切",难以调动各方面的积极性。

(三)坚持服务民族复兴

习近平总书记指出,"不忘初心,方得始终。中国共产党人的初心和使命,就是为中国人民谋幸福,为中华民族谋复兴"①。高校辅导员政策是与中国共产党在不同历史阶段的教育使命与职责任务紧密相连的,开展高校辅导员政策效果评估不能脱离中国共产党服务中华民族伟大复兴这个教育的重要使命。中华民族的伟大复兴是一个过程,从新民主主义革命时期到中国特色社会主义新时代,中华民族迎来了从站起来、富起来到强起来的伟大飞跃。② 在这里,"站起来"是一个政治表述。这一时期的高校辅导员政策是为组织动员高校广大青年学生投身新民主主义革命,支持和拥护中国共产党夺取政权,建立起社会主义基本制度,这一

---

① 习近平:《决胜全面建成小康社会 夺取新时代中国特色社会主义伟大胜利——在中国共产党第十九次全国代表大会上的报告》,人民出版社2017年版,第1页。

② 习近平:《决胜全面建成小康社会 夺取新时代中国特色社会主义伟大胜利——在中国共产党第十九次全国代表大会上的报告》,人民出版社2017年版,第10页。

阶段的高校辅导员政策效果评估应以此为基本内容。"富起来"是对改革开放时期中国共产党领导人民解放生产力、发展生产力、提升综合国力的实然描述。该时期的高校辅导员政策效果评估应围绕着如何培养投身经济社会建设的有用人才,引领高校青年学生全心全意谋发展、聚精会神搞建设方面进行着力。"强起来"是一个过程概念,与伟大复兴、伟大旗帜、道路、制度、文化、现代化、智慧和方案等话题有关,需要强大的政治保证、经济基础和文化引领。[①] 新时代高校辅导员政策效果评估,应在习近平新时代中国特色社会主义思想指导下,综合评估高校辅导员政策在坚持党对高等教育事业全面领导中的行动作为,对立德树人根本任务的落实推动,对高校思想政治工作方面的功能效果,对培养时代新人的价值作用,对社会主义核心价值观的培育践行,等等。

二 坚持把握规律

客观世界的运动是有规律的,事物的发展要符合其特定的规律才能行稳致远。高校辅导员政策的效果评估是一项政治性、专业性和实践性都很强的工作,应该在把握规律、运用规律的基础上科学系统地做好。

（一）把握高等教育发展规律

众所周知,高等教育的发展与社会的进步是相辅相成的。一定社会的经济、政治、科技、文化等方面的发展状况决定了其高等教育的发展情况。与此相应,一个国家的高等教育发展水平也将深刻影响这个国家经济、政治、科技、文化的发展。高校辅导员政策效果评估,要注意把握高等教育与政治、经济、文化、科技的相互关系。在政治层面,高校一直是中国共产党所重视的场域,在革命年代中国共产党就把高校作为重要的阵地,有针对性地对高校师生开展思想政治工作。新中国成立后,中国共产党从培养社会主义建设者和接班人的高度来抓好高等教育,一直强调高等教育的社会主义办学方向。中国高等教育的发展壮大与中国共产党的重视与努力是分不开的。因此,中国高校辅导员政策的效果评估在任何情况下都不能忽视或低估党的领导力量,否则就会脱离实际,脱离国情。在经济层面,高等教育的发展需要经济基础的支撑,同时高

---

① 《深入学习习近平关于教育的重要论述》,人民出版社 2019 年版,第 123 页。

等教育也通过人才培养促进经济社会发展,高校辅导员政策如何有效反映该方面的工作效能,这是需要深入研究的问题。在文化和科技层面,高等教育本身就是文化和科技的有机组成部分,高校辅导员政策的效果评估如何有效体现文化和科技的发展维度,这也是需要认真深入予以考量的。此外,高等教育自身也有一个从小到大、由弱变强的过程,高校辅导员政策在此过程中起了怎样的作用,高校的持续发展对辅导员政策的建立健全又起了什么样的推动作用,这些也是需要在把握高等教育发展规律的过程中进行评估的重要方面。

(二) 把握思想政治教育规律

思想政治教育是一个双向互动的过程,也是一个内化、外化的升华,更是一个整体协调的系统。因此,高校辅导员政策效果评估需要考虑多方面的因素。从双向互动维度看,高校辅导员政策效果评估不能只考虑高校辅导员队伍,也要考虑高校辅导员政策所服务的对象——高校学生。在本质上,高校广大青年学生是高校辅导员政策的出发点和落脚点,因而也是高校辅导员政策效果评估的重要方面。此外,既然是双向互动,促进辅导员与青年学生之间的有机融合应该是高校辅导员政策的应有之义。也就是说,在对高校辅导员政策效果评估时,辅导员与学生之间的联动应被纳为效果评估的重点内容。对高校辅导员政策效果评估而言,内化、外化维度是一个比较难以评价的问题。一方面,工作效果的内化既与高校辅导员的工作投入有关,又与高校学生自身的努力相连;另一方面,工作效果的外化更是一个复杂的过程,与人和环境等因素都有着紧密的联系,如何科学有效地开展评估是一个难题。在整体协调维度,高校辅导员政策效果评估要从"三全育人"的范畴入手,把高校辅导员政策融入全员、全程、全方位的"三全育人"格局中进行评价。整体协调的规律意味着,高校辅导员政策要取得预期的效果,既要与整体经济社会发展环境相协调,也要与高校具体的办学治校相适应。因而,高校辅导员政策效果评估要注意把握好以上这些因素之间的关系。

(三) 把握学生成长发展规律

高校辅导员工作是为了推动学生成长为对国家和社会有用的人才,其初心和使命是为党育人、为国育才,高校辅导员政策就是为实现党的教育任务和育人目标而制定的。在开展高校辅导员政策效果评估时,应牢牢把握学生成长发展规律。概括而言，学生成长是一个从量变到质变的过程，是一个从他教到自教的过程，是一个从他律到自律的过程，是一个从积累到输出的过程。也就是说，高校辅导员政策效果评估既要注重过程，也要评价结果。一是要从量变到质变来评估高校辅导员政策效果，评价高校辅导员政策对学生成长发展的促进程度，要注重评价学生因辅导员工作有了什么样的进步，最终成长为什么样的人。这既要从动态的角度看过程，也要从结果的维度看质量。二是要从他教到自教来评估高校辅导员政策效果，既评价高校辅导员政策在促进高校辅导员及其他思想政治教育相关人员在落实日常教育管理工作中的所作所为，也评价学生因高校辅导员政策而激发起来的内生动力。三是要从他律和自律来评估高校辅导员政策效果，既评价高校辅导员在学生行为规范教育引导方面的有效程度，也评价学生因高校辅导员政策及高校辅导员工作而激发起来的自我教育、自我管理、自我服务、自我监督的效能。四是要从积累和输出来评估高校辅导员政策效果，就是要评价高校辅导员政策如何有效促进学生向上向善，推动学生努力学习、茁壮成长，同时把理论与实践结合起来，为国家富强、民族复兴、人民幸福贡献力量。

三　坚持系统思维

高校辅导员政策的运行既是一个需要上下贯通、左右衔接的协同系统，也是一个需要条件支撑的运作体系，在开展高校辅导员政策效果评估时要注意对政策内容、流程、结果等方面进行系统、全面和客观的把握。

（一）坚持内容的全面覆盖

高校辅导员政策的效果评估涉及方方面面的内容，特别是政策效果的评估还会有一个时间跨度的问题，因为政策实施及其影响不可能立竿见影，需要持续发力方可取得实效。这就意味着，对高校辅导员政策效果的评估需要从历史和现实进行双向审视。一方面，要对高校辅导员政策的内容进行有历史纵深的梳理，厘清高校辅导员政策的主题主线及政策走势，通过历史分析全面把握高校辅导员政策的基本内容和时代变迁，并且通过历史比较评估高校辅导员政策的效果。另一方面，对高校辅导员政策也要有现实情况的分析。在对现实情况进行梳理时，要全面评估高校辅导员政策在实践中取得的成果，总结高校辅导员政策在推动工作中形成的经验，调研高校师生员工对辅导员政策的认知和评价。同时，在对现实情况进行整理时也要坚持问题导向，认真查找高校辅导员政策在执行中存在的问题，以此作为推动高校辅导员政策改革的决策依据。此外，高校辅导员政策往往是与中国共产党高校思想政治工作连在一起的，具有政策"嵌入"特征。因而，坚持高校辅导员政策效果评估内容的全面性，就不能仅仅研究高校辅导员政策的制度、文件、规章等，还要注意从与之相关的政策、法规、法律、制度、文件等材料中归纳整理与高校辅导员政策相关的内容，以提升高校辅导员政策效果评估内容的全面性。

（二）坚持流程的系统梳理

高校辅导员政策的效果评估，重心和立足点在效果，其实质是评估高校辅导员政策的功能实现与价值达成。从社会学角度看，功能与结构是相辅相成的。一定的组织结构是为特定的功能服务的，而功能的实现也需要有特定的组织结构予以支撑。具体到高校辅导员政策，高校辅导员政策所依托的组织是清晰的，主要包括制定高校辅导员政策的党和政府机关、教育主管部门、高校等。其中，制定高校辅导员政策的党和政府机关又主要包括中央和地方两个层面，教育主管部门也包含国家、省、市、区县等多个层级，高校内部又可以分为学校—学院—科系等多重结构。此外，高校辅导员政策的效果评估不能仅仅是对静态制度文本的分析，以及对科层制体系的结构剖析，更重要的是政策的运行及其成效。高校辅导员政策的运行涉及党和政府部门以及高校与辅导员政策相关的整体系统，包括意识形态工作部门、组织部门、人事部门、财政部门、教育教学管理部门等。这些部门之间，既有纵向的联系，也有横向的互动，在开展高校辅导员政策效果评估时应充分考虑各种因素的影响。当然，把高校辅导员政策相关的组织及部门都纳入效果评估的范畴既不现实，也不可能，实际上也无必要。从效果评估的角度，应该坚持系统梳理高校辅导员政策制定和落实的流程，从中找出对政策效果具有决定性的方面开展评估评价工作，既抓住全面又突出重点，而不是"眉毛胡子一把抓"。

（三）坚持结果的客观呈现

客观是与主观相对应的概念，是指不依赖人的主观意识而存在，是事物的本来面貌。在高校辅导员政策效果评估中，要坚持结果的客观呈现。为此，可以从三个方面来做好评估结果的展示。一是高校辅导员政策效果评估在结果呈现上要有事实依据。在开展高校辅导员政策效果评估时，要对政策文本进行全面客观系统的梳理，同时要注重到高校一线去调查研究，以便掌握一手资料。高校辅导员政策效果评估是与辅导员和学生的切身体会紧密相连的，要掌握政策利益攸关方的一手情况。只有这样，评估结果才能具有事实依据。在这里，利益攸关方也包括高校本身，我们既不能回避政策所带来的利益，也不能忽视政策在客观上可能引发的连锁反应，这样在结果呈现上才能做到实事求是。二是高校辅导员政策效果评估在结果呈现上要有数据支撑。客观事实是无法穷尽的，既有正向的事实，也有负面的情形。这就需要在开展效果评估过程中采取科学的调查研究方法，形成可量化、可比较的数据材料，以此作为对事实情况的系统性分析。三是高校辅导员政策效果评估的结果呈现要充分考虑政策所处的历史阶段。政策的制定是为了解决特定历史时期的具体问题，具有鲜明的时代性和针对性。同时，政策的落实也需要结合实际环境，需要一定的条件保障。我们不能脱离政策的发展阶段来评估政策效果，更不能以当下的标准来审视以往的政策。

四 坚持师生参与

高校师生是高校辅导员政策最为直接的影响群体，同时也是打通高校辅导员政策落地运行"最后一公里"需要支持依靠的力量。高校辅导员政策效果的评估，如果离开了高校师生的支持，那就既不完整也不科学。

（一）发挥辅导员主体性

高校辅导员政策，是为了推动高校辅导员队伍建设而制定的。高校辅导员是高校辅导员政策的服务对象，也是高校辅导员政策的着力点。由此可见，高校辅导员政策的效果评估必须吸纳辅导员参与，充分听取辅导员的意见和建议，反映辅导员的真实心声。高校辅导员是高校辅导员政策影响的直接对象，他们的准入、培训、培养、工作、待遇、发展等方面都受到政策的直接影响。在此过程中，他们的感受最为直接，体会最为深刻，影响最为巨大。高校辅导员政策效果评估如果没有辅导员参与其中，只能是"隔靴搔痒"，不可能科学客观。发挥辅导员在高校辅导员政策效果评估中的主体作用非常重要，应把高校辅导员队伍的数量情况、工作效能、心理状态、发展机会等作为重要内容进行深入研究。其中，辅导员数量情况反映了高校党委对辅导员队伍建设的重视程度，没有一定数量的辅导员是无法深入开展学生日常教育管理和服务工作的。辅导员的工作效能要从多方面进行衡量，特别是辅导员在学生思想引领、价值引领、发展指导、日常管理、服务保障等方面的效果是评估的重点内容。辅导员心理状态，主要是评估辅导员对工作的认同度、对政策的接受度以及对生存状态的满意度。辅导员的发展机会，主要是评价辅导员接受教育、培训、培养、锻炼的情况，以及辅导员的晋升晋级的现实状况。需要注意的是，以上这些方面，只有在效果评估工作中发挥辅导员的主体性、深入辅导员当中才能真正掌握，仅仅通过学校部门提供的报表、报告等材料是远远不够的。

（二）强化学生的主动性

学生的发展成长是高校辅导员政策的出发点和立足点，是高校辅导员政策的根本取向之所在。因而，高校辅导员政策效果评估应注重吸纳学生意见，反映学生心声。从表面看来，高校辅导员政策是直接作用于高校辅导员队伍的，各项措施都是针对辅导员队伍建设以及辅导员选聘、培训、培养、教育、管理、发展等方面的。但是，从高校辅导员从事的工作来看，其本质上是高校思想政治工作，是为了加强对学生的思想引领、价值引领、文化引领和发展引领等。强化学生在高校辅导员政策效果评估中的作用，应该在三个方面进行着力。一是在开展高校辅导员政策效果评估时，要把学生的思想状况、精神面貌、行为方式、发展情况等纳入效果评估的范畴，进行科学系统分析。二是要深入了解学生对辅导员队伍的意见和建议，从学生角度看辅导员的言行举止、工作效能、形象气质等，这可以真实反映辅导员工作效果。尽管在日常工作中，部分辅导员因与学生沟通不充分，可能导致师生之间的互不了解，这可以反映出辅导员在日常工作中深入学生、沟通交流等方面存在的问题。这些问题不能推向学生，而首先应该在辅导员队伍建设方面进行反思，从辅导员自身工作的角度去审视。三是可以向学生了解学校在辅导员队伍建设方面的举措，或者学生对辅导员政策的知悉程度。如果高校辅导员政策只限于教师层面知悉，学生不了解辅导员相关工作情况，从工作角度而言，辅导员就会缺少学生的支持和监督，高校辅导员政策的效能自然也就容易打折扣。

（三）激发教师的积极性

高校辅导员政策效果评估，除了要发挥辅导员的主体性和学生的主动性之外，还要注意调动高校专业课教师的积极性。高校专业课教师是以专业学科为依托，开展立德树人和教育教学的专门力量。与高校辅导员相比，高校专业课教师更注重学科知识的传播和基于学科的研究。高校专业课教师担负着立德树人的重任，是第一课堂主阵地的主导力量，要通过课程思政和言传身教引导学生健康成长。就高校思想政治工作而言，辅导员和专业课教师是一种协同育人的关系，在此过程中，辅导员和专业课教师需要密切合作、相互协同、相互促进，形成育人合力。高校辅导员政策效果评估，需要专业课教师的积极参与。一方面，专业课教师可以从教书育人的角度对高校辅导员工作及其表现提出自身的看法、意见和建议，也可以从自身专业的角度看高校辅导员是否结合学生的学业发展做好思想政治工作，是否促成思政教育与专业教育的良性互动。专业课教师的意见和建议，可以为高校辅导员政策绩效评估提供有益的材料，对评估高校辅导员服务学校教书育人中心工作是一个重要维度。另一方面，专业课教师实际上也是辅导员群体的一个参照，专业课教师在与辅导员的日常交往过程中，可以知悉辅导员的言行举止、工作态度、收入待遇、职务晋升等情况，通过吸纳专业课教师参与高校辅导员政策效果评估，可以收集到在别的途径无法获取的有用信息。

五　坚持科学方法

科学的评估方法是有效开展高校辅导员政策效果评估的必要条件。在开展高校辅导员政策评估时，要把定量和定性的科学研究方法有机融合起来，对高校辅导员政策运行的点、线、面进行科学把握，从时、度、效三大维度审视高校辅导员政策运行效果。

（一）定量定性融合

高校辅导员政策的效果评估要坚持定量评价与定性评价相结合，要把两种研究方法的优势结合起来。定量评价，是指用数值形式以及数学、统计方法反映被评价对象特征的信息分析、处理方法。定性评价,是用语言描述形式以及哲学思辨、逻辑分析揭示被评价对象特征的信息分析、处理方法。① 在高校辅导员政策效果评估中引入定量方法,通常使用的是定量研究中的调查研究方法,目的是通过数学方法来考察高校辅导员政策实施与实际效果之间的相互关系及其相互作用。定量评估能够比较客观、直接地描述高校辅导员政策效果,可以揭示各变量之间的相关性及其关系强度,这可以为全面评估高校辅导员政策效果提供量化信息。运用定性研究方法开展高校辅导员政策效果评估,是用非数字的资料来对高校辅导员政策的效果进行评价。在开展评估工作过程中,评估信息的收集者需要直接深入高校师生当中进行一对一访谈、面对面座谈,或直接通过进入现场的方式来掌握高校师生对高校辅导员政策效果的观点、意见和建议。受访者可以自由地对评估问题进行回答,评估信息的收集者要注意观察受访者的反应,注意辨识受访者所提供信息的真实性和有效性。定性评价对评估信息的收集者和评估资料的研究分析者都提出了较高要求,因为对资料信息的辨识和判断将直接决定政策效果的研判。无论是定量评估还是定性评估,均有其自身的优势和不足,只有把这两种方法有机结合起来,形成双方的优势互补,才能全面科学地评估高校辅导员政策效果。

(二) 点线面相结合

高校辅导员政策效果评估要统筹考虑点、线以及面上的不同情况,通过科学设定评估指标,以达到有效评价政策运行的效果。首先,点上的情况,主要从人和场域两大维度展开评估。要把高校师生个体作为评估信息的来源点,通过实地访谈等方式来深入了解高校辅导员政策在师生当中的落实情况。把场域作为点,指的是把每个高校看作高校辅导员政策实施的点位,全国所有高校的集合就是高校辅导员政策实施的整体场域。在高校辅导员政策效果的评估中,哪所高校作为一个评估的点,可以通过分层抽样的方式进行确定。在操作过程中,可以把全国分为几个片区,从每个片区中抽取若干学校进行评估。这样既可以保证一定的代表性,也能使评估工作的实操性得以实现。其次,线上的情况,应从

---

① 冯刚等:《高校思想政治教育工作质量评价研究》,人民出版社2020年版,第59页。

制度和机制维度进行切入。在确定评估高校的基础上，由评估实施者调取所评估高校辅导员相关规章制度，认真进行文本分析，并将这些规章制度的内容与中央文件精神及政府颁布的相关政策进行比对，以评估各高校党委对高校辅导员政策的理解和落实情况。同时，还要从机制运行角度评估高校党委对高校辅导员政策的执行情况。机制运行本质上是横向联结和纵向贯通问题，就是要评估高校辅导员政策在落实时学校各部门是否相互协同，校、院两级单位是否相互契合。最后，面上的情况，可以通过问卷调查或大数据分析方法对高校辅导员政策效果进行评估。问卷调查既可以采取随机抽样的方式开展，也可以对全国高校全覆盖调查，可以视实际需要来决定采用何种调查研究方式。

（三）时、度、效相契合

高校辅导员政策效果是时、度、效相契合的产物，只有把审时度势与把握节奏有机结合起来，才能取得良好的效果。因而，高校辅导员政策效果评估也要充分考虑时、度、效之间的相互契合度问题。在这里，"时"指的是时机，即高校辅导员政策的制定与实施应该与一定的时代、时期和时点相适应。从政策制定的角度，政策是基于问题导向的，都是为了解决特定时期的高校辅导员队伍建设问题，从而推动高校思想政治教育工作的高质量发展。高校辅导员政策效果，既受特定的时代条件所影响，也与该时期的经济社会发展情况、高校治理状况、青年大学生群体的发展需求等相关联。从根本上讲，高校辅导员政策效果主要看育人成效，而育人成效的取得则有赖于辅导员及相关思政队伍的协同发力，要在正确的时点做正确的事情。由此可见，高校辅导员政策能否引导辅导员在正确的时点有效开展工作，这是高校辅导员政策评估时应把握的重点问题。"度"是指高校辅导员政策效果评估要注重把握政策实施程度和工作节奏，具体讲就是要对高校辅导员政策落实是否对标中央精神和上级要求，达到政策要求的高度；要实现对辅导员和学生的全覆盖，以体现政策面的广度；要对师生的思想状况和心理状态进行评估，以了解政策影响的深度；要对辅导员和学生的发展状况进行评估，以评价政策执行的力度。"效"，就是实效。高校辅导员政策实效的取得，要考虑到师生群体的差异，还要考虑到高校的地域差异和发展差异。因此，高校辅导员政策效果评估在注重普遍性指标的同时，也要区分不同高校和不同地区师生和高校的差异性问题，实事求是地反映不同地域、不同高校在辅导员政策实施中的差异。

第三节　高校辅导员政策效果评估的指标体系

指标是对事物总体特征的量化反映，在定性描述中逐渐演变出量化标准，由此来推进完善工作，是提升质量的重要方法，也是科学发展的重要路径。[①] 高校辅导员政策效果评估的指标体系，是一个实践探索、不断演进、逐步完善的过程。

一　高校辅导员政策效果评估指标体系的构建历程

高校辅导员政策效果评估的指标体系构建，经历了一个从无到有、从有到效及从效到全的发展历程，这与中国共产党组织的发展进程、与中国共产党治国理政的能力提升及中国高校所承担的人才培养任务目标等方面是相呼应的。

（一）从无到有的创建阶段

高校辅导员政策效果评估指标体系从无到有的创建阶段，大致是从1921年7月中国共产党诞生到"文化大革命"前这一时期。在第一次国共合作期间，黄埔军校设立政治部，中国共产党开展思想政治教育实践，这是中国共产党辅导员制度的发端。第一次国共合作破裂后，无论在中央苏区还是在延安时期，中国共产党都高度重视思想政治工作，通过教育培训与实践锻炼等方式培养政治工作领导干部、宣传教育广大群众。[②]由于这一时期中国共产党思想政治教育的重点是宣传教育广大群众，因而并没有专门形成高校辅导员政策效果评估的指标体系。新中国成立后，1951年11月发布的《关于全国工学院调整方案的报告》提出，设立专人担任各级政治辅导员，主持政治学习、思想改造工作。1952年教育部

[①] 冯刚等：《高校思想政治教育工作质量评价研究》，人民出版社2020年版，第232页。
[②] 冯刚、张晓平、苏洁主编：《中国共产党高校思想政治教育发展史》，人民出版社2021年版，第103—104页。

《关于高等学校有重点地试行政治工作制度的指示》指出，政治辅导处设辅导员若干人，应在教师和学生中选取具有一定理论水平和政治品质优良者充任。1953 年，清华大学设立了"双肩挑"辅导员。1961 年 5 月试行的《中华人民共和国教育部直属高等学校暂行工作条例》，第一次正式提出设置高校专职政治辅导员。1965 年 8 月出台的《高等学校学生班级政治辅导员工作条例（草案）》，进一步明确了政治辅导员的身份作用、选拔条件、能力素质、工作内容、工作方法等。[1] 至此，中国高校辅导员政策效果评估的指标体系建构有了政策内容的要求和实践工作的支撑。具体而言，这一阶段的高校辅导员政策效果评估指标体系主要围绕高校辅导员队伍建设状况及其工作开展的内容、方法和成效等方面而展开。

（二）从有到效的深化阶段

高校辅导员政策效果评估指标体系从有到效的深化阶段，涵盖了从 1978 年党的十一届三中全会召开到党的十八大前这 30 多年的时间。这一时期的高校辅导员政策因国内外形势发展的变化，可以细分为高校辅导员队伍建设的恢复与发展、高校辅导员队伍建设的新探索及高校辅导员队伍建设的专业化与职业化发展几个时段。[2] 深化阶段的高校辅导员政策效果评估指标体系，其最大的特点就是结合党和国家在新形势下的新的战略任务来构建辅导员队伍建设成效的评估指标，而指标体系的建设又与政策文本提出的要求紧密相连。1978 年及 1980 年先后颁布的《全国重点高等学校暂行工作条例》和《关于加强高等学校学生思想政治工作的意见》，都提到要重新建立政治辅导员制度或班主任制度，并对辅导员和班主任的工作职责进行了规定。1984 年颁布的《关于加强高等学校思想政治工作队伍建设的意见》，对高校思政工作队伍的结构、人员素质、知识水平、来源发展、培训待遇等提出了要求。1987 年颁布的《关于改进和加强高等学校思想政治工作的决定》，进一步明确了队伍构成、编制待遇等问题。1987 年发布的《关于在高等学校学生思想政治教育专职人员

---

[1] 任雅才：《新中国成立以来高校辅导员政策演进的历史、特征与趋势》，《中学政治教学参考》2021 年第 2 期。

[2] 冯刚主编：《改革开放以来高校思想政治教育发展史》，人民出版社 2018 年版，第 410—425 页。

中聘任教师职务的实施意见》，提出要将聘任相应教师职务的学生思想政治教育专职人员列入教师编制。1993年颁布的《关于新形势下加强和改进高等学校党的建设和思想政治工作的若干意见》，对从业者的政治素质和工作能力提出了要求。2000年教育部发布的《关于进一步加强高等学校学生思想政治工作队伍建设的若干意见》，第一次对学生思想政治工作队伍的实践锻炼提出明确要求。2004年8月，中共中央、国务院下发《关于进一步加强和改进大学生思想政治教育的意见》，为高校辅导员队伍走向专业化职业化奠定了重要基础。2005年3月，教育部发布了《关于加强高等学校辅导员、班主任队伍建设的意见》。2006年7月，教育部发布《普通高等学校辅导员队伍建设规定》，开启了辅导员的专业化职业化建设。① 与高校辅导员政策发展相适应，改革开放以来，党和政府通过建立健全高校辅导员政策效果评估的指标体系，从思想政治工作实效性角度常态化开展大学生思想状况的动态调查，对高校辅导员队伍建设情况也进行动态监测。

（三）从效到全的新发展阶段

党的十八大以来，中国高等教育围绕坚持立德树人这一根本任务，出台一系列高校辅导员队伍建设政策文件，采取了一系列具体的、有针对性的举措。例如，2013年制定《普通高等学校辅导员培训规划》，2014年发布《高等学校辅导员职业能力标准（暂行）》，2017年新修定《普通高等学校辅导员队伍建设规定》，2017年印发《关于加强和改进新形势下高校思想政治工作的意见》以及《高校思想政治工作质量提升工程实施纲要》。② 此后，2019年印发《关于深化新时代学校思想政治理论课改革创新的若干意见》，2020年又发布《教育部等八部门关于加快建构高校思想政治工作体系的意见》等政策文件。尤为重要的是，中共中央、国务院2020年印发了《深化新时代教育评价改革总体方案》，坚持把立德树人成效作为根本标准，强化一线学生工作，改革学生评价，促进德智体

---

① 任雅才：《新中国成立以来高校辅导员政策演进的历史、特征与趋势》，《中学政治教学参考》2021年第2期。

② 冯刚主编：《改革开放以来高校思想政治教育发展史》，人民出版社2018年版，第410—425页。

美劳全面发展。基于新时代高校思想政治教育的重大政治性、战略性和系统性，高校辅导员政策效果评估的指标体系着重从全员、全程、全方位"三全育人"维度进行建构，内容涵盖了辅导员队伍工作的方方面面，特别注重把立德树人成果作为效果评估和育人成果评价的重中之重。此外，从评估的实施路径看，已经不限于用常规的评估评价方式，而是综合采用动态摸查、专项统计、专题调研、年度考核、学科评估、巡视工作等，多渠道、多途径、广泛深入地摸清底数、查找问题、得出结论、持续整改，以贯彻落实为党育人、为国育才的初心使命，推动立德树人根本任务走深走实。

二 高校辅导员政策效果评估指标体系的基本标准

从高校辅导员政策效果评估指标体系的历史演进来看，高校辅导员政策效果评估指标体系的建立健全坚持了效果、效率、政策回应度及生产力等方面的基本标准。这对于落实党的教育方针、坚持党的全面领导、促进高校人才培养、提升学生思想政治工作质量等，能够起到有效的反馈作用。

（一）效果标准

政策效果是指政策目标的达成情况，高校辅导员政策效果评估的指标体系要彰显政策效果这一基本检验标准。高校辅导员政策效果，就是高校辅导员政策运行所产生的结果与高校辅导员政策目标之间的匹配程度。为构建起高校辅导员政策效果评估指标体系的效果标准，应在三个方面着力。一是效果评估的指标体系要能反映高校辅导员政策的预期目标。高校辅导员政策是中国共产党为解决特定时代背景下的高校辅导员队伍建设问题而采取的制度性安排，而建设高校辅导员队伍从根本上讲是为了做好高校青年学生的思想政治工作。因此，高校辅导员政策效果评估指标体系要回归政策制定的宗旨和初心，以问题为导向，深刻领会高校辅导员政策所要实现的预期目标。二是效果评估的指标体系要能全面测评高校辅导员政策实施的总体效果。在此，总体效果指标既要能反映全国高校辅导员队伍因政策实施所带来的改变，也要能体现高校学生因政策执行所产生的思想和行为方面的变化。三是效果评估的指标体系要能客观评价高校辅导员政策实施的单项效果。也就是说，高校辅导员政策效果评估的指标体系在全面反映辅导员队伍建设基本面的前提下，也需要对政策内容的具体方面进行测评。例如，具体的高校辅导员政策实施后，高校辅导员队伍数量、队伍结构等方面有什么样的变化，对高校辅导员政策影响的具体方面，评估指标体系要能够有所反映。

（二）效率标准

高校辅导员政策效果评估的指标体系要体现效率标准，就要评估投入与产出之间的关系。具体而言，就是要评估在高校辅导员政策的驱动下，高校在单位时间内开展辅导员队伍建设相关工作的力度、效度，以及各高校最有效地利用各方面资源以满足辅导员队伍建设需求的程度。效率与效果是既有联系又有区别的概念，效率是某一工作所获得的成果与完成该工作所投入的时间、人力、财力等资源之间的比值。效率高不等于效果就好，效果好也不等于效率高。通常而言，效率的取得有三种路径。一是从时间管理而言，一个人或一个组织积极做事，快速地完成任务，效率就会比较高。从高校辅导员政策效果评估指标体系的角度，要能测评出高校在制定和实施辅导员配套制度方面是否有效率，是否能够有效地把党和国家对高校辅导员的政策要求落实到位。二是从目标管理角度，就是一个人或一个组织要把时间花在干正确的事上，确保所从事的工作对目标的实现有帮助。从高校辅导员政策效果评估指标体系层面，要设置指标体系以评估高校辅导员政策是否能有效引导辅导员做正确的事以及正确地做事。此外，还可以制定负面清单，以问题为导向，评估辅导员是否正确履职尽责。三是从资源配置视角，通过设立明确的标准，厘清规范的流程，进行合理分工，以形成有效协作，促成管理系统的良性运行。具体到高校辅导员政策效果评估的指标体系，就是要设立相应的指标和观测点，对高校辅导员政策在高校的实际运行进行评价，以评估高校辅导员政策的资源整合能力和资源整合效果。

（三）政策回应度

政策回应度是指政策满足客观需求的程度，是政策内容和政策执行结果与特定群体需求之间的契合程度。一个政策如果与特定群体的需求契合度不高，即使这个政策具有很高的效率，也不可能是一个好政策。由此可见，政策回应度评估的重点是政策的内容及政策的实际运行结果，包括特定群体的需求及其满足程度。高校辅导员政策效果评估指标体系要客观反映政策回应度,应从宏观、中观和微观三个层面细化评估指标体系的内容。在宏观层面,高校辅导员政策效果评估指标体系应该对政策是否能够有效服从和服务于中国共产党的宗旨、目标、任务等方面情况进行有效建构,通过设定定量或定性的指标或观测点,对宏观层面的政策回应度进行评估评价。在新时代,尤其要有效评估高校辅导员政策在为党育人、为国育才方面的实际效能,在中国共产党治国理政方面的实际贡献,以及在立德树人、人才培养方面为党和国家所做的努力。也就是说,高校辅导员政策效果评估宏观层面的指标体系要体现政策对党和国家需求的回应程度。在中观层面,高校辅导员政策效果评估指标体系要体现政策对高校发展需求的回应程度。要通过设立指标体系对高校辅导员政策与高校安全稳定、人才培养、科学发展等方面的契合程度进行评估。在微观层面,高校辅导员政策效果评估指标体系要体现政策对辅导员和学生发展诉求的回应程度。应着重评价高校辅导员政策是否符合高校辅导员队伍建设的需求,是否推动了高校辅导员队伍的发展建设,进而评估高校辅导员政策是否提升了学生的思想水平和政治觉悟,是否促进了学生的成长成才和全面发展等。

(四) 生产力标准

所谓政策评估指标体系的生产力标准,就是把是否有利于解放和发展生产力作为评估内容,并以此为基础编制评估指标。高校辅导员政策效果评估指标体系要能反映出政策在壮大党的力量、促进队伍建设、培养优秀人才、推动社会发展等方面所产生的效益。在壮大党的力量方面,高校辅导员政策是在我们党从事革命、建设、改革、发展实践中不断深化及优化的,已经成为我们党的政策的有机组成部分。高校辅导员政策是为了党和国家事业发展而制定和实施的,目的是把握党对高校的领导权和话语权,培养能够为党的事业和中华民族伟大复兴做贡献的人才。促进辅导员队伍建设,这是高校辅导员政策的直接指向。有了强大的队伍,才能打硬仗、打胜仗。高校辅导员是党在高校从事青年学生思想政治工作的主力军,只有把辅导员队伍建强了,青年大学生的思想政治工作才能有人才支撑和力量依靠。人才是第一资源,培养和造就大批优秀人才,这是我们党历来都非常重视的。人才对于党和国家事业发展的重要性不言而喻,我们的事业必须要有源源不断的人才支撑。为此,高校辅导员政策效果评估指标体系要注意把这些方面纳入其中。需要引起重视的是，所有政策的效果最终都要落实到推动社会发展方面。高校辅导员政策在推动经济社会发展方面需要较长时间才能显现，在制定高校辅导员政策效果评估指标体系时应科学把握，既要实事求是地反映当下，又要善于把握历史纵深，在开展高校辅导员政策效果评估时要把当下和历史有效贯通起来，而不能静止地、割裂地、片面地看问题。

三 高校辅导员政策效果评估指标体系的主要内容

高校辅导员政策效果评估指标体系的内容，要以高校辅导员政策内涵为基础，结合高校辅导员政策运行的相关方面进行建构。其中，学生党建工作、辅导员队伍建设、人才培养情况以及推动发展等内容，是高校辅导员政策效果评估指标体系的主要方面。

（一）党建相关指标体系

高校辅导员是在党的领导下从事青年大学生思想政治教育和日常管理服务的队伍，必须坚持党的全面领导，并忠实执行党的路线、方针、政策。高校辅导员政策效果评估指标体系，要把党对辅导员队伍的工作要求融入其中进行系统测评。一是要建立健全学生党建工作机制的评估指标体系，对高校学生工作主管领导、辅导员队伍参与学生党建工作的制度机制进行科学评价，特别是对辅导员队伍如何有效融入高校党建工作体系进行评估，以推动形成高校辅导员抓学生党建的长效机制。二是要建立健全学生党组织建设评估指标体系，对高校辅导员抓学生党组织建设的相关情况进行深入评估。高校学生党组织的建设离不开辅导员的深度参与和具体指导，这也是很考验辅导员功力的一项工作。高校学生党组织既可以采取跨年级纵向建构，也可以同年级学生党员横向组建党支部。但不管用什么模式建构，关键是要做到哪里有学生党员，党组织就应该覆盖到哪里，组织生活就应该开展起来，学生党支部战斗堡垒作用要发挥出来，这是辅导员工作的应有之义。三是要建立健全学生党建工作队伍指标评估体系，要把高校辅导员抓学生党建队伍的情况纳入评估指标体系之中。四是要把高校辅导员抓学生入党与学生党员教育管理纳入评估指标体系，评估高校辅导员教育引导学生听党话、跟党走，积极向党组织靠拢，学生党员发挥先锋模范作用等情况。

（二）队伍建设指标体系

高校辅导员队伍是高校辅导员政策的直接对象，因而队伍建设是高校辅导员政策效果评估指标体系的基本内容。高校辅导员政策效果评估中的队伍建设指标体系，既包括数量指标，也包括质量指标，还包括高校辅导员作用发挥的指标体系。首先，高校辅导员队伍建设的数量指标体系，主要是指高校辅导员的总体数量以及师生比。辅导员队伍如果没有一定的数量和规模，就难以形成战斗力，但是，如果人数过多又容易导致人浮于事、发展晋升难等问题。高校辅导员如何配置才是科学有效的呢？不同时期，因所处时代背景和任务目标不同，高校对辅导员的数量需求也会有所差异。在当前形势下，党和政府要求高校以师生比不低于1：200来配置专职辅导员。其次，高校辅导员队伍建设的质量指标体系，主要包括高校辅导员的综合素质、思想素质、工作能力、工作作风等。综合素质，是指高校辅导员知识水平、道德修养以及各方面能力的融通。思想素质，考察的是高校辅导员对党的事业的忠诚度，包含高校辅导员对党的事业的政治觉悟、思想认识、思想方法、价值观念等。工作能力，主要应评估高校辅导员在教育学生、引领学生、组织学生、发动学生等方面的能力和水平。工作作风，主要评估高校辅导员的工作态度、责任落实、工作效率等。高校辅导员政策效果评估的作用发挥指标体系，主要应包括高校辅导员在开展学生思想政治教育、组织管理、服务育人以及开展安全稳定工作等方面的情况，这是辅导员工作效能的直接体现。

（三）人才培养指标体系

推动青年学生成长成才，教育引导青年学生听党话、跟党走，积极向党组织靠拢，成为对党、对国家、对社会有用之才，是高校辅导员政策的出发点和立足点。由此可见，高校辅导员政策效果评估中的人才培养指标体系，要对高校辅导员为谁培养人、怎样培养人、培养了什么样的人等方面的情况进行科学评价。在为谁培养人方面，应围绕着为党育人、为国育才建立评估指标体系。具体而言，就是要对高校辅导员在学生日常教育管理服务中，牢牢把握工作的政治属性方面的情况进行评估。高校辅导员的工作具有很强的政治属性，这些政治属性首先体现在人才培养的指向性，是为党和国家培养人才的。如果高校辅导员在这个问题上偏离了正确的方向，那么其他方面的工作也就必然会偏离正确的轨道。在怎样培养人方面，重点是围绕高校辅导员如何贯彻落实党对高校人才培养工作的决策部署、如何结合高校青年学生的实际开展工作、如何推动学生发展成长并成为对党和国家有用的人才等方面设定评估指标。在此方面，一方面要结合高校辅导员的职责定位设定指标体系，另一方面也要从高校青年学生的角度建立评估指标体系。因高校辅导员工作的开展，是师生双向互动的关系，不能仅从辅导员单方面考虑问题。在培养了什么样的人方面，考察的是高校辅导员工作的结果，重点是对学生培养的状况进行评估评价。高校青年学生的成长成才是一个循序渐进的过程，这个过程既包括在校期间对学生的教育培养，也包括学生毕业后的持续成长。在设定评价指标体系时，既要对在校学生的成长情况进行评估，也要对毕业生质量状况进行评价。

（四）推动发展指标体系

发展至少包含两个层面的意涵：一是指事物由小到大、由简单到复杂、由低级到高级的变化；二是组织、规模等的扩大、升级。在直观上看来，高校辅导员政策的效果评估应体现在高校辅导员队伍建设及学生发展成长的成效上。但如果从更深层次看，最终是为了党组织的发展壮大，是为了党的事业的发展进步，是为了中华民族的伟大复兴。鉴于上文已经对高校辅导员政策效果评估的党建相关指标体系进行了阐述，本部分重点就高校辅导员政策效果评估方面在推动学校发展和经济社会发展指标体系方面进行一些分析。也就是，高校辅导员政策效果评估的指标体系中，如何更好地对政策促进学校发展和经济社会发展进行评估评价。在高校辅导员政策促进学校发展的评估指标体系方面，应该把辅导员关于学校的安全稳定工作、意识形态工作、校园文化建设工作、服务学校中心任务工作等方面纳入评估指标体系。没有安全稳定的局面，就不可能有高质量的发展。同样，如果在意识形态方面出了问题，工作就会偏离正确的方向。在服务校园文化建设和学校中心工作方面，高校辅导员从事了许多显性工作，在效果评估中应予以反映。在为社会发展做贡献的评估上，高校辅导员政策效果的评估指标应聚焦辅导员工作推动学生参与社会服务、毕业生就业创业等方面。例如，在革命时期，应把高校辅导员组织动员青年学生参与革命运动的情况纳入评估指标体系。

而在社会主义建设时期和改革开放时期,则应把青年学生参与社会志愿服务、创新创业、到祖国最需要的地方建功立业等情况作为评估指标体系的重点。由是观之,高校辅导员政策效果评估在推动发展方面的指标体系,应结合时代背景与党和国家在特定时期的战略任务进行科学设置,要始终用发展的眼光来看待高校辅导员政策效果的评估工作。

第十章

新时代高校辅导员政策的深化发展

一直以来,党和政府高度重视高校辅导员队伍建设,制定出台了一系列政策文件,提出了一系列新的要求。党的二十大对加快建设高质量教育体系做出了新的重大部署,特别强调了关注教师队伍建设,这也为新时代高校辅导员政策的发展提供了方向上的指引。深入理解和把握新时代高校辅导员政策发展的新要求、新方向和新趋势,是进一步深化发展新时代高校辅导员政策的前提和基础,能够更好推动高校辅导员队伍的建设。

第一节 新时代高校辅导员政策发展的新进展

党的十九大报告提出,中国特色社会主义进入了新时代,这是中国发展的新的历史方位,也是当前和今后一段时期各项工作开展的宏观环境。新时代,高校辅导员队伍的政策设计顺应着新的发展要求,采取了新的实践举措,呈现出新的发展趋势。

一 党的十八大以来的时代特征

(一)"五位一体"全面深化改革的新阶段

2012年党的十八大召开,确定了全面建成小康社会和全面深化改革的目标。11月,习近平总书记在参观"复兴之路"展览时,第一次阐释了"中国梦"的概念。2017年党的十九大胜利召开,宣告中国特色社会主义进入了新时代,提出"两步走"的战略路径。习近平新时代中国特色社会主义思想成为党的指导思想。2022年，党的二十大胜利召开。党的十八大以来，国家经济保持中高速增长，国内生产总值居世界第二，供给侧结构性改革深入推进，经济结构不断优化。"蹄疾步稳推进全面深化改革，坚决破除各方面体制机制弊端。改革全面发力、多点突破、纵深推进，着力增强改革系统性、整体性、协同性，压茬拓展改革广度和深度，推出一千五百多项改革举措，重要领域和关键环节改革取得突破性进展，主要领域改革主体框架基本确立。"① "积极发展社会主义民主法治，推进全面依法治国，党的领导、人民当家作主、依法治国有机统一的制度建设全面加强，党的领导体制机制不断完善，社会主义民主不断发展，党内民主更加广泛，社会主义协商民主全面展开，爱国统一战线巩固发展，民族宗教工作创新推进。"② "中国特色社会主义法治体系日益完善，全社会法治观念明显增强。国家监察体制改革试点取得实效，行政体制改革、司法体制改革、权力运行制约和监督体系建设有效实施。"③

（二）高等教育的发展进入强调内涵发展阶段

党的十八大以来，教育被摆在优先发展战略地位。以习近平同志为核心的党中央强调教育要扎根中国大地、融通中外、立足时代、面向未来，多次对教育工作指示和部署，发展具有中国特色世界水平的现代教育。完善以章程为统领的高校内部治理体系，全国普通本科高校章程制定核准工作基本完成。深化"放管服"改革，扩大高校自主权。党的十九大报告面向新时代，对全党、全社会、全教育战线提出要求，即建设教育强国，优先发展教育，深化教育改革，加快教育现代化。中国国情和中国发展站在新的历史起点，中国社会主要矛盾发生了新的变化，这对教育事业发展提出了新要求。党的十九大把"建设教育强国"确立为"中华民族伟大复兴的基础工程"，并将"双一流"建设作为"优先发展教育事业"的重要内容。这一时期，高校思想政治工作全面加强、全面

---

① 习近平：《决胜全面建成小康社会 夺取新时代中国特色社会主义伟大胜利——在中国共产党第十九次全国代表大会上的报告》，人民出版社2017年版，第3—4页。

② 习近平：《决胜全面建成小康社会 夺取新时代中国特色社会主义伟大胜利——在中国共产党第十九次全国代表大会上的报告》，人民出版社2017年版，第4页。

③ 习近平：《决胜全面建成小康社会 夺取新时代中国特色社会主义伟大胜利——在中国共产党第十九次全国代表大会上的报告》，人民出版社2017年版，第4页。

创新、全面发展，取得了显著成效。党的二十大报告首次把教育、科技、人才进行"三位一体"统筹安排、一体部署，并摆在论述"全面建设社会主义现代化国家的首要任务"之后的突出位置，强调实施科教兴国战略，强化现代化建设人才支撑。党的二十大报告以更高视角、更大格局统筹谋划教育、科技、人才三项工作，凸显了教育事业在党和国家工作全局中的分量之重。

（三）时代新人培养目标的提出

党和国家历来高度重视人才培养和青年工作，在不同的历史时期和形势下，提出了更具体的人才培养目标，成为一个时期以来人才培养工作的主要遵循。比如"社会主义新人"教育思想、"三好学生"、"四有"新人、"德智体美劳全面发展的社会主义建设者和接班人"等。这一系列人才培养目标的提出和贯彻，是党的教育方针在不同历史条件下的具体化、实践化。2017年10月，习近平总书记在党的十九大报告中指出："青年一代有理想、有本领、有担当，国家就有前途，民族就有希望"[①]，同时首次明确提出了要"培养担当民族复兴大任的时代新人"[②]。这是对以往教育方针理念的继承、接续与创新，也是党的教育方针在新时代下的坚守与发展。习近平总书记以新时代为历史方位，提出"培养什么人、如何培养人和为谁培养人"的根本问题，强调教育"立德树人"的根本任务，强调"为党育人、为国育才"，全面加强思想政治工作。他指出培养担当民族复兴大任的时代新人，培养德智体美劳全面发展的社会主义建设者和接班人，使得人才培养目标体系更加完备，实现了对党的教育方针的继承和发展。这一人才培养目标的提出是对"又红又专"人才培养理论和改革开放之初提出的培养"四有新人"理论的继承和发展，强调要继承中华传统美德、弘扬社会主义道德，培养善良的道德情感、正确的道德判断、自觉的道德实践，"要时常用真善美来雕琢自己，不断培养高洁的操行和纯朴的情感，努力使自己成为高尚的人"[③]；同时也强调

[①] 习近平：《决胜全面建成小康社会 夺取新时代中国特色社会主义伟大胜利——在中国共产党第十九次全国代表大会上的报告》，人民出版社2017年版，第70页。

[②] 习近平：《决胜全面建成小康社会 夺取新时代中国特色社会主义伟大胜利——在中国共产党第十九次全国代表大会上的报告》，人民出版社2017年版，第42页。

[③] 习近平：《在中国政法大学考察时的讲话》，《人民日报》2017年5月4日第1版。

做到知行合一、求实务实、有为善为,"把小事当作大事干,一步一个脚印往前走"①。

时代新人的提出,进一步深化了高校辅导员队伍工作的目标,为高校辅导员政策设计提供了基本遵循和指向。

二 以系统思维推进思想政治教育发展和高校辅导员队伍建设

2015年1月,中共中央办公厅、国务院办公厅印发《关于进一步加强和改进新形势下高校宣传思想工作的意见》(中办发〔2014〕59号,以下简称"59号文件"),对新形势下高校宣传思想工作进一步做出部署安排,明确了加强和改进高校宣传思想工作的重要意义、指导思想、基本原则、主要任务,并提出要切实推动中国特色社会主义理论体系进教材进课堂进头脑,大力提高高校教师队伍思想政治素质,不断壮大高校主流思想舆论,着力加强高校宣传思想阵地管理,切实加强党对高校宣传思想工作的领导。"59号文件"明确指出,要不断壮大高校主流思想舆论,推进辅导员博客等网络新媒体建设;要配齐建强高校宣传思想工作队伍,统筹推进辅导员班主任等宣传思想工作骨干队伍建设。②虽未下发全文,"59号文件"依然聚焦当前高校宣传思想工作领域的重点和问题,对新时期加强和改进高校宣传思想工作做出重要部署和要求,对包括高校辅导员在内的宣传思想工作队伍提出指导性意见。

2016年12月,全国高校思想政治工作会议召开,习近平总书记出席会议并发表重要讲话,强调高校思想政治工作关系高校培养什么样的人、如何培养人以及为谁培养人这个根本问题。要坚持把立德树人作为中心环节,把思想政治工作贯穿教育教学全过程,实现全程育人、全方位育人,努力开创中国高等教育事业发展新局面。习近平总书记指出,思想政治工作从根本上说是做人的工作,必须围绕学生、关照学生、服务学生,不断提高学生思想水平、政治觉悟、道德品质、文化素养,让学生

---

① 习近平:《青年要自觉践行社会主义核心价值观——在北京大学师生座谈会上的讲话》,人民出版社2014年版,第12页。

② 中共中央办公厅、国务院办公厅:《关于进一步加强和改进新形势下高校宣传思想工作的意见》,2015年1月,中国政府网(http://www.gov.cn/xinwen/2015—01/19/content_2806397.htm)。

成为德才兼备、全面发展的人才。习近平总书记指出，做好高校思想政治工作，要因事而化、因时而进、因势而新。对于高校思想政治工作队伍，习近平总书记强调，要拓展选拔视野，抓好教育培训，强化实践锻炼，健全激励机制，整体推进高校党政干部和共青团干部、思想政治理论课教师和哲学社会科学课教师、辅导员班主任和心理咨询教师等队伍建设，保证这支队伍后继有人、源源不断。全国高校思想政治工作会议的召开具有开创性意义，是高校党的建设和思想政治工作历史上的里程碑，对于新时期高校思想政治工作体制机制创新具有顶层设计的指导意义，同时也对高校辅导员队伍建设提出了新的要求，具有开创性的意义。

2017年2月，中共中央、国务院印发的《关于加强和改进新形势下高校思想政治工作的意见》（以下简称"31号文件"），对高校辅导员开展工作的总体方向、具体内容、方法路径等都做出了具体指示，同时对加强包括辅导员队伍在内的思想政治工作队伍建设提出了明确要求。"31号文件"提出，一是要提升教师思想政治素质。加强思想政治工作，努力培养造就有理想信念、有道德情操、有扎实学识、有仁爱之心的好老师。加强师德师风建设，加强教育管理和纪律约束，引导教师成为学高为师、身正为范践行者，推动形成崇尚精品、严谨治学、注重诚信、讲求责任的学术品格和优良学风。二是要完善教师评聘和考核机制，增加课堂教学的权重，引导教师将更多精力投入课堂教学，实施师德"一票否决"。三是配齐建强思想政治工作队伍和党务工作队伍。纳入高校人才队伍建设总体规划，完善选拔、培养、激励机制。这一文件为高校辅导员职业生涯发展提供了新的方向指导和遵循。

2020年，教育部等八部门发布《关于加快构建高校思想政治工作体系的意见》，强调建设高水平教师队伍；打造高素质思想政治工作和党务工作队伍；加大马克思主义学者和青年马克思主义者培养力度。

2021年，中共中央、国务院发布《关于新时代加强和改进思想政治工作的意见》，把思想政治工作作为治党治国的重要方式，构建共同推进思想政治工作的大格局，打造专兼结合的工作队伍，配齐配强思想政治工作骨干队伍，充实优化兼职工作队伍，不断壮大志愿服务工作队伍，有计划、有步骤地开展全员培训，深化思想政治工作人员专业技术职务评聘制度改革，培养思想政治工作的行家里手。

这些文件的制定与出台,发展了大学生思想政治教育相关政策,同时也为高校辅导员队伍建设提供了根本制度保障,强化了高校辅导员队伍建设的战略定位,促进了高校辅导员队伍建设的可持续发展。

三 强化高校辅导员职业发展能力内涵建设

2013年5月,中共教育部党组印发《普通高等学校辅导员培训规划(2013—2017年)》,对高校辅导员的培训内容、培训形式等进行规定。2013年12月,教育部办公厅下发《关于加强高校辅导员基层实践锻炼的通知》,鼓励高校辅导员到基层挂职锻炼,促进高校辅导员在基层复杂环境、关键岗位上砥砺品质、锤炼作风、增长才干。相关部门为高校辅导员提供更多深入基层实践、国内高校挂职、境外研修等机会,从理论深度、实践广度来提升高校辅导员的职业能力与工作水平。2014年3月,教育部印发《高等学校辅导员职业能力标准(暂行)》,对于高校辅导员的职业概况、职业知识、职业能力标准等做了规定。2017年9月,新修订的《普通高等学校辅导员队伍建设规定》,进一步明确高校辅导员的工作要求与工作职责、配备与选聘、发展与培训、管理与考核等内容。2016年,教育部思政司还建立了8所全国高校辅导员发展研究中心,主要依托中心所在学校优势学科资源和专业学术团队,以高校辅导员发展问题为导向,努力建成集学术引领、示范培训、特色培养、资源服务为一体的高校思想政治教育智库。

近年来,各级主管部门针对辅导员设立特定科研项目,如教育部人文社会科学研究专项任务项目(高校思想政治工作)中包含的辅导员骨干项目、高校辅导员工作精品项目,以及各省市和高校设置的辅导员科研项目等。此外,部分省市和高校开展辅导员工作优秀论文评选,资助出版思想政治教育著作,为高校辅导员提升科研能力搭建多种平台,不断激发高校辅导员的科研兴趣,也有力地提升了高校辅导员的科研层次。新时代,高校辅导员角色定位更加清晰明确,高校辅导员队伍专业化与职业化发展的能力导向不断强化。高校辅导员的工作职能主要体现在"教育""管理""服务"三个方面。高校辅导员政策设计和实施进一步发展了高校辅导员队伍,有利于提升高校辅导员队伍的职业胜任力,有利于提高大学生思想政治教育工作质量。

第二节　新时代高校辅导员政策发展的新要求

党的十九大报告提出："中国特色社会主义进入了新时代，这是我国社会发展新的历史方位。"① 新时代的社会背景对社会各项工作都提出了新的发展要求。在这种情况下，高校辅导员政策也必须紧跟时代的形势要求，融合时代的发展元素，加强辅导员队伍建设。

一　落实立德树人的根本任务

在新的时代背景下，社会主义事业和民族复兴伟业需要合格的建设者和接班人。2018 年，习近平总书记在全国教育大会上强调，党的十八大以来，我们围绕培养什么人、怎样培养人、为谁培养人这一根本问题，全面加强党对教育工作的领导，坚持立德树人，加强学校思想政治工作，推进教育改革，加快补齐教育短板，教育事业中国特色更加鲜明，教育现代化加速推进，教育方面人民群众获得感明显增强。② "培养什么人、怎样培养人、为谁培养人"这一根本问题也成为新时代根本的教育任务。高校辅导员作为青年大学生的人生导师和知心朋友，是这项工作的最直接实施者。因此，这也迫切需要各级党委和政府及时出台相应的政策文件，持续推进工作理念更新、载体创新、制度革新，在政策制定上切实贴近新时代的新要求。

立德树人是教育的根本任务，同时也是对高校辅导员政策制定提出的根本要求。自党的十八大提出把立德树人作为教育的根本任务，培养德智体美全面发展的社会主义建设者和接班人以来，中国高等教育始终围绕立德树人的根本任务，不断加强高校思想政治工作，取得了良好成效。2015 年 1 月，中共中央办公厅、国务院办公厅印发《关于进一步加

---

① 习近平：《决胜全面建成小康社会　夺取新时代中国特色社会主义伟大胜利——在中国共产党第十九次全国代表大会上的报告》，人民出版社 2017 年版，第 10 页。
② 《习近平在全国教育大会上强调　坚持中国特色社会主义教育发展道路　培养德智体美劳全面发展的社会主义建设者和接班人》，《人民日报》2018 年 9 月 11 日第 1 版。

强和改进新形势下高校宣传思想工作的意见》,要求高校要构建全员全过程全方位育人格局,全面落实立德树人根本任务。2016年12月,全国高校思想政治工作会议召开,习近平总书记在会上强调:"高校立身之本在于立德树人,要坚持把立德树人作为中心环节,把思想政治工作贯穿教育教学全过程,实现全程育人、全方位育人,努力开创我国高等教育事业发展新局面。"① 2017年11月,习近平总书记在党的十九大报告中指出:"要全面贯彻党的教育方针,落实立德树人根本任务,发展素质教育,推进教育公平,培养德智体美全面发展的社会主义建设者和接班人。"② 这也是对高校思想政治工作者,特别是高校辅导员承担的立德树人根本任务的进一步强调。2018年5月2日,习近平总书记在北京大学师生座谈会上讲话时强调:"大学是立德树人、培养人才的地方,是青年人学习知识、增长才干、放飞梦想的地方。要把立德树人的成效作为检验学校一切工作的根本标准,真正做到以文化人、以德育人,不断提高学生思想水平、政治觉悟、道德品质、文化素养,做到明大德、守公德、严私德。"③ 2018年9月10日,习近平总书记在全国教育大会上讲话时强调:"要把立德树人融入思想道德教育、文化知识教育、社会实践教育各环节,贯穿基础教育、职业教育、高等教育各领域,学科体系、教学体系、教材体系、管理体系要围绕这个目标来设计,教师要围绕这个目标来教,学生要围绕这个目标来学。"④ 2022年10月,党的二十大在北京召开,习近平总书记在报告中指出:"教育是国之大计、党之大计。培养什么人、怎样培养人、为谁培养人是教育的根本问题。育人的根本在于立德。要全面贯彻党的教育方针,落实立德树人根本任务。"⑤ 这是把高校

---

① 《习近平在全国高校思想政治工作会议上强调 把思想政治工作贯穿教育教学全过程 开创我国高等教育事业发展新局面》,《人民日报》2016年12月9日第1版。
② 习近平:《决胜全面建成小康社会 夺取新时代中国特色社会主义伟大胜利——在中国共产党第十九次全国代表大会上的报告》,人民出版社2017年版,第45页。
③ 《习近平在北京大学考察时强调 抓住培育社会主义建设者和接班人根本任务 努力建设中国特色世界一流大学》,《人民日报》2018年5月3日第1版。
④ 《习近平在全国教育大会上强调 坚持中国特色社会主义教育发展道路 培养德智体美劳全面发展的社会主义建设者和接班人》,《人民日报》2018年9月11日第1版。
⑤ 习近平:《高举中国特色社会主义伟大旗帜 为全面建设社会主义现代化国家而团结奋斗——在中国共产党第二十次全国代表大会上的报告》,人民出版社2022年版,第34页。

思想政治工作特别是高校辅导员承担的立德树人的根本任务提高到了一个新的高度。

高校辅导员作为开展大学生思想政治教育的骨干力量，在高校思想政治工作中具有独特的地位与作用，如何更好地落实立德树人这一根本任务，是新时代高等教育对高校辅导员的根本要求，也是对新时代高校辅导员政策制定的新要求。

在落实立德树人根本任务方面，首先是始终不渝坚持党的领导。中国共产党的领导是中国特色社会主义最本质的特征和最大优势。历史已经充分证明，中国共产党的领导是党和国家的根本所在、命脉所在，是全国各族人民的利益所系、命运所系。党的二十大报告指出："我们全面加强党的领导，明确中国特色社会主义最本质的特征是中国共产党领导，中国特色社会主义制度的最大优势是中国共产党领导，中国共产党是最高政治领导力量，坚持党中央集中统一领导是最高政治原则，系统完善党的领导制度体系，全党增强'四个意识'，自觉在思想上政治上行动上同党中央保持高度一致，不断提高政治判断力、政治领悟力、政治执行力，确保党中央权威和集中统一领导，确保党发挥总揽全局、协调各方的领导核心作用。"[①] 中国高校是社会主义大学，中国政治体制决定了中国高校的根本性质。只有坚持党的领导，才能牢牢掌握党对高校工作的领导权，才能确保高校的人才培养始终坚持社会主义方向，始终以党和国家发展需要、社会需求为导向，始终为党育才，为国育人。辅导员队伍作为思想政治教育的重要力量，在辅导员政策建设方面必须坚持党的领导，把党的意志、思想贯彻到政策方面，这样才能保证辅导员队伍建设"又红又专"，保证社会主义建设者和接班人的培育。

其次是始终坚持马克思主义的指导地位。党的十八大以来，在以习近平同志为核心的党中央高度重视和推动部署下，马克思主义在我国意识形态领域指导地位更加鲜明、巩固深化，思想文化领域发生了历史性的根本变化。马克思主义学习研究取得实效，马克思主义世界观方法论得到切实贯彻，马克思主义中国化、时代化、大众化取得显著成绩，党

---

① 习近平：《高举中国特色社会主义伟大旗帜　为全面建设社会主义现代化国家而团结奋斗——在中国共产党第二十次全国代表大会上的报告》，人民出版社2022年版，第7页。

的创新理论深入人心。马克思主义是根本的指导思想,也是中国高校的特色优势。作为社会主义大学,中国的社会制度决定了中国高校必须以马克思主义为指导。习近平总书记强调:"办好我们的高校,必须坚持以马克思主义为指导,全面贯彻党的教育方针。"[①] 这就要求我们必须在办学方向的问题上站稳立场,巩固马克思主义在高校意识形态领域的指导地位,不断加强和改进高校思想政治工作。高校辅导员队伍作为高校思想政治工作的一线队伍,肩负着培养社会主义建设者和接班人的历史使命。在辅导员队伍的政策方面,需要始终坚持马克思主义的指导地位,从而确保辅导员理直气壮地信仰马克思主义、研究马克思主义、传播马克思主义、讲授马克思主义,引导青年学生真学、真懂、真信、真用,推进人才的培养。

二 强化职业发展能力导向

中华人民共和国成立以来,辅导员政策在高校逐步建立和推广。特别是2006年教育部令第24号文件颁布以来,辅导员在政策方面有了更好的保障,高校辅导员队伍规模进一步壮大、结构进一步优化、质量进一步提高,有力推进了高校辅导员的政策建设。

随着社会的不断发展,高等教育宏观环境的不断变化,社会、高校、家长、学生也对高校辅导员的职业发展能力提出了更高的要求。特别是全国教育大会的召开,"为谁培养人,培养什么人,如何培养人"的论断成为教育发展的根本方针。党中央对高校思想政治教育工作提出了新的发展要求,客观上对辅导员提出了更高的要求,这也需要新时代高校辅导员政策更加注重强化辅导员的职业能力发展导向,引导广大高校辅导员不断更新意识,提升职业发展能力,适应新时代的发展要求。

一直以来,党和国家高度重视高校辅导员队伍的职业能力发展。2013年5月,教育部印发《普通高等学校辅导员培训规划(2013—2017年)》,对高校辅导员的培训内容、培训形式等进行规定。2013年12月,教育部办公厅下发《关于加强高校辅导员基层实践锻炼的通知》,鼓励高

[①] 《习近平在全国高校思想政治工作会议上强调 把思想政治工作贯穿教育教学全过程 开创我国高等教育事业新局面》,《人民日报》2016年12月9日第1版。

校辅导员到基层挂职锻炼，促进高校辅导员在基层复杂环境、关键岗位上砥砺品质、锤炼作风、增长才干。2014年3月，教育部印发《高等学校辅导员职业能力标准（暂行）》，对于高校辅导员的职业概况、职业知识、职业能力标准等做了规定。

伴随着辅导员相关制度的出台，辅导员队伍在职业能力培养方面也迈出了扎实的步伐。2006年开始实施辅导员攻读思想政治教育专业硕士学位计划；2007年设立了21个教育部高校辅导员培训和研修基地；2008年开始实施辅导员在职攻读博士学位计划，成立全国高校辅导员工作研究会；2009年设立思想政治教育专项和辅导员专项课题。这些举措有力推动了辅导员队伍能力的提升，同时也为辅导员队伍专业化构筑了清晰的发展路径。

2017年9月，新修订的《普通高等学校辅导员队伍建设规定》（教育部43号令），进一步明确高校辅导员的工作要求与工作职责、配备与选聘、发展与培训、管理与考核等内容。新规定里面的举措充分体现了党和国家对辅导员职业发展能力的新要求。新规定改变了过去的块状思维，更为强调整体思维，特别是结合中共中央、国务院印发的《关于加强和改进新形势下高校思想政治工作的意见》精神，把思想政治工作贯穿教育的全过程，更加凸显了辅导员队伍在高等教育发展中的重要性，同时也凸显了辅导员队伍建设专业化的时代紧迫性。新时代高校辅导员队伍建设的专业化，不是强调辅导员所学专业背景，而是强调辅导员队伍在实际的思想政治教育工作中能够把理论与实践进一步结合，通过实践促进理论总结、理论创新，成为专业化的专家，真正做到术业有专攻。新修订的《普通高等学校辅导员队伍建设规定》，虽然没有对辅导员队伍专业化提出明确的要求，但是把"思想理论和价值引领"放在高校辅导员职责第一位，特别是新规定里面要求辅导员"参加相关学科领域学术交流活动，参与校内外思想政治教育课题或项目研究"，这实际上都对辅导员的专业知识和职业发展能力提出了间接的要求。与此同时，在工作职责方面，新规定把提到的九项主要工作职责清晰涵盖到"教育""管理""服务"三个方面。其中，教育职能包括思想理论教育和价值引领、网络思想政治教育、理论和实践研究，管理职能包括学生日常事务管理、校园危机事件应对，服务职能包括党团和班级建设、学风建设、心理健康教育与咨询工作、职业规划与就业创业指导。在某种意义上，这也进一步明确了高校辅导员的工作职责，为辅导员强化自身的职业发展能力提供了更加明确的方向。

按照萨帕的职业生涯发展理论，人的职业发展过程可以分为成长阶段、探索阶段、确立阶段、维持阶段和衰退阶段这五个阶段。高校辅导员大多数处于生涯确立阶段初期，面对新时代对辅导员职业发展能力要求的日趋提高，高校辅导员队伍往往呈现出不稳定性的倾向，但是如果能够引导得当，在政策上注重其职业发展能力的强化，为其构建合适的发展平台，他们也能够有机会快速进入稳定的确立阶段，继而发展到维持阶段，进而有力推动新时代高校辅导员队伍建设。因此，在新形势新要求下，高校辅导员的职业发展能力需要得到进一步提升，以更好适应新时代提出的新要求，高校辅导员政策的制定也需要更加注重强化高校辅导员的职业发展能力导向。

三 做好宣传思想政治工作

党和政府对于宣传思想政治工作高度重视。2013年8月19日，习近平总书记在全国宣传思想工作会议上强调："经济建设是党的中心工作，意识形态工作是党的一项极端重要的工作。"[①] 为更好贯彻落实有关会议精神，进一步推进高校宣传思想工作，中共中央办公厅、国务院办公厅于2015年1月印发《关于进一步加强和改进新形势下高校宣传思想工作的意见》。中共中央宣传部和中共教育部党组于2015年9月联合下发了《关于加强和改进高校宣传思想工作队伍建设的意见》。两个文件站在战略全局的高度，结合新时代的新要求，对高校宣传思想工作进行了部署，对高校辅导员从事高校宣传思想政治工作提出了新的工作要求，充分体现了党和国家对高校意识形态工作的高度重视。2017年2月，中共中央、国务院印发了《关于加强和改进新形势下高校思想政治工作的意见》。意见指出，高校思想政治工作队伍具有教师和管理人员双重身份，要纳入高校人才队伍建设总体规划，形成一支专职为主、专兼结合、数量充足、素质优良的工作力量。文件充分体现了高校辅导员队伍在宣传思想政治

---

① 《习近平谈治国理政》（第一卷），外文出版社2018年版，第153页。

工作上对人才队伍建设的重要作用。2018年8月，习近平总书记在全国宣传思想工作会议上发表重要讲话时强调："高校承担着培养担当民族复兴大任的时代新人的重任，要把各方面力量凝聚起来，坚持立德树人，践行育人使命。这是高校宣传思想工作的中心任务。"① 在中国共产党成立100周年之际，中共中央、国务院印发了《关于新时代加强和改进思想政治工作的意见》。《意见》指出，思想政治工作是党的优良传统、鲜明特色和突出政治优势，是一切工作的生命线。加强和改进思想政治工作，事关党的前途命运，事关国家长治久安，事关民族凝聚力和向心力。《意见》还指出，要深入开展思想政治教育。坚持用习近平新时代中国特色社会主义思想武装全党、教育人民，健全用党的创新理论武装全党、教育人民工作体系，增进对习近平新时代中国特色社会主义思想的政治认同、思想认同、理论认同、情感认同。推动理想信念教育常态化制度化，广泛开展中国特色社会主义和中国梦宣传教育，弘扬民族精神和时代精神，加强爱国主义、集体主义、社会主义教育，加强马克思主义唯物论和无神论教育。

党的十八大以来，以习近平同志为核心的党中央高度重视思想政治工作，采取一系列重大举措切实加以推进，思想政治工作有效发挥了统一思想、凝聚共识、鼓舞斗志、团结奋斗的重要作用，全党全社会思想上的团结统一更加巩固，中国意识形态领域形势发生了全局性、根本性的转变。

高校宣传思想工作事关"培养什么人、怎样培养人"的重大问题，事关党和人民事业后继有人的根本大计。高校宣传思想工作是高校贯穿落实立德树人这一根本任务的必然要求。树人是高校的应有之责，立德树人是中国特色社会主义教育事业的根本要求，是培养社会主义建设者和接班人的核心所在。坚持立德树人，就必须加强理想信念引领，用习近平新时代中国特色社会主义思想武装师生头脑，帮助师生增强道路自信、理论自信、制度自信；培育和践行社会主义核心价值观教育，弘扬中华优秀传统文化，帮助师生树立正确的世界观、人生观和价值观；加

---

① 《习近平在全国宣传思想工作会议上强调 举旗帜聚民心育新人兴文化展形象 更好完成新形势下宣传思想工作使命任务》，《人民日报》2018年8月23日第1版。

强道德教育和实践，提升学生的思想道德修养。这些都是高校宣传思想政治工作的职责所在。特别是当前，中国已踏上了全面建成小康社会、全面深化改革、全面推进依法治国、实现中华民族伟大复兴中国梦的新征程，但是同时也面临着异常复杂的国际环境。互联网的发展，西方的价值观、错误思潮随之渗透进来，对高校宣传思想政治工作带来了极大的挑战。强化思想引领，牢牢把握高校意识形态工作领导权，是当前非常急迫的任务。高校思想政治工作必须牢记"国之大者"，要切实围绕问题、需求开展工作，做到目标落实，效果明显。要不断提高政治判断力、政治领悟力、政治执行力，始终把坚定捍卫"两个确立"、坚决做到"两个维护"作为政治准绳，始终把加强党的全面领导、坚持正确办学方向作为根本前提。

高校辅导员队伍是高校宣传思想工作队伍的重要组成部分。高校辅导员是高校进行大学生价值观教育的具体实施者，是高校大学生思想政治教育的骨干，是高校宣传思想政治工作的重要力量。从加强和改进新形势下高校宣传思想工作队伍的视角来说，新时代背景对高校辅导员队伍提出了新的更高的要求，因此，新时代高校辅导员政策需要始终引导高校辅导员队伍从"培养什么人，如何培养人，为谁培养人"这个根本问题出发，始终坚持立德树人的根本任务，充分发挥立德树人在思想道德教育、文化知识教育、社会实践教育各环节中的基础性地位和引领性作用，并从高校宣传思想工作战略性基础工程建设角度，明确高校辅导员队伍建设的重点任务，要配齐建强工作队伍，提升队伍整体素质，改进加强网宣能力，不断强化实践锻炼，完善激励评价机制等。

第三节　新时代高校辅导员政策发展的新方向

当前中国特色社会主义已经进入了新时代，在建设社会主义新征程的过程中，党和国家需要更多社会主义建设者和接班人，也就要求新时代高校辅导员政策能够适应时代的要求，及时进行调整和优化。站在两个百年交替的重要历史转折点，新时代的青年既是历史的见证者，更是推动历史的参与者。时代赋予了新时代青年更高的使命和更强烈的历史责任感。高校辅导员队伍作为新时代高等教育事业的重要力量，作为新时代青年成长的直接指导者，更加需要适应时代的要求，自觉承担历史责任，在政策指导下不断调整队伍结构，升级发展布局，完善保障机制。

一 队伍结构的优化调整

一方面，新时代，社会经济的发展和高等教育改革的推进，客观上对辅导员队伍建设提出了新任务和新要求。另一方面，原有的辅导员队伍建设政策受到制度"生命周期律"的影响，在实践的过程中逐步呈现出"边际效用递减"的现象，需要进行重新评估和优化。辅导员队伍作为帮助青年学生在高校更好成长成才的重要力量，其队伍结构也需要做到优化调整，以更好地适应新时代高校思想政治教育的新要求。因此，新时代高校辅导员政策也需要在高校辅导员自身队伍结构的优化调整上下功夫。

（一）将思想政治教育与专业化、职业化、专家化紧密结合

辅导员作为从事高校学生思想政治教育的骨干力量，从辅导员岗位设立至今，其队伍不断充实和完善，为中国思想政治教育工作的发展发挥着重要作用。高校辅导员的职责包括对学生进行思想政治教育、学生日常管理、就业指导、心理健康以及学生党团建设等。随着高校辅导员队伍发展专业化和规范化进程的加快，辅导员的工作内容和职能范畴不断丰富。他们不仅要从事思想政治教育工作，同时也要负责班级管理、心理健康教育、资助帮扶、生涯就业辅导等工作。

为深入贯彻落实全国高校思想政治工作会议精神和中共中央、国务院《关于加强和改进新形势下高校思想政治工作的意见》，切实加强高等学校辅导员队伍专业化职业化建设，依据《高等教育法》等有关法律法规，教育部制定了《普通高等学校辅导员队伍建设规定》，规定中明确指出了高校辅导员队伍专业化、职业化的发展方向。辅导员队伍专业化建设不仅关乎辅导员职业的社会地位，更关乎立德树人这一教育根本任务的有效开展。因此，高校辅导员队伍将思想政治与专业化、职业化、专家化紧密结合能够有效促进辅导员自身队伍结构的优化调整，也是新时代、新形势下高校辅导员政策发展的新趋势、新方向。

思想政治教育是辅导员队伍的基本职责。随着新时代、新形势的发展，特别是全员育人理念的提出，高校辅导员队伍进一步扩大，包括专职辅导员和兼职辅导员。这也进一步适应了当前高校发展的新要求，也极大缓解了当前高校辅导员队伍人手不够的难题。与此同时，辅导员队伍的选聘也呈现出学科背景多元化的现象，在一定程度上改变了以往辅导员队伍学科背景单一化的情况，有力推进了辅导员队伍建设的学科融合性。然而，目前仍然有一些辅导员不能适应高等教育大众化条件下大学生群体问题复杂化的形势发展，难以把业务工作凝练，把思想政治教育工作科学化。因此，思想政治教育与专业化、职业化、专家化结合是辅导员队伍建设政策的客观要求。

在宏观政策方面，为深入贯彻落实全国高校思想政治工作会议精神和中共中央、国务院《关于加强和改进新形势下高校思想政治工作的意见》，教育部制定了《普通高等学校辅导员队伍建设规定》。《规定》中重点突出"不断提高队伍的专业水平和职业能力"，实际上是强调辅导员队伍的专业化、职业化。这符合当前党和国家对辅导员队伍建设的要求。青年学生的培养是一个系统过程，强调全方位和全过程。在这个系统培养过程中，教育者处于一个关键的位置。进入新时代，党和国家对高校辅导员的职业使命提出了更高的要求，需要高校辅导员引导大学生成为"又红又专、德才兼备、全面发展"的中国特色社会主义合格建设者和可靠接班人，这就要求辅导员应该具备良好的职业素养。政策指引我们强化辅导员队伍的专业化、职业化，实际上是通过加强学科建设，把辅导员工作科学化、专业化。通过学科建设，把《规定》里面的工作职责细化成一整套融合相关学科知识、相对独立并不断发展的科学知识体系。同时，鼓励辅导员在实现自身专业化与职业化后，努力成为从事学生工作的专家，进而实现辅导员队伍建设的专业化、职业化、专家化。不仅如此，也需要不断完善辅导员队伍的选聘制度，通过专业化的选拔来凸显辅导员队伍的专业性特征。2017年9月21日，教育部发布了《普通高等学校辅导员队伍建设规定》（教育部第43号令），这一新规定对辅导员的选聘制度提出了要求：辅导员选聘工作要在高等学校党委统一领导下进行，由学生工作部门、组织、人事、纪检等相关部门共同组织开展。根据辅导员基本条件要求和实际岗位需要，确定具体选拔条件，通过组织推荐和公开招聘相结合的方式，经过笔试、面试、公示等相关程序进行选拔。政策通过宏观层面上的指引，明确了辅导员队伍的专业化、职业化需要从事思想政治教育工作相关学科的宽口径知识储备、学历、培训发展、激励保障措施，也同时需要严格有序的选聘制度。在推进中国特色社会主义建设的伟大进程中，依据相关的高等教育规律，辅导员队伍建设的专业性、职业性要求越来越明显，需要政策的指引才能行稳致远。

（二）政策加快推进辅导员队伍标准化发展进程

强化管理是保持辅导员队伍稳定性和工作有效性开展的重要保障。强化管理的一个重要方面是进行标准化管理。高校辅导员队伍的管理是一个根据形势发展不断调整、完善的过程。在发展初期，由于高等教育发展还处于初步阶段，学生规模较小，结构相对单一的社会形势给学生带来的困惑也比较小。在这一阶段，辅导员的管理在注重政治性的同时，更多呈现一种粗放型的特点。从具体的政策上来看，1951年11月，国家政务院批准《关于全国工学院调整方案的报告》，明确提出在高等教育中设立"政治辅导员"，建立"政治辅导员制度"。《报告》还对政治辅导员的职责做出初步规定，即"主持政治学习思想改造"。1952年10月颁布的《关于在高等学校有重点地试行政治工作制度的指示》进一步对政治辅导员在高等学校中的角色定位做出界定，即隶属于政治辅导处的思想政治工作人员；对政治辅导员的岗位设置、工作职责、选聘条件做出初步规定；并提出"政治辅导员兼任政治理论课助教"的兼职模式。《指示》的相关内容已经涵盖了高校辅导员制度构成的基本要素，中国高校辅导员制度初步建立。1953年，清华大学率先建立学生政治辅导员制度，对政治辅导员的选聘条件、工作时长做出了比较明确的规定，并创造性地提出"双肩挑"工作模式，政治辅导员制度由规划变为现实，中国高校辅导员制度正式建立。从岗位要求上看，在这一阶段，辅导员政策制度更加侧重于辅导员自身的思想政治考核。中国特色社会主义进入新时代后，一方面，全球经济一体化加快了中国高等教育发展的规模，开拓了学生的视野；另一方面，西方价值观的渗透也使社会出现多元化的思潮，学生面临着多元化的价值观或者更大的疑惑。这就需要更为专业化和科学化的辅导员队伍来开展思想政治教育工作。在中国共产党的领导下,以大学生成长发展的现实需要和高校辅导员队伍建设的客观规律为依据,中国高校辅导员制度在基本成熟的基础上,不断发展创新。

2017年9月,新修订的《普通高等学校辅导员队伍建设规定》正式公布,明晰了辅导员的9项主要工作职责,将对高校学生进行思想理论教育作为高校辅导员的首要职责,充分结合大学生成长的现实需要,新增学风建设、心理健康教育与咨询工作、网络思想政治教育、校园危机事件应对、理论和实践研究五项主要工作职责,明确将理论和实践研究作为高校辅导员的主要工作职责之一。新规定从政策方面对辅导员队伍的标准化建设提供了宏观的指导。在辅导员岗位的配备上进行了明确的标准规定,在资格选聘方面明确了清晰的选拔程序,在岗位职责方面阐明了具体的工作内容,在发展培训方面明确了国家、省级和学校的三级培训体系;在保障机制方面落实了专职辅导员职务职级"双线"晋升要求,在考核管理方面实施学校和院(系)双重管理,健全辅导员队伍的考核评价体系。与此同时,《高等学校辅导员职业能力标准(暂行)》的实施,让辅导员工作变得有章可循、有据可依,凸显了辅导员队伍建设的标准化趋势。这也将有效推动新时代高校辅导员政策沿着高校辅导员队伍标准化建设的方向迈出一大步。

二 发展布局的优化升级

高校辅导员是中国高等学校思想政治工作队伍的重要组成部分,是高校学生日常思想政治教育和管理工作的组织者、实施者、指导者。高校辅导员政策是中国共产党对高校学生开展思想政治工作,进行思想政治教育的一项基本制度。中国特色社会主义进入新时代后,高校思想政治教育的发展布局日益走向充实化、专业化和科学化,不断优化升级。纵观中国共产党成立以来高校辅导员队伍建设和发展的一百年,高校辅导员的队伍结构在特征上呈现出队伍规模逐渐扩展充实、队伍结构日益科学合理化、队伍发展逐渐走向专业化等显著特征。

(一)队伍规模逐渐扩展充实

高校思想政治教育队伍从过去人员缺乏的状态发展到今天,在队伍的规模上实现了逐渐扩展和充实。在思想政治理论课教师队伍建设上,《关于深化新时代学校思想政治理论课改革创新的若干意见》提出,要加快壮大学校思想政治理论课教师队伍。各地在核定编制时要充分考虑思想政治理论课教师配备要求。高校要严格按照师生比不低于1∶350的比例核定专职思想政治理论课教师岗位，在编制内配足，且不得挪作他用，并尽快配备到位。在此基础上思政课教师的队伍在继续充实发展中。与此同时，对于各高校可在与思想政治理论课教学内容相关的学科选择优秀教师进行培训后充实思想政治理论课教师队伍也进行了明确规定，并且对于思政课教学的党政管理干部转岗为专职思想政治理论课教师的机制和办法也进行了明确规约。在此基础上，对于符合条件的辅导员参与思政课教学也有明确规定。高校积极动员政治素质过硬的相关学科专家转任思政课教师，采取兼职的办法遴选相关单位的骨干支援高校思政课建设。2017年9月，新修订的《普通高等学校辅导员队伍建设规定》正式公布。《规定》明晰了辅导员的9项主要工作职责，将对高校学生进行思想理论教育作为高校辅导员的首要职责，充分彰显了高校辅导员制度鲜明的政治性，也为新时代高校思想政治教育队伍的扩充奠定了基础。因此，高校思想政治理论教育，尤其是思政课教师队伍得到了极大扩充，规模逐渐扩展。

"课程思政"的提出将思政课教师的队伍进一步扩展。"大思政"明确了思想政治教育由思政类课程扩展到其他各类课程的发展目标，在思政课程建设中体现了各类课程与思政课程的协同提升。相应地，高校思想政治理论课教师的队伍也得到了进一步充实。此外，辅导员队伍的逐渐壮大也为高校思想政治教育队伍规模的扩充起到了重要作用。辅导员除了对学生进行日常思想政治教育管理之外，部分优秀辅导员也通过兼职思政课教学的方式参与到思想政治教育活动中。

（二）队伍结构日益科学合理化

除了在规模上的扩充，高校思想政治教育队伍在结构上也呈现出日益科学合理化的特征。首先，思想政治教育队伍成员的学历层次逐渐提升。随着思想政治教育硕士点和博士点的设立，思想政治教育专业培养的高层次人才数量逐渐提升。这些人才成为高校思想政治教育的重要人才储备，为高校培养了高层次的马克思主义理论和思想政治教育专业人才。教育部出台的高校思政课教师和辅导员在职攻读学位计划，更是有针对性地为高校培养了高学历的思想政治教育人才。近年来，随着重点马克思主义学院建设的逐渐推进，各个高校在马克思主义理论和思想政治教育领域选拔人才的标准也在逐步提升。高校思政课专兼职思政课教师中拥有博士学位的比例大幅提升。

其次，高校思想政治教育队伍在结构上逐渐形成了专兼职相结合的队伍结构。2017年11月3日，教育部印发通知，提出要认真落实立德树人根本任务，积极培育和践行社会主义核心价值观，开展"三全育人"综合改革试点，形成全员、全程、全方位育人格局。"三全育人"的教育理念是立德树人的根本要求，是中国高等教育政策调整的必然要求，同时也是辅导员政策发展的客观要求。"三全育人"的教育理念强调全员全程全方位育人，要求三者之间相互促进、有机统一，把思想政治教育贯穿人才培养全过程和各环节。在实施"三全育人"教育理念过程中，专职思政课教师、高校行政干部、辅导员以及思想政治教育管理者均参与思政课教学活动，在思政课教师结构上呈现出专兼职相结合的典型特征。这对于整合学校优质教师队伍资源，开展好思想政治教育具有重要促进作用。

（三）队伍发展逐渐走向专业化

随着高校思想政治教育队伍的确立和发展，近年来队伍发展逐渐走向专业化。高校思想政治教育队伍是高等学校教师和管理队伍的重要组成部分，是开展大学生思想政治教育的组织保证。包括高校党政干部和共青团干部，思想政治理论课教师、其他各类课程教师、辅导员和班主任等在内的队伍在思想政治教育过程中分工明确、各司其职。队伍的整体水平逐渐提升，并且发展日益走向专业化。

高校思想政治教育队伍建设的专业化体现在：队伍成员不仅要承担思想政治理论课的教学工作，还要承担马克思主义理论学科建设的科研工作。包括高校思政课教师在内的思想政治教育工作者在学历层次方面的要求逐渐提高。对高校思想政治教育工作者的科研业绩要求也在逐渐提高，如高校思政课教师从过去仅仅承担教学，到今天除了承担教学任务之外还需要从事马克思主义理论和思想政治教育学科建设工作的角色转变。教学与科研双重任务的确立正是体现了高校思想政治教育队伍的专业化发展趋势。同时，辅导员队伍的专职化也是高校思想政治教育队伍专业化的具体体现。

与此同时，要推动辅导员队伍的专业化发展，必须选聘专业人才、重视专业培养、开展专业研究。一是选聘更多思想政治教育专业的人才进入辅导员队伍。思想政治教育专业的设立宗旨即为培养思想政治工作的专业人才，其培养出的优秀毕业生应当在辅导员选聘过程中予以优先录用。二是重视对在职辅导员的专业培养。鼓励高校辅导员参与专业培训、支持和保障高校辅导员参加进修学习、为高校辅导员提供更多在职攻读学位的机会。三是鼓励高校辅导员从事思想政治教育的科学研究。一方面，减轻辅导员的常规工作负担，为从事科研工作提供时间保障。另一方面，增设仅限辅导员申报的专项课题，为辅导员参与科研工作拓宽道路。

中国进入中国特色社会主义新时代，党和国家对高等教育提出了新的要求。在新的时代背景和新的要求下，发展布局的优化升级是大势所趋。习近平总书记在党的二十大报告中提出："教育是国之大计、党之大计。培养什么人、怎样培养人、为谁培养人是教育的根本问题。育人的根本在于立德。全面贯彻党的教育方针，落实立德树人根本任务，培养德智体美劳全面发展的社会主义建设者和接班人。"[①] 培养德智体美劳全面发展的社会主义建设者和接班人是党和国家对于高等教育发展的期待，是高校发展的根本任务，同时也是辅导员队伍义不容辞的历史责任。新时代的青年更加具有独立性、自主性和创新性，他们思想活跃、富有活力、敢于质疑，也乐于接受新生事物。另外，新时代的青年在互联网＋时代，面临着更为复杂的社会思潮和多元化价值观影响。因此，这就需要优化升级的辅导员队伍进行契合时代发展的思想政治教育，引导青年学生健康成长。

三 保障机制的优化完善

党和国家在加强辅导员队伍建设方面所进行的顶层设计，最直接的表现形式就是制定政策规定，为高校辅导员队伍建设指明方向、提供保障。随着高等教育的不断发展，党和国家在辅导员队伍政策方面不断深

---

① 习近平：《高举中国特色社会主义伟大旗帜　为全面建设社会主义现代化国家而团结奋斗——在中国共产党第二十次全国代表大会上的报告》，人民出版社2022年版，第34页。

入,保障机制方面也不断优化完善。

(一)辅导员队伍发展的政策保障机制更加稳健有力

纵观辅导员队伍建设的发展历程,其政策也经历了从磨合到稳定的过程。在辅导员队伍建设初期,由于高校的发展不成熟,辅导员队伍政策缺乏稳定性。虽然党和国家出台了一些文件规定了辅导员的地位、作用和工作内容等,但是高校辅导员队伍建设政策是变动的,对应的管理结构也不稳固,导致辅导员队伍建设缺乏稳定性。改革开放后,高校辅导员队伍建设得以恢复和发展。党和国家围绕辅导员队伍建设推出了一系列相关政策文件,有力保障了辅导员队伍的建设,也保证了辅导员队伍建设的稳定性。进入中国特色社会主义新时代,随着国家综合实力的不断提升,党和国家对高等教育的愈发重视,辅导员队伍建设的保障机制不断完善。高校辅导员队伍政策的稳定性保障,需要有相应具体的制度作为支撑,从而才能真正有助于将各项工作都能按照相应的制度进行落实,保障政策真正执行落地。在具体的制度方面,很多高校把保障制度的制定和教育部 2017 年修订的《普通高等学校辅导员队伍建设规定》要求相结合,从经费方面保障辅导员收入以及再教育费用,提高辅导员专业素质水平。同时,注重畅通辅导员晋升渠道,把专职辅导员职务纳入学校干部队伍建设整体规划,进行统筹考虑。

(二)辅导员队伍发展的政策保障机制更具法治特征

随着社会的发展,法治思想不断深入,依法治国成为党领导人民治理国家的基本方略。坚持全面依法治国,推进法治中国建设成为当前国家治理的重要内容。与此同时,随着社会经济的不断发展,对高校辅导员的要求也在不断提高。传统的辅导工作已经无法满足现代学生的需求,需要通过制度化的管理方式,不断提高辅导员的专业化水平和工作质量。在这个过程中,政策的法制化能够更加清晰地规定辅导员的工作职责、权利和义务,营造一个更为稳定和透明的工作环境。顺应依法治国的战略,建设辅导员队伍的政策也在法律层面得到了重视和强调。依据《高等教育法》等有关法律法规,教育部在 2006 年制定通过并推行《普通高等学校辅导员队伍建设规定》(第 24 号令),这一规定的出台首次将高校辅导员队伍建设从政策规定层面上升到法律要求层面,从而为辅导员队伍建设提供了更为持久的保障手段,具有深远的历史意义。随后,教育部2017年修订的《普通高等学校辅导员队伍建设规定》（第43号令）使高校辅导员队伍建设更加完善和科学，同时进一步强化高校辅导员政策建设在法律层面的保障。

  新时代的中国将更加强调全面依法治国。习近平总书记在党的二十大报告中指出："全面依法治国是国家治理的一场深刻革命，关系党执政兴国，关系人民幸福安康，关系党和国家长治久安。必须更好发挥法治固根本、稳预期、利长远的保障作用，在法治轨道上全面建设社会主义现代化国家。"① 党和国家对法治建设的重视，相信将促使辅导员建设的政策越来越具有法律化的趋势，为进一步指导高校辅导员队伍的发展和推进高校思想政治教育的落实提供了法律保障。

---

① 习近平：《高举中国特色社会主义伟大旗帜　为全面建设社会主义现代化国家而团结奋斗——在中国共产党第二十次全国代表大会上的报告》，人民出版社2022年版，第40页。

结　语

高校辅导员政策发展的趋势

辅导员是高等学校教师队伍的重要组成部分，是高等学校从事德育工作，开展大学生思想政治教育的骨干力量，更是大学生健康成长的指导者和引路人。因此，加强高校辅导员政策建设，是加强和改进大学生思想政治教育和维护高校稳定的重要组织保证和长效机制，对于全面贯彻党的教育方针，把大学生思想政治教育的各项任务落到实处，具有十分重要的意义。要从战略和全局的高度，充分认识新形势下加强辅导员建设的特殊重要性和紧迫性。

随着教育体制改革和高等教育规模的不断扩大，辅导员作为高校中重要的职业群体，在学生思想政治教育、心理健康教育和职业发展指导等方面的作用越来越受到重视。党的二十大全面部署了新形势下加快建设高质量教育体系，办好人民满意的教育，特别强调了关注教师队伍建设，要加强师德师风教育，培育高质量老师队伍，这也对高校辅导员提出了新的更高要求，也为新时代高校辅导员政策的发展提供了方向上的指引。为了适应新时代高校辅导员工作的需求，有关部门也制定了一系列相关政策。在这样的时代背景下，高校辅导员的角色和功能正在不断提升和拓展，政府部门也在加强对其职业化建设和政策支持力度，以促进高校辅导员队伍的专业化和职业化发展，更好地服务于学生和高校的发展。

从新时代高校辅导员政策发展的新趋势来看，新时代的高校辅导员政策更加注重职业标准能力建设，更加注重运用网络开展工作，更加强调服从服务国家战略，更加关注国际视野融入发展。

一 更加注重职业标准能力建设

随着时代的不断发展进步，高校人才培育目标已经从以往单一的理论性人才转变为如今的复合型、技能型人才，即德智体美劳全面发展的新时期人才。这一形势变化，不仅要求高校教师开展好日常教育工作，而且要求高校辅导员发挥教育辅导作用，配合各科教师对学生开展学业指导，关注学生的身心健康，最终帮助学生成长成才。在这一过程中，辅导员需要具备基本职业标准能力，才能准确识别学生的思想问题、教育问题、心理问题，进而对症下药，有效解决这些问题。可以说，在当前背景下，更加注重高校辅导员的职业标准能力是新时代高校辅导员政策顺应社会发展的必然趋势，也是培养时代新人的现实要求。因此，要加强对辅导员队伍专业化、职业化建设的整体设计，更加注重辅导员职业标准能力建设。

近年来，教育主管部门致力于推动高校辅导员职业能力标准的制定，"标准化"成为推进高校辅导员队伍建设的重要举措和显著特征。2014年，教育部印发了《高等学校辅导员职业能力标准（暂行）》（下称《能力标准》），初步构建了高校辅导员队伍能力标准体系。

在素质培养方面，《能力标准》将高校辅导员的职业能力特征概括为：政治强、业务精、纪律严、作风正，并提出了三个具备：一是要具备思想政治教育工作相关学科的宽口径知识储备；二是要具备较强的组织管理能力和语言、文字表达能力；三是要具备较强的教育引导能力、调查研究能力。针对高校辅导员工作实际，该文件还对辅导员职业能力进行了梳理和规范，归纳概括出辅导员必须具备的九个方面的职业能力：一是思想政治教育能力；二是党团和班级建设指导能力；三是学业指导能力；四是日常事务管理能力；五是心理健康教育与咨询能力；六是网络思想政治教育能力；七是危机事件应对能力；八是职业规划与就业指导能力；九是理论与实践研究能力。这些职业能力概念的提出，为高校辅导员自觉加强学习、提高自身综合素质指明了方向。

在职业发展方面，针对一直制约高校辅导员事业发展的职务职称评聘问题，《能力标准》在政策层面进行了指引，对初级、中级和高级辅导员的职业能力标准进行了清晰的界定，为高校辅导员的成长和事业发展提供了平台和空间。与此同时,《能力标准》还通过三个层次划分高校辅导员的职业能力,体现了高校辅导员职业发展的渐进性和阶段性,并且在不同的工作方面对于不同发展阶段的高校辅导员应具备的能力和理论知识储备提出了明确要求。另外,《普通高等学校辅导员队伍建设规定》(教育部43号令)第十八条强调:"高等学校要根据辅导员专业能力标准,制定辅导员工作考核的具体办法,健全辅导员队伍的考核评价体系。"这里实际上是对《高等学校辅导员职业能力标准(暂行)》的进一步强调,把辅导员的标准能力建设提升到一个新的高度。因此,加强高校辅导员职业能力建设,必须认真贯彻落实教育部《高等学校辅导员职业能力标准(暂行)》文件精神,采取多种形式加强学习与宣传,特别是要深刻理解和准确把握《能力标准》的基本理念、主要内容和具体要求。

以上两份文件的印发对于推进辅导员队伍建设具有重要指导意义。任何一项政策的发布都包含了政策制定者的价值判断和价值取向。价值不是外在于人类生存发展活动的某种先验、神秘的现象,它产生于人类特有的对象性关系——主客体关系——实践活动之中,产生于人按照自己的尺度去认识世界改造世界的活动,价值是实践的一个内在尺度、一种基本指向。[①] 因此,《能力标准》体现出党和政府对辅导员职业、辅导员队伍建设的重视,同时也体现出社会对辅导员职业的认同。

具体而言,高校辅导员职业标准能力构建至少有两个重要作用:其一,有效提升教育队伍的整体实力和职业认同感。当前教育事业的不断推进革新,不仅对学生提出了新要求,也对辅导员队伍提出了新挑战,要求高校辅导员集爱国守法、敬业爱生、育人为本和终身学习等多项素养于一身。通过建立辅导员职业相对独立的知识和理论体系,帮助辅导员在基础能力、综合素养上实现全方位提升,也能够让辅导员的职业概念更加鲜明、工作范畴更加规范、岗位职责更加明晰,从而增强全社会对辅导员工作的职业认同,摆脱"万金油"的印象,树立辅导员的职业自豪感。其二,对高校综合服务质量提升具有促进作用。在日常工作中,辅导员除了要上传学生学习、心理、生活上的问题,还要下达院系教务的教学规划与其他管理政策,繁重的工作内容要求辅导员的业务管理能

---

① 李德顺:《价值论》(第二版),中国人民大学出版社2007年版,第29页。

力应较为突出。比如突发事件的应对能力。高校辅导员在应对校内的突发事件时，需先找出事件发生的根源，准确判断事件类型，然后再采取有效措施解决问题，这就要求辅导员具备灵活处理问题的能力、冷静思考的能力、公平公正的意识以及专业判断能力，而这些能力都属于辅导员业务管理能力范畴，是不可缺少的要素。

可见，开展高校辅导员的职业能力标准化建设的意义不可小觑。预计今后，高校辅导员职业标准能力的建设还会持续扩展开来，这也将成为新时代高校辅导员政策发展的新趋势之一。在相关政策文件的制定过程中，应注意针对辅导员角色愿景、职业能力提升、评价激励、干部发展、成果展示等各环节制定配套政策文件，保证各政策支持平台间的相互衔接，形成闭环：一是要把辅导员队伍纳入高校人才队伍建设总体规划，协调学校相关职能部门配合参与辅导员队伍专业化、职业化建设，不断完善选拔、培养和激励机制；二是要探索建立辅导员职务（职称）"双线晋升"办法和保障机制，实行职务（职称）评审单列、单设标准、单独评审；三是要在辅导员队伍培养培训过程中，研究构建科学的培训培养体系，加强培训培养规律和实效性研究，探索建立岗前培训、日常培训、专题培训、高级研修、学历学位培养等有机结合的全覆盖培训体系；四是要进一步畅通辅导员发展通道，切实提升辅导员自觉走专业化、职业化道路的内生动力，真正成为学生思想问题的解惑者、专业学习的指导者、人生发展的导航者和生活心理的关怀者。[1]

二　更加重视运用网络开展工作

随着互联网时代的到来，大学生思想政治教育工作发生了巨大的变化，思想政治工作的思维、方式和内容都有所变化，进入了一个崭新的时代。在网络思政的时代背景下，高校辅导员职业能力中应包含基本的网络操作技能，即信息搜集、信息判断、信息处理能力。从管理学的角度来看，资源模型强调将现有的资源进行有效整合和利用，提高资源的使用效率和效益，以达到最优化的资源分配和利用。在新时代高校辅导

---

[1] 冯刚：《高校辅导员队伍专业化、职业化建设的发展路径——〈普通高等学校辅导员队伍建设规定〉颁布十年的回顾与展望》，《思想理论教育》2016 年第 11 期。

员政策制定中，资源模型也扮演着重要的角色，要求着重考虑使用多元化的资源，例如网络技术、网络技能等。

2017年教育部印发的《普通高等学校辅导员队伍建设规定》（教育部43号令）在辅导员主要工作职责的第六项明确规定，运用新媒体新技术，推动思想政治工作传统优势与信息技术高度融合。2021年印发的《关于新时代加强和改进思想政治工作的意见》指出，思想政治工作是党的优良传统、鲜明特色和突出政治优势，是一切工作的生命线。在网络时代的大背景下，如何将互联网与思政教育高度融合，提升思想政治教育的实效性，也是新时代高校辅导员政策发展所需要密切回应的一个问题。从政策制定的角度来看，要能够让高校辅导员在新形势下更加注重运用网络开展工作，使网络与思政紧密结合，可以从以下两个方面着手。

（一）高校完善机制，构建辅导员网络思想政治教育能力提升体系

首先，要健全辅导员队伍能力提升工作机制，充分整合校内外资源，针对网络思想政治教育的特点，有计划、有步骤地开展高校辅导员网络信息技术与传统教育整合的方法与模式、网络舆情处理技巧、网络语言表达艺术、相关法律法规知识等专题培训和专项研讨，帮助高校辅导员熟练运用网络传播规律和网络技术知识，提升网络思想政治教育专业素养，使之积极转变服务理念、提升服务技能，在日常事务处理中能够妥善运用新技能、新知识，有效提升网络时代思政教育实效性，凸显本职工作的价值。

其次，在培训方式上，可以采取短期培训与长期培训相结合的形式，在保证经费的前提下鼓励高校辅导员通过在职攻读教育管理相关学科的博硕士学位、在职进修、校际交流等途径，系统学习政治学、教育学、管理学、心理学等方面的专业知识，提升高校辅导员的综合素质和职业能力，完善辅导员队伍考核激励机制。网络思想政治教育是高校辅导员工作考核的重要指标。建立健全高校辅导员网络教育的考核指标体系和奖励机制，对运用网络思想教育阵地效果突出的高校辅导员进行表彰和奖励。

再次，在激励机制上，高校要努力探索将辅导员运用网络开展思想政治教育纳入工作量的计算办法，以及将优秀网络文章列为职务（职称）评聘条件的办法，将网络思想政治教育工作情况与薪酬、晋升挂钩，调

动高校辅导员开展网络思想政治教育的积极性，切实发挥考核结果的导向作用。

最后，要建立高校内部资源保障机制，构筑包括资金、人员、场地和网络设备等在内的强有力的网络资源保障体系。当前，高校中还存在校园网络建设、运行和维护重视程度不够，人力资源、物力资源和财力资源投入不足，学校网站的基本功能尚不能完全实现等问题，需要做好顶层规划设计、优化资源配置等工作。具体而言，要加强对校园网络系统建设的规划和管理，加大资金的投入力度，加强基础设施建设，设计开发既拥有知识资源以便高校辅导员学习，又能将学到的知识付诸实践的平台，为提升高校辅导员网络思想政治教育能力提供必备的基础条件。

（二）政府统筹规划，打造辅导员网络思想政治教育能力提升平台

首先，应加强顶层设计与整体规划。加强网络思想政治教育能力建设，国家教育部门要加强统筹协调，规范辅导员网络思想政治教育能力提升的内容体系和目标等。从总体规划、组织领导、经费投入、网络建设、网上监控等方面，结合网络建设与信息管理、管理决策与工作部署等体制机制改革规划，对高校开展网络思想政治教育提出指导性意见。鼓励并扶持部分条件好的高校增设网络思想政治教育学科或研究方向，建立健全网络思想政治教育的理论研究和人才培养体系，为此项工作提供专业支撑。

其次，加强政策指导与组织保障。网络思想政治教育当前已难分校内校外，各级教育主管部门应当积极推动网络思想政治教育组织机构的建立，可以是学会、研究会的形式，也可以是利用网络平台的网络联盟组织，这样才能更好地建设良好的网络思想政治教育大环境，并以网络思想政治教育组织机构为依托，加强对高校此项工作的政策指导，出台相关的文件和政策，鼓励全国高校、各级各类教育培训机构开展相关知识与技能的培训，同时开展好经验总结、典型宣传等系列活动，加强优秀经验交流，促使高校主动创新、富有实效地开展大学生网络思想政治教育工作。此外，各级教育主管部门也可以充分发挥社会公众等力量，对高校开展网络思想政治教育进行管理监督、检查评估，抢占、筑牢网络宣传思想主阵地，并促使政府、社会、家庭、学校形成合力，共同营

造阳光健康、文明和谐的网络舆论环境。①

最后，搭建共享平台与监管体系。要充分利用网络交互、资源共享的特性，建设能够为高校辅导员网络思想政治教育能力的提升提供资源的共享网络平台。各级教育主管部门要重视发挥高校校园网站联盟的作用，汇集网络思想政治教育、网络文化、网络信息和网络技术研发资源，努力使网站联盟成为高校校园网络信息资源的集散库、思想文化的策源地和宣传舆论的风向标。

三 更加强调服从服务国家战略

当前，中国正处于实现中华民族伟大复兴的关键时期，教育的基础性、先导性、全局性地位和作用更加凸显，教师作为教育之本的重要性也更加凸显。作为党的教育工作者，高校辅导员要从党和国家事业发展全局的高度观大势、谋长远、尽职尽责，切实做到为党育人、为国育才。只有紧跟党和国家的中心工作，主动响应、服务国家战略，高校辅导员也才能大有作为，实现工作价值的最大化。

2017 年，教育部印发的《高校思想政治工作质量提升工程实施纲要》详细规划了"十大育人"体系，要求聚焦短板弱项，着力构建一体化育人体系，打通育人最后一公里。其归根结底是解决"培养什么人、怎样培养人、为谁培养人"的根本问题。2020 年 7 月，习近平总书记在给中国石油大学（北京）克拉玛依校区的毕业生回信中寄予殷切期望："希望全国广大高校毕业生志存高远、脚踏实地，不畏艰难险阻，勇担时代使命，把个人的理想追求融入党和国家事业之中，为党、为祖国、为人民多作贡献。"② 2021 年 4 月，习近平总书记在清华大学考察时，明确提出高校要"把服务国家作为最高追求"，强调"要立足中华民族伟大复兴战略全局和世界百年未有之大变局，心怀'国之大者'，把握大势，敢于担当，善于作为，为服务国家富强、民族复兴、人民幸福

---

① 庄晨忠：《提升高校辅导员网络思想政治教育能力探析》，《福州大学学报》2017 年第 1 期。

② 《习近平回信寄语广大高校毕业生 把个人理想追求融入党和国家事业之中 为党为祖国为人民多作贡献》，《人民日报》2020 年 7 月 9 日第 1 版。

贡献力量"。① 因此，新时代下的高校辅导员肩负着学习国家战略、理解国家战略、传播国家战略、引导学生服务国家战略的重要使命。

一方面，高校辅导员工作客观上要求掌握当前国家战略的核心内容、学习最新的文件精神，并把学习掌握的信息高效及时地传达给学生，帮助大学生树立服务国家、服务社会需求的信念，使他们能够顺应国家发展趋势，响应国家的号召，实现自己的人生价值。另一方面，在工作实践中，高校辅导员应始终紧紧围绕党和国家的中心工作和任务，积极响应服务国家战略，认真落实党的教育方针、政策，遵循教育规律，做到因事而化、因时而进、因势而新，紧扣时代脉搏，结合学生实际，以问题为导向，以实效为目标，聚焦大学生在成长过程中的各种问题，主动回应学生关心关切的热点问题，特别是要把思政工作与创业就业教育进行深度融合，通过思政教育引导毕业生将自我发展与社会需要相结合，鼓励学生主动到基层、西部，到地方建功立业，同时也强调了新时代高校辅导员自身也要自觉服从服务国家战略，认真了解国家的相关政策、就业形势、基层需求、创新创业路径等，积极参与社会实践，积极融入地方、基层，身先示范，做出表率，从而为国家重大战略提供宝贵的人才支撑和质量保障。

四 更加关注国际视野融入发展

在国际化的背景下，中国高等教育的国际化程度显著提升，这也给高校思想政治工作带来了深刻的影响：一是随着对外开放，越来越多的留学生来华学习，客观上要求分管留学生工作的事务人员具备相关的国际视野和知识；二是中国高校也有部分具有海外留学经历的学生在读，如何结合中国国情开展日常思想政治教育成为一个客观的问题；三是中国的国际化趋势，客观上要求高校辅导员更多地与国外高校进行交流学习，拓展国际视野，不断提升自我。

在国际化进程不断推进的背景下，中央多次对国际化人才培养做出指示：2013 年，国家主席习近平在出访哈萨克斯坦和印度尼西亚时提出

---

① 《习近平在清华大学考察时强调　坚持中国特色世界一流大学建设目标方向　为服务国家富强民族复兴人民幸福贡献力量》，《人民日报》2021 年 4 月 20 日第 1 版。

了"一带一路"合作倡议,该倡议是中国在当今国际形势下所做出的重大决策部署,这一倡议对促进世界的和谐发展、中华民族的伟大复兴具有深远的意义。"一带一路"建设是沿线各国开放合作的宏大经济愿景,该倡议连接"欧洲经济圈"和"亚太经济圈"两大经济体,要构建人类"利益、命运共同体",其关键在于人才,尤其要培养具有国际视野的高素质、复合型人才,服务"一带一路"沿线及欧亚地区的发展建设。《国家中长期人才发展规划纲要(2010—2020年)指出,要培养大批具有国际视野、通晓国际规则、能够参与国际事务和国际竞争的国际化人才。

高等教育人才的培养也应扎根中国大地,同时积极与国际接轨,形成一批具备世界眼光,能够从开放的视野、全球的视角去贯彻和思考问题的辅导员队伍。这些要求已经在现有政策中得到一定体现。2014年3月,教育部印发《高等学校辅导员职业能力标准(暂行)》,该《标准》为高校辅导员队伍能力标准体系的构建,及如何打造一支专业化、职业化的高校辅导员队伍指明了前进的方向。2017年教育部印发的《普通高等学校辅导员队伍建设规定》第四条,明确要求高校辅导员引导学生正确认识世界和中国发展大势,正确认识中国特色和国际比较。一方面强调高校辅导员对学生的引导作用,另一方面也是对高校辅导员提出了要求,要求新时代背景下的高校辅导员必须具有"比较的世界眼光",能够采用比较研究的方法,帮助学生更好地认识思想政治教育的客观规律、大学生成长成才的客观规律、辅导员队伍建设发展的客观规律。与此同时,《普通高等学校辅导员队伍建设规定》(教育部43号令)第十五条强调,省级教育部门、高等学校要积极选拔优秀辅导员参加国内、国际交流和研修深造,进一步强调了高校辅导员需要保持开放包容的学习心态,紧紧跟随教育方式、教育手段、教育对象的国际化和现代化进程,持续深化教育任职,提升国际化背景下思想政治教育的功能和效力。

在高校工作实践中,高校辅导员的招募与培养也不断向国际化方向靠拢。部分高校专门设置了国际学生辅导员岗位,明确要求国际学生辅导员应具有国际视野、具备海外留学的经历。同时,部分高校也设立了海外交流项目,积极选派辅导员赴国(境)外学习交流或合作研究。在中国举行的学生事务管理国际化研讨会也越来越多,关注国际学生管理的专题也不断增加。

在国际发展的潮流中，高校辅导员政策不能闭门造车，而要将坚持中国特色办学并与国际接轨的思想方法、研究方法和实践方法贯穿于高校辅导员专业职业化建设的全过程。具体来说，紧扣当下国际化的背景，一方面要加快引导辅导员不断提升自己的素养、持续增强专业技能；另一方面要引导辅导员注重结合需求与实践，将国际化需求转化为真正的实践能力，成为国际治理人才的践行者，并要求学生在所学专业的基础上增加时代内容，如拓宽国际视野、熟悉国际准则、调适文化差异、兼容并包思维等，从而形成适应新时代要求的高校辅导员政策、引导高校辅导员正确把握好机遇和挑战。

参考文献

一 中文著作

马克思：《1844年经济学哲学手稿》，人民出版社2002年版。
《马克思恩格斯文集》（第一卷），人民出版社2009年版。
《马克思恩格斯文集》（第二卷），人民出版社2009年版。
《马克思恩格斯选集》（第三卷），人民出版社2012年版。
《毛泽东文集》（第七卷），人民教育出版社1999年版。
《毛泽东年谱（1893—1949）》中卷，中央文献出版社2013年版。
《毛泽东选集》（第一卷），人民出版社1991年版。
《毛泽东选集》（第二卷），人民出版社1991年版。
《毛泽东选集》（第四卷），人民出版社1991年版。
《邓小平文选》（第二卷），人民出版社1994年版。
《邓小平文选》（第三卷），人民出版社1993年版。
《江泽民文选》（第二卷），人民出版社2006年版。
《胡锦涛文选》（第一卷），人民出版社2016年版。
《习近平谈治国理政》（第一卷），外文出版社2018年版。
《习近平谈治国理政》（第二卷），外文出版社2017年版。
《习近平谈治国理政》（第三卷），外文出版社2020年版。
《习近平谈治国理政》（第四卷），外文出版社2022年版。
习近平：《青年要自觉践行社会主义核心价值观——在北京大学师生座谈会上的讲话》，人民出版社2014年版。
习近平：《决胜全面建成小康社会　夺取新时代中国特色社会主义伟大胜利——在中国共产党第十九次全国代表大会上的报告》，人民出版社

2017年版。

习近平：《在北京大学师生座谈会上的讲话》，人民出版社2018年版。

习近平：《论坚持党对一切工作的领导》，中央文献出版社2019年版。

习近平：《在纪念五四运动100周年大会上的讲话》，人民出版社2019年版。

习近平：《思政课是落实立德树人的关键课程》，人民出版社2020年版。

习近平：《论党的宣传思想工作》，中央文献出版社2020年版。

习近平：《高举中国特色社会主义伟大旗帜　为全面建设社会主义现代化国家而团结奋斗——在中国共产党第二十次全国代表大会上的报告》，人民出版社2022年版。

《百年清华　世纪荣光：庆祝清华大学建校100周年资料汇编》，清华大学出版社2012年版。

《北京高校德育二十年——改革开放二十年北京高校德育工作大事记（下册）》，北京邮电大学出版社2000年版。

陈桂生：《中国革命根据地教育史（下）》，华东师范大学出版社2016年版。

陈万柏、张耀灿主编：《思想政治教育学原理》，高等教育出版社2007年版。

陈学飞主编：《教育政策研究基础》，人民教育出版社2011年版。

陈元晖、璩鑫圭、邹光威编：《老解放区教育资料（一）：土地革命战争时期》，教育科学出版社1981年版。

陈振明主编：《政策科学——公共政策分析导论》，中国人民大学出版社1998年版。

陈正芬：《中国高校辅导员制度研究》，中国社会科学出版社2018年版。

成仿吾：《成仿吾教育文选》，教育科学出版社1984年版。

董纯才主编：《中国革命根据地教育史》（第一卷），教育科学出版社1991年版。

董纯才主编：《中国革命根据地教育史》（第二卷），教育科学出版社1991年版。

杜向民、黎开谊：《嬗变与开新——高校辅导员制度发展研究》，中国社会科学出版社2009年版。

方惠坚、郝维谦、宋廷章、陈秉中编著：《蒋南翔传（第2版）》，清华大学出版社 2013 年版。

方惠坚、张思敬：《清华大学志》（上册），清华大学出版社 2001 年版。

方惠坚主编：《双肩挑——清华大学学生辅导员工作四十年的回顾与探索》，清华大学出版社 1993 年版。

方惠坚：《清华工作 50 年》，清华大学出版社 2003 年版。

冯刚、刘宏达主编：《新时代高校辅导员工作十讲》，北京师范大学出版社 2022 年版。

冯刚、彭庆红、佘双好、白显良：《新时代高校思想政治教育学原理》，人民出版社 2021 年版。

冯刚、沈壮海主编：《中华人民共和国学校德育编年史》，中国人民大学出版社 2010 年版。

冯刚、张晓平、苏洁主编：《中国共产党高校思想政治教育发展史》，人民出版社 2021 年版。

冯刚、郑永廷主编：《思想政治教育学科 30 年发展研究报告》，光明日报出版社 2014 年版。

冯刚主编：《辅导员队伍专业化建设理论与实务》，中国人民大学出版社 2010 年版。

冯刚主编：《改革开放以来高校思想政治教育发展史》，人民出版社 2018 年版。

冯刚主编：《改革开放 40 年高校思想政治教育编年史（1978—2018）》，北京师范大学出版社 2019 年版。

冯刚主编：《大学生思想政治教育工作概论》，北京师范大学出版社 2020 年版。

冯刚等：《高校思想政治教育工作质量评价研究》，人民出版社 2020 年版。

冯刚主编：《新时代高校辅导员培训教程》，人民出版社 2022 年版。

冯文彬等主编：《中国共产党建设全书（1921—1991）·第 7 卷·党的思想政治建设》，山西人民出版社 1991 年版。

龚海泉、张晋峰、张耀灿：《20 世纪的中国高等教育·德育卷》，高等教育出版社 2003 年版。

龚海泉主编：《党的思想政治教育史》，高等教育出版社 1993 年版。

关信平主编：《社会政策概论》，高等教育出版社 2010 年版。

何东昌主编：《中华人民共和国重要教育文献（1949—1975）》，海南出版社 1998 年版。

《国家中长期教育改革和发展规划纲要（2010—2020 年）》，人民出版社 2010 年版。

《胡锦涛总书记在同团中央新一届领导班子成员和团十六大部分代表座谈时的重要讲话学习读本》，人民出版社 2008 年版。

陈以沛主编：《黄埔军校史料：1924—1927》，广东人民出版社 1982 年版。

黄圣伦主编：《党的旗帜高高飘扬——中国共产党清华大学基层组织的奋斗历程》，清华大学出版社 2005 年版。

《回忆邓小平》（下），中央文献出版社 1998 年版。

《加强和改进大学生思想政治教育重要文献选编（1978—2014）》，知识产权出版社 2015 年版。

《建党以来重要文献选编（1921—1949）》第四册，中央文献出版社 2011 年版。

《建党以来重要文献选编（1921—1949）》第五册，中央文献出版社 2011 年版。

《建国以来重要文献选编》第一册，中央文献出版社 1992 年版。

《建国以来重要文献选编》第三册，中央文献出版社 1992 年版。

《建国以来重要文献选编》第四册，中央文献出版社 1992 年版。

《建国以来重要文献选编》第七册，中央文献出版社 1992 年版。

《建国以来重要文献选编》第十册，中央文献出版社 1992 年版。

《老解放区教育资料（二）抗日战争时期（上册）》，教育科学出版社 1986 年版。

李才栋、谭佛佑、张如珍、李淑华主编：《中国教育管理制度史》，江西教育出版社 1996 年版。

李德芳、杨素稳、李辽宁主编：《中国共产党思想政治教育史料选辑》（上册），武汉大学出版社 2009 年版。

骆郁廷主编：《思想政治教育原理与方法》，北京师范大学出版社 2019 年版。

梅宪宾：《管理学原理》，吉林大学出版社 2009 年版。

《普通高校思想政治理论课文献选编（1949—2006）》，中国人民大学出版社 2007 年版。
《普通高校思想政治理论课文献选编（1949—2008）》，中国人民大学出版社 2008 年版。
《清华大学一百年》，清华大学出版社 2011 年版。
《三中全会以来重要文献选编》（下），人民出版社 1982 年版。
《深化新时代教育评价改革总体方案》，人民出版社 2020 年版。
《深入学习习近平关于教育的重要论述》，人民出版社 2019 年版。
《十三大以来重要文献选编》（上），人民出版社 1991 年版。
《十五大以来重要文献选编》（中），人民出版社 2001 年版。
《十八大以来重要文献选编》（上），中央文献出版社 2014 年版。
《十八大以来重要文献选编》（中），中央文献出版社 2016 年版。
石云霞：《高校思想政治理论课程建设史研究》，武汉大学出版社 2006 年版。
史宗恺主编：《"双肩挑"：一项大有出息的负担——清华大学辅导员校友访谈录》，清华大学出版社 2014 年版。
《双肩挑》，清华大学出版社 1993 年版。
滕继果：《创新社会管理视角下的青年学生暴力犯罪预防机制研究》，中国社会科学出版社 2016 年版。
谈松华主编：《中国高等学校思想政治教育史纲》，高等教育出版社 1992 年版。
王茂胜主编：《中国共产党思想政治教育简史》，华中师范大学出版社 2010 年版。
王树荫主编：《中国共产党思想政治教育史》，中国人民大学出版社 2016 年版。
肖冬松：《军事文化及其建设研究散论》，人民出版社 2016 年版。
许启贤主编：《中国共产党思想政治教育史》，中国人民大学出版社 2004 年版。
杨宏山编著：《公共政策学》，中国人民大学出版社 2020 年版。
俞国良：《心理健康教育前沿问题研究》，北京师范大学出版社 2021 年版。
杨振斌主编：《清华大学学生工作论文集　第七集》，清华大学出版社 2001 年版。

杨振斌主编：《双肩挑 50 年——清华大学辅导员制度五十周年回顾与展望》，清华大学出版社 2003 年版。

姚宏杰、宋荐戈主编：《中国革命根据地教育史事日志》，山东教育出版社 2020 年版。

张乐天：《高等教育政策的回顾与反思（1977—1999）》，南京师范大学出版社 2008 年版。

张耀灿主编：《中国共产党思想政治教育史论》，高等教育出版社 2006 年版。

张翼主编：《改革开放 40 年社会发展与变迁》，中国社会科学出版社 2018 年版。

张再兴主编：《求索——新形势下高校德育中若干新课题的实践与思考》，清华大学出版社 2001 年版。

赵德余：《政策系统动力学》，社会科学文献出版社 2019 年版。

郑希付、罗品超：《学校心理健康教育》（第 2 版），中国人民大学出版社 2022 年版。

《中共中央文件选集（一九四九年十月——一九六六年五月）》（第 38 册），人民出版社 2013 年版。

《中国共产党的九十年（新民主主义革命时期）》，中共党史出版社、党建读物出版社 2016 年版。

《中国共产党第十九届中央委员会第六次全体会议文件汇编》，人民出版社 2021 年版。

《中国共产党组织建设一百年》，党建读物出版社 2021 年版。

《中国人民抗日军事政治大学史》，国防大学出版社 2000 年版。

《中华人民共和国法律汇编（1954—2004）》，人民出版社 2004 年版。

《中华人民共和国教育大事记 1949—1982》，教育科学出版社 1983 年版。

钟永光、贾晓菁、钱颖等编著：《系统动力学》（第二版），科学出版社 2013 年版。

周良书、朱平、俞小和：《中国高校辅导员工作史论》，人民出版社 2016 年版。

朱正昌：《高校辅导员队伍建设研究》，人民出版社 2010 年版。

二　中文期刊报纸

胡锦涛：《坚定不移沿着中国特色社会主义道路前进　为全面建成小康社会而奋斗——在中国共产党第十八次全国代表大会上的报告》，《人民日报》2012年11月18日第1版。

《习近平给华中农业大学"本禹志愿服务队"回信　勉励青年志愿者以青春梦想用实际行动为实现中国梦作出新的更大贡献》，《人民日报》2013年12月6日第1版。

《习近平在全国高校思想政治工作会议上强调　把思想政治工作贯穿教育教学全过程　开创我国高等教育事业新局面》，《人民日报》2016年12月9日第1版。

《习近平在北京大学考察时强调　抓住培育社会主义建设者和接班人根本任务　努力建设中国特色世界一流大学》，《人民日报》2018年5月3日第1版。

《习近平在全国宣传思想工作会议上强调　举旗帜聚民心育新人兴文化展形象　更好完成新形势下宣传思想工作使命任务》，《人民日报》2018年8月23日第1版。

《习近平在全国教育大会上强调　坚持中国特色社会主义教育发展道路　培养德智体美劳全面发展的社会主义建设者和接班人》，《人民日报》2018年9月11日第1版。

《习近平在中国人民大学考察时强调　坚持党的领导传承红色基因扎根中国大地　走出一条建设中国特色世界一流大学新路》，《人民日报》2022年4月26日第1版。

习近平：《在党的十九届一中全会上的讲话》，《求是》2018年第1期。

习近平：《在中央和国家机关党的建设工作会议上的讲话》，《求是》2019年第21期。

《清华大学隆重纪念"双肩挑"政治辅导员制度建立六十周年》，《高校辅导员》2013年第6期。

陈宝生：《认真学习贯彻全国教育大会精神　开启加快教育现代化、建设教育强国新征程》，《人民教育》2018年第19期。

董秀娜、李洪波、杨道建：《"三全育人"理念下构建高校思想政治工作体系的三维路径》,《思想教育研究》2021年第1期。

董秀娜、李洪波:《高校"三全育人"协同机制构建研究》,《思想教育研究》2020年第8期。

段其波:《高校辅导员制度的历史变迁与优化发展》,《学校党建与思想教育》2017年第10期。

冯刚:《敢想敢为又善作善成 新时代好青年的重要特质》,《人民论坛》2023年第2期。

《改革开放四十年大事记》,《人民日报》2018年12月17日第5版。

顾明远:《从新民主主义教育到社会主义教育——纪念中国共产党成立90周年》,《教育研究》2011年第7期。

《关于全国工学院调整方案的报告》,《人民日报》1952年4月16日第1版。

韩君华、许亨洪:《"五育并举"视域下高校思想政治工作体系创建的机制探析》,《思想理论教育》2021年第2期。

侯凯升:《中国高校辅导员制度的发展历程及其经验启示》,《广东教育》2021年第10期。

纪志耿:《教育必须和生产劳动相结合——新中国成立初期党的教育思想及其当代价值》,《学理论》2015年第8卷。

刘宏达、潘开艳:《十年来我国高校辅导员制度的顶层设计及其实践创新》,《思想政治教育研究》2017年第1期。

刘洁予:《高校思想政治工作治理体系视域下的辅导员队伍建设研究》,《高校辅导员》2020年第6期。

刘瑞、周海亮:《以立德树人为根基的高校"三全育人"工作机制建构研究》,《学校党建与思想教育》2019年第3期。

刘松柏:《"顶层设计"的魅力和价值》,《经济日报》2011年6月22日第13版。

刘艳:《高校辅导员工作制度的发展历程及经验总结》,《学校党建与思想教育》2018年第12期。

马晨:《自由的现实化与制度能动性——从规范性的角度看黑格尔哲学中的法》,《国外社会科学前沿》2022年第6期。

马福运:《"双肩挑":加强大学生思想政治教育工作队伍建设的有效模

式》,《思想理论教育导刊》2006年第12期。

孟瑀:《试论蔡元培的美学思想》,《宿州教育学院学报》2014年第2期。

聂永江:《历史制度主义视域的高校辅导员制度变迁研究》,《黑龙江高教研究》2021年第7期。

彭庆红、耿平:《新中国成立70年来高校辅导员队伍建设的历史进程、总体趋势与经验启示》,《思想理论教育导刊》2019年第8期。

彭庆红、林泰:《清华大学政治辅导员制度的特色及其发展》,《清华大学学报》(哲学社会科学版)2003年第6期。

冉锐、江宇辉、白本锋:《清华大学"双肩挑"政治辅导员制度的建设历程、成效与经验》,《北京教育(高教版)》2020年第9期。

任雅才:《新中国成立以来高校辅导员政策演进的历史、特征与趋势》,《中学政治教学参考》2021年第8期。

史仁民、吕进、史东梁:《中国共产党领导下的高校辅导员制度的百年探索——基于历史制度主义的分析》,《高教探索》2022年第6期。

史仁民:《黄埔军校现代化办学特征探析》,《教育史研究》2013年第4期。

孙其昂:《推进高校构建"大思政"格局》,《群众》2018年第9期。

田玉麒、薛洪生:《制度变迁的运作机制:基于历史制度主义的理论考察》,《黑龙江社会科学》2016年第4期。

王道阳、魏玮:《高校辅导员制度演变及其启示》,《思想政治教育研究》2016年第6期。

王军华:《高校"一站式"学生社区建设的内生价值、现实挑战与突破进路》,《思想理论教育》2022年第10期。

王璐:《新时代高校辅导员工作转型的三重维度》,《教育探索》2019年第5期。

王少泉:《"百年未有之大变局":内涵与哲理》,《科学社会主义》2019年第4期。

王岩、冯爱玲:《高校思想政治"三全育人"模式组成要素解析》,《高教学刊》2018年第16期。

王易、单文鹏:《在深化"四个正确认识"中提高大学生思想政治素质》,《思想理论教育导刊》2017年第7期。

魏佳:《关于清华大学思想政治教育经验与成果的评论》,《思想理论教育导刊》2011 年第 3 期。

吴丹等：《坚持以人民为中心发展教育》，《人民日报》2023 年 3 月 8 日第 13 版。

张立兴：《高校辅导员制度的沿革进程考察》，《思想理论教育导刊》2009 年第 4 期。

张岭泉：《论"顶层设计"的四个关键问题》，《人民论坛》2012 年第 20 期。

郑永廷：《把高校思想政治工作贯穿于教育教学全过程的若干思考——学习习近平总书记在全国高校思想政治工作会议上的讲话》，《思想理论教育》2017 年第 1 期。

钟一彪：《高校辅导员工作的价值实现》，《高校辅导员》2014 年第 1 期。

周先进：《高校辅导员职业化建设必须强化五项机制》，《湖南社会科学》2006 年第 3 期。

周远、张振：《高校"一站式"学生社区的空间建构逻辑与路向》，《思想理论教育》2022 年第 7 期。

朱平、陈勇：《〈普通高等学校辅导员队伍建设规定〉与辅导员队伍专业化、职业化发展——纪念〈普通高等学校辅导员队伍建设规定〉颁布十周年》，《思想理论教育》2016 年第 8 期。

后　　记

　　高校辅导员是开展大学生思想政治工作的骨干队伍，是高校人才培养的重要力量。我们党历来高度重视高校辅导员队伍建设，在高校辅导员政策发展方面积累了丰富经验。《高校辅导员政策发展史论》是国内第一本从政策视角研究高校辅导员队伍建设的著作。本书基于高校辅导员政策发展，从治理视域和政策要素着手，围绕高校辅导员政策的历史脉络、政策设计、功能定位、目标任务、基本内容、主要载体、运行机制、领导体制、质量评估、未来展望等十个方面开展系统研究，具有较强的学理和史料价值。该研究可以为构建新时代高校辅导员政策体系、推动高校辅导员队伍高质量发展提供理论支撑和实践指引。

　　全书由北京师范大学思想政治工作研究院院长、教育部思想政治工作司原司长冯刚教授负责总体策划，中山大学钟一彪、王帅等共同参与全书框架设计。全书具体分工如下：绪论，冯刚；第一章，严帅、赵云慧；第二章，李伟；第三章，王帅；第四章，彭雪婷；第五章，倪松根；第六章，林炜双；第七章，郑梦婕；第八章，刘洁予；第九章，钟一彪；第十章，杨华岳、王帅；结语，杨华岳。冯刚、钟一彪、王帅、郑梦婕、陈洁、李伟等参与全书统稿工作。罗妙琪、高小菡、梅科、郭修远、王鑫竹、曾言等负责相关文献的整理。

　　本书的编撰除了参考经典著作外，还参考了相关专家、学者的研究成果，文中采用脚注方式进行了注明，并在文末列出了参考文献，在此深表感谢！本书涵盖高校辅导员政策发展的学理研究、经验总结、案例分析和实际应用等领域内容，由于时间有限、涉及面广，难免存在疏漏与尚需深化之处，敬请各位专家同行和广大读者批评指正。

作　者

2023 年 9 月